Friedrich Hölderlin

Dichtungen von Friedrich Hölderlin

Verlag
der
Wissenschaften

Friedrich Hölderlin

Dichtungen von Friedrich Hölderlin

ISBN/EAN: 9783957006820

Auflage: 1

Erscheinungsjahr: 2016

Erscheinungsort: Norderstedt, Deutschland

Hergestellt in Europa, USA, Kanada, Australien, Japan
Verlag der Wissenschaften in Hansebooks GmbH, Norderstedt

Cover: Sandro Botticelli "Die Geburt der Venus"

Lichtdruck von Friedr. Bruckmann in München.

Fr. Hölderlin.

Dichtungen

von

Friedrich Hölderlin.

Mit biographischer Einleitung

herausgegeben

von

K. Köstlin,
o. Professor der Aesthetik in Tübingen.

Mit 2 Abbildungen.

Tübingen,
Verlag und Druck von Franz Fues
(L. Fr. Fues'sche Sortiments-Buchhandlung)
1884.

Lyrik und Hyperion.

Vorwort.

Die erste Anregung zu dieser Ausgabe von Werken Hölderlin's ward gegeben durch ein (in der Einleitung genauer erwähntes) Fest, welches im Jahre 1881 dem Dichter zu Ehren in Tübingen gefeiert wurde. Die Erinnerungen an Hölderlin wurden durch dasselbe in seinem Heimathland erneut, man machte sich wieder vertrauter mit ihm, man fand, daß einem Manne, dessen meiste Dichtungen Perlen ersten Ranges sind, mehr Aufmerksamkeit, als es lange geschehen war, zugewendet werden sollte; so entstand der Gedanke, eine neue Sammlung derselben zu veranstalten und dieselbe mit Zugaben zu versehen, welche die Persönlichkeit und die Lebensgeschichte des Dichters, sowie die Entstehung und Bedeutung seiner Werke, der Gegenwart näher zu bringen bestimmt sind.

Ueber die Gesichtspunkte, von welchen ich bei der Herausgabe ausgieng, ist die Hauptsache in der Einleitung angegeben. Ich füge der Klarheit wegen hier noch Folgendes bei. Der Text der Gedichte ist zunächst gegeben nach den Ausgaben und sonstigen Mittheilungen von Ch. Schwab.

Zur Vergleichung wurden herbeigezogen theils die von Schwab in der großen Ausgabe von 1846 angeführten ersten Drucke in Zeitschriften und Taschenbüchern, so weit ich solcher habhaft werden konnte, theils Handschriften des Dichters selbst. Gar Vieles wäre, außer den in der Einleitung stehenden Bemerkungen, hier zu sagen über die auf Grund dieser Quellen und Hilfsmittel gemachten Verbesserungen und Vervollständigungen, über die Wahl unter den vielfach sehr verschiedenen Lesarten; aber es wäre hiezu der geeignete Ort nur eine gelehrt kritische Edition. Das Fragment von Hyperion ist nach Schiller's „Neuer Thalia" Bd. IV. S. 181—221, der Roman selbst nach der Originalausgabe von 1797/99 abgedruckt.

Ungemein dankenswerth ist für mich gewesen die Theilnahme und Mitwirkung, welche mir von Freunden und Bekannten entgegengebracht wurde. Dr. Klüpfel verdanke ich werthvolle litterarische Nachweisungen, Professor Holland namentlich die Mittheilung der eigenhändigen Verbesserungen Hölderlin's in dem Diotima gewidmeten Exemplar des Hyperion. Durch die freundliche Vermittlung von Herrn Hofrath Dr. Hemsen in Stuttgart erhielt ich sehr werthvolle Mittheilungen von Herrn Dr. Vollmer, insbesondere zahlreiche Nachweisungen von Lesarten aus den ältesten Drucken vieler lyrischen Gedichte. Herr Professor Dr. H. Fischer hatte die Gefälligkeit, mir das Taschenbuch Flora vom Jahre 1802, in welchem mehrere wol von Hölderlin selbst noch herausgegebene Spätdichtungen stehen, mitzutheilen, und mich bei der Benützung der Autographen Hölderlin's auf der öffentlichen Bibliothek in Stuttgart mit seinem Rathe zu unterstützen.

Die chronologische Anordnung der lyrischen Gedichte läßt eine bisher weniger beachtete Seite Hölderlin's klar hervortreten: sie zeigt, daß dieser elegische Dichter großen Geistes genug war, um über den engeren Kreis des Persönlichen, das ihm zunächst Hauptinhalt seiner Poesie war, sich mehr und mehr auch zu den weiteren Gebieten der deutsch nationalen und zeitgeschichtlichen Angelegenheiten zu erheben. Wegen des großen Umfangs, welchen das nationale und politische Element im „Hyperion" einnimmt, durfte auch dieser Roman, abgesehen von allem Andern, was ihn bedeutend macht, in dieser Sammlung nicht fehlen.

K.

Inhalt.

Einleitung.

Die hier erscheinende Ausgabe von Dichtungen Hölderlin's hat den Zweck, diejenigen seiner kleinern und größern Werke vollständig zusammenzufassen, welche von ihm in guter Zeit begonnen und wenigstens größtentheils auch vollendet wurden, und welche daher für uns, sowie für spätere Zeiten, die eigentlichen, vollgiltigen Denkmale seines Genius bilden.

Die Dichtungen Hölderlin's üben schon rein an sich selbst eine große Anziehung aus durch Tiefe, Innigkeit und Adel der Empfindung, durch Reichthum des Gedankens, durch seltene Vollkommenheit der künstlerischen Form.

Aber sie hängen weit mehr als die Werke irgend eines andern Dichters aufs engste zusammen mit der Persönlichkeit und den Schicksalen des Mannes, aus dessen Gemüth sie hervorgiengen, und wir stellen ihnen deßwegen voran eine kurzgefaßte Geschichte Hölderlin's und eine Besprechung der Beziehungen, in welchen zu Dem, was er erlebt, Dasjenige steht, was er gedichtet hat.

Eine Grundlage für dieses Beides bildet hauptsächlich das in Stuttgart 1846 in zwei Bänden erschienene vorzügliche Buch: „Friedrich Hölderlin's sämmtliche Werke, herausgegeben von Christoph Theodor Schwab“.

Der Verfasser hat demselben beigegeben einmal eine Biographie, für welche er seiner Zeit viele werthvolle Mittheilungen von Verwandten und Bekannten des Dichters zu verwenden in der Lage war, ebenso aber auch eine reiche Sammlung von Briefen von und an Hölderlin. Mit Hilfe dieses Briefwechsels, sowie mittelst Zurückgehens auf die Zeitschriften (meist „Almanache und Taschenbücher"), in welchen viele Gedichte Hölderlin's zum ersten Male gedruckt wurden, läßt sich für eine bedeutende Zahl derselben die Zeit ihrer Entstehung zum Theil mit völliger Gewißheit feststellen, zum Theil mit großer Wahrscheinlichkeit muthmaßen. Auch für die Bestimmung der Entstehungszeit anderer, erst aus den nachgelassenen Handschriften des Dichters abgedruckter, Gedichte lassen sich vielfach äußere und innere Anhaltspunkte finden. Ch. Schwab selbst hat weder in seinem Werk von 1846 noch in der spätern Ausgabe von „Ausgewählten Werken F. Hölderlin's" (1874) eine biographisch chronologische Anordnung der Gedichte versucht, sondern sich an die Reihenfolge angeschlossen, in welche sie in der ersten Ausgabe Hölderlin'scher Gedichte von Uhland und Gustav Schwab im Jahre 1826 (wiederholt 1843) gestellt waren — in einer Zeit, da man an eine historisch genetische Ordnung dichterischer Werke noch wenig oder gar nicht dachte. — Für diese Ausgabe aber ist sie unternommen worden, weil durch eine solche Anordnung die Schöpfungen Hölderlin's sich erst darstellen in lebendigem Zusammenhang mit der Entwicklung seines Geistes, sowie mit den äußern Ereignissen seines Lebens, welche von wesentlichem Einfluß auf ihn gewesen sind. Für einige, z. B. die Diotimagedichte, haben wir neben der chronologischen die Anordnung nach der Verwandtschaft des Inhalts gewählt.

Hölderlin, geboren am 20. März 1770 in Lauffen (bei Heilbronn), wuchs, nachdem er schon im zweiten Lebensjahre seinen Vater durch den Tod verloren, heran in Nürtingen, einer sehr anmuthig in fruchtbarer Gegend, im Angesicht des Kranzes der Berge der schwäbischen Alb gelegenen Stadt am Ufer des Neckars. Zum theologischen Studium bestimmt durchlief er zuerst die zwei niedern theologischen Seminare seines Heimathlandes in den ehmaligen Klöstern Denkendorf (bei Eßlingen) und Maulbronn; im Jahr 1788 wurde er in das höhere Seminar, das „Stift“ in Tübingen, aufgenommen, wo er in den ersten zwei Jahren mit Philosophie, in den drei letzten mit der Theologie sich zu beschäftigen hatte. Mehr als die letztere zog ihn die erstere an; Hegel und Schelling waren seine philosophischen Freunde. Auch an den großen politischen Bewegungen der Zeit seit dem Jahr 1789 nahm er lebhaften Antheil; die Ideale der Freiheit, der Humanität, des Fortschritts zum Bessern und Vollkommenern in Allem, welche damals die Herzen der Jugend erfüllten, waren auch die seinigen. Was aber in seinen akademischen Jahren hauptsächlich bei ihm zum Durchbruch kam, war zweierlei: die Begeisterung für das hellenische Alterthum, welche er mit vollen Zügen aus Homer, Sophokles und Plato in sich sog, und der Entschluß, die Dichtkunst, zu welcher er schon von Jugend an

Begabung und Neigung in sich trug, zu seinem ersten Lebensberuf sich zu erwählen. Zum hellenischen Alterthum zog ihn unüberwindlich hin sowol sein lebhaftes Interesse für die Freiheit des antiken Staatslebens als auch die Liebe zum idealisch Schönen, welche in ihm von Natur wohnte und glühte in einer Stärke und Entschiedenheit, durch die er unter den Neuern einzig dasteht; sein Entschluß Dichter zu werden ward selbstverständlich belebt durch das großartige Heranwachsen der deutschen Poesie in jenen Tagen; Klopstock in früheren und noch weit mehr Schiller in spätern Jahren waren hauptsächlich die Genien, welche ihm voranleuchteten. Gefördert ward sein dichterisches Streben außerdem auch in nächster Umgebung durch das rührige Leben, das dazumal im schwäbischen Dichterwalde rege war. Hölderlin war Freund des Dichters Gotthold Friedrich Stäudlin (1758—1796), welcher durch die in den Jahren 1781/2 zwischen ihm und Schiller entflammte Gegnerschaft bekannt ist; Stäudlin setzte seinen Musenalmanach, welcher dereinst zu jenem Zusammenstoß Anlaß gegeben hatte, in den Jahren 1792 und 1793 wieder fort und nahm Gedichte von Hölderlin in denselben auf. Noch enger freilich war Hölderlin befreundet mit seinem Studiengenossen Ludwig Neuffer (1769—1839), welcher sich später hauptsächlich als glücklicher Uebersetzer von Werken des Virgil und Horaz bekannt machte; Neuffer ist derjenige Freund unsres Dichters gewesen, dem er Alles, was ihn bewegte, in voller Vertraulichkeit mittheilte, und dessen Briefwechsel mit Hölderlin wir daher die intimsten Nachrichten über seine Schicksale und Stimmungen in der verhängnißvollsten Zeit seines Lebens verdanken. Hölderlin selbst war in jenen Tagen zu einem schönen, liebenswürdigen Jüngling herangereift, dem selbst der „ruhige Verstandesmensch“ Hegel mit schwärmerischer Anhänglichkeit zugethan war, und so schien sich denn in ihm Alles zu vereinigen, was ihm einen freudigen Verlauf des Lebens verheißen konnte: dichterisches Talent, gründliche wissenschaftliche und ästhetische Bildung, Leichtigkeit, überall Freundschaft und Wohlwollen bei den Menschen zu finden. Allerdings aber traten schon jetzt Eigenthümlichkeiten seines Naturells hervor, welche nicht glücklich genannt werden können. So sehr Hölderlin das hellenische Alterthum bewunderte, gerade Eine Haupteigenschaft des antiken Geistes war ihm nicht verliehen: das ruhige Maß des Empfindens. Die Begeisterung für Dasjenige, was seiner Phantasie, sei es in der Vergangenheit oder in unmittelbar angeschauter Gegenwart, als hoch und herrlich erschien, gieng bei ihm sofort in's Grenzenlose und Unermeßliche; so war gerade seine Begeisterung für Hellas gleich von Anfang an eine so unbedingte, daß man sie von Ueberspannung nicht frei sprechen kann. Ebenso entwickelte sich in ihm, wie er vom Jahre 1794 an öfter in Briefen an die Seinigen und an Neuffer es selbst beklagt, einmal eine Ungeduld, welche allzufrüh sich hohe Ziele setzte, diesen Zielen allzu rasch und eifrig zustrebte, und ihn so nicht dazu gelangen ließ, „seine Natur in Ruhe und anspruchloser Sorglosigkeit ausreifen“, sein Leben frei von unnöthiger Selbstqual durch Aengstlichkeit in Betreff des Erfolges seiner Bemühungen sich unbefangen gestalten zu lassen. Ganz besonders aber machte sich an ihm schon jetzt bemerklich eine reizbare „Empfindlichkeit", welche die vom Menschenleben unabtrennbaren Unannehmlichkeiten zu tief und zu heftig empfand; ebenso herrschte, wie er gleichfalls selbst von sich sagt, schon damals in ihm ein viel zu scharfer „Sinn für das Mangelhafte", der Alles, was ihm unrecht und unwürdig, ärmlich und gemein erschien in der Welt um ihn her, nicht mit philosophischer Resignation anzuschauen, sondern vielmehr es gar nicht zu ertragen vermochte, so daß mehr und mehr eine unversöhnliche Bitterkeit gegen viele Dinge und Menschen in dem sonst sanften und freundlichen Jüngling sich festsetzte. Beide Eigenschaften, die Ungeduld des Vorwärtsstrebens und die Neigung zum Mißmuth, wurden zudem noch dadurch befördert, daß er einer von den Menschen war, welche krank sind durch ein sich bei ihnen einwurzelndes Uebermaß der Reflexion auf das eigene Ich und dessen Eigenschaften und Zustände. Diese Reflexion war bei Hölderlin nicht eitle Selbstbespieglung; sie machte ihn vielmehr sehr gewissenhaft in Allem, womit er zu thun hatte; aber sie trieb ihn hinein in ein allzugründliches Betrachten und ein allzugroßes Schwernehmen von Mängeln, welche er an sich selbst und an seinen Leistungen zu bemerken glaubte, und sie machte es ihm unmöglich, sich in seinem Denken und Fühlen leicht loszureißen von Erinnerungen an Mißerfolge und andere „Leiden", welche, z. B. schon in seiner ersten Jugend durch Enttäuschungen in Herzensangelegenheiten, an ihn herantraten. Hölderlin hatte, kann man kurz sagen, niemals genug Ruhe weder vor der Welt noch auch vor sich selbst; er war zu wenig naiv, zu sehr sentimentalisch; er steigerte sich und plagte sich zu viel; er war so ziemlich Ebenbild von Goethe's Tasso [1]), ein Mann im Geist unwandelbar auf das Edelste und Höchste gerichtet, im Gemüth aber heimgesucht von der Pein, in welche allzu leidenschaftliches Empfinden und Streben sowie allzu eifriges Sichvergraben in das eigene Innere den Menschen verwickelt. Was man Laune und Humor nennt, schwand ihm immer mehr dahin; „Du hast Recht", schreibt er in noch ganz glücklicher und wolkenloser Zeit (1796) an seinen Freund Neuffer, „mit Deiner treuen Lehre, daß man die fröhlichen Stunden des Lebens nicht von sich weisen soll und daß auch das Lachen gut sei für den Menschen; aber Du fühlst wohl, daß sich das nicht leicht lernt; es ist Naturgabe, die ich gewiß nicht verwerfen würde, wenn ich sie hätte." Oder an seinen Bruder zu derselben Zeit: „Du fragst mich nach meiner Gemüthsstimmung; sie ist aus Licht und Schatten gewebt, wie überall, nur daß die Massen oft stärker, abstechender sind bei mir". Einen Halt gegen den Unmuth bot ihm zeitweise theils sein wolberechtigtes hohes Selbstgefühl, theils die Einsicht, daß es Pflicht des Mannes ist, aufrecht zu bleiben und auszuharren; aber es gelang ihm nicht, das Düstere seiner Stimmung und Weltanschauung auf die Dauer zu bemeistern.

Vor der Hand gieng nach Vollendung der Universitätsjahre Alles gut vorwärts. Hölderlin hatte Schiller während dessen Aufenthalt in der schwäbischen Heimat kennen gelernt; durch seine Vermittlung erhielt er die Stelle eines

---

1) Diese Vergleichung drängt sich unwillkürlich auf; sie findet sich auch bei Haym, die romantische Schule S. 309.

Erziehers im Hause der bekannten Frau von Kalb, damals in Waltershausen bei Meiningen. So dankbar er die freundliche Behandlung zu schätzen wußte, welche ihm hier zu Theil wurde, so hielt er doch nicht lange aus; die Kränklichkeit seines Zöglings, welche ihm viel Kummer machte, veranlaßte ihn im Januar 1795, nach Jena, das er schon vorher von Waltershausen aus öfter besucht hatte, überzusiedeln. Er lebte hier ein Vierteljahrlang, hörte Fichte, dessen „titanische“ Kraft ihm hohe Begeisterung abgewann, und lernte ihn sowie Herder und andere Größen des weimarischen Kreises persönlich kennen. Schiller nahm sich seiner und seiner dichterischen Erstlinge mit größtem Wolwollen an; mit Goethe hatte er ein kleines Mißgeschick, das, obwol an sich blos komisch, doch vielleicht dazu beitrug, daß Goethe von Hölderlin nicht den günstigen Eindruck empfieng, welchen dieser verdiente, sondern gegen sein Talent skeptischer als billig sich verhielt. „Bei Schiller“, schreibt Hölderlin 1794 an Neuffer, „war ich schon einige male, das erstemal nicht eben mit Glück. Ich trat hinein, wurde freundlich begrüßt und bemerkte kaum im Hintergrunde einen Fremden, bei dem keine Miene, auch nachher lange kein Laut etwas Besonderes ahnden ließ. Schiller nannte mich ihm, nannt' ihn auch mir, aber ich verstand seinen Namen nicht. Kalt, fast ohne einen Blick auf ihn begrüßt' ich ihn und war einzig im Innern und Aeußern mit Schiller beschäftigt; der Fremde sprach lange kein Wort. Schiller brachte die Thalia, wo ein Fragment von meinem Hyperion und mein Gedicht an das Schicksal gedruckt ist, und gab es mir. Da Schiller sich einen Augenblick darauf entfernte, nahm der Fremde das Journal vom Tische, wo ich stand, blätterte neben mir in dem Fragmente und sprach kein Wort; ich fühlt' es, daß ich über und über roth wurde; hätte ich gewußt, was ich jetzt weiß, ich wäre leichenblaß geworden. Er wandte sich drauf zu mir, erkundigte sich nach der Frau von Kalb, nach der Gegend und den Nachbarn unsres Dorfs, und ich beantwortete das Alles so einsylbig, als ich vielleicht selten gewohnt bin, aber ich hatte einmal meine Unglücksstunde. Schiller kam wieder, wir sprachen über das Theater in Weimar, der Fremde ließ ein paar Worte fallen, die gewichtig genug waren, um noch etwas ahnden zu lassen, aber ich ahndete nichts. Der Maler Meyer aus Weimar kam auch noch, der Fremde unterhielt sich über manches mit ihm, aber ich ahndete nichts. Ich gieng und erfuhr an demselben Tage im Klubb der Professoren, was meinst Du? Daß Goethe diesen Mittag bei Schiller gewesen sei. Der Himmel helfe mir, mein Unglück und meine dummen Streiche gut zu machen, wenn ich nach Weimar komme." Auffallend ist und bleibt die Thatsache, daß Goethe gerade das eigentlich Poetische in Hölderlin's Productionen, z. B. in dem schwungvollen Gedicht „an den Aether", nicht beachtete und auch die so edle und reine Form dieses und eines andern Jugendgedichtes, „der Wanderer", keines Wortes würdigte; er glaubte in beiden Gedichten nichts weiter als „ein sanftes, in Genügsamkeit sich auflösendes Streben, eine gewisse Lieblichkeit, Innigkeit und Mäßigkeit" zu erkennen (an Schiller 23. August 1797). Doch empfahl er (1. Juli 1797) Schiller den jungen Dichter als einen Mann, der es verdiene, daß man „das Möglichste thue, um ihn zu lenken und zu leiten". Letzteres schrieb Goethe wol mit Rücksicht auf Schiller's briefliche Aeußerung über Hölderlin (30. Juni): „er hat eine heftige Subjektivität und verbindet damit einen gewissen philosophischen Geist und Tiefsinn, sein Zustand ist gefährlich, da solchen Naturen so schwer beizukommen ist," eine Aeußerung, welche, nebenbei bemerkt, zeigt, daß schon damals gerade Solchen, welche Hölderlin wolwollend näher traten, etwas Unheimliches oder doch Bedenkliches an ihm aufgefallen war.

Nachdem Hölderlin im Frühling 1795 in die Heimath zurückgekehrt war, weil äußerer Gründe halber sein Verbleiben in Jena nicht länger fortgesetzt werden konnte, sollte nun das Schicksal des erst fünfundzwanzigjährigen jungen Mannes nach kurzem Lächeln des einzigen Glückes, das sein Leben ihm bot, eine tragische Wendung nehmen, welche weit schrecklicher war, als Alles, was etwa besorgte Freunde für ihn fürchten mochten. Hölderlin hatte schon auf der Universität einen ihm bis zu seinem Ende treu anhänglichen Freund, Isaac von Sinclair (aus einer ursprünglich schottischen Familie), gewonnen, der, Philosoph und Dichter, wie Hölderlin, doch sich der politischen Laufbahn gewidmet hatte und nun als hessischer Beamter in Homburg lebte [1]). Durch ihn erhielt Hölderlin,

---

1) Sinclair, geb. 1775 in Homburg, studirte in Tübingen und Jena, wurde 1798 Regierungsrath, 1805 Geheimrath des Landgrafen von Hessen-Homburg, dessen rechte Hand er in den wichtigsten Geschäften war. 1798 wurde er zum Kongreß in Rastadt gesandt, wohin er Hölderlin mitnahm; 1805 machte er, von zwei Betrügern einer Verschwörung gegen den Kurfürsten von Württemberg beschuldigt, eine fünfmonatliche Gefangenschaft auf Schloß

der sich wieder nach einer Hofmeisterstelle umsah, eine solche in Frankfurt a. M.; sie aber sollte für ihn der Weg zum Verderben werden. Wie es hiemit zugegangen ist, das ist von Karl Jügel, einem Verwandten des Hauses, in welches Hölderlin kam, in seinem Buch „Das Puppenhaus, ein Erbstück in der Gontard'schen Familie 1857", folgendermaßen erzählt:

Der im Jahr 1764 geborene Mitinhaber eines der angesehensten Handlungshäuser der Stadt Frankfurt am Main war neben vielen tüchtigen Eigenschaften von früher Kindheit an mit einer nervösen Erregbarkeit behaftet, welche durch sein ganzes späteres Leben zog und selbst nicht ohne nachtheilige Folgen für seine äußere Persönlichkeit geblieben war; denn

---

Solitude bei Stuttgart durch; 1814 focht er in Frankreich und war dann Gesandter des Landgrafen auf dem Wiener Kongreß; am 29. April 1815 wurde er für den bevorstehenden neuen Krieg zum Major im östreichischen Generalstab ernannt, starb aber am Abend desselben Tags an einem Schlagfluß, der ihn im Hause eines Schneidermeisters, wohin er behufs seiner Equipirung sich eilig verfügt hatte, plötzlich überfiel und seinem Leben nach drei Stunden ein Ende machte. Varnhagen, der damals in Wien lebend den Sachverhalt kannte, erzählte ihn später unter Eliminirung des Schneiders eleganter, aber sehr unvorsichtig so: „plötzlich erfuhr man morgens, S. sei über Nacht vom Schlagfluß getroffen und in einem Hause, wo man ihn nicht kannte und wo Niemand hingesucht hätte, todt gefunden worden" (Denkwürdigkeiten 5, 47); daraus wurde in Gödeke's Grundriß 3, 68 „er starb in einem öffentlichen Hause am Schlage". So kommt „Geschichte" zu Stande! Das Wahre war schon im Stuttgarter „Morgenblatt" vom 20. Juni 1815 berichtet. Ueber Sinclair handelt ausführlich Karl Schwartz in seinem reichhaltigen, auf historische Quellen gestützten Werke: Landgraf Friedrich V von Hessen-Homburg und seine Familie 1878, im ersten Bande S. 191—251.

in einem seiner heftigen Momente stieß er sich noch als Knabe mit einer Gabel, die er eben in der Hand hielt, so arg in das rechte Auge, daß dessen Verlust sowohl als das dadurch entstandene starke Schielen des anderen sein sonst wohlgebildetes Aeußere erheblich beeinträchtigten. Desungeachtet gewann er, zum Manne herangewachsen, in Hamburg die einzige Tochter eines angesehenen und sehr vermögenden Hauses (Borkenstein) zur Braut. Sie wird als eine vollendete Schönheit von edler griechischer Gestalt geschildert. Ihr langes schwarzes Haar und ihr sprechendes Auge von gleicher Farbe erhöhten noch um so mehr die blendende Weiße ihres Teints, und je länger man die wundervollen Formen dieser Gesichtsbildung betrachtete, je mehr steigerte sich der bezaubernde Eindruck, den das Imponirende dieser Erscheinung auf einen Jeden machte, der sich ihr nahte. Sie war der Abgott ihrer Mutter, welche darum auch unablässig bemüht gewesen, ihre Erziehung mit der größten Sorgfalt zu leiten. Sprachen, Literatur, Musik u. s. w. bildeten mit den feineren weiblichen Handarbeiten die Hauptgegenstände ihrer täglichen Beschäftigung; demungeachtet konnte man sie keineswegs als verwöhnt betrachten, da ihr die natürlichste Einfachheit geblieben war. Da die Mutter in den freundschaftlichsten Beziehungen zu Klopstock stand, so wurde beschlossen, die Trauung in der Kirche des schönen Dorfes Ottensen, dem Wohnsitze des berühmten Dichters, zu vollziehen, in dessen Nähe die Familie ein Landhaus besaß. Der Zug bewegte sich von Hamburg durch Altona Ottensen zu; die Stimmung der Braut war jedoch eine ernste, die sich zu schmerzlicher Bestürzung steigerte, als sie einem Leichenzuge begegneten, der eine in den Wochen gestorbene Frau zu Grabe geleitete. Die schöne Braut brach in Thränen aus; erst in Ottensen gelang es der Beredtsamkeit Klopstock's die düsteren Bilder zu verscheuchen, die in ihr aufgestiegen; die Trauung ward vollzogen, und das junge Ehepaar reiste der neuen Heimath zu. Allmälig sollte das Glück desselben ernste Störungen erfahren. Die mit nach Frankfurt gezogene Mutter der jungen Frau starb; die Sorge um sie und um die eigenen Kinder hatte ihr das Herz bis daher vollkommen ausgefüllt, in dem sie nun bald eine um so größere Leere empfand, da ihr geschäftseifriger Gatte den Verlust der Mutter in vielen Beziehungen nicht zu ersetzen vermochte. Rath und Beistand der Mutter im Hauswesen wurde durch eine Gehilfin ersetzt, und die Erziehung der vier Kinder sollte einem Hauslehrer anvertraut werden. Es währte lange, bis eine passende Wahl zu Stande kam. Endlich fiel sie durch Empfehlung eines Freundes der Familie auf Friedrich Hölderlin aus Nürtingen im Württembergischen, dessen damals eben aufblühendes Dichtertalent bereits anfing, Aufsehen zu erregen, und der mit allen erforderlichen Fähigkeiten ausgerüstet alsbald anlangte. Wirklich entsprach er den gehegten Erwartungen aufs Vollkommenste. Er gefiel Allen und erfüllte selbst die gespanntesten Anforderungen. Sein Aeußeres war höchst einnehmend und hatte sonderbarer Weise eine große Aehnlichkeit mit Susetten's Bruder, was ihm um so leichter deren Vertrauen gewann. Auch die Kinder hiengen bald mit Liebe an ihm, und der Herr des Hauses fand sich durch seine Gegenwart um Vieles erleichtert, da er sich der Sorge für die Kinder enthoben sah, bei deren Erwähnung er stets zu sagen pflegte: „Den Börsencours verstehe ich aufs Haar, aber wie die Kinder geleitet werden sollen oder was sie lernen müssen, das ist nicht meine Sache, dafür muß die Mutter sorgen". Und das that sie auch redlich. Hölderlin stand ihr dabei treu zur Seite, und Beide unterhielten sich oft über die besten dabei einzuschlagenden Wege, wobei die belesene Frau Susette Gelegenheit hatte, die gründliche Gelehrsamkeit und den biederen Charakter des „lieben Schwaben", wie Schiller den jungen Dichter zu nennen pflegte, kennen zu lernen. Aber auch der neuen Gehilfin, einem hübschen, einer guten Familie angehörigen Mädchen, waren Hölderlin's Vorzüge nicht unbemerkt geblieben. Sie mochte im Stillen den Plan entworfen haben, sich durch ihn möglicherweise zur künftigen Frau Professorin erheben zu lassen, und richtete ihr Benehmen darnach ein. Hievon ahnte jedoch der gleich einem zweiten Fridolin seiner Herrin ergebene junge Mann nichts, dessen ganzes Streben allein dahin gieng, durch treue Pflichterfüllung das Vertrauen zu verdienen, mit dem Frau Susette ihm um so bereitwilliger entgegenkam, da ihr selbst ein gebildeter, lehrreicher Umgang Bedürfniß war. Beide hatten keine Ahnung davon, daß dieser harmlose geistige Verkehr zur Quelle eines verhängnißvollen Geschicks für sie werden sollte. Der Herr des Hauses wußte und hatte kein Aber dabei, daß Hölderlin seiner Frau Bücher brachte und ihr öfters das Beste der neuesten Erscheinungen vorlas. Er war gewohnt, jeden Abend seine Partie zu machen, und war zufrieden, seine Frau bis zu seiner Heimkehr angenehm unterhalten zu wissen. Nicht so die Gehilfin, die, ohne Aussichten für sich selbst, das stille Glück zu mißgönnen begann, dessen sich Hölderlin im Umgang mit seiner Herrin zu erfreuen hatte. Sie wußte es so einzurichten, daß sie dem Herrn selbst die Thüre öffnen mußte, wenn er am Abend heimkehrte; und wenn er dann die stereotype Frage „ist meine Frau zu Hause" an sie richtete, so wußte sie ihrer sich häufig wiederholenden Antwort „Herr Hölderlin liest ihr vor" nach und nach eine Betonung zu geben, die endlich in einem Moment übler Geschäftslaune wie ein zündender Funke wirkte. Mit dem nicht sowohl Eifersucht als vielmehr beleidigten Stolz verrathenden Ausrufe „sitzt denn der Mensch beständig bei meiner Frau?" stürzte er ins Zimmer und auf Hölderlin zu. Ein jäher Zorn übermannte den jungen sich schuldlos wissenden Dichter, und es würde zur ärgerlichsten Szene gekommen sein, hätte nicht ein Blick auf die erschrockene Herrin ihm seine ganze Fassung wiedergegeben. Rasch verließ er das Zimmer, packte seinen Koffer und kehrte noch in derselben Nacht einem Hause und damit Verhältnissen den Rücken, die ihn um so höher beglückt hatten, je reiner er sich derselben bewußt sein konnte [2]). Inzwischen wurde nun auch eben dieses Bewußtsein bei Frau Susette in einer Weise wach, die sich in dem ganzen Uebergewichte gekränkter Weiblichkeit geltend machte. Indignirt von dem Vorfalle, bestand sie darauf, Hölderlin zurückzurufen, oder sofort nach Hamburg zu ihrem Bruder zurückzukehren, an welchem letzteren Vorsatze sie nur durch einen in Folge der Aufregung sich zugezogenen Fieberanfall gehindert wurde. Jetzt erkannte der Mann seine Uebereilung und würde jedes von ihm geforderte Opfer gebracht haben, sie wieder gut zu machen, wenn nicht sein Onkel einen das G....'sche Hochgefühl weniger beugenden Weg erdacht hätte, um die Ausgleichung des gestörten Verhältnisses der Zeit zu überlassen; er schickte den sich schuldbewußten Neveu in Geschäften nach Wien, wohl wissend, daß ein Mutterherz mit der ihm allein überlassenen Sorge

2) Ganz in derselben Weise wird die Katastrophe auch von andern Autoritäten in Frankfurt erzählt, allerdings mit der die Thatsache noch um ein Moment weiter tragisch machenden Notiz, daß der Tradition zufolge eine Landsmännin H.'s, Tochter eines wirtembergischen Pfarrhauses, die Unselige war, die des Gatten Zorn gegen H. zu entflammen wußte. Nach Varnhagen „traf Gontard den Dichter in süßem Gespräche, unschuldigem gewiß, aber doch innigem und dadurch verdächtigem, mit seiner Frau und gab ihm eine Ohrfeige, eine Roheit, die H. der Frau wegen nicht einmal rächen durfte". Ueber Varnhagen's Glaubwürdigkeit s. S. xi. So romanhaft Schlag auf Schlag gieng die Sache überhaupt nicht; auch Jügel hat hier ungenügende Angaben. Es war H. noch möglich, sich formell zu verabschieden; er schreibt in einem schwerlich unterschobenen Briefe (jetzt gedruckt bei Kelchner, F. Hölderlin in seinen Beziehungen zu Homburg S. 7 ff.) an seine Mutter (welcher er freilich Anderes verschwieg): „ich erklärte Herrn Gontard, daß es meine künftige Bestimmung erfordere, mich auf eine Zeit in eine unabhängige Lage zu versetzen, ich vermied alle weitern Erklärungen, und wir schieden höflich auseinander".

für die Kinder am schnellsten vergessen lernt. Und so war es auch; der eheliche Friede ward bald wieder hergestellt. Aber die Aufregung hatte bei Frau Susette doch eine krankhafte Reizbarkeit hinterlassen, die sie für jeden äußeren Einfluß äußerst empfänglich machte. Die Kinder bekamen die Nötheln, die sich der zärtlich pflegenden Mutter sofort mittheilten; eine leichte Erkältung trat hinzu, und die Ahnung an ihrem Hochzeittage sah sich erfüllt, sie starb und hinterließ ihren Gatten in einer an Wahnsinn grenzenden Verzweiflung. Eine innere Stimme mochte ihm zurufen, was Carlos einst dem Könige bei der Leiche Posa's zurief: „Dieses zarte Saitenspiel zerbrach in Deiner metallnen Hand"; aber es war zu spät.

Wir kehren von dieser Berichterstattung zurück zu einer genauern Betrachtung der Stimmungen, welche Hölderlin in dieser Zeit durchlebte.

Eine ziemlich lange Zeit hindurch befand sich der junge Dichter in dem Hause, in welches er im Januar 1796 eintrat, und in dem er auch äußerlich sehr vortheilhaft gestellt war, ganz vortrefflich. Er sah, daß er unter „gute Menschen" gekommen war, er fühlte sich „glücklich" und „verjüngt", nachdem er beinahe schon zum „alten Manne" geworden zu sein glaubte, er lud Verwandte und Freunde nach Frankfurt, er verschaffte mit Sinclair seinem Hegel eine Hofmeisterstelle in einer andern angesehenen Familie der Stadt und verlebte fröhliche Stunden mit ihm, er verabschiedete freilich allmälig mehr und mehr die trockene Philosophie, brütete aber um so eifriger über neuen großen dichterischen Entwürfen. Seinen Angehörigen vertraute er nichts Bestimmtes über die Sonne, von welcher diese ganz unverhoffte und ihm selbst immer unfaßbarer werdende Glückseligkeit zu ihm herüberstrahlte, wol aber dem Jugendfreund Neuffer:

„Ich wollt'", schreibt er am 10. Juni 1796, „es ginge Dir, wie mir. Ich bin in einer neuen Welt. Ich konnte wohl sonst glauben, ich wisse, was schön und gut sey, aber seit ichs sehe, möcht' ich lachen über all' mein Wissen. Lieber Freund! es gibt ein Wesen auf der Welt, worin mein Geist Jahrtausende verweilen kann und wird, und dann noch sehn, wie schülerhaft all unser Denken und Verstehen vor der Natur sich gegenüber findet. Lieblichkeit und Hoheit, und Ruh' und Leben, und Geist und Gemüth und Gestalt ist Ein seliges Eins in diesem Wesen. Du kannst mir glauben, auf mein Wort, daß selten so etwas geahndet, und schwerlich wieder gefunden wird in dieser Welt. Du weißt ja, wie ich war, wie mir Gewöhnliches entleidet war, weißt ja, wie ich ohne Glauben lebte, wie ich so karg geworden war mit meinem Herzen, und darum so elend; konnt' ich werden, wie ich jetzt bin, froh wie ein Adler, wenn mir nicht dies, dies Eine erschienen wäre, und mir das Leben, das mir nichts mehr werth war, verjüngt, gestärkt, erheitert, verherrlicht hätte, mit seinem Frühlingslichte? Ich habe Augenblicke, wo all meine alten Sorgen mir so durchaus thöricht scheinen, so unbegreiflich wie den Kindern. Es ist auch wirklich oft unmöglich, vor ihr an etwas sterbliches zu denken, und eben deßwegen läßt so wenig sich von ihr sagen. Vielleicht gelingt mirs hie und da, einen Theil ihres Wesens in einem glücklichen Zuge zu bezeichnen, und da soll Dir keiner unbekannt bleiben. Aber es muß eine festliche durchaus ungestörte Stunde seyn, wenn ich von ihr schreiben soll."

Desgleichen am 16. Februar 1797:

Ich habe eine Welt von Freude umschifft, seit wir uns nicht mehr schrieben. Ich hätte Dir gerne indeß von mir erzählt, wenn ich jemals stille gestanden wäre und zurückgesehen hätte. Die Woge trug mich fort, mein ganzes Wesen war immer zu sehr im Leben, um über sich nachzudenken.

Und noch ist es so! noch bin ich immer glücklich, wie im ersten

Moment. Es ist eine ewige fröhliche heilige Freundschaft mit einem Wesen, das sich recht in dies arme geist- und ordnungslose Jahrhundert verirrt hat! Mein Schönheitssinn ist nun vor Störung sicher. Er orientirt sich ewig an diesem Madonnenkopfe. Mein Verstand geht in die Schule bei ihr, und mein uneinig Gemüth besänftiget, erheitert sich täglich in ihrem genügsamen Frieden. Ich sage Dir, lieber Neuffer! ich bin auf dem Wege, ein recht guter Knabe zu werden. Und was mich sonst betrifft, so bin ich auch ein wenig mit mir zufrieden. Ich dichte wenig und philosophire beinahe gar nicht mehr. Aber was ich dichte hat mehr Leben und Form; meine Phantasie ist williger, die Gestalten der Welt in sich aufzunehmen, mein Herz ist voll von Lust; und wenn das heilige Schicksal mir mein glücklich Leben erhält, so hoff' ich künftig mehr zu thun, als bisher.

Ich wollte Dir so viel schreiben, bester Neuffer! aber die armen Momente, die ich habe dazu, sind so sehr wenig, um das Dir mitzutheilen, was in mir waltet und lebt! Es ist auch immer ein Tod für unsere stille Seligkeit, wenn sie zur Sprache werden muß. Ich gehe lieber so hin in fröhlichem schönem Frieden, wie ein Kind, ohne zu überrechnen, was ich habe und bin, denn was ich habe, faßt ja doch kein Gedanke ganz. Nur ihr Bild möcht ich Dir zeigen und so brauchte es keine Worte mehr! Sie ist schön, wie Engel. Ein zartes geistiges himmlischreizendes Gesicht. Ach! ich könnte ein Jahrtausend lang in seliger Betrachtung mich und alles vergessen, bei ihr, so unerschöpflich reich ist diese anspruchlose stille Seele in diesem Bilde! Majestät und Zärtlichkeit, und Fröhlichkeit und Ernst, und süßes Spiel und hohe Trauer und Leben und Geist, alles ist in und an ihr zu Einem göttlichen Ganzen vereint. Gute Nacht, mein Theurer! „Wen die Götter lieben, dem wird große Freude, großes Leid zu Theil." Auf dem Bache zu schiffen, ist keine Kunst. Aber wenn unser Herz und unser Schicksal in den Meeresgrund hinab und an den Himmel hinauf uns wirft, das bildet den Steuermann."

Freilich konnte diese Glückseligkeit, selbst wenn keine

Störung von außen sie erschütterte, auf die Dauer keine wolkenlose sein, der Dichter mußte selbst fühlen, daß er nur immer tiefer in ein Meer des Unheils sich versenkte, je mehr die Liebe zu „Diotima“ zu einer Leidenschaft heranwuchs, welche sein ganzes Herz ergriff und es verzehrte mit Flammengewalt; schon im Sommer 1797 schreibt er an Neuffer:

„Du fehlst mir oft, mein Bester! Philosophiren, Politisiren, u. s. w. läßt sich mit Manchem. Aber die Zahl der Menschen, denen man sich, sein Schwächstes und sein Stärkstes offenbart, die mag man nicht so leicht verdoppeln. Ich hab' es auch fast ganz verlernt, so ganz vertrauend einem Freunde mich zu öffnen. ‚Ich möchte bei Dir sitzen, und erst an Deiner Treue wieder recht erwarmen — dann sollt' es wohl von Herzen gehn! — O Freund! ich schweige und schweige, und so häuft sich eine Last auf mir, die mich am Ende fast erdrücken, die wenigstens den Sinn unwiderstehlich mir verfinstern muß. Und das eben ist mein Unheil, daß mein Auge nimmer klar ist, wie sonst. Ich will es Dir gestehen, daß ich glaube, ich sey besonnener gewesen als jetzt, habe richtiger als jetzt geurtheilt von andern und mir in meinem zwei und zwanzigsten Jahre, da ich noch mit Dir lebte, guter Neuffer! O! gib mir meine Jugend wieder! Ich bin zerrissen von Liebe und Haß. Aber ich kann Dir nicht gefallen mit derlei unbestimmten Aeusserungen, deßwegen bin ich lieber stille.

Auch Du bist glücklicher gewesen als Du bist. Doch hast Du Ruhe. Und ohne sie ist alles Leben so gut wie der Tod. Ich möchte sie auch haben, mein Lieber!“

Die oben schon erzählte gewaltsame Trennung von Diotima im September 1798 nach beinahe zweijährigem Zusammensein traf daher allerdings Hölderlin nicht ganz unvorbereitet, und sie riß ihn wenigstens äußerlich heraus aus einem Verhältnisse, dessen Unhaltbarkeit zu erkennen er doch wol auch nicht umhin konnte; aber sie machte deßungeachtet die „Zerrissenheit" in ihm nun erst ganz vollkommen. Die Leere, welche er nach dem Abschied von der so hoch vergötterten Gestalt in seinem Herzen fühlte, war zu fürchterlich, als daß er ihrer hätte leicht Herr werden können, und fast noch stärker griff ihm ins Innerste seines empfindlichen Gemüths die „Beleidigung", die Kränkung des Ehrgefühls, welche er durch die Wegweisung aus dem Hause hatte erdulden müssen: „ich hätte", heißt es in einem Brief an seinen Bruder im November 1798, „Dir oft gerne geschrieben in den letzten Tagen zu Frankfurt, aber ich verhüllte mein Leiden mir selbst, und ich hätte manchmal mir die Seele ausweinen müssen, wenn ich es aussprechen wollte". Einen allzu harten Stoß hatte er erlitten, den er nur verwinden konnte entweder durch energische Aufraffung seiner selbst oder durch ganz besonders wolthätig auf ihn wirkende neue Erlebnisse, welche letzteren aber leider niemals kommen wollten.

Vom Herbst 1798 bis in den Sommer 1800 lebte Hölderlin in Homburg, wo er bei Sinclair alle Beruhigung und Aufrichtung fand, welche die Theilnahme eines edeln Freundes gewähren kann. Auch andere „gute, zum Theil vortreffliche Männer lernte er", wie er schreibt, „kennen, und genoß [insbesondere auch von Seiten des Landgrafen und dessen Tochter, der Prinzessin Auguste, welche ihm ein Klavier zum Geschenk machte] mehr Attention und Theilnahme, als ein Fremder erwarten kann, der nichts zu geben hat, als hie und da eine ehrliche Meinung." Seine zuerst stark erschütterte Gesundheit ward vollständig hergestellt; er gewann in Homburg „einen Arzt, einen immer heitern und treuherzigen Mann, der einen wenigstens auf Augenblicke schon durch sein gesundes menschenfreundliches Gesicht heilen kann, einen Mann für alle Hypochonder". Anerkennungswerth ist, daß Hölderlin, obwol er von Homburg allzunahe nach dem verlassenen Frankfurt hinübersahe, doch eben in dieser Zeit ungemein eifrig und gewissenhaft sich zu überwinden und zu ermannen suchte. Er erkannte die Gefährlichkeit und Verfehltheit des Unmuths, er schrieb im Dezember 1798 an seinen Bruder die schönen Worte:

„Fasse mir dies Wort, das ich Dir sagen will, mit Deinem hellsten Geiste auf, und glaub' es meiner Liebe: die Welt zerstört uns bis auf den Grund, wenn wir jede Beleidigung geradezu ins Herz gehen lassen, und die Besten müssen schlechterdings auf irgend eine Art zu Grunde gehen, wenn sie nicht noch zu rechter Zeit dahin kommen, daß sie alles, was die Menschen ihnen aus Nothdurft und Geistes- und Herzensschwäche anthun, in den ruhigen Verstand aufnehmen, statt ins gute Gemüth, das auch, wenn es gekränkt ist, von seiner Großmuth nicht lassen kann, und den armen Beleidigungen der Menschen die Ehre widerfahren läßt, sie hoch zu nehmen. Glaube mir, der hierin gewiß nicht aus Eigendünkel, sondern aus dem tiefen Gefühle seines Mangels und aus manchen trüben Erinnerungen spricht, glaube mir, der ruhige Verstand ist die heilige Aegide, die im Kriege der Welt das Herz vor giftigen Pfeilen bewahrt. Und ich glaube, zu meinem eigenen Troste, daß dieser ruhige Verstand, mehr als irgend eine Tugend der Seele, durch die Einsicht seines Werths und gutwillige beharrliche Uebung kann erworben werden."

Hölderlin suchte jetzt vor Allem in beständiger Thätigkeit die Beruhigung seines Innern zu finden, er warf sich auf größere und kleinere poetische Arbeiten, er begann namentlich ein großes Trauerspiel „Der Tod des Empedokles", über welches er auch an Schiller berichtete, dessen Ausführung aber freilich nicht eigentlich wolthätig sein konnte für sein krankes Gemüth; denn es sollte, nach den vorhandenen Bruchstücken, darstellen den hochbegabten und -gesinnten Genius, welcher, mit der Gottheit im Bunde und in die Geheimnisse des Universums eingedrungen, durch die ihm hiemit gewordene Erhebung über den gemeinen Götterglauben innerlich unglücklich wird, weil sie ihn einsam macht unter den im Alten befangenen Menschen, und welcher, da er die ihm offenbare Wahrheit doch nicht ganz verschweigen kann, hiedurch mit dem Volk und seinen Priestern in Streit geräth, von ihnen nicht verstanden, ja „empörend beleidigt" wird, so daß er der Welt überdrüssig in die Einsamkeit des Aetnagebirges sich zurückzieht und endlich in die Flammen des Vulkans sich stürzt, um der Enge und Dürftigkeit des Menschenwesens zu entrinnen und mit der allwaltenden Natur, die ihn geboren, sich wieder zu vereinen.

Ein anderer Plan, welcher Hölderlin in Homburg beschäftigte, die Gründung einer litterarisch-ästhetischen Zeitschrift, erwies sich als unausführbar, und noch weniger konnte der schon früher von ihm gehegte, jetzt auch wieder aufgenommene Gedanke, Docent in Jena zu werden, Erfolg haben, da seine Naturanlage ihn für eine solche Thätigkeit nicht bestimmt hatte. Er kehrte daher im Sommer des Jahrs 1800 in die Heimath zurück. Was jetzt geschehen mußte, um Hölderlin zu retten, war dieß, daß er das so lange unstet hinundherwogende Schiff seines Lebens endlich einmal in ruhigere Bewegung brachte, d. h. daß er sich dazu verstand, einen festen Beruf zu ergreifen. That er dieß, so bekam seine Existenz (mit Goethe zu reden) den „Ballast, der ihr die gehörige Schwere gab"; er konnte in ernstlich geregelter Thätigkeit über viele sonst einsam düstere Stunden hinwegkommen, die Unruhe seines Geistes konnte sich mildern; das im Jahr 1802 eintretende Hinscheiden Diotima's konnte ihn in gesünderer und kräftigerer Gemüthsverfassung treffen; der Tod, der die Wunden des Lebens heilt, konnte in solcher Stimmung den tobenden Unmuth über die Trennung von ihr und über die „Beleidigung", die er dabei erfahren, in sanftere Wehmuth auflösen, ja er konnte ihm so geradezu wolthätig werden: sein Herz konnte frei werden von der unseligen Spannung, in welcher er sich befand durch das stete Hingezogenwerden zu der so nahen und doch so unerreichlich fernen angebeteten Gestalt, und es konnten neue Bahnen im Leben sich für ihn eröffnen. In der That ist von dieser Zeit an bei Hölderlin von Amt und Würden, sogar von Vicariat und Pfarrei, öfter die Rede. Allein ernst wurde es auch mit solchen Gedanken nicht. Hölderlin zog nach Stuttgart und befand sich sehr wol im Hause des ihm befreundeten Kaufmann's Landauer, dessen Kinder er unterrichtete; die Freude, wieder im schönen Heimathland zu sein, spricht sich in vollen Zügen aus in dem sicher in diese Zeit fallenden Gedicht „Herbstfeier"; neue Bekanntschaften mit jüngern schwäbischen Dichtern knüpften sich an; auch „Anträge zu Unterrichtsstunden" wurden ihm, wie er schreibt, von verschiedenen Seiten her gemacht, „fast unbarmherzig wurde er von seinen Freunden bestürmt in Stuttgart zu bleiben", und so konnte es nicht fehlen, daß er „mit Heiterkeit in die zweite Hälfte seines Lebens hinauszusehen" begann und sich vornahm, „nimmer den Unmuth in sich Meister sein zu lassen". Indeß hatte dieser Unmuth doch gerade in Stuttgart eine gefährliche Gestalt angenommen. „Auffallend", berichtet die Biographie von Schwab, „war die Gereiztheit seines Seelenzustandes; ein zufälliges unschuldiges Wort, das gar keine Beziehung auf ihn hatte, konnte ihn so sehr aufbringen, daß er die Gesellschaft, in der er sich eben befand, verließ und nie zu derselben wiederkehrte". Man hat sich dieß wol so zu erklären. Die Erinnerung an das Mißgeschick in Frankfurt führte bei Hölderlin ganz besonders deswegen etwas Drückendes und Peinliches mit sich, weil er dabei vor Allem sein Ehrgefühl „beleidigt" sah; aus solcher Stimmung erzeugt sich natürlich eine Menschenscheu, indem man fürchtet, Gegenstand des neugierigen Interesse's, des, selbst wieder kränkenden Mitleidens oder andrerseits auch der Spötterei Derer, die von der Sache wissen, zu werden. Solche Menschenscheu aber wird dem Gemüth weniger unter Ferner- als unter Näherstehenden zur wirklichen Qual; der Fernerstehende kennt uns so genau nicht, er fragt weniger nach unsern persönlichen Angelegenheiten, er belästigt uns (vorausgesetzt, daß er ein gebildeter und anständiger Mann ist) nicht durch Zudringlichkeit, er läßt uns unsere Wege gehen, er wird einen Unglücklichen, mit dem er in Verkehr kommt, mit Achtung und Schonung behandeln, und er wird dieß namentlich bethätigen durch vorsichtiges Schweigen von Allem, was den Verwundeten schmerzen könnte. Anders dagegen kann es sein bei Näherstehenden, bei Landsleuten, Mitbürgern, Verwandten; da ist der Mensch zu bekannt, man fragt nach ihm und seinem Geschick, man spricht gern davon, vielleicht wolmeinend und theilnehmend, aber das will eben der in seinem Ehrgefühl verletzte Unglückliche nicht, er will nicht Gegenstand des Geredes sein, und weil er weiß, daß er es doch da und dort sein wird, so fürchtet er sich vor den Zungen der Leute, er wird mißtrauisch, er wittert überallher Anspielungen und spitze Bemerkungen, und so kann ihm das Leben unter Näherstehenden allmälig geradezu unerträglich werden, er will nicht ewig „unter jedem Zufallswörtchen schwitzen“, er will nicht der Mann sein, auf den allerwärtsher gedeutet wird, er will nicht als ein vom Schicksal Gezeichneter umhergehen, der in Jedermann's Munde ist. So ergieng es wol Hölderlin. In Homburg hatte er Sinclair's treue Freundschaft genossen, sonst aber unter Fernerstehenden, die ihn nicht belästigten, gelebt; in Stuttgart war es anders, hier konnte er nicht mit der Unbefangenheit sich bewegen, die ihm gut gewesen wäre, hier quälte ihn Furcht vor neuer „Beleidigung“ und Argwohn, der sich selbst da solche einbildet, wo sie in Wahrheit gar nicht vorhanden ist. Und so beschloß er denn abermals den Wanderstab zu ergreifen und alle die günstigen Aussichten auf ein Seßhaftwerden in der Heimath, welche sich ihm durch die freundschaftliche Theilnahme so Vieler eröffnet hatten, dahinten zu lassen, indem er eine Erzieherstelle in der Schweiz, in Hauptwil (in der Nähe von St. Gallen), annahm. Bezeichnend für die innern Gründe dieses Entschlusses, wieder die Ferne aufzusuchen, ist ein Brief Hölderlin's an seine Schwester im Dezember 1800. Es heißt hier: „Ich gestehe Dir, daß ich meinen Entschluß, so sehr er meinem Herzen widersprach, doch immer mehr mit meinem Herzen zu reimen weiß. Ich habe in mir ein so tiefes dringendes Bedürfniß nach Ruhe und Stille, mehr als Du mir ansehen kannst und ansehen sollst. Ich kann den Gedanken nicht ertragen, daß ich, um auszukommen, so kalt und allzunüchtern und verschlossen werden soll; ich fühle mich oft wie Eis und fühle es nothwendig, so lange ich keine stillere Ruhestätte habe, wo Alles, was mich angeht, mich weniger nah und ebendeswegen weniger erschütternd bewegt; hierin liegt für mich der Hauptgrund, der mich zu meinem Entschlusse bestimmte."

In der Schweiz, wohin er am Ende d. J. 1800 abreiste, scheint er sich zuerst gut befunden zu haben. Es beweisen dieß nicht nur einige schöne Gedichte, welche während dieses Aufenthalts entstanden, sondern auch die Worte in einem Brief an seinen Bruder aus Hauptwil: „Hier in dieser Unschuld des Lebens, hier unter den silbernen Alpen soll es mir endlich auch leichter von der Brust gehen; ... die goldenen Hoffnungen, mein Karl! verlassen mich nicht." Indeß blos wenige Monate dauerte in der That dieser sich scheinbar so gut anlassende Aufenthalt in Hauptwil. Im April 1801 sehen wir den Dichter schon wieder in Stuttgart, aber auch da nur, um im Dezember seinem Vaterlande wiederum zu entfliehen, indem er eine Hauslehrerstelle bei Herrn Bethmann, Hamburgischem Konsul in Bordeaux, annahm. Auch hier begann Alles froh und schön; er glaubte sich, als er abreiste, „durch und durch gehärtet und geweiht", er vertraute fest „glücklich zu sein"; „mir geht es", schreibt er aus Bordeaux, „so wol, als ich nur wünschen darf! ich hoffe auch das, was meine Lage mir gibt, allmälig zu verdienen, und einmal, wenn ich in die Heimath wiederkomme, der wahrhaft vortrefflichen Menschen, denen ich hier verbunden bin, nicht ganz unwürdig zu sein." Aber Bordeaux sollte der Ort sein, von welchem er nach kurzer Zeit unheilbar krank zu den Seinigen zurückkehrte. Nachrichten sowol von Hölderlin selbst als von dem Hause in Bordeaux über Ursachen und Umstände seines Weggangs von dort sind, wie es scheint, nicht vorhanden. Schelling gibt in dem S. XXVIII erwähnten Briefe folgendes an: „Hölderlin gieng nach Frankreich mit ganz falschen Vorstellungen von dem, was er bei seiner Stelle zu thun hätte, und kehrte sogleich wieder zurück, da man Forderungen an ihn gemacht zu haben scheint, die er zu erfüllen theils unfähig war, theils mit seiner Empfindlichkeit nicht vereinigen konnte." Ganz gewiß weiß man nur so viel, daß er im Juni 1802 „die schöne Garonne und die Gärten von Bordeaux", deren er sich in dem (bereits unklaren und daher in dieser Ausgabe nicht abgedruckten) Gedicht „Andenken" [1]) mit Freuden erinnert, verließ und eine Wanderung antrat, welche ihn durch Südfrankreich, in die Nähe der Vendee und nach Paris führte. Auch auf diese Reise sah er später noch mit Begeisterung zurück; er rühmte in einem (auch vielfach unklaren) Briefe an einen Freund vom 2. Dez. 1802 die Schönheit einzelner Männer und Frauen, die er gesehen; „das Athletische der südlichen Menschen in

---

1) Wie dieses müssen auch die Gedichte „Dichterberuf", „Der Rhein" (Fragment) und das leider allzutiefsinnig apokalyptische Gedicht „Patmos" (1803) von dieser Sammlung ausgeschlossen bleiben.

den Ruinen des antiken Geistes machte mich mit dem eigentlichen Wesen der Griechen bekannter, das Leben dieser Menschen in der Natur und ihre Eingeschränktheit und Zufriedenheit hat mich beständig ergriffen; in den Gegenden, die an die Vendee grenzen, hat mich das Wilde, Kriegerische, das rein Männliche interessirt; der Anblick der Antiken hat mir einen Eindruck gegeben, der mir nicht allein die Griechen verständlicher macht, sondern überhaupt das Höchste der Kunst." Im Juli 1802 war Hölderlin plötzlich bei den Seinen in Nürtingen erschienen im Zustand völligen Irrsinns, den zunächst die Durchwanderung Frankreichs in den heißesten Sommertagen zum Ausbruch gebracht haben mochte, und in einem Aufzug, der, wie Schwab angibt, die Aussage, daß er unterwegs beraubt worden sei, zu bestätigen schien. Allmälig wurde er im mütterlichen Hause wieder ruhiger; man hoffte, ein Aufenthalt bei einem Geistlichen auf dem Lande werde zu seiner Heilung beitragen, und auch daran dachte man, ihn wieder nach Norddeutschland zu bringen. In dieser Zeit sah Schelling den alten Freund; er schrieb am 11. Juli 1803 aus Cannstadt (bei Stuttgart) an Hegel: „Der traurigste Anblick, den ich während meines hiesigen Aufenthalts gehabt habe, war der von Hölderlin. Seit einer Reise nach Frankreich, seit dieser fatalen Reise ist er am Geist ganz zerrüttet —; sein Anblick war für mich erschütternd, er vernachläßigt sein Aeußeres bis zum Ekelhaften und hat, da seine Reden weniger auf Verrückung hindeuten, ganz die äußeren Manieren solcher, die in diesem Zustande sind, angenommen. Hier zu Lande ist keine Hoffnung ihn herzustellen. Ich dachte Dich zu fragen, ob Du Dich seiner annehmen wolltest, wenn er etwa nach Jena käme, wozu er Lust hatte; er bedarf ruhige Umgebung und wäre durch eine suivirte (allmälig vorgehende) Behandlung wahrscheinlich zurechtzubringen. Wer sich seiner annehmen wollte, müßte durchaus seinen Hofmeister machen und ihn von Grund aus wieder aufbauen; hätte man erst über sein Aeußeres gesiegt, so wäre er nicht weiter zur Last, da er still und in sich gekehrt ist." (Hegel antwortete theilnehmend, in einem noch nicht gedruckten Briefe, und läßt noch 1810 Hölderlin durch Sinclair grüßen, unter Erinnerung an das „unglückliche Frankfurt", Rosenkranz Leben Hegel's S. 271.) Im Sommer 1804 schien Hölderlin hergestellt; Sinclair brachte ihn nach Homburg, wo der Landgraf ihm eine Anstellung als Bibliothekar mit einem von Sinclair abgetretenen Gehalte von 200 Gulden angeboten hatte. Alles war vergeblich; die Gedichte und die wissenschaftlichen Arbeiten dieser letzten Zeiten, namentlich eine Uebersetzung des Sophokles, von der im Jahr 1804 zwei Bändchen erschienen, zeigen, daß ihm die Klarheit des Geistes verloren gegangen war. Vom Herbst 1806 bis zum 7. Juni 1843 lebte er als stiller, seiner selbst und der Welt nur noch halbbewußter Kranker in Tübingen. Ein Denkmal auf dem Friedhof daselbst ward ihm von seinem Bruder Karl von Gock gesetzt mit der Inschrift aus dem Gedichte „Das Schicksal": „Im heiligsten der Stürme falle zusammen meine Kerkerwand und herrlicher und freier walle mein Geist ins unbekannte Land." Im Jahr 1873 ist in Lauffen am Geburtshause des Dichters ein Medaillonbild desselben von Bildhauer Rau in Stuttgart angebracht und am 1. Mai feierlich enthüllt worden.

1881 wurde von dem Bildhauer Emmerich Andresen dem Andenken Hölderlin's die Marmorstatue eines sterngekrönten Ruhmesgenius geweiht, der in ausgestreckter Rechte den Lorbeerkranz dem Dichtergrabe zugewendet hält. Dieses schöne Werk, dessen Abbildung hier beigegeben ist, ward am 1. Juli d. J. in dem dem Friedhofe benachbarten botanischen Garten zu Tübingen, welcher zugleich öffentlicher Spaziergang ist, aufgestellt und hiemit eine erhebende Festfeier zu Ehren des Dichters verbunden. Im Jahr 1883 ist in Homburg von dem Verein für Geschichte und Alterthumskunde ein Denkmal Hölderlin's mit Brustbild errichtet und am 28. Juli d. J. feierlich enthüllt worden.

Ueber Bilder Hölderlin's gibt Schwab in Westermann's Monatsheften September 1871 S. 663 folgende Auskunft: „In der Ebner'schen Kunsthandlung in Stuttgart erschien bald nach des Dichters Tod ein in Nürnberg verfertigter Stahlstich, der ein Bild aus seiner Jugend wiedergibt. Die Zeichnung, wonach der Stahlstich verfertigt ist, wurde von einer Stuttgarter Künstlerin und Kunstfreundin, der im Jahre 1850 verstorbenen Fräulein Luise Keller, gemacht; sie gebrauchte dabei ein großes Pastellbild, das Werk eines Jugendfreundes Hölderlin's, Namens Hiemer, der dasselbe im Jahre 1792 gezeichnet hatte, als Original und benützte auch die Bemerkungen von Hölderlin's damals noch lebender Schwester; jener Stahlstich gab die Grundlage ab für verschiedene sonst erschienene Abbildungen Hölderlin's" (auch für die in dieser Ausgabe). Franz Karl Hiemer war nach den Angaben über ihn in Wagner's Geschichte der hohen Karlsschule 1768 geboren, 1778 Schüler ter Malerei in der Akademie; er wurde später entlassen und lebte dann als Finanzkammersekretär in Stuttgart. Von ihm sind nach Schwab das Schlummerlied „Schlaf, Herzenssöhnchen“ und das Schlachtlied „Schön ist's unter freiem Himmel stürzen in das Schlachtgetümmel“, welches letztere in Schwaben früher viel gesungen wurde.

Geschrieben haben über Hölderlin außer Christoph Schwab vornemlich:

Gustav Schwab, „Gedichte von F. H.“, Blätter für litterarische Unterhaltung 1827 Nr. 26 f. (Kleine prosaische Schriften herausgegeben von Klüpfel 1882, S. 121—138);

Wilhelm Waiblinger (geb. 1804, gest. in Rom 1830), F. H.'s Leben ... herausg. 1830;

Bettina, in ihrem Buch „Die Günderode“ 1840 (Sinclair, bei Bettina St. Clare, lernte sie zur Zeit des zweiten Aufenthalts H.'s in Homburg kennen und kam ihrer Sehnsucht, den kranken Dichter zu sehen und zu pflegen, bereitwillig entgegen; ihre Angehörigen waren jedoch dagegen und sie durfte ihn nicht besuchen — Schwartz, Landgraf Friedrich V. von H.-Homburg 1, 197 —; S. 415 ff. des ersten Bandes legt sie Hölderlin enthusiastische, zum Theil irre Reden über die Poesie in den Mund, welchen theils des Dichters Anmerkungen zu seiner Uebersetzung des Sophokles, theils Erzählungen Sinclair's über ihn zu Grunde zu liegen scheinen);

Rosenkranz, aus Hegel's Leben, Prutz litt.-historisches Taschenbuch 1843, S. 91—103;

Teuffel, F. Hölderlin, Monatsblätter der Allg. Zeitung Febr. 1847 (Studien und Charakteristiken 1871, S. 473—502);

Jung, F. H. und seine Werke, 1848;

David Müller, F. H., Preuß. Jahrbücher Maiheft 1866;

P. Challemel-Lacour, La poësie païenne en Allemagne au XIX siècle, Fr. Hoelderlin, in der Revue des deux Mondes, Juni 1867;

Haym, die romantische Schule, 1870, S. 289—324;

Wilbrandt, H., der Dichter des Pantheismus, Raumer historisches Taschenbuch 1871;

Klaiber, Hölderlin, Hegel und Schelling in ihren schwäbischen Jugendjahren, 1877;

Kelchner, F. Hölderlin in seinen Beziehungen zu Homburg vor der Höhe, nach den hinterlassenen Papieren des Bibliothekar's J. G. Hamel, 1883;

Hamel (1811—1872) veranstaltete am 20. März 1870 in Homburg eine hundertjährige Geburtstagsfeier des Dichters, welche Anlaß zu der Errichtung des Denkmals gab. Aus seinem Nachlaß sind in der Schrift von Kelchner bisher ungedruckte Briefe von H. an seine Mutter und Schwester, auch einige von Sinclair veröffentlicht. Sinclair's Nachlaß ist mit den in ihm enthaltenen Akten und Korrespondenzen in nicht aufgeklärter Weise verschwunden (Schwartz 1, 236 f.);

Windelband, Präludien, 1884, S. 146—175 „über F. Hölderlin".

Es ist uns noch übrig, in Kürze Einiges beizufügen über die in diese Sammlung aufgenommenen Gedichte Hölderlin's, insbesondere über ihre Beziehungen zu seinen Lebensschicksalen, so wie über die Ordnung, in welche wir sie gestellt haben.

Voran lassen wir gehen das schöne, wenn auch nicht ganz vollendete Gedicht aus späterer, nicht näher zu bestimmender Zeit, in welchem Hölderlin einen freudigen Rückblick auf die Jahre seiner Kindheit wirft.

Die Jugendgedichte sind sehr verschiedener Art. Die verhältnißmäßig besten sind größtentheils diejenigen, in welchen der junge Poet seine eigenen Wege gieng oder doch nur an ihm selbst verwandte Vorgänger, wie Klopstock, sich hielt; weniger gelungen sind die in die Universitätszeit fallenden Hymnen, in welchen ihn Schiller's Vorbild zu einem ebenso abstracten als unmäßig breit, oft auch ohne gehörige Klarheit sich aussprechenden Enthusiasmus fortriß. Der Dichter wollte diese später selbst durchfeilen und umarbeiten (Schwab 2, 38. 104). Von diesen beiden Klassen der Jugendgedichte wählen wir alle diejenigen aus, welche uns der „Durchfeilung" und Kürzung am wenigsten bedürftig scheinen, desgleichen solche, die für Hölderlin zu charakteristisch sind, als daß sie hier fehlen dürften. Ausgeschlossen ist das von Schwab im Stuttgarter Morgenblatt 1863 Nr. 34 f. nur theilweise mitgetheilte Gedicht „Die Meinigen" (1786) und die zu wenig Eigenthümlichkeit und Bestimmtheit des Gedankens zeigende lange Ode „Die Unsterblichkeit der Seele" (1788); desgleichen von den in Schwab's Ausgabe von 1846 gedruckten das allzu unreif klopstockianisirende Gedicht „Gustav Adolph" (1788), das „An die Stille" (1790), und die „Hymnen an die Menschheit" (1791), „An die Freundschaft" (1791), „An die Freiheit" (1792).

Ein religiöses Gedicht vom Dezember 1785, „Das menschliche Leben", läßt mit seiner elegischen Innigkeit, seiner sanften Ruhe, seiner nicht ohne Eigenthümlichkeit auftretenden Behandlung eines allbekannten Inhalts den künftigen Dichter, der damals in den düstern Räumen des Klosters Denkendorf lebte, schon im Keime erkennen.

Aus dem Jahr 1786 stammt nach Schwab's Angabe

im Morgenblatt das reizend schwärmende und am Schluß gefaßt entsagende Liebesgedicht „An die Nachtigall“, ohne Zweifel gehend auf Hölderlin's erste Liebe, die Tochter eines Beamten in Maulbronn (s. Schwab Ausg. von 1846, 2, 270 f., Klaiber, Hölderlin, S. 43, eine Stelle, welche es als sehr wünschenswerth erscheinen läßt, daß des Dichters Briefe an seinen Freund Nast, einen Verwandten „Stella's“, gedruckt werden). In dieselbe Zeit fällt das Gedicht „An meinen B.“ (Bilfinger), hübsche Reminiscenz an eine Reise in das durch seine landschaftliche Schönheit neuerdings auch in weitern Kreisen bekannt gewordene Thal von Urach.

Zum Schönsten und für sein eigenstes Wesen Bezeichnendsten, was Hölderlin in seiner Jugend (1788 wol noch in Maulbronn) hervorgebracht hat, gehört das Gedicht „Die Stille“. Fast möchte man dasselbe für eines der später theilweise verbesserten halten; der Inhalt mit seinem noch ächt kindlichen Sinne und dem beginnenden Hinausschauen des Jünglings ins bewegtere unruhvollere Weltleben gehört jedenfalls der Frühzeit an. In dem Trauerlied „An Thill's Grab“ (1789) spricht sich der Dichter sehr ansprechend aus in der concentrirten, gedrängten Innigkeit, in welcher er später so Hohes erreichte, obwol er in dieser Zeit, seit dem Eintritt in's Universitätsleben, sonst bereits in eine neue Epoche, in die des dithyrambischen Odenschwungs, eingetreten war.

Ein gleich sehr bezeichnendes Gedicht dieser zweiten Jugendepoche ist die Ode „Männerjubel“ (1788); sie feiert mit gewaltigem Triumph und kräftigem Selbstgefühl die Trias: Gerechtigkeit, Freiheit, Vaterlandsliebe. Di „Ehrsucht“ dagegen wird mit aller Macht in ihr Nichts zurückgeschleudert in einem Gedicht von 1788, das an Schubart's Manier erinnert. 1789 wird „Keppler“ verherrlicht als der große „Sohn Suevia's“, welcher dem Denker in Albion (Newton) voranleuchtete ins Labyrinth des Sternenhimmels. Das Gedicht „An die Ruhe“ (1789) gibt etwas Anderes, als der Titel scheinbar erwarten läßt; es ist ein heroisches Gedicht, es preist die Ruhe als die gottgesandte Tröſterin, welche dem Verachteten Stärke wider Gegner und Spötter, dem Kämpfer Kraft zu großen Werken verleiht und hohe Begeisterungen in die Seele senkt; es schließt mit Erwähnung des Weisen, des Herrlichen, der von der Pappel Säuseln umweht auf der Insel ruht (J. J. Rousseau, der 1778 auf der Pappelinsel in Ermenonville sein Grab gefunden hatte).

„Melodie an Lida“ und „Meine Genesung“ (letzteres 1790) sind gerichtet an eine junge Dame aus angesehenem Hause, welche Hölderlin in Tübingen liebte, freilich ohne auf längere Dauer Befriedigung seines Herzens in diesem Verhältnisse zu finden. 1794 und 1795 schreibt er an Neuffer: „Ich war nie glücklich durch Liebe, weiß nicht, ob ich es je werde; es ist sonderbar, ich soll wahrscheinlich nie lieben, als im Traume; war das nicht bisher mein Fall? und seit ich Augen habe, liebe ich gar nicht mehr.“ Und sehr herb 1798 an seinen Bruder: „Ich habe in meiner schönsten Lebenszeit so manchen lieben Tag vertrauert, weil ich Leichtsinn und Geringschätzung dulden mußte, so lange ich nicht der Einzige war, der sich bewarb. Nachher fand ich Gefälligkeit und gab Gefälligkeit; aber es war nicht schwer zu merken, daß mein erster tieferer Antheil in dem unverdienten Leiden, das ich duldete, erloschen war. Mit dem dritten Jahr meines Aufenthalts in Tübingen war es aus. Das Uebrige war aber flüchtig, und ich hab' es genug gebüßt, daß ich noch die zwei letzten Jahre in Tübingen in einem solchen interesselosen Interesse lebte, ich hab' es genug gebüßt durch eine Frivolität, die sich dadurch in meinen Charakter einschlich, und aus der ich nur durch unaussprechlich schmerzliche Erfahrungen mich wieder loswand. Das ist die reine Wahrheit." Aus solchen Aeußerungen, mit denen man auch die bittern Worte über die Liebe gleich zu Anfang des „Fragments von Hyperion" vergleichen kann, erklärt sich, was Hölderlin 1796 an Neuffer schrieb (oben S. XVII), ebenso aber auch die ungeheure Gewalt, welche die Seelengüte Diotima's auf den längere Zeit in „Frivolität", d. h. in Geringschätzung des weiblichen Gemüths, gerathenen Dichter ausgeübt hat.

Mit der „Melodie an Lida" und noch entschiedener mit dem „Lied der Liebe" (1789) beginnt eine Reihe von Gedichten, welche sowol durch ihren dithyrambischen Enthusiasmus als durch die deßungeachtet in ihnen vorherrschende Manier rhetorischer Personificirung allgemeiner Begriffe („Liebe, Harmonie, Schönheit" u. s. f.) sehr entschieden an Schiller's „Phantasie an Laura", „Triumph der Liebe", „Lied an die Freude" erinnern. Vor Allem gilt dies von dem „Lied der Liebe" (das wir nicht in der Umarbeitung vom Jahr 1793 bei Schwab 2, 173 geben, sondern in der ursprünglichen Fassung von 1789 ebd.

S. 175, welche größere Natürlichkeit und Innigkeit vor jener voraus hat).

Das „Lied der Freundschaft“ (1790) ist von den Mängeln dieser Epoche des Dichters am wenigsten berührt; es zeichnet sich aus durch seinen ebenso männlichen als herzlichen Ton; die etwas störende fünfte Strophe mit obligater Expectoration gegen Lästerer und Despoten könnte fehlen ohne Schaden für den Zusammenhang des Ganzen.

Die „Hymne an die Muse“ (1790) ist zu ausführlich und nicht frei von Wiederholungen; aber sie ist ein schönes Denkmal der unendlichen Begeisterung, mit welcher der Dichter der Muse, als deren Freund er sich fühlt, und mit ihr allen hohen Idealen der Menschheit sein Herz zum ersten Male weiht.

Den Gipfel des Enthusiasmus ersteigt die „Hymne an die Freiheit“ (1790); zugleich aber tritt in ihr die Hölderlin auch später stets beschäftigende philosophische Idee hervor, daß Freiheit, d. h. unschuldig freie Liebe zu allem Guten, der ursprüngliche Paradieseszustand der Menschheit war, daß mit dem Einbrechen des sittlichen Verderbens die Freiheit von der Erde weichen und nun das Regiment des gesetzlichen Zwangs, der Tyrannei und Sklaverei beginnen mußte, daß aber jetzt an der Schwelle des kommenden Jahrhunderts die Göttin der Freiheit in die Welt zurückgekehrt ist und nun erst das wahre Aufblühen der Menschheit zu aller ihr beschiedenen Herrlichkeit beginnen wird.

Die Hymnen „an die Göttin der Harmonie“ (1790) und „an die Schönheit“ (1791) sprechen, obwol der „Durchfeilung“ und Kürzung vielfach bedürftig,

Hölderlin's jugendlichen Genius so treffend aus, daß sie hier nicht fehlen durften. Dasselbe gilt von der „Hymne an den Genius der Jugend" (1792); den Täuschungen, den Wunden, die das Herz des Dichters durch das Hinwelken manches Geliebten bereits erfahren hat, setzt er kühn das Vertrauen entgegen, daß Stärke und Wärme der Jugend ihn nie verlassen, ihm immer wieder erwachen werden. Das Gedicht „Burg Tübingen" bringt nicht, was etwa die Ueberschrift erwarten lassen könnte; sein Inhalt sind eben auch wieder „Begeisterungen" für Freiheit, Freundschaft, Männermuth, Edelsinn, Menschenfreude u. s. f.; nur der Eingang enthält Anklänge an die Romantik der mittelalterlichen Vorzeit.

Mit zwei nicht mehr abstrakt, sondern lebensvoller gehaltenen Gedichten an einen Freund „Canton Schwytz, an meinen lieben Hiller", 1792 (Rückblick auf eine wahrscheinlich 1791 mit diesem und andern jugendlichen Genossen gemachte Schweizerreise) und „An Hiller" (Abschiedsgedicht, als dieser nach Nordamerika reiste) schließt Hölderlin's Jugenddichtung ebenso muth- und kraftvoll, hochbegeistert für Vaterland und Freiheit, als herzlich und freundschaftlich innig ab. Das Reisegedicht liest sich auch als solches gut und zeigt Hölderlin's Befähigung zu gefühlerwärmter „beschreibender" Poesie in vortheilhaftem Licht.

Die reife Zeit des Dichters zeigt in ihrer ersten Epoche (vor der Frankfurter Katastrophe) eine ähnliche Abwechslung zwischen Gedichten allgemeinern Inhalts und Gedichten an Personen, wie die Frühzeit. Aber auch die erstern sprechen zugleich persönliches Empfinden des Dichters aus in Bezug auf sein Leben und sein Schicksal; darin weicht Hölderlin von Schiller ab, dem er bisher hauptsächlich gefolgt war, und bildet sich einen „eigensten Gesang", der durch die elegische Innigkeit des Fühlens das Gemüth in seiner Tiefe ergreift. Zugleich ist Alles in hoher Sphäre angelegt, gedankenreich, in edler Form ausgesprochen; der Zögling der Griechen ist in ihrer Schule schnell zum idealischen und sinnvollen Dichter und zum Meister der Sprache herangereift.

Der schon sehr früh (1793) begonnene Hymnus an „den Genius der Kühnheit" hat sich der Manier der Jugendpoesie noch nicht ganz entschlagen; dagegen zeigt das treffliche Gedicht „das Schicksal" (1794), zuerst philosophisch, dann elegisch, den vollentfalteten eigenthümlichen Genius des Dichters, obwol der erste Theil mit dem zweiten nicht eigentlich vermittelt ist.

Rosine St., an welche das Gedicht „Freundeswunsch" vom J. 1794 gerichtet ist, war Schwester von G. F. Stäudlin (S. IV) und Verlobte von L. Neuffer; bereits im Jahr 1796 mußte der Dichter seinen Freund über ihren Verlust durch den Tod bedauern und trösten in dem Gedicht „Einladung, seinem Freunde N.".

Die wehmüthige Klage über den unwiederbringlichen Verlust der Glückseligkeit der Jugendzeit in dem schönen Gedicht „An die Natur", über dessen Nichtaufnahme in Schiller's Musenalmanach Hölderlin einen nicht ganz ungerechten Verdruß empfand (Brief an Neuffer im März 1796), ist Erzeugniß einer blos vorübergehenden traurig-elegischen Stimmung, wie dieß die frohern Gedichte: „Lebensgenuß", „An eine Rose", „Der Gott der Jugend" zeigen.

Eine neue, freilich schnell wieder verlassene Richtung zeigen die Gedichte „Der Wanderer", „Die Eichbäume", „An den Aether" (1796/97). Es leidet den Dichter nicht mehr in der Enge, er will nicht an der Scholle kleben, es zieht ihn hinaus ins Weite, in die Fernen der Welt, in alle Tiefen und zu allen Höhen; aber er findet sich schließlich doch am glücklichsten in der „heimathlichen Natur", unter „den Blumen der Erde", in den Fesseln der „Liebe, von der sein Herz nicht läßt" (ähnliches Glück in den ersten Gedichten an Diotima, s. u.).

Mit der Zerstörung all dieser Glückseligkeit im Jahr 1798 (S. XIV) beginnt eine zweite Epoche der Hölderlin'schen Dichtung. Sie wird jetzt für immer eine andere, als bisher; der Ton wird gedämpfter, die Stimmung ernster, düsterer, mit mehr Herbigkeit versetzt, als früher, elegische Weichheit wechselt mit kräftigerem Streben nach Fassung und Resignation.

Zunächst gehören hieher die poetischen Erzeugnisse der Homburger Zeit, Herbst 1798 bis Sommer 1800.

Das Gedicht „Die Liebe", begonnen 1798/99, erst später vollendet, preist noch die Liebe als das Einzige, was Wärme und Freude ins Leben bringt; „Lebenslauf" aber klagt schmerzlich über der Liebe und ihres Leides niederzwingende Gewalt; im Gedicht „An die Parzen" erklärt sich der Dichter zum Tod bereit, wenn ihm nur noch einige Zeit vorher noch vergönnt werde zur Vollendung seines Gesangs; im Lied „Die Heimath" hofft der Verwundete Heilung und Ruhe dort zu finden, ohne doch selbst wirklich daran glauben zu können, daß ihm solche werde zu Theil werden; ergebener ist wieder das kleine Gedicht „Ehmals und Jetzt“.

Auch zu mehr reflectirenden Auslassungen über Dieses und Jenes findet der ernst gewordene Dichter jetzt Zeit und Stimmung. Er richtet „an die Deutschen“ die Mahnung, daß sie wol gedankenvoll, aber thatenarm sind (zwei Strophen, später ergänzt durch zehn weitere, von schon ganz melancholischem Ton und Inhalt), er fordert in wenig Worten „die jungen Dichter“ auf, fromm wie die Griechen und freundlich zu sein, den Rausch wie den Frost zu hassen, immer die große Natur um Rath zu fragen; er wirft, auf sein eigenes nunmehriges Dichten reflectirend, einen wehmüthigen Blick auf „die Kürze“, die jetzt bei ihm vorherrscht: die Kürze seines Glücks gestattet ihm nicht, wie einst in den Tagen der Hoffnung, fröhlich und freudig ins Weite und Breite zu gehen. Eigenthümlich, aber ganz bezeichnend für Hölderlin (vielleicht auch in diese Zeit gehörend) ist „Natur und Kunst oder Saturn und Jupiter“; der Dichter nimmt sich des heiligen Gottes der goldenen Zeit an gegen seinen Sohn Zeus, den Gott, der hoch am Tage waltet, der aber den friedlichen Vater einst in die dunkle Tiefe des Abgrunds verstieß; mit dem Verhältnisse beider Götter zu einander wird sodann parallelisirt das zwischen Natur und Kunst, in dem Sinne, daß nur aus der heilig dunkeln Dämmerung des fühlenden und ahnenden Herzens wahre Kunst ans Licht des Tages hervorgeholt werden könne.

Schön aus dem Herzen fließend ist das Gedicht „Seiner Großmutter zum zwei und siebzigsten Geburtstag" (Anfang 1799); wolthuend sind am Schluß die freudigen Hoffnungen, welche, vom Andenken an die Seinigen gerührt und gestärkt, der Dichter in Betreff seiner eigenen Zukunft ausspricht. Der Plan einer Zeitschrift, mit welchem Hölderlin sich in Homburg trug, gab im Sommer 1799 Anlaß zu einem längern erzählenden Gedicht, in welchem er nun einmal aus sich ganz heraustritt zu objectiver Schilderung nicht eigenen, sondern fremden (obwol frei poetisch „phantasirten") menschlichen Empfindens; es ist das Gedicht „Emilie vor ihrem Brauttag", in Briefform, nach der Angabe Hölderlin's selbst eine flüchtigere Nebenarbeit, etwas einförmig, aber deßungeachtet so edel und innig wie Alles von ihm gehalten, und ausgezeichnet theils durch die Zartheit, mit welcher die Gefühle des jungfräulichen Herzens geschildert werden, theils durch den Ausblick auf große Weltereignisse (den Befreiungskampf in Korsika), welchen der Dichter in dieses Herzensgemälde zu verweben weiß. Durch Inhaltsverwandtschaft reiht der Emilie sich an das hübsche Gedicht „An eine Braut", deren Verlobter im Kriege abwesend war, von der aber nichts Näheres bekannt ist (s. Schwab in Westermann's Monatheften September 1871 S. 662).

Zu den kürzern Dichtungen der Homburger Zeit gehört das Lied „Die Launischen", etwas Besseres gebend, als seine Ueberschrift erwarten läßt; gemeint sind nämlich die Dichter, die, zu zart besaitet, gar leicht zürnen, trauern, eigensinnig gegen die Welt sich sträuben, aber auch, von der Mutter Natur freundlich berührt, sofort wieder versöhnt, friedlich und fromm sind; nirgends hat Hölderlin so wie hier sich selbst, wie er immer und namentlich wie er damals nach der „schweren Beleidigung" war, treffend gezeichnet. „Die scheinheiligen Dichter" dagegen, welchen die Götter und die Natur blos leere Namen und Phrasen sind, werden wegen ihrer kalten Heuchelei kräftig verdammt; „Sonnenuntergang", später erweitert „Dem Sonnengott", klagt, daß der Gott von uns zu fremden Völkern, die ihn noch ehren, hinweggegangen. „Menschenbeifall" tadelt die knechtischen Seelen, die des Dichters jetzige fromme ernste Weise nicht mögen, weil sie das Göttliche nicht verstehen, sondern nur das Wortreiche und Glänzende lieben „Stimme des Volks", wieder versöhnlich, hebt sich ruhig hinweg über die Gleichgiltigkeit der Menge. Vielleicht gehören in diese Zeit auch die Epigramme „Der zürnende Dichter" (das Recht edeln Zornes in Schutz nehmend) und „Die Scherzhaften" (Spiel und Scherz ablehnend, da sie nur trügerisches Erheiterungsmittel für „Verzweifelnde" sind). Das Gedicht „Der Zeitgeist" gelobt unter Beziehung auf die Alles zerrüttenden kriegerischen Wirren der damaligen Jahre dem Gott der Zeit, gegen ihn nicht murren, sondern sich mit ihm zurechtfinden und Kraft aus den Erschütterungen schöpfen zu wollen, die er über die Menschheit bringt; „die Schlacht oder der Tod für's Vaterland" ersehnt ehrenvolles Fallen im Verein mit den Edeln, die für dasselbe kämpfen; die Anfangsstrophe dieses Gedichts ist aus Hölderlin's Handschrift, die Schlußstrophe aus dem Abdruck in Neuffer's Taschenbuch, welchen Vollmer anführt, hinzugethan. In den trefflichen Liedern „des Morgens" und „Abendphantasie" kehrt der Dichter gefaßt und hoffnungsreich zurück zu Freude und Leid, die ihn im Hinblick auf sein eigenes Thun und Schicksal innerlich bewegen. Selbst „der Main" wird froh und dankbar begrüßt von dem Dichter trotz dem, daß stets nach Hellas sein Sehnen geht und bis jetzt Heimathlosigkeit ihm beschieden ist. Das Lied „die Götter" dankt den Himmlischen, welche dem Menschenherzen seinen glücklichen Kindersinn bewahren und nicht leiden, daß der Genius in Sorgen und Irren vertrauert; „Empedokles", der Kühne, welchen Sehnsucht nach höherem Leben in die Flammen des Aetna trieb, wird vom Dichter beklagt und bewundert, aber in die Tiefe folgen will er ihm nicht, da die Liebe zur Menschheit ihn auf der Erde hält. Das Gedicht „An Eduard", aus ungewisser Zeit, nicht zu vollkommener Durcharbeitung gediehen, feiert in dithyrambischem Schwunge die Macht, welche der Freund (Sinclair) über des Dichters Herz gewonnen; gerne würde er ihm selbst zur Unterwelt folgen, aber noch ist es Zeit im freundlichen Leben mit Ruhe zu weilen.

Es folgen nun Gedichte in der Heimath, wohin Hölderlin im Sommer 1800 zurückkehrte. Wahrscheinlich gehört zu ihnen: die „Rückkehr in die Heimath", ernst ergebener Abschied von der Jugend- und Wanderzeit, ganz besonders zart und weihevoll; dann das Lied „Der Neckar", Variation des Mainlieds mit freudigem Rückblick auf die Jahre der Kindheit und Jugend; desgleichen die Erinnerung an „Heidelberg", die „ländlich schönste der Vaterlandsstädte, soweit der Dichter sie sah". An einen Bekannten aus früheren Tagen, der ihm einst Leiden der Liebe heilen half,

Siegfried Schmidt [1]) aus Friedberg, ist gerichtet „Die Herbstfeier", volles Wohlgefühl athmende (gegen den Schluß hin freilich nicht ganz klar gehaltene) Erinnerung an den Freund, zu kommen in das an großen Erinnerungen so reiche Geburtsland des Dichters, und die jubelnden Freuden der Weinlese in dessen beglückten Gauen und in dem sangesfreudigen Stuttgart frei von Sorgen um Vergangenheit und Zukunft mitzufeiern; wäre es doch dem Dichter vergönnt gewesen, auf der Höhe dieser frohen, nach Str. 5 freilich ihn selber angreifenden Stimmung sich, dauernd zu erhalten! Verwandt mit dem vorigen ist das schöne Fragment „Die Nacht", noch mehr die „An L." (Landauer, S. XXIII) gerichtete Einladung zu froh geselligem Ausflug; das Gedicht zu Landauer's Geburtstag zeigt wol ernste, aber durchaus versöhnte Stimmung, welche auch die dem Freunde für ein Epitaph gedichteten Worte „An die Entschlafenen" durchdringt. Ein liebliches Familiengemälde rollt der Dichter auf in dem Herbstgedichte „Das Ahnenbild". Noch ein anderes, ganz vortreffliches Herbstlied freilich, „Mein Eigenthum", lautet wieder bedenk-

1) Ein nicht sehr schmeichelhaftes, obwol ergötzliches Bild von diesem Schmidt entwirft Goethe (an Schiller im August 1797). Er glaubte sich zum Dichter berufen, hat jedoch nur Weniges veröffentlicht (vgl. Gödeke, Grundriß der deutschen Dichtung I, 1113); durch Sinclair erhielt er eine Officiersstelle in der östreichischen Armee (Schwartz 1, 197); er starb im Jahr 1860 als pensionirter Rittmeister in Wien (Schwab in Westermann's Monatsheften Sept. 1871 S. 661, wo auch über seine Dichtungen interessante Nachrichten zu finden sind).

lich; es zeigt, daß der Dichter wol fühlte, was ihm fehlte, „eigener Heerd, fester häuslicher Boden", und auch eine Bangigkeit, ob „zu retten sein sterblich Herz", kann er nicht zurückhalten.

Dem schnell vorübergehenden Aufenthalt in der Schweiz, 1800 bis 1801, gehören einige Gedichte an, die zum Theile recht ansprechend zeigen, wie die jeweilige Umgebung, in welcher der Dichter sich sah, Wiederspiegelung und Wiederhall fand in seiner Phantasie und seinem Gemüthe. Die Freude an der „Unschuld des Lebens", welche ihm in diesem schon von früher her geliebten Lande entgegenzuleuchten schien (S. XXVI), begeisterte ihn zu dem Lied „Unter den Alpen gesungen", welches „die heilige Unschuld", freilich in nicht ganz gelungener personificirender Weise verherrlicht und zugleich einen Beleg gibt von der Lebhaftigkeit, mit welcher ihn damals nach einer Aeußerung in dem (a. a. O. erwähnten) Brief an seinen Bruder die Religion beschäftigte. In dem Gedichte „Dichtermuth" ermahnt der Sänger sich selbst und seine Genossen zur Zuversicht und zum vertrauensvollen Vorwärtsgehen auf der Bahn des Lebens und des Schaffens, wenn gleich hie und da „Einen der Muthigen, wo er treulich getraut, schmeichelnd die Woge hinunterzieht und die Stimme des Sängers nun in blauender Halle schweigt". Diese Worte und die weiteren: „Freudig starb er ...; wenn des Abends vorbei Einer der Unsern kommt, wo der Bruder sank, denkt er Manches wol an der warnenden Stelle", erinnern an Stäudlin, den Jugendfreund des Dichters, der 1796 in den Fluthen des Rheinstroms bei Schaffhausen den Tod gesucht hatte (das

„treulich getraut“ ist damit freilich schwer, nur in dem Sinn zu vereinigen, daß der Sänger dem gefährlich lockenden Zauber der Stromeswellen zuerst widerstehen zu können geglaubt, die Kraft dazu aber doch endlich verloren habe). Trefflich ist das Lied „Der Winter“; der heulende Boreas wird tüchtig ausgescholten wegen der Unruhe und Verwüstung, die er überall hinbringt, aber auch das Glück wird gepriesen, das der Mensch empfindet, wenn der „Zorn draußen“ ihn in seine Hütte zu sich selbst zurückführt und die Liebe in ihm sich regt. Das Lied „Der gefesselte Strom“ ermahnt den von eisigen Banden eingedämmten Gewaltigen, alle Fesseln rüstig zu sprengen und mit dem wieder erwachenden Frühling seinen frohen Lauf den Armen des ewigen Vaters zu neu zu beginnen; das Lied zeigt, daß mit dem Frühling auch in der Brust des Dichters kräftige Hoffnung für's ganze Leben wiederum aufkeimte. Die Rückreise ins Vaterland gab Hölderlin Anlaß zu dem großen (im Taschenbuch „Flora“ von 1802 erschienenen, in den Gesammtausgaben bis jetzt nicht gedruckten) Gedicht „Heimkunft, an die Verwandten“. Es ist nicht überall ganz durchsichtig ausgearbeitet, man könnte schon eine gewisse Geistesumnachtung in ihm finden; im Ganzen aber ist es wol verständlich (mit Ausnahme des „ungebetenen Geistes“ in Str. 3).

Ein Sommerlied aus demselben Jahre scheint zu sein das schöne Gedicht „Der blinde Sänger“. Nacht hat sich gesammelt um den Geist des Dichters, er kann sich nicht finden in das Licht des um ihn her neu erblühten Lebens; aber er reißt sich, wie er die gewaltige Stimme des Donnergottes hört, kräftig los zu neuem Lebensmuth, sein Auge wird helle, er fordert die Lieben von Nah und Fern auf, seine Freude, die er allein nicht zu ertragen vermag, mit ihm zu theilen. Traurig dagegen klingt das Lied „An die Hoffnung", untröstlich „Palinodie", wieder zum Vertrauen sich aufraffend (obwol nicht klar genug) „Ermunterung".

Bruchstück eines beabsichtigten größeren Gedichts wol aus später Zeit, ist, wie es scheint, die Rhapsodie „Der Mensch, Fragment"; der Mensch, führt der „zürnende Dichter" aus, vereint in sich vermöge seines Ursprungs die hohe Seele des Vaters Helios und die Lust der Erde, überhebt aber leider nur allzugern sich seiner selbst in Uebermuth und Trotz, der ihn zu wolverdienter Strafe nur immer tiefer in die Sorge und knechtische Angst des unersättlichen Strebens nach vergänglichen Schätzen hineintreibt. Ein zweites zürnendes Gedicht, „Der Frieden", geißelt mit gewaltigen Worten den Fluch der Gewaltthätigkeit und Herrschsucht, welche die Geister der Sterblichen seit Jahrtausenden verblendete und keine Ruhe, kein Gedeihen, keine Freude dem Menschengeschlechte läßt, so daß das Herz nur bei der ewigruhig und still ihre sichere Bahn gehenden Natur seinen Frieden finden kann. Das Gedicht zeigt, zusammen mit dem über den „Tod für's Vaterland", daß Hölderlin bei längerem gesundem Leben gewiß den Weg dazu gefunden haben würde, sich von sich selbst und seines Herzens Peinigungen loszureißen, ins große Weltgewühl sich zu stürzen und ein Herold der männlichen Gefühle zu werden, zu welchen nur die Theilnahme an Wol und

Wehe der ganzen Menschheit den Menschen zu entflammen vermag.

Zu den trefflichsten Erzeugnissen der Hölderlin'schen und überhaupt aller und jeder patriotischen Dichtung gehört der „Gesang des Deutschen", mit den Worten beginnend: „O heilig Herz der Völker, o Vaterland!" Der Dichter hatte im Hyperion seine Landsleute bis zur Ungerechtigkeit bitter, obwohl nicht ohne Wahrheit in Manchem, angegriffen, als ungeschlachte und rohe Barbaren, nicht nur fühllos gegen höheres schönes Leben, sondern positiv Allem feind, was über das Gewöhnliche und Gemeine sich und sie erheben will. Diesen Ausfall nimmt er jetzt zurück in Worten, wie sie nie edler und weihevoller über den inneren Werth des deutschen Gemüths und des deutschen Genius gesprochen worden sind. Eine nähere Erörterung dieses herrlichen Gedichtes bedarf es nicht; leider kann man nur darüber das Bedauern nicht verhehlen, daß es, wie so viele andere aus späterer Zeit, zu den Werken gehört, welche Hölderlin nicht zu vollendeter Klarheit durchgefeilt blos handschriftlich hinterlassen hat. Die in den früheren Ausgaben stehenden fünf letzten Strophen gehören, wie glücklicherweise Schwab in Westermann's Monatsheften Sept. 1871 S. 662 nachgewiesen hat, nicht zum Gesang des Deutschen, sondern eher zu dem Gedicht „an die Prinzessin Auguste"; in der vorletzten dieser 5 Strophen wird eine „Fürstin" angeredet. Diese 5 Strophen machten das Gedicht ganz ungenießbar, weil sie nicht zu den übrigen passen; indeß fehlt jetzt dem Ganzen ein befriedigender Schluß.

Ungewiß bleibt, in welche Zeit, d. h. in den ersten oder den zweiten Aufenthalt in Homburg, zu setzen sind die gleichfalls von hohem Gefühl getragenen Gedichte „An die Prinzessin Auguste von Hessen-Homburg“ (S. xx), „Geringe dünket der träumende Sänger sich“, und an „die Prinzessin A.“, d. h. nicht Auguste (bei Schwab u. A.), sondern (wie Schwartz 3, 311 nachweist) ihre Schwester Amalie, Gemahlin des Erbprinzen von Anhalt-Dessau, weswegen sie V. 5 als aus Luisium (Landschloß bei Dessau) kommend bezeichnet wird; das zweite dieser Gedichte, nicht ganz vollendet, gehört allerdings wol zum letzten, was der nicht völlig erkrankte, aber schwer „gebeugte“ Sänger hervorbrachte.

Die Gedichte, welche an Diotima gerichtet sind oder doch Bezug auf sie haben, erscheinen hier von den übrigen gesondert, damit Alles zu Einem Bilde vereinigt sei, was der unglückselige Dichter gegenüber dieser Sonne seines Daseins, die ihn mit ihren Strahlen versengen sollte, empfunden hat. Sie sprechen für sich selbst und bedürfen einer Erklärung nicht, obwohl sie auch nicht alle zu letzter Vollendung gelangt sind. Das erste, das einzig glückliche Lied an „Diotima“ geben wir zweimal, in der älteren und in der späteren Bearbeitung. Die ältere (v. J. 1796) wurde wegen zu großer Ausführlichkeit von Schiller nicht angenommen; sie ist aber in der That durchschnittlich schöner als die immerhin korrektere zweite (1797), denn es fließt in ihr Alles so ruhig, so warm, so ungezwungen innig, so selig unmittelbar vom Herzen weg, wie wir es überhaupt bei Hölderlin sonst niemals in gleicher Weise finden. Merkwürdig ist, wie er in der ergreifenden Elegie „Menons Klage um Diotima“ aus allem Wehe der Erinnerung zu männlicher Fassung und Hoffnung sich erhebt; wenn man das so sieht, glaubt man immer wieder, daß der Dichter vor dem Aeußersten bewahrt geblieben wäre, wenn er nach seiner Rückkehr in die Heimath i. J. 1800 dort in der liebenden und wolwollenden Umgebung, die er fand, hätte verbleiben wollen, und selbst die Reise durch Frankreich ist wol nur zufällig, d. h. durch den verderblichen Einfluß der Gluth des Sommers, Ursache unheilbarer Krankheit geworden. Denkt man an die ohne Zweifel im Wesentlichen richtigen Mittheilungen, welche in Stuttgart Schelling gemacht wurden (S. XXVII), so kann der ganze Hergang der gewesen sein: Hölderlin beschloß, weil Unzuträglichkeiten sich herausgestellt hatten, schon im Frühjahr Bordeaux, wohin er im Anfang des Winters gekommen war, wieder zu verlassen und zugleich (bezaubert durch die Schönheit des Himmels und der Erde in Südfrankreich, sowie begierig auch das übrige „Land der Freiheit“ kennen zu lernen) den oben (a. a. O.) erwähnten Umweg in die Heimath zu machen, er kam aber wegen der einmal übernommenen Pflichten zu spät, erst im Juni, weg, reiste (nach damaliger Sitte) großentheils zu Fuß, gelangte unter den versengenden Strahlen des „Vaters Helios“ bereits leidend, doch noch halb gesund, nach Paris, wo er die Antiken sah, ward aber vollends krank auf dem Wege nach Deutschland, wurde zudem wahrscheinlich mißhandelt und beraubt, und so war das Unglück geschehen.

Wie die Diotima-, so stellen wir auch die hellenischen Gedichte in einer besonderen Abtheilung zusammen. Oft genug kommt Hellas auch in anderen Dichtungen vor, so im „Achill“ und namentlich schön im „Gesang des Deutschen“ (Strophe 8), aber doch mehr in der Form vorübergehender Digression. Hier dagegen ist hellenisches Land und Volk und die Sehnsucht des Dichters nach ihm das eigentliche Objekt, mit welchem seine Muse sich beschäftigt.

Das erste dieser Gedichte, „Griechenland“, ist ohne Zweifel an Stäudlin gerichtet.

An den Schluß habe ich gestellt zwei zum Theil nicht ganz klare, aber interessante Gedichte aus der Spätzeit. Das erste stellt eine „Wanderung“ dar, welche der Geist des Dichters, das unfreundliche Vaterland eine Weile verlassend, in die Länder des Ostens, aus denen auch unsere Eltern stammen, unternimmt, um die Grazien Griechenlands zu uns „Wilden“ im Westen einzuladen. Das andere, „Stimme des Volks“, ist Erweiterung des kurzen gleichnamigen aus früherer Zeit (S. 104); es ist ein ernster Gesang von den traurigen und schrecklichen Schicksalen, in welche Leidenschaft und Verhängniß zumal ganze Völker stürzen; es gipfelt (in dem Abdruck in dem Taschenbuch „Flora“ von 1802, abweichend von der Fassung in Schwab's Ausgabe) in der Erinnerung an die Stadt Xanthos am gleichnamigen Fluß in Lycien, dessen Bewohner zweimal, von den Persern unter Cyrus (Herodot 1,176), von den Römern unter Brutus (Plutarch, Leben des Brutus) Kap. 31 belagert, ihre Weiber und Kinder verbrannten und dann sich selber theils in den Flammen, theils im Verzweiflungskampfe mit den Feinden den Tod gaben.

Die hellenischen Gedichte führen uns schließlich hinüber zu Hyperion.

Schon auf der Universität faßte Hölderlin den Gedanken zu demselben und begann an ihm zu arbeiten. Er sagt 1793 in einem Brief an Neuffer:

Zwar schrieb ich an Stäudlin: „Neuffers stille Flamme wird immer herrlicher leuchten, wenn vielleicht mein Strohfeuer längst verraucht ist;" aber dieses Vielleicht schreckt mich eben nicht immer, am wenigsten in den Götterstunden, wo ich aus dem Schoße der beseligenden Natur, oder aus dem Platanenhaine am Ilissus zurückkehre, wo ich, unter Schülern Platons hingelagert, dem Fluge des Herrlichen nachsah, wie er die dunklen Fernen der Urwelt durchstreift, oder schwindelnd ihm folgte zu der Tiefe der Tiefen, in die entlegensten Enden des Geisterlands, wo die Seele der Welt ihr Leben versendet in die tausend Pulse der Natur, wohin die ausgeströmten Kräfte zurückkehren nach ihrem unermeßlichen Kreislauf, oder wenn ich trunken vom Sokratischen Becher und Sokratischer geselliger Freundschaft am Gastmahle den begeisterten Jünglingen lauschte, wie sie der heiligen Liebe huldigen mit süßer, feuriger Rede und der Schäcker Aristophanes darunter hineinwitzelt, und endlich der Meister, der göttliche Sokrates selbst mit seiner himmlischen Weisheit sie Alle lehrt, was Liebe sey — da, Freund meines Herzens, bin ich dann freilich nicht so verzagt und meine manchmal, ich müßte doch einen Funken der süßen Flamme, die in solchen Augenblicken mich wärmt und erleuchtet, meinem Werkchen, in dem ich wirklich lebe und webe, meinem Hyperion, mittheilen können, und sonst auch noch zur Freude der Menschen zuweilen etwas ans Licht bringen.

Ich fand bald, daß meine Hymnen mir doch selten in dem Geschlechte, wo doch die Herzen schöner sind, ein Herz gewinnen werden, und dies bestärkte mich in meinem Entwurfe eines griechischen Romans. Laß Deine edlen Freundinnen urtheilen, aus dem Fragmente, das ich unserm Stäudlin heute schicke, ob mein Hyperion nicht vielleicht einmal ein Plätzchen ausfüllen dürfte unter den Helden, die uns doch ein wenig besser unterhalten, als die wort- und abentheuerreichen Ritter.

Ein „Fragment von Hyperion“ erschien endlich 1794 in Schiller's „Neuer Thalia“; der vollendete Roman, unter dem Titel „Hyperion oder der Eremit in Griechenland“, kam heraus 1797—1799. In beiden Werken wollte der Dichter, statt wie in den lyrischen Gedichten blos Einzelnes zu berühren, was ihn bewegte, das Ganze seiner Welt- und Lebensanschauung, wie sie ihm namentlich in der Vollbegeisterung für Hellas als das ewige Muster alles Schönen seit seiner Jugend innerlich aufging, und die Erfahrungen, welche er mit dieser seiner Welt- und Lebensanschauung an der eigenen Persönlichkeit und in der Menschheit außer ihm gemacht hatte, er wollte dieß Alles in dichterischem Bilde verkörpern. Er stellte demgemäß dar einen hellenischen, jedoch (weil er selbst dieser hellenische Jüngling ist) nicht antikgriechischen, sondern dem jetzigen Griechenland entsprossenen Jüngling, welcher mit der ganzen dem Gemüth möglichen Gluth der Leidenschaft für die höchsten Ideale, zu denen der Mensch sich erheben kann, begeistert ist, außer ihnen nichts, sie selbst aber unbedingt sowol für sich erringen und genießen, als sie der gesammten Menschheit verkünden, die Menschheit durch sie verjüngen, beglücken und veredeln will. Diese Ideale sind ihm insgesammt Strahlen der Einen höchsten Idee, der Schönheit;

es gehört zu ihnen einmal das Schöne im engeren Sinne oder das was man gewöhnlich bei dem Klange des Wortes Schönheit sich denkt, und es gehört zu ihnen zweitens Schönheit des großen Gesammtlebens der Menschheit, sich darstellend 1) in reiner, alle unwürdige Knechtschaft ausschließender Freiheit; desgleichen 2) in ungetrübter das Schlangengezücht der Selbstsucht verbannender Harmonie aller Strebungen in der Menschengesellschaft nach dem Prinzip Alles für Jeden und Jeder für Alle, endlich 3) in wahrhafter alle schnöde Barbarei von der Erde verjagender Bildung und seelenvoll künstlerischer Gestaltung des gesammten Handelns und Thuns, wie dieß Alles von den alten Hellenen im Geiste erschaut, von ihren Dichtern und Denkern verkündigt, von ihnen selbst in weit höherem Grade und Umfange, als bis jetzt spätere Weltalter es wieder erreicht haben, verwirklicht worden ist. Von dem lichten Glanze dieser hohen Ideale ist des Jünglings, den der Dichter schildert, ganze Seele erfüllt, ohne sie ist ihm das Leben, ohne ihre Einführung in die Wirklichkeit die ganze Menschheits- und Völkergeschichte ein reines Nichts, sie sollen dasein, sie sollen die Herzen erwärmen, die Geister erleuchten, die Welt herrlich, insbesondere Hellas wieder auferstehen machen. Darum, weil er einen Menschen von solcher idealen Höhe des Empfindens und Strebens darstellen will, darum greift der Dichter schon in der Benennung, die er für ihn erwählt, kühn zu den Sternen hinauf, er gibt ihm den Namen des Titanen Hyperion, des Sohnes des Uranus und der Gäa und Vaters des Helios, der Selene und der Eos, somit alles Herrlichen, alles dessen, was Licht, Leben, Vollendung schafft im großen Weltall [1]).

---

1) Der Name wird bei Hölderlin Hypérion (nicht Hyperion wie bei Homer und Hesiod) ausgesprochen, wie dieß nicht nur die constante Tradition, sondern auch ein Vers von H. selbst in einer Jugendhymne „an die Freiheit" (1792) beweist: „wenn ihr Haupt die bleichen Sterne neigen, strahlt Hyperion (hier = Sonne, wie auch im Griechischen) im Heldenlauf". Ich mache diese Bemerkung nicht aus Pedanterie, sondern weil ich öfter bei Freunden H.'s eine Ungewißheit über die Aussprache des Namens bemerkt habe. Der Name Diotīma stammt aus Plato's Symposion, wo Sokrates seine große Rede über die Liebe zurückführt auf eine in diesen und andern höhern Dingen weise Frau aus Mantinea, welche D. hieß. Durch Plato's Symposion ist der Dichter auch gekommen auf seinen Ausspruch (Hyperion S. 107), daß das Wesen der Schönheit und des Göttlichen überhaupt bestehe in der Einheit, welche sich selbst besondert zu mannigfaltigem, in sich unendlich unterschiedenem und doch Ein Ganzes bildenden Sein, „ἓν διαφέρον ἑαυτῷ". In einem Briefe vom Jahre 1798 schreibt H.: Die einzelnen Existenzen in der Welt „machen nur Ein lebendiges Ganzes aus, das zwar durch und durch individualisirt ist und aus lauter selbstständigen, aber ebenso innig und ewig verbundenen Theilen besteht;" in einem zweiten vom Jahre 1801: „Alles unendliche Einigkeit, aber in diesem Allem ein vorzüglich Einiges und Einigendes, das, an sich, kein Ich ist, und dieses sei unter uns Gott!" Noch in seiner spätern Lebensperiode war Ἓν καὶ Πᾶν (Eins und Alles) das Losungswort des Dichters. Früher Bewunderer der Ichheitslehre Fichte's, scheint es ihm später des Höchsten nicht würdig geschienen zu haben, dasselbe in die Grenzen persönlicher Egoität einzuschließen, und ebenso war ihm das Weltall ein so herrliches Ganzes, daß er das Göttliche nicht außer und über ihm gesetzt, sondern es als das die Welt allseitig einigende und durchdringende absolute Lebensprincip vorgestellt wissen wollte. Dieß

Was ist nun die Geschichte dieses Götterjünglings? Sie ist die des Dichters selbst. Alle Hoffnung und Sehnsucht, seine Ideale in der Menschenwelt wirklich zu finden und wirklich zu machen, erweist sich als trostlose Täuschung; nur Ein Ideales bleibt ihm übrig und kann ihm nicht genommen werden: die ewige, ewig den Menschen wieder verjüngende und beglückende Schönheit der Natur, die Herrlichkeit des Aethers, des Tag- und Nachthimmels, die Pracht der Sonne und des Lichtes, die Erhabenheit der Gebirge und des grenzenlosen Meeres, die Lieblichkeit der Quellen und der Flüsse, die Lebens- und Wachsthumsfülle des Reichs der Pflanzen, die unendliche Anmuth der Blumen, welche die immer wiederkehrende schöne Jahreszeit dem mütterlichen Boden der Erde entlockt, überhaupt Alles, was in der Natur um uns her die Seele bezaubern und entzücken kann. Eines seiner Ideale, die Anschauung höchster menschlicher Schönheit und das Glück, Liebe bei ihr zu finden, dieses Eine wird ihm allerdings zu Theil, aber nur auf traurig kurze Zeit: er verliert die Geliebte, in welcher ihm die ganze Vollendung alles Reizes und aller Seelenanmuth, von welcher der Geist träumen kann, erschienen war, — er verliert sie wieder, im „Fragment" durch eigene Schuld, durch die allzugroße Heftigkeit seines Gemüths, welche ihn der Geliebten selbst und den Ihrigen unheimlich macht, im „Roman" dadurch, daß die Geliebte, von der er sich, um den Neuhellenen die Freiheit ihrer Ahnen in heroischem

---

der „Pantheismus" Hölderlin's, der bei ihm mehr Sache des Gemüths und der Phantasie als der Doctrin war.

Kampfe wiedererringen zu helfen getrennt hat, in dieser Scheidung von ihm dahinwelkt und den Todesgöttern anheimsinkt. Wie ein entlaubter und verdorrter Baum mitten in der rings um ihn blühenden seligen Natur, steht er am Ende da, und zwar um so trauriger, da er von der Rohheit der gegenwärtigen Menschen, der durch lange Sklaverei entarteten Neugriechen und vor allem der Hauptbarbaren, der Deutschen (S. XLIX), nichts als „Beleidigung“ seines hohen Gefühls erfahren hat; das Ideal ist für ihn dahin, stille Resignation das Ende von Allem.

Das „Fragment“ Hyperion stellt nur erst Schicksale dar, welche der Jüngling erfährt an seiner eigenen Person in Folge seiner Heftigkeit und unheimlichen Zerrissenheit; es bildet aber eine passende Einleitung zum „Roman“, in welchem hauptsächlich das Scheitern seiner (von Hölderlin an den Krieg der Russen gegen die Türken 1769 ff. angeknüpften) patriotischen Unternehmungen für die Befreiung der Hellenen und die grimme Enttäuschung der Hoffnungen, die er auf das deutsche Volk gebaut, den Inhalt der Erzählung bildet. Die Geliebte im „Fragment“, Melite, ist Ideal des Dichters selbst, wie es in den Tagen der Jugend, ehe er Diotima gesehen, oft in seligen Träumen seinem Geiste erschien („An Diotima“ Str. 4—7, S. 148, Hyperion S. 98). „Diotima“ im Roman dagegen ist Wirklichkeit; ihr hat er das Buch übergeben mit der kurzen Zuschrift am Ende des ersten Bandes: „Wem sonst als Dir?“ [1]).

1) Dieses Exemplar des Hyperion, aus Diotima's Händen.

Bedauerlich ist es, daß Hölderlin in seinem Unmuth über seine Landsleute mit dem Ausfall auf germanische Barbarei (Hyperion S. 180 ff.) nicht zufrieden war, sondern zudem in der Vorrede (S. 27 f.) sein Werk dem deutschen Publikum mit einer herben Unfreundlichkeit vor die Füße warf, welche nur verstimmen konnte. Der Erfolg war denn auch nicht bedeutend, was natürlich nur ein weiterer Tropfen in den Becher der Verbitterung sein konnte, die des unglücklichen Dichters sich bemächtigte.

Aber: Hyperion ist deßungeachtet ein Werk, dessen Bedeutung und anziehende Macht über die Epoche seines Erscheinens weit hinausreicht, er ist ein Werk nicht für Eine, sondern für alle Zeiten. Ueberschwenglich gewaltige *Gluth der Leidenschaft*, ausgesprochen in edelster, classischer Form, *Verherrlichung des Schönen*, wo und wie es auch sei, in vollendet ebenbürtiger Schönheit des in unerschöpflich reicher Fülle quellenden Ausdruckes, so daß uns zu Muthe wird, als tönte fortwährend die Musik der Sphären in immer neuen Melodien und Harmonien und im Spiele aller klingenden Farben an uns heran, ebenso aber auch voll ergreifende *Darstellung des schweren Kampfes* des in der *Endlichkeit* des Könnens gefangenen Menschen mit den Idealen seines Geistes, die ihrer Natur nach nothwendig *unendlich* sind: das Alles haben wir in diesem

oder aus ihrem Nachlaß in die eines Freundes übergegangen, ist von Director Dr. Weismann in Frankfurt meinem Collegen W. L. *Holland* zum Geschenk gemacht worden.

Werke vor uns, es ist ein großer Gesang von den höchsten Begeisterungen und Freuden und von den schwersten Entbehrungen und Leiden der Menschheit.

Die wonnevolle Herrlichkeit alles Desjenigen, was das Leben dem Menschen zu bieten und wozu es seinen Geist zu erheben vermag, und den zermalmenden Ernst, mit dem es ihm furchtbar entgegentreten kann, dieß Beides, und zwar Beides zumal in innigster Verflechtung, das hat nur Hölderlin im Hyperion, wie in den übrigen Gedichten, in absoluter Vollendung ausgesprochen; dadurch steht er den Größten im Reiche der Poesie würdig zur Seite, — und zwar um so mehr, da Alles, was er gegeben, verklärt ist durch den Adel ungetrübter Reinheit und Zartheit des sittlichen Sinnes. Man sage nicht, „nur seine Diotima hat ihn zum Dichter des Ideals und des Wehes über die Unerreichbarkeit desselben gemacht“; sie hat nur seiner Begeisterung den höchsten Schwung und seinem Leide die ganze Macht der Verzweiflung gegeben; auch ohne sie und ehe er sie kannte lebte das Ideal in seiner Seele und gewann in ihr bereits volle Gestalt, und auch andere Schmerzen als den um sie fühlte sein Geist; Allem, was der Menschheit, was insbesondere dem deutschen Volke zu ersehnen und zu leiden zugetheilt ist, stand er des Zornes über so Vieles daheim und der Sehnsucht nach Hellas ungeachtet offen und gab ihm vollkräftigen Ausdruck; nur die kurz bemessene Frist des geistigen Schaffens hat ihn nicht wirklich ausreifen lassen zu dem großen Sänger der Menschheit und Deutschheit, der zu werden er berufen war.

Und Hellas, auch dieses veraltet nie: es ist auch

jetzt noch das Land, das unsre Seele sucht, das wir stets bewundernd ehren als die Geburtsstätte des rein und edel Schönen auf Erden, desjenigen Schönen, das allen Zeiten als Ideal bleiben muß, wenn nicht die Bildung wieder entarten soll zu einer von allem Glanz der sogenannten Civilisation nur schlecht verhüllten „Barbarei“; wir alle nahmen und nehmen an seiner Wiedererstehung innigen Antheil, ganz denselben Antheil, als wäre ein unschätzbares Juwel, das man uns geraubt, nun endlich wieder aufgefunden und uns zurückgestellt. Und darum gehen wir auch selber jetzt so gerne hin, seit seine Dränger verschwunden, seine Pforten geöffnet, seine Wege geebnet, seine Städte neu aufgerichtet sind, — mit dem Schmerze freilich, daß der größte deutsche Sänger vom alten Hellas dasselbe ohne es gesehen zu haben so wahrhaft malen und seine Tage in nie gestillter trauriger Sehnsucht, wie nach so vielem andern Herrlichen, so auch nach jenem Lande dahinbringen mußte.

Weniger bekannte Orts- und Personennamen kommen in Hyperion u. s. folgende vor:

Aus der homerischen Region: Berg Pagus und Fluß Meles bei Smyrna, an dessen Quelle die Höhle lag, in welcher Homer gedichtet haben soll, die Insel Nio (Jos), auf der man sein Grab zeigte, der schwanenreiche Cayster, das Vorgebirge Mimas bei Chios, weiter nach Lydien hinein das Gebirg Tmolus bei Sardes und der ihm entspringende goldführende Paktolus, ein Gebirg Korax (?), die Gebirge Messogis und Sipylus; Tschesme an der kleinasiatischen Westküste, wo am 5. Juli 1770 die türkische Flotte in der Schlacht gegen die Russen in Flammen aufgieng.

Aus dem Archipelagus: Tina (Tenos), mit einer Kirche der Panagia (griechischen Madonna), von welcher (Schwab 2, 282) in einem früheren Entwurf zu Hyperion erzählt war, daß er sich als Knabe zu ihrem Bild geschlichen und es geküßt habe.

Aus Attika und Umgebung: Ortschaft oder Vorstadt Angĕle, der Lykabettushügel n.ö. von Athen, Ortschaft Pentéle mit dem berühmten Marmorberg Pentelikon, Insel Kalaurea, auf welcher Demosthenes Gift nahm, um den Macedoniern nicht in die Hände zu fallen.

Plato's Stella (Hyperion S. 34) ist keine Geliebte des Philosophen (Hölderlin hat selbst den Druckfehler „seine Stella“ in „sein“ umgeändert), sondern ein Jugendfreund Ἀστήρ (= Stern), mit welchem Plato Himmelskunde erlernte, und auf den er das Epigramm dichtete:

Nach den Sternen blickst Du, mein Stern; o wär' ich der Himmel,
Daß viel Augen ich hätt', auf Dich, Geliebter, zu schaun.

Agis II., edler König des ausgearteten Sparta, wollte die lykurgische Verfassung und die gute alte Sitte herstellen, ward aber 241 v. Ch. von den Ephoren ins Gefängniß geworfen und mit seiner Mutter und Großmutter erdrosselt.

Sein Werk und zugleich die Herstellung der spartanischen Hegemonie im Peloponnes nahm wieder auf sein kühner Nachfolger Kleomenes III., wurde aber nach ruhmvoller Regierung vom achäischen Bundesfeldherrn Aratus mittelst Herbeiholung der Macedonier vertrieben und kam 220 elendiglich in Alexandria ums Leben.

Agis und sein Schicksal hat Hölderlin in einer, bis jetzt verlornen, Tragödie behandelt (Schwab 2, 296).

Einer andern als der hellenischen, der Welt Ossian's gehört an der See Lego im ersten Gedicht an Hiller, S. 49.

Hölderlin-Denkmal.

Erste Abtheilung.

Lyrik.

1. Kindheit.

Rückblick aus späterer Zeit.

Da ich ein Knabe war,
Rettet' ein Gott mich oft
Vom Geschrei und der Ruthe der Menschen,
Da spielt' ich sicher und gut
Mit den Blumen des Hains,
Und die Lüftchen des Himmels
Spielten mit mir.

Und wie du das Herz
Der Pflanzen erfreuest,
Wenn sie entgegen dir
Die zarten Arme strecken,
So hast du mein Herz erfreut,
Vater Helios! und, wie Endymion,
War ich dein Liebling,
Heilige Luna!

O all ihr treuen
Freundlichen Götter!
Daß ihr wüßtet,
Wie euch meine Seele geliebt!

Zwar damals rief ich noch nicht
Euch mit Namen, auch ihr
Nanntet mich nie, wie die Menschen sich nennen,
Als kennten sie sich,

Doch kannt' ich euch besser,
Als ich je die Menschen gekannt,
Ich verstand die Stille des Aethers,
Der Menschen Worte verstand ich nie.

Mich erzog der Wohllaut
Des säuselnden Hains,
Und lieben lernt' ich
Unter den Blumen.

Im Arme der Götter wuchs ich groß . . .

2. Jugendgedichte.

Das menschliche Leben.

Menschen, Menschen! was ist euer Leben,
Eure Welt, die thränenvolle Welt!
Dieser Schauplatz, kann er Freuden geben,
Wo sich Trauern nicht dazu gesellt?
O! die Schatten, welche euch umschweben,
Die sind euer Freudenleben.

Thränen, fließt! o fließet, Mitleidsthränen!
Taumel, Reue, Tugend, Spott der Welt,
Wiederkehr zu ihr, ein neues Sehnen,
Banges Seufzen, das die Leiden zählt,
Sind der armen Sterblichen Begleiter,
O, nur allzu wenig heiter!

Banger Schauer faßt die trübe Seele,
Wenn sie jene Thorenfreuden sieht;
Welt, Verführung, manches Guten Hölle,
Flieht von mir, auf ewig immer flieht!
Ja gewiß, schon manche gute Seele hat, betrogen,
Euer tödtend Gift gesogen.

Wann der Sünde dann ihr Urtheil tönet,
Des Gewissens Schreckensreu sie lehrt,
Wie die Lasterbahn ihr Ende krönet,
Schmerz, der ihr Gebein versehrt: —
Dann sieht das verirrte Herz zurücke,
Reue schluchzen seine Blicke.

Und die Tugend bietet ihre Freuden
Gerne Mitleid lächelnd an,
Doch die Welt — bald streut sie ihre Leiden
Auch auf die zufrieden heitre Bahn:
Weil sie dem, der Tugendfreuden kennet,
Sein zufrieden Herz nicht gönnet.

Tausend mißgunstvolle Lästerungen
Sucht sie dann, daß ihr die Tugend gleicht;
Beißend spotten dann des Neides Zungen,
Bis die arme Unschuld ihnen weicht;
Kaum verflossen etlich' Freudentage,
Sieh, so sinkt der Tugend Waage.

Etlich' Kämpfe — Tugend und Gewissen —
Nur noch schwach bewegen sie das Herz,
Wieder umgefallen! — und es fließen
Neue Thränen, neuer Schmerz!
O du Sünde, Dolch der edlen Seelen,
Muß denn jede dich erwählen?

Schwachheit, nur noch etlich' Augenblicke,
So entfliehst du, und dann göttlich schön
Wird der Geist verklärt, ein beſſ'res Glücke
Wird dann glänzender mein Auge sehn;
Bald umgibt dich, unvollkommne Hülle,
Dunkle Nacht, des Grabes Stille.

An die Nachtigall.

Dir flüstert's leise, Nachtigall! dir allein,
Dir, süße Träumeweckerin! sagt es nur
Die Saite. — Stella's wehmuthsvoller
Seufzer — er raubte mein Herz; dein Kehlchen —

Es klagte — o! es klagte! — wie Stella ist's.
Starr sah ich hin beim Seufzer, wie, als dein Lied
Am liebevollsten schlug, am schönsten
Aus der melodischen Kehle strömte.

Dann sah ich auf, sah bebend, ob Stella's Blick
Mir lächle — ach! ich suche dich, Nachtigall,
Und du verbirgst dich. — Wem, o Stella,
Seufzest du? Sangest du mir, du Süße?

Doch nein! doch nein! ich will es ja nicht, dein Lied,
Von ferne will ich lauschen — o! singe dann!
Die Seele schläft — und plötzlich schlägt die
Brust mir empor zum erhabnen Lorbeer.

O Stella! sag' es, sag' es! — ich bebe nicht! —
Es tödtete die Wonne, geliebt zu seyn,
Den Schwärmer. — Aber trauernd will ich
Deinen beglückten Geliebten segnen.

An meinen B.

Freund! wo über das Thal schauerlich Wald und Fels
Herhängt, wo das Gefild leise die Erms durchschleicht
Und das Reh des Gebirges
Stolz an ihrem Gestade geht,

Wo im Knabengelock heiter und unschuldsvoll
Wen'ge Stunden mir einst lächelnd vorüberflohn —
Dort sind Hütten des Segens,
Freund! du kennest die Hütten auch.

Dort am schattichten Hain wandelt Amalia.
Segne, segne mein Lied, kränze die Harfe mir,
Denn sie nannte den Namen,
Den, du weißt's, des Getümmels Ohr

Nicht zu kennen verdient. Stille, der Tugend nur
Und der Freundschaft bekannt, wandelt die Gute dort.
Liebes Mädchen, es trübe
Nie dein himmlisches Auge sich!

Die Stille.

Die du schon mein Knabenherz entzücktest,
Welcher schon die Knabenthräne floß,
Die du früh dem Lärm der Thoren mich entrücktest,
Besser mich zu bilden, nahmst in Mutterschooß,

Dein, du Sanfte! Freundin aller Lieben!
Dein, du Immertreue! sey mein Lied!
Treu bist du in Sturm und Sonnenschein geblieben,
Bleibst mir treu, wenn einst mich Alles, Alles flieht.

Jene Ruhe, jene Himmelswonne —
O ich wußte nicht, wie mir geschah,
Wann so oft in stiller Pracht die Abendsonne
Durch den dunkeln Wald zu mir heruntersah.

Du, o du nur hattest ausgegossen
Jene Ruhe in des Knaben Sinn,
Jene Himmelswonne ist aus dir geflossen,
Hehre Stille, holde Freudengeberin!

Dein war sie, die Thräne, die im Haine
Auf den abgepflückten Erdbeerstrauß
Mir entfiel — mit dir ging ich im Mondenscheine
Dann zurück in's liebe elterliche Haus.

Fernher sah ich schon die Kerzen schimmern,
Schon war's Suppenzeit — ich eilte nicht,
Spähte stillen Lächelns nach des Kirchhofs Wimmern,
Nach dem dreigefüßten Roß am Hochgericht.

War ich endlich staubigt angekommen,
Theilt' ich erst den welken Erdbeerstrauß,
Rühmend, wie mit saurer Müh' ich ihn bekommen,
Unter meine dankenden Geschwister aus;

Nahm dann eilig, was vom Abendessen
An Kartoffeln mir noch übrig war,
Schlich mich in der Stille, wenn ich satt gegessen,
Weg von meinem lustigen Geschwisterpaar.

O! in meines kleinen Stübchens Stille
War mir dann so über Alles wohl;
Wie im Tempel war mir's in der Nächte Hülle,
Wenn so einsam von dem Thurm die Glocke scholl.

Alles schwieg und schlief, ich wacht' alleine;
Endlich wiegte mich die Stille ein,
Und von meinem dunkeln Erdbeerhaine
Träumt' ich und vom Gang im stillen Mondenschein.

Als ich weggerissen von den Meinen,
Aus dem lieben elterlichen Haus,
Unter Fremden irrte, wo ich nimmer weinen
Durfte, in das bunte Weltgewirr hinaus:

O wie pflegtest du den armen Jungen,
Theure, so mit Mutterzärtlichkeit,
Wenn er sich im Weltgewirre müd gerungen,
In der lieben, wehmuthsvollen Einsamkeit!

Als mir nach dem wärmern, vollern Herzen
Feuriger jetzt stürzte Jünglingsblut;
O! wie schweigtest du oft ungestüme Schmerzen,
Stärktest du den Schwachen oft mit neuem Muth!

Jetzt belausch' ich oft in deiner Hütte
Meinen Schlachtenstürmer Ossian,
Schwebe oft in schimmernder Seraphen Mitte
Mit dem Sänger Gottes, Klopstock, himmelan.

Gott! und wenn durch stille Schattenhecken
Mir mein Mädchen in die Arme fliegt,
Und die Hasel, ihre Liebenden zu decken,
Sorglich ihre grünen Zweige um uns schmiegt; —

Wenn im ganzen segensvollen Thale
Alles dann so stille, stille ist,
Und die Freudenthräne, hell im Abendstrahle,
Schweigend mir mein Mädchen von der Wange wischt! —

Oder wenn in friedlichen Gefilden
Mir mein Herzensfreund zur Seite geht
Und, mich ganz dem edlen Jüngling nachzubilden,
Einzig vor der Seele der Gedanke steht,

Und wir bei den kleinen Kümmernissen
Uns so sorglich in die Augen sehn,
Wenn so sparsam öfters und so abgerissen
Uns die Worte von der ernsten Lippe gehn —

Schön, o schön sind sie, die stillen Freuden,
Die der Thoren wilder Lärm nicht kennt,
Schöner noch die stillen, gottergebnen Leiden,
Wann die fromme Thräne von dem Auge rinnt!

Drum, wenn Stürme einst den Mann umgeben,
Nimmer ihn der Jugendsinn belebt,
Schwarze Unglückswolken drohend ihn umschweben,
Ihm die Sorge Furchen in die Stirne gräbt:

O, so reiße ihn aus dem Getümmel,
Hülle ihn in deine Schatten ein!
O, in deinen Schatten, Theure, wohnt der Himmel,
Ruhig wird's bei ihnen unter Stürmen seyn.

Und wann einst nach tausend trüben Stunden
Sich mein graues Haupt zur Erde neigt,
Und das Herz sich matt gekämpft an tausend Wunden
Und des Lebens Last den schwachen Nacken beugt:

O so leite mich mit deinem Stabe —
Harren will ich auf ihn hingebeugt,
Bis in dem willkommnen, ruhevollen Grabe
Aller Sturm und aller Lärm der Thoren schweigt.

Männerjubel.

Erhab'ne Tochter Gottes, Gerechtigkeit!
Die du den Dreimalheil'gen von Anbeginn
Umstrahltest und umstrahlen wirst am
Tage der ernsten Gerichtsposaune,

Und du, o Freiheit! heiliger Ueberrest
Aus Edens Tagen! Perle der Redlichen!
In deren Halle sich der Völker
Kronen begrüßen und Thaten schwören,

Und du, der Geisterkräfte gewaltigste!
Du löwenstolze, Liebe des Vaterlands!
Die du auf Mordgerüsten lächelst,
Und in dem Blute gewälzt noch siegest:

Wer wagt's, zu thürmen Riesengebirge sich,
Zu schau'n den Anfang eurer Erhabenheit?
Wer gründ't der Tiefen tiefste aus, nach
Euch sich zu beugen, vor Euch, Erhabne?

Und wir — o tönet, tönet dem Jubel nach,
Ihr ferne Glanzgefilde des Uranus!
O beugt euch nieder, Orione!
Beugt euch! wir sind der Erhabnen Söhne.

Es glimmt in uns ein Funke der Göttlichen!
Und diesen Funken soll aus der Männerbrust
Der Hölle Macht uns nicht entreißen!
Hört es, Despotengerichte, hört es!

Ihn senkte, seine Welt zu verherrlichen,
Der Gott der Götter Adams Geschlecht ins Herz,
Daß preisen wir den Gott der Götter!
Hört es, ihr Knechte des Lügners, hört es!

Was überwiegt die Wonne, der Herrlichen,
Der Töchter Gottes würdiger Sohn zu seyn?
Den Stolz, in ihrem Heiligthum zu
Wandeln, zu dulden um ihretwillen?

Und lärmten, gleich dem hadernden Ocean,
Despotenflüche geifernd auf uns herab,
Vergiftete das Schnauben ihrer
Rache, wie Syria's Abendlüfte —

Und dräute tausendarmigter Pöbel, uns
Zu würgen, tausendzüngigte Pfaffenwuth
Mit Bann den Neuerern: es lachen
Ihrer die Söhne der Töchter Gottes.

Keppler.

Unter den Sternen ergehet sich
Mein Geist, die Gefilde des Uranus
Ueberhin schwebt er und sinnt; einsam ist
Und gewagt, ehernen Tritt heischet die Bahn.

Wandle mit Kraft, wie der Held, einher!
Erhebe die Miene doch nicht zu stolz;
Denn es naht, siehe es naht, hoch herab
Von dem Gefild, wo der Triumph jubelt, der Mann,

Welcher den Denker in Albion,
Den Späher des Himmels um Mitternacht,
Ins Gefild tiefern Anschauns leitete
Und voranleuchtend sich wagt' ins Labyrinth,

Daß der erhabenen Themse Stolz
Im Geist sich beugend vor seinem Grab,
Ins Gefild würdigern Lohns nach ihm rief:
„Du begannst, Suevia's Sohn, wo es dem Blick

Aller Jahrtausende schwindelte;
Und ja! ich vollende, was du begannst,
Denn voran leuchtetest du, Herrlicher!
Im Labyrinth, Strahlen beschwurst du in die Nacht.

Möge vergehen des Lebens Mark,
Die Flamm' in der Brust — ich ereile dich,
Ich vollend's! denn sie ist groß, ernst und groß,
Deine Bahn, höhnet des Golds, lohnet sich selbst."

Wonne Walhalla's! und ihn gebar
Mein Vaterland? ihn, den die Themse pries?
Der zuerst ins Labyrinth Strahlen schuf,
Und den Pfad, hin an den Pol, wies dem Gestirn.

Hekla's Gedonner vergäß' ich so,
Und ging' ich auf Ottern, ich bebte nicht,
In dem Stolz, daß er aus dir, Suevia,
Sich erhub, unser der Dank Albions ist.

Mutter der Redlichen! Suevia!
Du stille! dir jauchzen Aeonen zu,
Du erzogst Männer des Lichts ohne Zahl,
Des Geschlechts Mund, das da kommt, huldiget dir!

Die Ehrsucht.

Großer Name! — Millionen Herzen
Lockt in's Elend der Sirenenton,
Tausend Schwächen wimmern, tausend Schmerzen
Um der Ehrsucht eitlen Flitterthron.

Seine schwarzen, blutbefleckten Hände
Dünken dem Erobrer göttlich schön —
Schwache morden scheint ihm keine Sünde,
Und er jauchzt auf seine Trümmer hin.

Um wie Könige zu prahlen, schänden
Klein're Wüthriche ihr armes Land;
Und um feile Ordensbänder wenden
Räthe sich das Ruder aus der Hand.

Graue Sünder donnern, ihre Blöße
Wegzudonnern, rauh die Unschuld an;
Gott zu läugnen hält so oft für Größe,
Hält für Größe noch so oft — ein Mann.

Göttin in des Buben Mund zu heißen
Gibt das Mädchen ihren Reiz zum Sold,
Mitzurasen in Verführerkreisen
Wird der Bube früh zum Trunkenbold.

Doch es sträubet sich des Jünglings Rechte,
Länger sing' ich von den Thoren nicht.
Wisse! schwaches, niedriges Geschlechte!
Nahe steht der Narr am Bösewicht.

An Thill's Grab.

Der Leicheureihen wandelte still hinan,
Und Fackelschimmer schien auf des Theuren Sarg,
Und du, geliebte gute Mutter!
Schautest entseelt aus der Jammerhütte.

Als ich, ein schwacher stammelnder Knabe noch,
O Vater! lieber Seliger! dich verlor,
Da fühlt' ichs nicht, was du mir warst, doch
Mißte dich bald die verlass'ne Waise.

So weint' ich leisen Knabengefühles schon
Der Wehmuth Thräne über dein traurig Loos;
Doch jetzt o Thill! jetzt fühl' ichs ernster,
Schmerzender jetzt über deinem Hügel,

Was hier im Grab den Redlichen Suevia's
Verwest, den himmelnahenden Einsamen.
Und, o mein Thill, du ließst sie Waisen?
Eiltest so frühe dahin, du Guter?

Ihr stille Schatten seines Holunderbaums!
Verbergt mich, daß kein Spötter die Thränen sieht
Und lacht, wenn ich geschmiegt an seinem
Hügel die bebenden Wangen trockne.

O wohl dir! wohl dir, Guter! du schläfst so sanft
Im stillen Schatten deines Holunderbaums.
Dein Monument ist er, und deine
Lieder bewahren des Dorfes Greisen.

O, daß auch mich dein Hügel umschattete
Und Hand in Hand wir schliefen, bis Ernte wird!
Da schielten keine Vorurtheile,
Lachte kein Affe des stillen Pilgers.

O Thill! ich zage, denn er ist dornenvoll
Und noch so fern der Pfad zur Vollkommenheit;
Die Starken beugen ja ihr Haupt, wie
Mag ihn erkämpfen der schwache Jüngling?

Doch nein! ich wag's! es streitet zur Seite ja
Ein felsentreuer, muthiger Bruder mir.
O freut euch, selige Gebeine!
Ueber dem Namen! Es ist — mein Neuffer.

An die Ruhe.

Vom Gruß des Hahns, vom Sichelgetön' erweckt,
Gelobt' ich dir, Beglückerin! Lobgesang,
Und siehe da, am heitern Mittag
Schläget sie mir, der Begeist'rung Stunde.

Erquicklich, wie die heimische Ruhebank
Im fernen Schlachtgetümmel dem Krieger deucht,
Wenn die zerfleischten Arme sinken
Und der geschmetterte Stahl im Blut liegt —

So bist du, Ruhe! freundliche Trösterin!
Du schenkest Riesenkraft dem Verachteten;
Er höhnet Dominiksgesichtern,
Höhnet der zischenden Natterzunge.

Im Veilchenthal, vom dämmernden Hain umbraust,
Entschlummert er, von süßen Begeist'rungen
Der Zukunft trunken, von der Unschuld
Spielen im flatternden Flügelkleide.

Da weiht der Ruhe Zauber den Schlummernden,
Mit Muth zu schwingen im Labyrinth sein Licht,
Die Fahne rasch voranzutragen,
Wo sich der Dünkel entgegenstemmet.

Auf springt [er], wandelt ernster den Bach hinab
Nach seiner Hütte. Siehe! das Götterwerk,
Es keimet in der großen Seele.
Wieder ein Lenz, — und es ist vollendet.

An jener Stätte bauet der Herrliche
Dir, gottgesandte Ruhe! den Dankaltar.
Dort härrt [er], wonnelächlend, wie die
Scheidende Sonne, des längern Schlummers.

Denn sieh', es wallt der Enkel zu seinem Grab,
Voll hohen Schauers, wie zu des Weisen Grab,
Des Herrlichen, der, von der Pappel
Säuseln umweht, auf der Insel schlummert.

Melodie an Lida.

Lida, siehe! zauberisch umwunden
Hält das All der Liebe Schöpferhand,
Erd' und Himmel wandeln treu verbunden,
Laut und Seele knüpft der Liebe Band.
Lüftchen säuseln, Donner rollen nieder —
Staune, Liebe! staun' und freue dich!
Seelen finden sich im Donner wieder,
Seelen kennen in dem Lüftchen sich.

Am Gesträuche lullt in Liebesträume
Süße Trunkenheit das Mädchen ein,
Haucht der Frühling durch die Blüthenbäume,
Summen Abendsang die Käferlein;
Helden springen von der Schlummerstätte,
Grüßt sie brüderlich der Nachtorkan;
Hinzuschmettern die Tyrannenkette
Wallen sie die traute Schreckenbahn.

Wo der Todtenkranz am Grabe flüstert,
Wo der Wurm in schwarzen Wunden nagt
Wo, vom grauen Felsenstrauch umdüstert,
Durch die Haide hin der Rabe klagt,

Wo die Lerch' im Thale froher Lieder,
Plätschernd die Forell' im Bache tanzt,
Tönt die Seele Sympathieen wieder,
Von der Liebe Zauber eingepflanzt.

Wo des Geiers Schrei des Raubs sich freuet,
Wo der Aar dem Felsennest entbraust,
Wo Gemäuer ächzend niederdräuet,
Wo der Wintersturm in Trümmern saust,
Wo die Woge, vom Orkan bezwungen,
Wieder auf zum schwarzen Himmel tost,
Trinkt das Riesenherz Begeisterungen,
Von den Schmeicheltönen liebgekost.

Felsen zwingt zu trauten Mitgefühlen
Tausendstimmiger Naturgesang,
Aber süßer tönt von Saitenspielen
Allgewaltiger ihr Zauberklang;
Rascher pocht im angestammten Triebe,
Bang und süße, wie der jungen Braut,
Jeder Aderschlag, in trunkner Liebe
Find't das Herz den brüderlichen Laut.

Aus des Jammerers erstarrtem Blicke
Locket Labethränen Flötenton,
Im Gedränge schwarzer Mißgeschicke
Schafft die Schlachttrommete Siegeslohn;
Wie der Stürme Macht im Rosenstrauche
Reißt dahin der Saite Ungestüm,
Kosend huldiget dem Liebeshauche
Sanfter Melodie der Rache Grimm.

Reizender erglüht der Wangen Rose,
Flammenathem haucht der Purpurmund,
Hingebannt bei lispelndem Gekose
Schwört die Liebe den Vermählungsbund;

Niegesung'ne königliche Lieder
Sprossen in des Sängers Brust empor,
Stolzer schwebt des Hochgesangs Gefieder,
Rührt der Töne Reigentanz das Ohr;

Wie sie langsam erst am Hügel wallen,
Majestätisch dann wie Siegersgang,
Hochgehoben zu der Freude Hallen,
Liebe singen und Triumphgesang,
Dann durch Labyrinthe hingetragen
Fürder schleichen in dem Todesthal,
Bis die Nachtgefilde schöner tagen,
Bis Entzückung jauchzt am Göttermahl.

Ha! und wann mir in des Sanges Tönen
Näher meiner Liebe Seele schwebt,
Hingegossen in Entzückungsthränen
Näher ihr des Sängers Seele bebt;
Wähn' ich nicht vom Körper losgebunden
Hinzujauchzen in der Geister Land? —
Lida! Lida! zauberisch umwunden
Hält das All der Liebe Schöpferhand.

Lied der Liebe.

Engelfreuden ahnend wallen
Wir hinaus auf Gottes Flur,
Wo die Jubel wiederhallen
In dem Tempel der Natur.
Heute soll kein Auge trübe,
Klage nicht hienieden seyn.
Jedes Wesen soll der Liebe
Wonniglich, wie wir, sich freu'n.

Singt den Jubel, Schwestern, Brüder!
Festgeschlungen Hand in Hand!
Singt das heiligste der Lieder,
Von dem hohen Wesenband!
Steigt hinauf am Rebenhügel,
Blickt hinab ins Schattenthal!
Ueberall der Liebe Flügel,
Wonnerauschend überall!

Liebe lehrt das Lüftchen kosen
Mit den Blumen auf der Au,
Lockt zu jungen Frühlingsrosen
Aus der Wolke Morgenthau;
Liebe ziehet Well' an Welle
Freundlich murmelnd näher hin,
Leitet aus der Kluft die Quelle
Sanft hinab ins Wiesengrün.

Berge knüpft mit ehr'ner Kette
Liebe an das Firmament,
Donner ruft sie an die Stätte,
Wo der Sand die Pflanze brennt;
Um die hohe Sonne leitet
Sie die treuen Sterne her,
Folgsam ihrem Winke gleitet
Jeder Strom ins weite Meer.

Liebe wallt in Wüsteneien,
Höhnt des Dursts im dürren Sand,
Sieget, wo Tyrannen dräuen,
Steigt hinab ins Todtenland:
Liebe trümmert Felsen nieder,
Zaubert Paradiese hin,
Schaffet Erd' und Himmel wieder
Göttlich, wie im Anbeginn.

Liebe schwingt den Seraphsflügel,
Wo der Gott der Götter wohnt,
Lohnt den Schweiß am Felsenhügel,
Wenn der Richter einst belohnt,
Wenn die Königsstühle trümmern,
Hin ist jede Scheidewand,
Edelthaten heller schimmern,
Reiner denn der Kronen Tand.

Mag uns jetzt die Stunde schlagen,
Jetzt der letzte Odem weh'n,
Brüder, drüben wird es tagen!
Schwestern, dort ist Wiederseh'n!
Jauchzt dem heiligsten der Triebe,
Die der Gott der Götter gab,
Brüder, Schwestern, jauchzt der Liebe,
Sie besieget Zeit und Grab.

Lied der Freundschaft.

Frei, wie Götter an dem Mahle,
Sitzen wir um die Pokale,
Wo der edle Trank erglüht,
In der Abenddämm'rung Hülle,
Und im Herzen ernst und stille
Singen wir der Freundschaft Lied.

Schwebt herab aus kühlen Lüften,
Schwebet aus den Schlummergrüften,
Helden der Vergangenheit!
Kommt in unsern Kreis hernieder,
Staunt und sprecht: da ist sie wieder,
Unsre deutsche Herzlichkeit!

Ha, der hohen Götterstunden,
Wenn der Edle sich gefunden,
Der für unser Herz gehört!
Fest in Freud' und Leid zu stehen,
Wie im Sturm die Felsenhöhen,
Ist des deutschen Jünglings werth.

Froher schlägt das Herz und freier,
Reichet zu des Bundes Feier
Uns ein Freund den Becher dar;
Ohne Freuden, ohne Leben
Erntet' er Lyäus' Reben,
Als er ohne Freunde war.

Männerstolz, wenn Lästrer schreien,
Wahrheit, wenn Despoten dräuen,
Seelenkraft im Mißgeschick,
Duldung, wenn die Schwachen sinken,
Liebe, Duldung, Wärme trinken
Freunde von des Freundes Blick.

Sanfter athmen Frühlingslüfte,
Süßer sind der Linde Düfte,
Freundlicher der Eichenhain,
Wenn mit offnem Sinn und Herzen
Unter Ernst und muntern Scherzen
Freunde sich des Abends freu'n.

Brüder, laßt die Thoren sinnen,
Wie sie Gunst und Dunst gewinnen,
Wie sie sammeln Gut und Geld;
Lächelnd kann's der Edle missen:
Sich geliebt, geliebt zu wissen,
Ist sein schönstes Glück der Welt.

Führt auch aus der trauten Halle
Einst die Auserwählten alle
In die Ferne das Geschick,
Wandelt er mit Gram beladen
Oft auf freudelosen Pfaden,
Missend das verlorne Glück;

Wankt er, wenn sich Wolken thürmen,
Einsam in Gewitterstürmen,
Ohne Leiter, ohne Stab,
Lauscht er schmerzerfüllt und düster
Bangem Mitternachtsgeflüster
Sehnsuchtsvoll am frischen Grab:

Dann erquicken ihn die Stunden,
In der Freundschaft Arm empfunden,
Tröstend durch Erinnerung;
Das Gedächtniß alter Freuden
Labt das Herz in bangen Leiden,
Gibt der Seele neuen Schwung.

Dann gedenkt er ruhig wieder
Mancher froh gesung'nen Lieder,
Und der Schwüre, treu und warm,
Und geweckt von stillem Sehnen
Quellen schwerverhalt'ne Thränen,
Und beschwichtigt ist der Harm.

Rauscht ihm dann des Todes Flügel,
Schläft er ruhig unterm Hügel,
Wo der Freund den Kranz ihm flicht.
In das Herz der Bundesbrüder
Säuselt noch sein Geist hernieder:
Lebet wohl! Vergeßt mein nicht!

Meine Genesung.

An Lyda.

Jede Blüthe war gefallen
Von dem Stamme; Muth und Kraft
Fürder meine Bahn zu wallen
War im Kampfe mir erschlafft;
Weggeschwunden Lust und Leben,
Früher Jahre stolze Ruh;
Meinem Grame hingegeben,
Wankt' ich still dem Grabe zu.

Himmel, wie das Herz vergebens
Oft nach edler Liebe rang,
Oft getäuscht des Erdenlebens
Träum' und Hoffnungen verschlang!
Ach, den Kummer abzuwenden,
Bat ich, freundliche Natur,
Oft von deinen Mutterhänden
Einen Tropfen Freude nur!

Ha, an deinem Göttermahle
Trink ich nun Vergessenheit!
In der vollen Zauberschaale
Reichst du Kraft und Süßigkeit.
In Entzückungen verloren
Staun' ich die Umwandlung an.
Flur und Hain ist neugeboren,
Göttlich strahlt der Lenz heran.

Daß ich wieder Kraft gewinne,
Frei wie einst und selig bin,
Dank' ich deinem Himmelssinne,
Lyda, süße Retterin;

Labung lächelte dem Müden,
Hohen Muth dein Auge zu,
Hohen Muth, wie du zufrieden,
Gut zu seyn und groß wie du.

Stark in meiner Freuden Fülle
Wall' ich fürder nun die Bahn,
Reizend in der Wolkenhülle
Flammt das ferne Ziel mich an.
Mags den Peinigern gelingen,
Mag die bleiche Sorge sich
Um die stille Klause schwingen,
Lyda, Lyda tröstet mich.

Hymne an die Muse.

Schwach zu königlichem Feierliede
Schloß ich lang genug geheim und stumm
Deine Freuden, hohe Pieride,
In des Herzens stilles Heiligthum!
Endlich, endlich soll die Freude künden,
Wie von Liebe mir die Seele glüht,
Unzertrennbarer den Bund zu binden,
Soll dir huldigen dieß Feierlied!

Auf den Höh'n, am ernsten Felsenhange,
Wo so gerne mir die Thräne rann,
Säuselte die frohe Knabenwange
Schon dein zauberischer Odem an.
Bin ich, Himmlische, der Göttergnaden,
Königin der Geister, bin ich werth,
Daß mich oft, des Erdentands entladen,
Dein allmächtiges Umarmen ehrt?

Ha, vermöcht' ichs nur, dir nachzuringen,
Königin, in deiner Götterkraft,
Deines Reiches Gränze zu erschwingen,
Auszusprechen, was dein Zauber schafft!
Siehe, die geflügelten Aeonen
Hält gebieterisch dein Odem an,
Deinem Scepter huldigen Dämonen,
Staub und Aether ist dir unterthan.

Wo der Forscher Adlerblicke beben,
Wo der Hoffnung kühner Flügel sinkt,
Keimet aus der Tiefe Lust und Leben,
Wenn die Schöpferin vom Throne winkt;
Seiner Früchte süßestes bereitet
Ihr der Wahrheit gränzenloses Land,
Und der Liebe schöne Quelle leitet
In der Weisheit Hain der Göttin Hand.

Was vergessen wallt an Lethe's Strande,
Was der Enkel eitle Waare deckt,
Strahlt heran im blendenden Gewande,
Freundlich von der Göttin auferweckt.
Was in Hütten und in Heldenstaaten
In der göttergleichen Väterzeit
Große Seelen duldeten und thaten,
Lohnt die Muse mit Unsterblichkeit.

Sieh, am Dornenstrauche keimt die Rose,
Wenn des Lenzes holder Strahl erglüht,
In der Pieride Mutterschooße
Ist der Menschheit Adel aufgeblüht;
Auf des Wilden krausgelockte Wange
Drückt sie zauberisch den Götterkuß,
Und im ersten glühenden Gesange
Fühlt er staunend geistigen Genuß.

Liebend lächelt nun der Himmel nieder,
Leben athmen alle Schöpfungen.
Und im morgenröthlichen Gefieder
Nahen freundlich die Unsterblichen.
Heilige Begeisterung erbäuet
In dem Haine nun ein Heiligthum,
Und im todesvollen Kampfe schauet
Der Heroe nach Elysium.

Oede steh'n und dürre die Gefilde,
Wo die Blüthen das Gesetz erzwingt;
Aber wo in königlicher Milde
Ihren Zauberstab die Muse schwingt,
Blühen schwelgerisch und kühn die Saaten,
Reifen, wie der Wandelsterne Lauf,
Schnell und herrlich Hoffnungen und Thaten
Der Geschlechter zur Vollendung auf.

Laß der Wonne Zähre dir gefallen,
Laß die Seele des Begeisterten
In der Liebe Taumel überwallen,
Laß, o Göttin, laß mich huldigen!
Siehe, die geflügelten Aeonen
Hält gebieterisch dein Odem an;
Deinem Zauber huldigen Dämonen,
Ewig bin auch ich dir unterthan.

Mag der Pöbel seinen Götzen zollen,
Mag, aus deinem Heiligthum verbannt,
Deinen Lieblingen das Laster grollen,
Mag, in ihrer Schwäche Schmerz entbrannt,
Stolze Lüge deine Würde schänden
Und dein Edelstes dem Staube weih'n,
Mag sie Blüthe mir und Kraft verschwenden,
Meine Liebe, dieses Herz ist dein!

In der Liebe volle Brust zerflossen
Höhnt das Herz der Zeiten trägen Lauf,
Stark und rein im Innersten genossen
Wiegt der Augenblick Aeonen auf.
Wehe, wem des Lebens schöner Morgen
Freude nicht und trunkne Liebe schafft,
Wem am Sklavenbande bleicher Sorgen
Zum Genusse Kraft und Muth erschlafft.

Deine Priester, hohe Pieride,
Schwingen frei und froh den Pilgerstab!
Mit der allgewaltigen Aegide
Lenkst du mütterlich die Sorgen ab.
Schäumend beut die zauberische Schale
Die Natur den Auserwählten dar,
Trunken von der Schönheit Göttermahle
Höhnet Glück und Zeit die frohe Schar.

Frei und muthig wie im Siegesliede,
Wallen sie der edlen Geister Bahn.
Dein Umarmen, hohe Pieride,
Flammt zu königlichen Thaten an!
Laßt die Miethlinge den Preis erspähen,
Laßt sie seufzend für die Tugenden,
Für den Schweiß am Joche Lohn erflehen!
Muth nnd That ist Lohn dem Edleren.

Ha, von ihr, von ihr emporgehoben,
Blickt dem Ziele zu der trunkne Sinn!
Hör' es, Erd' und Himmel, wir geloben
Ewig Priesterthum der Königin!
Kommt zu süßem, brüderlichem Bunde,
Denen sie den Adel anerschuf,
Millionen auf dem Erdenrunde,
Kommt zu neuem, seligem Beruf!

Ewig sey ergrauter Wahn vergessen!
Was der reinen Geister Aug' ermißt,
Hoffe nie die Spanne zu ermessen!
Betet an, was schön und herrlich ist!
Kostet frei, was die Natur bereitet,
Folgt der Pieride treuer Hand,
Geht, wohin die reine Liebe leitet,
Liebt und sterbt für Freund und Vaterland.

Hymne an die Freiheit.

Wie den Aar im grauen Felsenhange
Wildes Sehnen zu der Sterne Bahn,
Flammt zu majestätischem Gesange
Meiner Freuden Ungestüm mich an.
Ha, das neue, nie genoß'ne Leben
Schaffet neuen, glühenden Entschluß!
Ueber Wahn und Stolz emporzuschweben,
Süßer, unaussprechlicher Genuß!

Seit dem Staube mich ihr Arm entrissen,
Schlägt das Herz so kühn und selig ihr.
Angeflammt von ihren Götterküssen,
Glühet noch die heiße Wange mir.
Jeder Laut von ihrem Zaubermunde
Adelt noch den neugeschaffnen Sinn.
Hört, o Geister, meiner Göttin Kunde,
Hört und huldiget der Herrscherin:

„Als die Liebe noch im Schäferkleide
Mit der Unschuld unter Blumen ging,
Und der Erdensohn in Ruh' und Freude
Der Natur am Mutterbusen hing,

Nicht der Uebermuth auf Richterstühlen
Blind und fürchterlich das Band zerriß,
Tauscht' ich gerne mit der Götter Spielen
Meiner Kinder stilles Paradies.

„Liebe rief die jugendlichen Triebe
Schöpferisch zu hoher, stiller That,
Jeden Keim entfaltete der Liebe
Wärm' und Licht zu schwelgerischer Saat.
Deine Flügel, hohe Liebe, trugen
Lächelnd nieder die Olympier.
Jubeltöne klangen, Herzen schlugen
An der Götter Busen göttlicher.

„Freundlich bot der Freuden süße Fülle
Meinen Lieblingen die Unschuld dar,
Unverkennbar in der schönen Hülle
Wußte Tugend nicht, wie schön sie war.
Friedlich hausten in der Blumenhügel
Kühlem Schatten die Genügsamen;
Ach, des Haders und der Sorge Flügel
Rauschte ferne von den Glücklichen.

„Wehe nun, mein Paradies erbebte!
Fluch verhieß der Elemente Wuth!
Und der Nächte schwarzem Schooß entschwebte
Mit des Geiers Blick der Uebermuth.
Wehe, weinend floh ich mit der Liebe,
Mit der Unschuld in die Himmel hin!
Welke, Blume! rief ich ernst und trübe,
Welke, nimmer, nimmer aufzublüh'n!

„Keck erhub ich des Gesetzes Ruthe,
Nachzubilden, was die Liebe schuf.
Ach, gegeißelt von dem Uebermuthe,
Fühlte Keiner göttlichen Beruf!

Vor dem Gift in schwarzen Ungewittern,
Vor dem Racheschwerte des Gerichts
Lernte so der blinde Sklave zittern,
Fröhnt' und starb im Schrecken seines Nichts.

„Kehret nun zu Lieb' und Treue wieder!
Ach, es zieht zu lang entbehrter Lust
Unbezwinglich mich die Liebe nieder!
Kinder, kehret an die Mutterbrust!
Ewig sey vergessen und vernichtet,
Was ich zürnend vor den Göttern schwur.
Liebe hat den langen Zwist geschlichtet,
Herrschet wieder, Herrscher der Natur!“

Froh und göttlich groß ist deine Kunde,
Königin, dich preise Kraft und That!
Schon beginnt die neue Schöpfungsstunde,
Schon entkeimt die segenschwang're Saat.
Majestätisch wie die Wandelsterne,
Neu erwacht am off'nen Ocean,
Strahlst du uns in königlicher Ferne,
Freies, kommendes Jahrhundert an!

Staunend kennt der große Stamm sich wieder,
Millionen knüpft der Liebe Band,
Glühend steh'n und stolz die neuen Brüder,
Steh'n und dulden für das Vaterland.
Wie der Epheu treu und sanft umwunden
Zu der Eichen stolzen Höh'n hinauf,
Schwingen, ewig brüderlich verbunden,
Nun am Helden Tausende sich auf.

Nimmer beugt, vom Uebermuth belogen,
Sich die freie Seele granem Wahn;
Von der Muse zarter Hand erzogen
Schmiegt sie kühn an Göttlichkeit sich an.

Götter führt in brüderlicher Hülle
Ihr die zauberische Muse zu,
Und, gestärkt in reiner Freudenfülle,
Kostet sie der Götter stolze Ruh'.

Froh verhöhnt das königliche Leben
Deine Taumel, nied're, feige Lust!
Der Vollendung Ahnungen erheben
Ueber Glück und Zeit die stolze Brust.
Ha, getilget ist die alte Schande,
Neu erkauft das angestammte Gut!
In dem Staube modern alle Bande
Und zur Hölle flieht der Uebermuth.

Dann am süßen, heißerrung'nen Ziele,
Wenn der Ernte großer Tag beginnt,
Wenn verödet die Tyrannenstühle,
Die Tyrannenknechte Moder sind,
Wenn im Heldenbunde meiner Brüder
Deutsches Blut und deutsche Liebe glüht,
Dann, o Himmelstochter, sing' ich wieder,
Singe sterbend dir das letzte Lied.

Hymne an die Göttin der Harmonie.

Urania, die glänzende Jungfrau, hält mit ihrem Zaubergürtel das Weltall in tobendem Entzücken zusammen.

Ardinghello.

Froh, als könnt' ich Schöpfungen beglücken,
Kühn, als huldigten die Geister mir,
Nahet, in dein Heiligthum zu blicken,
Hocherhab'ne, meine Liebe dir!
Schon erglüht der wonnetrunk'ne Seher
Von den Ahnungen der Herrlichkeit,
Ha! und deinem Götterschooße näher,
Höhnt des Siegers Fahne Grab und Zeit.

Tausendfältig, wie der Götter Wille,
Weht Begeisterung den Sänger an.
Unerschöpflich ist der Schönheit Fülle,
Gränzenlos der Hoheit Ocean.
Doch vor Allem hab' ich dich erkoren,
Bebend, als ich ferne dich ersah,
Bebend hab' ich Liebe dir geschworen,
Königin der Welt, Urania!

Was der Geister stolzestes Verlangen
In den Tiefen, in den Höh'n erzielt,
Hab' ich allzumal in dir empfangen,
Seit dich ahnend meine Seele fühlt.
Dir entsprossen Myriaden Leben,
Als die Strahlen deines Angesichts;
Wendest du dein Angesicht, so beben
Und vergeh'n sie, und die Welt ist Nichts.

Thronend auf des alten Chaos Wogen,
Majestätisch lächelnd winktest du,
Und die wilden Elemente flogen
Liebend sich auf deine Winke zu.
Froh der seligen Vermählungsstunde,
Schlangen Wesen nun um Wesen sich.
In den Himmeln, auf dem Erdenrunde
Sahst du, Meisterin, im Bilde dich!

Ausgegossen ist des Lebens Schale,
Bächlein, Sonnen treten in die Bahn,
Liebetrunken schmiegen junge Thale
Sich den liebetrunk'nen Hügeln an;
Schön und stolz wie Göttersöhne hangen
Felsen an der mütterlichen Brust;
Von der Meere wildem Arm umfangen,
Bebt das Land in nie gefühlter Lust.

Warm und leise wehen nun die Lüfte,
Liebend sinkt der holde Lenz ins Thal,
Haine sprossen an dem Felsgeklüfte,
Gras und Blumen zeugt der junge Strahl.
Siehe, siehe vom empörten Meere,
Von den Hügeln, von der Thale Schooß
Winden sich die ungezählten Heere
Freudetaumelnder Geschöpfe los.

Aus den Hainen wallt ins Lenzgefilde
Himmlischschön der Göttin Sohn hervor,
Den zum königlichen Ebenbilde
Sie im Anbeginne sich erkor.
Sanft begrüßt von Paradiesesdüften
Steht er wonniglichen Staunens da,
Und der Liebe großen Bund zu stiften,
Singt entgegen ihm Urania:

„Komm', o Sohn, der süßen Schöpfungsstunde
Auserwählter, komm' und liebe mich!
Meine Küsse weihten dich zum Bunde,
Hauchten Geist von meinem Geist in dich.
Meine Welt ist deiner Seele Spiegel,
Meine Welt, o Sohn, ist Harmonie!
Freue dich, zum offenbaren Siegel
Meiner Liebe schuf ich dich und sie.

„Trümmer ist der Wesen schöne Hülle,
Knüpft sie meine starke Hand nicht an.
Mir entströmt der Schönheit ew'ge Fülle,
Mir der Hoheit weiter Ocean.
Danke mir der zauberischen Liebe,
Mir der Freude stärkenden Genuß!
Deine Thränen, deine schönsten Triebe
Schuf, o Sohn, der schöpferische Kuß!

„Herrlicher mein Bild in dir zu finden,
Haucht' ich Kräfte dir und Kühnheit ein,
Meines Reichs Gesetze zu ergründen,
Schöpfer meiner Schöpfungen zu seyn.
Nur im Schatten wirst du mich erspähen,
Aber, liebe, liebe mich, o Sohn!
Drüben wirst du meine Klarheit sehen,
Drüben kosten deiner Liebe Lohn."

Nun, o Geister, in der Göttin Namen,
Die uns schuf im Anbeginn der Zeit,
Uns, die Sprößlinge von ihrem Samen,
Uns, die Erben ihrer Herrlichkeit,
Kommt zu feierlichen Huldigungen
Mit der Seele ganzer Götterkraft,
Mit der höchsten der Begeisterungen
Schwört vor ihr, die schuf und ewig schafft.

Frei und mächtig wie des Meeres Welle,
Rein wie Bächlein in Elysium,
Sey der Dienst an ihres Tempels Schwelle,
Sey der Wahrheit hohes Priesterthum.
Nieder, nieder mit verjährtem Wahne!
Stolzer Lüge Fluch und Untergang!
Ruhm der Weisheit unbefleckter Fahne!
Den Gerechten Ruhm und Siegsgesang!

Ha, der Lüge Quell, wie todt und trübe!
Kräftig ist der Weisheit Quell und süß!
Geister, Brüder! dieser Quell ist Liebe,
Ihn umgrünt der Freuden Paradies.
Von des Erdenlebens Tand geläutert,
Ahnet Götterlust der zarte Sinn;
Von der Liebe Labetrunk geheitert,
Naht die Seele sich der Schöpferin.

Geister, Brüder! unser Bund erglühe
Von der Liebe göttlicher Magie,
Unbegränzte, reine Liebe ziehe
Freundlich uns zur hohen Harmonie.
Sichtbar adle sie die treuen Söhne,
Schaff' in ihnen Ruhe, Muth und That,
Und der heiligen Entzückung Thräne,
Wenn Urania der Seele naht.

Siehe, Stolz und Hader ist vernichtet,
Trug ist nun und blinde Lüge stumm,
Streng ist Licht und Finsterniß gesichtet,
Rein der Wahrheit stilles Heiligthum.
Unsrer Wünsche Kampf ist ausgerungen,
Himmelsruh' errang der heiße Streit,
Und den priesterlichen Huldigungen
Lohnet göttliche Genügsamkeit.

Stark und selig in der Liebe Leben,
Staunen wir des Herzens Himmel an.
Schnell wie Seraphim im Fluge schweben
Wir zur hohen Harmonie hinan.
Das vermag die Saite nicht zu künden,
Was Urania den Sehern ist,
Wenn von hinnen Nacht und Wolken schwinden,
Und in ihr die Seele sich vergißt.

Kommt, den Jubelsang mit uns zu singen,
Denen Liebe gab die Schöpferin!
Millionen, kommt, emporzuringen
Im Triumphe zu der Königin!
Erdengötter, werft die Kronen nieder,
Jubelt, Millionen fern und nah!
Und ihr, Orione, hallt es wieder:
Heilig, heilig ist Urania!

Hymne an die Schönheit.

„Die Natur in ihren schönen Formen spricht figürlich zu uns, und die Auslegungsgabe ihrer Chifferuschrift ist uns im moralischen Gefühl verliehen.“

Kant.

Hat vor aller Götter Ohren,
Zauberische Muse, dir
Treue bis zu Orkus Thoren
Meine Seele nicht geschworen?
Lachte nicht dein Auge mir?
Ha! so wall ich ohne Beben,
Durch die Liebe froh und kühn
Zu den ernsten Höhen hin,
Wo in ewig jungem Leben
Kränze für den Sänger blüh'n.

Waltend über Orionen,
Wo der Pole Klang verhallt,
Lacht, vollendeter Dämonen
Priesterlichen Dienst zu lohnen,
Schönheit in der Urgestalt;
Dort im Glanze mich zu sonnen,
Dort der Schöpferin zu nah'n,
Flammte stolzer Wunsch mich an,
Denn mit hohen Siegeswonnen
Lohnet sie die kühne Bahn.

Reinere Begeisterungen
Trinkt die freie Seele schon;
Meines Lebens Peinigungen
Hat die neue Lust verschlungen,
Nacht und Wolke sind entfloh'n;
Wenn im schreckenden Gerichte
Schnell der Welten Achse bricht,
Hier erbleicht die Freude nicht,
Wo von ihrem Angesichte
Lieb' und stille Größe spricht.

Stiegst du so zur Erde nieder,
Königin im Lichtgewand,
Ha, der Staub erwachte wieder
Und des Kummers morsch Gefieder
Schwänge sich ins Jubelland!
Durch der Liebe Blick genesen,
Küßt' und freute brüderlich
Alter Groll und Hader sich,
Jubelnd fühlten alle Wesen
Auf erhöhter Stufe sich.

Schon im grünen Erdenrunde
Schmeckt' ich hohen Vorgenuß;
Bebend dir am Göttermunde
Trank ich früh der Weihestunde
Süßen, mütterlichen Kuß.
Fremde meinem Kindersinne
Folgte mir zu Wies' und Wald
Die arkadische Gestalt,
Ha! und staunend ward ich inne
Ihres Zaubers Allgewalt.

In den Tiefen, in den Höhen
Ihrer Tochter, der Natur,
Fand ich, Wonne zu erspähen,
Von der Holden ausersehen,
Rein und selig ihre Spur;
Wo das Thal den Tannenhügel
Freundlich in die Arme schloß,
Wo die Quelle niederfloß,
In dem blauen Wasserspiegel
Fühlt' ich selig mich und groß.

Lächle, Grazie der Wange,
Götterauge, rein und mild!
Leihe, daß er leb' und prange,

Deinen Adel dem Gesange,
Meiner Antiphile Bild!
Mutter, dich erspäht der Söhne
Kühne Liebe fern und nah,
Schon im holden Schleier sah,
Schon in Antiphilens Schöne
Kannt' ich dich, Urania!

Siehe, mild wie du, erlaben
Sinn und Herz dem Endlichen,
Ueber Preis und Lohn erhaben,
Deiner Priester Wundergaben,
Deiner Söhne Schöpfungen!
Ha, mit tausend Huldigungen,
Glühend, wie sich Jacchus freut,
Kost' ich neuer Göttlichkeit,
Söhne der Begeisterungen,
Kost' und jauchze Trunkenheit!

Schaar, zu großem Ziel erkoren,
Still- und mächtig Priesterthum!
Lieblinge, von euch beschworen,
Blüht im Kreise gold'ner Horen,
Wo ihr wallt, Elysium!
O, so lindert, ihr Geweihten!
Der gedrückten Brüder Last,
Seyd der Tyrannei verhaßt!
Kostet eurer Seligkeiten!
Darbet, wo der Schmeichler praßt!

Ha, die schönsten Keim' entfalten
In der Priester Dienste sich!
Freuden, welche nie veralten,
Lächeln, wo die Götter walten,
Diese Freuden ahnet' ich.

Hier im Glanze mich zu sonnen,
Hier der Schöpferin zu nah'n,
Flammte stolzer Wunsch mich an,
Und mit hohen Siegeswonnen
Lohnet sie die kühne Bahn.

Feiert, wie an Hochaltären,
Dieser Geister lichte Schaar!
Brüder, bringt der Liebe Zähren!
Bringt, die Göttliche zu ehren,
Muth und That zum Opfer dar!
Huldiget! von diesem Throne
Donnert ewig kein Gericht,
Ihres Reiches süße Pflicht
Kündet sie im Muttertone. —
Hört, die Götterstimme spricht:

„Mahnt im seligsten Genieße,
Mahnet nicht, im Innern sie
Nachzubilden, jede süße
Stelle meiner Paradiese,
Jede Weltenharmonie?
Mein ist, wenn des Bildes Adel
Zauberisch das Herz verschönt,
Daß es nied're Gier verhöhnt,
Und im Leben ohne Tadel
Reine Götterlust ersehnt.

„Was im eisernen Gebiete
Mühsam das Gesetz erzwingt,
Reift wie Hesperidenblüthe
Schnell zu wandelloser Güte,
Wenn mein Strahl ins Inn're dringt.

Knechte, vom Gesetz gedrungen,
Heischen ihrer Mühe Lohn; —
Meiner Gottheit großen Sohn
Lohnt der treuen Huldigungen,
Lohnt der Liebe Wonne schon.

„Rein, wie diese Sterne klingen,
Wie melodisch himmelwärts
Auf der kühnen Freude Schwingen
Süße Preisgesänge dringen,
Naht sich mir des Sohnes Herz.
Schöner blüht der Liebe Rose!
Ewig ist die Klage stumm!
Aus des Geistes Heiligthum,
Und, Natur, in deinem Schooße
Lächelt ein Elysium."

Burg Tübingen.

Still und öde steht der Väter Veste,
Schwarz und moosbewachsen Pfort' und Thurm,
Durch der Felsenwände trübe Reste
Saust um Mitternacht der Wintersturm.
Dieser schaurigen Gemache Trümmer
Heischen sich umsonst ein Siegesmal,
Und des Schlachtgeräthes Heiligthümer
Schlummern Todesschlaf im Waffensaal.

Hier ertönen keine Festgesänge,
Lobzupreisen Mannes Heldenland,
Keine Fahne weht im Siegsgepränge
Hochgehoben in des Kriegers Hand,

Keine Rosse wiehern in den Thoren,
Bis die Edlen zum Turniere nahn,
Keine Doggen, treu und auserkoren,
Schmiegen sich den blanken Panzern an.

Bei des Hüfthorns schallendem Getöne
Zieht kein Fräulein in der Hirsche Thal,
Siegesdürstend gürten keine Söhne
Um die Lenden ihrer Väter Stahl.
Keine Mütter jauchzen von der Zinne
Ob der Knaben stolzer Wiederkehr,
Und den ersten Kuß verschämter Minne
Weihn der Narbe keine Bräute mehr.

Aber schaurige Begeisterungen
Weckt die Riesin in des Enkels Brust,
Sänge, die der Väter Mund gesungen,
Zeugt der Wehmuth zauberische Lust;
Ferne von dem thörichten Gewühle,
Von dem Stolze der Gefallenen
Dämmern nie geahndete Gefühle
In der Seele des Begeisterten.

Hier im Schatten grauer Felsenwände,
Von des Städters Blicken unentweiht,
Knüpfe Freundschaft deutsche Biederhände,
Schwöre Liebe für die Ewigkeit;
Hier, wo Heldenschatten niederrauschen,
Träufe Vatersegen auf den Sohn,
Wo den Lieblingen die Geister lauschen,
Spreche Freiheit den Tyrannen Hohn.

Hier verweine die verschlossne Zähre,
Der umsonst nach Menschenfreude ringt,
Wen die Krone nicht der Bardenehre,
Nicht des Liebchens Schwanenarm umschlingt.

Wer, von Zweifeln ohne Rast gequälet,
Von des Irrthums peinigendem Loos,
Schlummerlose Mitternächte zählet,
Komme zu genießen in der Ruhe Schooß.

Aber wer des Bruders Fehle rüget
Mit der Schlangenzunge losem Spott,
Wem für Adelthaten Gold genüget,
Sey er Sklave oder Erdengott,
Er entweihe nicht die heil'gen Reste,
Die der Väter stolzer Fuß betrat,
Oder walle zitternd zu der Veste,
Abzuschwören da der Schande Pfad.

Denn der Heldenkinder Herz zu stählen,
Athmet Freiheit nur und Männermuth,
In der Halle weilen Väterseelen,
Sich zu freuen ob Thuiskons Blut;
Aber ha! den Spöttern und Tyrannen
Weht Entsetzen ihr Verdammerspruch,
Rache dräuend jagt er sie von dannen,
Des Gewissens fürchterlicher Fluch.

Wohl mir! daß ich süßen Ernstes scheide,
Daß die Harfe schreckenlos ertönt,
Daß ein Herz mir schlägt für Menschenfreude,
Daß die Lippe nicht der Einfalt höhnt.
Süßen Ernstes will ich wiederkehren,
Einst da trinken freien Männermuth,
Bis umschimmert von den Geisterheeren
In Walhalla's Schooß die Seele ruht.

Hymne an den Genius der Jugend.

Heil! das schlummernde Gefieder
Ist zu neuem Flug erwacht,
Triumphirend fühl' ich wieder
Lieb' und freie Geistesmacht!
Siehe, deiner Himmelsflamme,
Deiner Freud' und Stärke voll,
Herrscher in der Götter Stamme,
Bring' ich dir des Herzens Zoll.

Ha, der brüderlichen Milde,
Die von deiner Stirne spricht!
Solch harmonisches Gebilde
Weidete kein Auge nicht.
Wie um ihn die Aare schweben,
Wie die Lock' im Fluge weht!
Wo im ungemeß'nen Leben
Lebt so süße Majestät?

Lächelnd sah der Holde nieder
Auf die abgestorb'ne Flur,
Und sie lebt und liebet wieder,
Die entschlummerte Natur;
Um die Hügel und die Thale
Jauchz' ich nun im Vollgenuß,
Ueber deinem Freudenmahle,
Königlicher Genius!

Seht, wie diese Götteraue
Wieder lächelt und gedeiht!
Alles, was ich fühl' und schaue,
Eine Lieb' und Seligkeit!
Felsen hat der Falk' erschwungen,
Sich, wie dieses Herz, zu freu'n,
Und von gleicher Kraft durchdrungen,
Strebt und rauscht der Eichenhain.

Unter liebendem Gekose
Schmieget Well' an Welle sich,
Liebend fühlt die süße Rose,
Fühlt die heil'ge Myrte dich.
Tausend frohe Leben winden
Schüchtern sich um Tellus Brust,
Und dem blauen Aether künden
Tausend Jubel deine Lust.

Doch des Herzens schöne Flamme,
Die mir deine Huld verlieh,
Herrscher in der Götter Stamme,
Süßer, stolzer fühl' ich sie!
Deine Frühlinge verblühten,
Manch Geliebtes welkte dir; —
Wie vor Jahren sie erglühten,
Glühen Herz und Stirne mir.

O, du lohnst die stille Bitte
Noch mit innigem Genuß,
Leitest noch des Pilgers Tritte
Zu der Freunde Götterkuß;
Mit den Balsamtropfen kühlen
Hoffnungen die Wunde doch,
Süße Täuschungen umspielen
Doch die dürren Pfade noch.

Jedem Adel hingegeben,
Jeder lesbischen Gestalt,
Huldiget das trunk'ne Leben
Noch der Schönheit Allgewalt.
Thöricht hab' ich oft gerungen,
Dennoch herrscht zu höchster Lust,
Herrscht zu süßen Peinigungen
Liebe noch in dieser Brust.

An der alten Thaten Heere
Weidet noch das Auge sich,
Und der großen Väter Ehre
Spornet noch zum Ziele mich.
Rastlos, bis in Pluto's Hallen
Meiner Sorgen schönste ruht,
Die erkor'ne Bahn zu wallen,
Fühl' ich Stärke noch und Muth.

Wo die Nektarkelche glühen,
Seiner Siege Zeus genießt,
Und sein Aar von Melodieen
Süß berauscht das Auge schließt,
Wo, mit heil'gem Laub umwunden,
Der Heroen Schaar sich freut,
Fühlt noch oft, durch dich entbunden,
Meine Seele Göttlichkeit.

Preis, o schönster der Dämonen,
Preis dir, Herrscher der Natur!
Auch der Götter Regionen
Blüh'n durch deine Milde nur.
Trübte sich in heil'gem Zorne
Je dein strahlend Angesicht,
Ha, sie tränken aus dem Borne
Ew'ger Lust und Schöne nicht!

Eos, glühend vom Genusse,
Durch die Liebe schön und groß,
Wände sich von Tithon's Kusse
Alternd und verkümmert los;
Der in königlicher Eile
Lächelnd durch den Aether wallt,
Phöbus trauert' um die Pfeile,
Um die Kühnheit und Gestalt.

Träg zu lieben und zu hassen,
Ganz von ihrer Siegeslust,
Ihrer wilden Kraft verlassen,
Schlummert' Ares' stolze Brust.
Ha, den Todesbecher tränke
Selbst des Donnergottes Macht;
Erd' und Firmament versänke
Wimmernd in des Chaos Nacht.

Doch in namenlosen Wonnen
Feiern ewig Welten dich,
In der Jugend Strahlen sonnen
Ewig alle Geister sich.
Mag des Herzens Gluth erkalten,
Mag im langen Kampfe mir
Jede süße Kraft veralten, —
Neu verschönt erwacht sie dir!

Canton Schwytz.

An meinen lieben Hiller.

Hier in ermüdender Ruh', im bittersüßen Verlangen,
Da zu seyn, wo mein Herz und jeder bess're Gedank' ist,
Reichet doch die Erinnerung mir den zaub'rischen Becher
Schäumend und voll, und hoher Genuß der kehrenden Bilder
Weckt die schlummernden Fittige mir zu trautem Gesange.

Bruder, Dir gab ein Gott der Liebe göttliche Funken,
Zarten, geläuterten Sinn, zu erspäh'n, was herrlich und schön ist!
Stolzer Freiheit glühet Dein Herz und kindlicher Einfalt!
Bruder, komm' und koste mit mir des zaub'rischen Bechers.

Dort, wo der Abendstral die Westgewölke vergüldet,
Dorthin wende den Blick und weine die Thräne der Sehnsucht!
Ach! dort wandelten wir, dort flog und schwelgte das Auge
Unter den Herrlichkeiten umher! Wie dehnte der Busen,
Diesen Himmel zu fassen, sich aus! Wie brannte die Wange,
Süß von Morgenlüften gefühlt, als unter Gesängen
Zürch dem Scheidenden schwand im sanft hingleitenden Boote!
Lieber, wie drücktest du mir die heiße, zitternde Rechte,
Sahst so ernst und glühend mich an am donnernden Rheinsturz!
Aber selig, wie du, Tag an der Quelle der Freiheit,
Festlich, wie du, sank keiner auf uns vom rosigen Himmel!

Ahnung schwellte das Herz. Schon war des feiernden Klosters
Ernste Glocke verhallt; schon schwanden die friedlichen Hütten
Rund am Blumenhügel umher, am rollenden Gießbach,
Unter Triften im Thal, wo dem Ahn' in heiliger Urzeit
Füglich däuchte der Grund zum Erbe genügsamer Enkel.
Schaurig und kühl empfing uns die Nacht in ewigen Wäldern,
Und wir klommen hinauf am furchtbar herrlichen Hacken.
Nächtlicher immer ward's und enger im Riesengebirge,
Jäher herunter hing der Pfad zu den einsamen Wallern,
Dicht zur Rechten donnert' hinab der zürnende Waldstrom,
Nur sein Donner betäubt den Sinn, die schäumenden Wogen
Birgt uns Felsengesträuch und modernde Tannen am Abhang,
Vom Orkane gestürzt. — Nun tagte die Nacht am Gebirge
Schaurig und wundersam, und, Heldengeister am Lego,
Wälzten sich kämpfende Wolken heran auf schneeiger Heide.
Sturm und Frost entschwebte der Kluft. Vom Sturme getragen
Schrie und stürzte der Aar, die Beut' im Thale zu haschen.
Und der Wolken Hülle zerriß, und im ehernen Panzer
Kam die Riesin heran, die majestätische Myten,
Staunend wandelten wir vorüber. Ihr Väter der Freien,
Heilige Schaar, nun schau'n wir hinab, hinab, und erfüllt ist,
Was der Ahnungen kühnste versprach, was süße Begeistrung
Einst mich lehrt' im Knabengewande, gedacht' ich des hohen

Hirten in Mamres Hain und der schönen Tochter von Laban.
Ach, es kehrt so warm in die Brust! Arkadiens Friede,
Köstlicher, unerkannter, und du, allheilige Einfalt,
Wie so anders doch blüht in eurem Strale die Freude!

Vor entweihendem Prunk, vor Stolz und knechtischer Stätte
Von den ewigen Wächtern geschirmt, den Riesengebirgen,
Lacht das heilige Thal uns an, die Quelle der Freiheit.
Freundlich winkte der See vom fernen Lager, die Schrecken
Seiner Arme verbarg die schwarze Kluft im Gebirge.
Freundlicher sah'n aus der Tiefe herauf, in blühende Zweige
Reizend verhüllt und kindlich froh der jauchzenden Heerde
Und des tiefen Grases umher, die friedsamen Hütten.
Und wir eilten hinab in Liebe, kosteten lächelnd
Auf dem Pfade des Sauerklees und erfrischenden Ampfers,
Bis der begeisternde Sohn der schwarzen italischen Traube,
Uns mit Lächeln gereicht in der herzerfreuenden Hütte,
Neues Leben in uns gebar, und die schäumenden Gläser
Unter Jubelgesang erklangen zur Ehre der Freiheit.
Lieber, wie war uns da! bei solchem Mahle begehret
Nichts auf Erden die Brust, und alle Kräfte gedeihen.

Lieber, er schwand so schnell, der köstliche Tag! In der kühlen
Dämmerung schieden wir; an den Heiligthümern der Freiheit
Wallten wir dann vorbei in frommer, seliger Stille,
Faßten sie tief ins Herz und segneten sie und schieden.

Lebt dann wohl, ihr Glücklichen dort! Im friedsamen Thale
Lebe wohl, du Stätte des Schwurs! Dir jauchzten die Sterne,
Als in heiliger Nacht der ernste Bund dich besuchte!
Herrlich Gebirg! wo der bleiche Tyrann den Knechten vergebens
Zahm und schmeichlerisch Muth gebot; zu gewaltig erhub sich
Wider den Trotz die gerechte, die unerbittliche Rache.
Lebe wohl, du herrlich Gebirg! Dich schmückte der Freien
Opferblut, es wehrte der Thräne der einsame Vater.

Schlummere sanft, du Heldengebein! O, schliefen auch wir dort
Deinen eisernen Schlaf, dem Vaterlande geopfert,
Walthers Gesellen und Tells im schönen Kampfe der Freiheit!

Könnt' ich dein vergessen, o Land! und der göttlichen Freiheit!
Froher wär' ich; zu oft befällt die glühende Scham mich
Und der Kummer, gedenk' ich dein und der heiligen Kämpfer.
Ach! da lächelt Himmel und Erd' in fröhlicher Liebe
Mir umsonst, umsonst der Brüder forschendes Auge!
Doch ich vergesse dich nicht! Ich hoff' und harre des Tages,
Wo in erfreuende That sich Scham und Kummer verwandelt.

An Hiller.

Du lebtest, Freund! — Wer nicht die köstliche
Reliquie des Paradieses, nicht
Der Liebe goldne königliche Frucht,
Wie du, auf seinem Lebenswege brach,
Wem nie im Kreise freier Jünglinge
In süßem Ernst der Freundschaft trunkne Zähre
Hinab ins Blut der heil'gen Rebe rann,
Wer nicht, wie du, aus dem begeisternden,
Dem ewigvollen Becher der Natur
Sich Muth und Kraft und Lieb' und Freude trank,
Der lebte nie, und wenn sich ein Jahrhundert,
Wie eine Last, auf seiner Schulter häuft. —
Du lebtest, Freund! es blüht nur wenigen
Des Lebens Morgen, wie er dir geblüht;
Du fandest Herzen, dir an Einfalt, dir
An edelm Stolze gleich; es sproßten dir
Viel schöne Blüthen der Geselligkeit;
Auch adelte die innigere Lust,

Die Tochter weiser Einsamkeit, dein Herz:
Für jeden Reiz der Hügel und der Thale,
Für jede Grazie des Frühlings ward
Ein offnes unumwölktes Auge ihr.

Dich, Glücklicher, umfing die Riesentochter
Der schaffenden Natur, Helvetia;
Wo frei und stark der alte, stolze Rhein
Vom Fels hinunter donnert, standest du,
Und jubeltest ins herrliche Getümmel.
Wo Fels und Wald ein holdes zauberisches
Arkadien umschließt, wo himmelhoch Gebirg,
Deß tausendjähr'gen Scheitel ew'ger Schnee,
Wie Silberhaar des Greisen Stirne, kränzt,
Umschwebt von Wetterwolken und von Adlern,
Sich unabsehbar in die Ferne dehnt,
Wo Tells und Walthers heiliges Gebein
Der unentweihten freundlichen Natur
Im Schooße schläft, und manches Helden Staub,
Vom leisen Abendwind emporgeweht,
Des Sennen sorgenfreies Dach umwallt:
Dort fühltest du, was groß und göttlich ist,
Von seligen Entwürfen glühte dir,
Von tausend goldnen Träumen deine Brust;
Und als du nun vom lieben heil'gen Lande
Der Einfalt und der freien Künste schiedst,
Da wölkte freilich sich die Stirne dir,
Doch schuf dir bald mit deinem Zauberstabe
Manch selig Stündchen die Erinnerung.

Wohl ernster schlägt sie nun, die Scheidestunde;
Denn ach! sie mahnt, die unerbittliche,
Daß unser Liebstes welkt, daß ew'ge Jugend
Nur drüben im Elysium gedeiht;
Sie wirft uns auseinander, Herzensfreund!

Wie Mast und Segel vom zerriss'nen Schiffe
Im wilden Ocean der Sturm zerstreut.
Vielleicht, indeß uns andre nah und ferne
Der unerforschten Pepromene Wink
Durch Steppen oder Paradiese führt,
Fliegst du der jungen seligeren Welt
Auf deiner Philadelphier Gestaden
Voll frohen Muths im fernen Meere zu;
Vielleicht, daß auch ein süßes Zauberband
Ans abgelebte feste Land dich fesselt!
Denn traun! ein Räthsel ist des Menschen Herz!
Oft flammt der Wunsch, unendlich fortzuwandern,
Unwiderstehlich herrlich in uns auf;
Oft däucht uns auch im engbeschränkten Kreise
Ein Freund, ein Hüttchen und ein liebes Weib
Zu aller Wünsche Sättigung genug. —
Doch werfe, wie sie will, die Scheidestunde
Die Herzen, die sich lieben, auseinander!
Es scheuet ja der Freundschaft heil'ger Fels
Die träge Zeit und auch die Ferne nicht.
Wir kennen uns, du Theurer! — Lebe wohl!

3. Gedichte aus reifer Zeit.

Dem Genius der Kühnheit.

Eine Hymne.

Wer bist du? wie zur Beute, breitet
Das Unermeßliche vor dir sich aus,
Du Herrlicher! Mein Saitenspiel geleitet
Dich auch hinab in Plutons dunkles Haus;
So flogen auf Ortygia's Gestaden,
Indeß der Lieder Sturm die Wolken brach,
Dem Rebengott die taumelnden Mänaden
In wilder Lust durch Hain und Klüfte nach.

Einst war, wie mir, der stille Funken
Zu freier heitrer Flamme dir erwacht,
Du braustest so, von junger Freude trunken,
Voll Uebermuth durch deiner Wälder Nacht,
Als von der Meisterin, der Noth, geleitet,
Dein ungewohnter Arm die Keule schwang,
Und drohend sich, vom ersten Feind erbeutet,
Die Löwenhaut um deine Schulter schlang.

Wie nun im jugendlichen Kriege
Heroenkraft mit der Natur sich maß!
Ach! wie der Geist, vom wunderbaren Siege
Berauscht, der armen Sterblichkeit vergaß;
Die stolzen Jünglinge! die hohen kühnen!
Sie legten froh dem Tiger Fesseln an!
Sie bändigten, von staunenden Delphinen
Umtanzt, den königlichen Ocean.

Oft hör' ich deine Wehre rauschen,
Du Genius der Kühnen! und die Lust,
Den Wundern deines Heldenvolks zu lauschen,
Sie stärkt mir oft die lebensmüde Brust;
Doch weilst du freundlicher um stille Laren,
Wo eine Welt der Künstler kühn belebt,
Wo um die Majestät des Unsichtbaren
Ein edler Geist der Dichtung Schleier webt.

Den Geist des Alls und seine Fülle
Begrüßte Mäons Sohn auf heil'ger Spur,
Sie stand vor ihm, mit abgelegter Hülle,
Voll Ernstes da, die ewige Natur;
Er rief sie kühn vom dunklen Geisterlande,
Und lächelnd trat, in aller Freuden Chor,
Entzückender im menschlichen Gewande
Die namenlose Königin hervor.

Er sah die dämmernden Gebiete,
Wohin das Herz in banger Lust begehrt,
Er streuete der Hoffnung süße Blüthe
In's Labyrinth, wo keiner wiederkehrt;
Dort glänzte nun in mildem Rosenlichte
Der Lieb' und Ruh' ein lächelnd Heiligthum,
Er pflanzte dort der Hesperiden Früchte,
Dort stillt die Sorge nun Elysium.

Doch schrecklich war, du Gott der Kühnen!
Dein heilig Wort, wenn unter Nacht und Schlaf
Verkündiger des ew'gen Lichts erschienen,
Und den Betrug der Wahrheit Flamme traf!
Wie seinen Blitz aus hohen Wetternächten
Der Donnerer auf lange Thale streut,
So zeigtest du entarteten Geschlechten
Der Riesen Sturz, der Völker Sterblichkeit.

Du wogst mit streng gerechter Schale,
Wenn mit der Wage du das Schwert vertauscht;
Du sprachst, sie wankten, die Sardanapale,
Vom Taumelkelche deines Zorns berauscht;
Es schreckt umsonst mit ihrem Tigergrimme
Dein Tribunal die alte Finsterniß,
Du hörtest ernst der Unschuld leise Stimme,
Und opfertest der heil'gen Nemesis.

Verlaß mit deinem Götterschilde,
Verlaß, o du der Kühnen Genius,
Die Unschuld nie! Gewinne dir und bilde
Das Herz der Jünglinge mit Siegsgenuß!
O säume nicht! erwache, strafe, siege!
Und sichre stets der Wahrheit Majestät,
Bis aus der Zeit geheimnißvoller Wiege
Des Himmels Kind, der ew'ge Friede, geht!

Das Schicksal.

Προσκυνουντες την είμαρμενην, σοφοι.
Die das Schicksal ehren, die sind weise nur.
Aeschylus.

Als von des Friedens heil'gen Thalen,
Wo sich die Liebe Kränze wand,
Hinüber zu den Göttermahlen
Des goldnen Alters Zauber schwand,
Als nun des Schicksals eh'rne Rechte,
Die große Meisterin, die Noth,
Dem übernächtigen Geschlechte
Den langen, bittern Kampf gebot:

Da sprang er aus der Mutter Wiege,
Da fand er sie, die schöne Spur
Zu seiner Tugend schwerem Siege,
Der Sohn der heiligen Natur;
Der hohen Geister höchste Gabe,
Der Tugend Löwenkraft, begann
Im Siege, den ein Götterknabe,
Den Ungeheuern abgewann.

Es kann die Lust der goldnen Ernte
Im Sonnenbrande nur gedeih'n;
Und nur in seinem Blute lernte
Der Kämpfer, frei und stolz zu seyn;
Triumph! die Paradiese schwanden;
Wie Flammen aus der Wolke Schoos,
Wie Sonnen aus dem Chaos, wanden
Aus Stürmen sich Heroen los.

Der Noth ist jede Lust entsprossen,
Und unter Schmerzen nur gedeiht
Das Liebste, was mein Herz genossen,
Der holde Reiz der Menschlichkeit;
So stieg, in tiefer Fluth erzogen,
Wohin kein sterblich Auge sah,
Stilllächelnd aus den schwarzen Wogen
In stolzer Blüthe Cypria.

Durch Noth vereiniget beschwuren,
Vom Jugendtraume süß berauscht,
Den Todesbund die Dioskuren,
Und Schwert und Lanze ward getauscht;
In ihres Herzens Jubel eilten
Sie, wie ein Adlerpaar, zum Streit;
Wie Löwen ihre Beute, theilten
Die Liebenden Unsterblichkeit.

Die Klagen lehrt die Noth verachten,
Beschämt und ruhmlos läßt sie nicht
Die Kraft der Jünglinge verschmachten,
Gibt Muth der Brust, dem Geiste Licht;
Der Greise Faust verjüngt sie wieder;
Sie kömmt wie Gottes Blitz heran,
Und trümmert Felsenberge nieder,
Und wallt auf Riesen ihre Bahn.

Mit ihrem heil'gen Wetterschlage,
Mit Unerbittlichkeit vollbringt
Die Noth an Einem großen Tage,
Was kaum Jahrhunderten gelingt;
Und wenn in ihren Ungewittern
Selbst ein Elysium vergeht,
Und Welten ihrem Donner zittern —
Was groß und göttlich ist, besteht.

O du, Gespielin der Kolossen,
O weise, zürnende Natur,
Was je ein Riesenherz beschlossen,
Es keimt' in deiner Schule nur.
Wohl ist Arkadien entflohen;
Des Lebens bess're Frucht gedeiht
Durch sie, die Mutter der Heroen,
Die eherne Nothwendigkeit.

Für meines Lebens goldnen Morgen
Sey Dank, o Pepromene, Dir!
Ein Saitenspiel und süße Sorgen
Und Träum' und Thränen gabst du mir;
Die Flammen und die Stürme schonten
Mein jugendlich Elysium,
Und Ruh' und stille Liebe thronten
In meines Herzens Heiligthum.

Es reife von des Mittags Flamme,
Es reife nun vom Kampf und Schmerz
Die Blüth' am grenzenlosen Stamme,
Wie Sprosse Gottes, dieses Herz!
Beflügelt von dem Sturm, erschwinge
Mein Geist des Lebens höchste Lust,
Der Tugend Siegeslust verjünge
Bei kargem Glücke mir die Brust!

Im heiligsten der Stürme falle
Zusammen meine Kerkerwand,
Und herrlicher und freier walle
Mein Geist in's unbekannte Land!
Hier blutet oft der Adler Schwinge;
Auch drüben warte Kampf und Schmerz!
Bis an der Sonnen letzte ringe,
Genährt vom Siege, dieses Herz!

An die Natur.

Da ich noch um deinen Schleier spielte,
Noch an dir, wie eine Blüthe, hing,
Noch dein Herz in jedem Laute fühlte,
Der mein zärtlichbebend Herz umfing,
Da ich noch mit Glauben und mit Sehnen
Reich, wie du, vor deinem Bilde stand,
Eine Stelle noch für meine Thränen,
Eine Welt für meine Liebe fand,

Da zur Sonne noch mein Herz sich wandte,
Als vernähme seine Töne sie,
Und die Sterne seine Brüder nannte
Und den Frühling Gottes Melodie,

Da im Hauche, der den Hain bewegte,
Noch dein Geist, dein Geist der Freude sich
In des Herzens stiller Welle regte,
Da umfingen goldne Tage mich.

Wenn im Thale, wo der Quell mich kühlte,
Wo der jugendlichen Sträuche Grün
Um die stillen Felsenwände spielte
Und der Aether durch die Zweige schien,
Wenn ich da, von Blüthen übergossen,
Still und trunken ihren Odem trank,
Und zu mir, von Licht und Glanz umflossen,
Aus den Höh'n die goldne Wolke sank —

Wenn ich fern auf nackter Heide wallte,
Wo aus dämmernder Geklüfte Schooß
Der Titanensang der Ströme schallte
Und die Nacht der Wolken mich umschloß,
Wenn der Sturm mit seinen Wetterwogen
Mir vorüber durch die Berge fuhr
Und des Himmels Flammen mich umflogen,
Da erschienst du, Seele der Natur!

Oft verlor ich da mit trunknen Thränen
Liebend, wie nach langer Irre sich
In den Ocean die Ströme sehnen,
Schöne Welt! in deiner Fülle mich;
Ach! da stürzt' ich mit den Wesen allen
Freudig aus der Einsamkeit der Zeit,
Wie ein Pilger in des Vaters Hallen,
In die Arme der Unendlichkeit. —

Seyd gesegnet, goldne Kinderträume,
Ihr verbargt des Lebens Armuth mir,
Ihr erzogt des Herzens gute Keime,
Was ich nie erringe, schenktet ihr!

O Natur! an deiner Schönheit Lichte,
Ohne Müh' und Zwang entfalteten
Sich der Liebe königliche Früchte,
Wie die Ernten in Arkadien.

Todt ist nun, die mich erzog und stillte,
Todt ist nun die jugendliche Welt,
Diese Brust, die einst ein Himmel füllte,
Todt und dürftig, wie ein Stoppelfeld;
Ach! es singt der Frühling meinen Sorgen
Noch, wie einst, ein freundlich tröstend Lied,
Aber hin ist meines Leben Morgen,
Meines Herzens Frühling ist verblüht.

Ewig muß die liebste Liebe darben;
Was wir lieben, ist ein Schatten nur;
Da der Jugend goldne Träume starben,
Starb für mich die freundliche Natur;
Das erfuhrst du nicht in frohen Tagen,
Daß so ferne dir die Heimath liegt;
Armes Herz, du wirst sie nie erfragen,
Wenn dir nicht ein Traum von ihr genügt.

Lebensgenuß.

An Neuffer.

Noch kehrt in mich der süße Frühling wieder,
Noch altert nicht mein kindisch fröhlich Herz,
Noch rinnt vom Auge mir der Thau der Liebe nieder,
Noch lebt in mir der Hoffnung Lust und Schmerz.

Noch tröstet mich mit süßer Augenweide
Der blaue Himmel und die grüne Flur,
Noch reicht die Göttliche den Taumelkelch der Freude,
Die jugendliche, freundliche Natur.

Getrost! Es ist der Schmerzen werth dieß Leben,
So lang uns Armen Gottes Sonne scheint
Und Bilder beßrer Zeit um unsre Seelen schweben,
Und ach! mit uns ein treues Auge weint.

An eine Rose.

Ewig trägt im Mutterschooße,
Süße Königin der Flur,
Dich und mich die stille, große,
Allbelebende Natur.

Röschen! unser Schmuck veraltet,
Sturm entblättert dich und mich,
Doch der ew'ge Keim entfaltet
Bald zu neuer Blüthe sich.

Freundeswunsch.

An Rosine St.

Wenn vom Frühling rund umschlungen,
Von des Morgens Hauch umweht,
Trunken nach Erinnerungen
Meine wache Seele späht;
Wenn, wie einst am fernen Heerde,
Mir so süß die Sonne blinkt,
Und ihr Stral in's Herz der Erde
Und der Erdenkinder dringt;

Wenn, umdämmert von der Weide,
Wo der Bach vorüber rinnt,
Tief bewegt von Leid und Freude,
Meine Seele träumt und sinnt;
Wenn im Haine Geister säuseln,
Wenn im Mondenschimmer sich
Kaum die stillen Teiche kräuseln:
Schau' ich oft und grüße dich.

Edles Herz, du bist der Sterne
Und der schönen Erde werth,
Bist deß werth, so viel die ferne
Nahe Mutter dir bescheert.
Sieh', mit deiner Liebe lieben
Schönes die Erwählten nur;
Denn du bist ihr treu geblieben,
Deiner Mutter, der Natur.

Der Gesang der Haine schalle
Froh, wie du, um deinen Pfad;
Sanft bewegt vom Weste, walle,
Wie dein friedlich Herz, die Saat!
Deine liebste Blüthe regne,
Wo du wandelst, auf die Flur,
Wo dein Auge weilt, begegne
Dir das Lächeln der Natur!

Oft im stillen Tannenhaine
Webe dir um's Angesicht
Seine zauberische, reine
Glorie das Abendlicht!
Deines Herzens Sorge wiege
Drauf die Nacht in süße Ruh,
Und die freie Seele fliege
Liebend den Gestirnen zu!

Der Gott der Jugend.

Gehn dir im Dämmerlichte,
Wenn in der Sommernacht
Für selige Gesichte
Dein liebend Auge wacht,
Noch oft der Freunde Manen
Und, wie der Sterne Chor,
Die Geister der Titanen
Des Alterthums empor;

Wird da, wo sich im Schönen
Das Göttliche verhüllt,
Noch oft das tiefe Sehnen
Der Liebe dir gestillt;
Belohnt des Herzens Mühen
Der Ruhe Vorgefühl,
Und tönt von Melodieen
Der Seele Saitenspiel:

So such' im stillsten Thale
Den blüthenreichsten Hain,
Und gieß' aus goldner Schale
Den frohen Opferwein!
Noch lächelt unveraltet
Des Herzens Frühling dir,
Der Gott der Jugend waltet
Noch über dir und mir.

Wie unter Tiburs Bäumen,
Wenn da der Dichter saß,
Und unter Götterträumen
Der Jahre Flucht vergaß,
Wenn ihn die Ulme kühlte
Und wenn sie stolz und froh
Um Silberblüthen spielte,
Die Fluth des Anio;

Und wie um Platons Hallen,
Wenn durch der Haine Grün,
Begrüßt von Nachtigallen,
Der Stern der Liebe schien,
Wenn alle Lüfte schliefen,
Und, sanft bewegt vom Schwan,
Cephisus durch Oliven
Und Myrtensträuche rann:

So schön ist's noch hienieden!
Auch unser Herz erfuhr
Das Leben und den Frieden
Der freundlichen Natur;
Noch blüht des Himmels Schöne,
Noch mischen brüderlich
In unsers Herzens Töne
Des Frühlings Laute sich.

Drum such' im stillsten Thale
Den düftereichsten Hain,
Und gieß' aus goldner Schale
Den frohen Opferwein!
Noch lächelt unveraltet
Das Bild der Erde dir,
Der Gott der Jugend waltet
Noch über dir und mir.

Einladung.

Seinem Freunde Neuffer.

Dein Morgen, Bruder, ging so schön hervor,
Ein heitres Frühroth glänzte Dir entgegen,
Den wonnevollsten Lebenstag verheißend.
Die Musen weihten Dich zu ihrem Priester,

Die Liebe kränzte Dir das Haupt mit Rosen
Und goß die reinsten Freuden in dein Herz,
Wer war wie Du beglückt? Das Schicksal hat
Es anders nun gemacht. Ein schwarzer Sturm
Verschlang des Tages Licht, der Donner rollte
Und traf dein sichres Haupt; im Grabe liegt,
Was du geliebt, dein Eden ist vernichtet.

O Bruder, Bruder, daß dein Schicksal mir
So schrecklich wahr des Lebens Wechsel deutet!
Daß Disteln hinter Blumengängen lauern,
Daß gift'ger Tod in Jugendadern schleicht,
Daß bitt're Trennung selbst den Freunden oft
Den armen Trost versagt, den Schmerz zu theilen!
Da bau'n wir Plane, träumen so entzückt
Vom nahen Ziel, und plötzlich, plötzlich zuckt
Ein Blitz herab und öffnet uns ein Grab.
Ich sah im Geist dein Leiden all. Da ging
Ich trüben Sinns hinab am Maingestade,
Sah in die Wogen, bis mir schwindelte,
Und kehrte still und voll der dunklen Zukunft
Und voll des Schicksals, welches unser wartet,
Beim Untergang der Sonn' in meine Klause.

O Bruder, komm' nach jahrelanger Trennung
An meine Brust! Vielleicht gelingt es uns,
Noch einen jener schönen Abende,
Die wir so oft am Herzen der Natur
Mit reinem Sinn und mit Gesang gefeiert,
Zurückzuzaubern und noch einmal froh
Hineinzuschauen in das Leben! Komm',
Es wartet Dein ein eigen Deckelglas,
Stiefmütterlich soll nicht mein Fäßchen fließen;
Es wartet Dein ein freundliches Gemach,

Wo unsre Herzen liebend sich ergießen!
Komm, eh' der Herbst der Gärten Schmuck verderbt,
Bevor die schönen Tage von uns eilen,
Und laß durch Freundschaft uns des Herzens Wunden heilen.

Der Wanderer.

Einsam stand ich und sah in die afrikanischen dürren
Ebnen hinaus; vom Olymp regnete Feuer herab.
Fernhin schlich das hagre Gebirg, wie ein wandelnd Gerippe,
Hohl und einsam und kahl blickt aus der Höhe sein Haupt.
Ach! nicht sprang mit erfrischendem Grün der quellende Wald hier
In die säuselnde Luft üppig und herrlich empor,
Bäche stürzten hier nicht in melodischem Fall vom Gebirge,
Durch das blühende Thal schlingend den silbernen Strom,
Keiner Heerde vergieng am plätschernden Brunnen der Mittag,
Freundlich aus Bäumen hervor blickte kein wirthliches Dach.
Unter dem Strauche saß ein ernster Vogel gesanglos,
Aengstig und eilend flohn wandernde Störche vorbei.
Nicht um Wasser rief ich dich an, Natur, in der Wüste,
Wasser bewahrte mir treulich das fromme Kameel.
Um der Haine Gesang, um Gestalten und Farben des Lebens
Bat ich, vom lieblichen Glanz heimischer Fluren verwöhnt.
Aber ich bat umsonst; du erschienst mir feurig und herrlich,
Aber ich hatte dich einst göttlicher, schöner gesehn.
Auch den Eispol hab' ich besucht; wie ein starrendes Chaos
Thürmte das Meer sich da schrecklich zum Himmel empor.
Todt in der Hülse von Schnee schlief hier das gefesselte Leben,
Und der eiserne Schlaf harrte des Tages umsonst.
Ach! nicht schlang um die Erde den wärmenden Arm der Olymp hier,
Wie Pygmalions Arm um die Geliebte sich schlang.
Hier bewegt' er ihr nicht mit dem Sonnenblicke den Busen,

Und in Regen und Thau sprach er nicht freundlich zu ihr.
Mutter Erde! rief ich, du bist zur Wittwe geworden,
Dürftig und kinderlos lebst du in langsamer Zeit.
Nichts zu erzeugen und nichts zu pflegen in sorgender Liebe,
Alternd im Kinde sich nicht wiederzusehn, ist der Tod.
Aber vielleicht erwarmst du dereinst am Strahle des Himmels,
Aus dem dürftigen Schlaf schmeichelt sein Odem dich auf;
Und, wie ein Samenkorn, durchbrichst du die eherne Hülse,
Und die knospende Welt windet sich schüchtern heraus.
Deine gesparte Kraft flammt auf in üppigem Frühling,
Rosen glühen, und Wein sprudelt im kärglichen Nord.
Aber jetzt kehr ich zurück an den Rhein, in die glückliche Heimath,
Und es wehen, wie einst, zärtliche Lüfte mich an.
Und das strebende Herz besänftigen mir die vertrauten
Friedlichen Bäume, die einst mich in den Armen gewiegt,
Und das heilige Grün, der Zeuge des ewigen, schönen
Lebens der Welt, es erfrischt, wandelt zum Jüngling mich um.
Alt bin ich geworden indeß, mich bleichte der Eispol,
Und im Feuer des Süds fielen die Locken mir aus.
Doch, wie Aurora den Tithon, umfängst du in lächelnder Blüthe
Warm und fröhlich, wie einst, Vaterlandserde, den Sohn.
Seliges Land! kein Hügel in dir wächst ohne den Weinstock,
Nieder ins schwellende Gras regnet im Herbste das Obst.
Fröhlich baden im Strome den Fuß die glühenden Berge,
Kränze von Zweigen und Moos kühlen ihr sonniges Haupt.
Und, wie die Kinder hinauf zur Schulter des herrlichen Ahnherrn,
Steigen am dunkeln Gebirg Vesten und Hütten hinauf.
Friedsam geht aus dem Walde der Hirsch an's freundliche Tagslicht,
Hoch in heiterer Luft siehet der Falke sich um.
Aber unten im Thal, wo die Blume sich nährt von der Quelle,
Streckt das Dörfchen vergnügt über die Wiese sich aus.
Still ist's hier: kaum rauschet von fern die geschäftige Mühle,
Und vom Berge herab knarrt das gefesselte Rad.
Lieblich tönt die gehämmerte Sens' und die Stimme des Landmanns,
Der am Pfluge dem Stier lenkend die Schritte gebeut,

Lieblich der Mutter Gesang, die im Grase sitzt mit dem Söhnlein,
Das die Sonne des Mai's schmeichelt in lächelnden Schlaf.
Aber drüben am See, wo die Ulme das alternde Hofthor
Uebergrünt und den Zaun wilder Holunder umblüht,
Da umfängt mich das Haus und des Gartens heimliches Dunkel,
Wo mit den Pflanzen mich einst liebend mein Vater erzog,
Wo ich froh, wie das Eichhorn, spielt' auf den lispelnden Aesten,
Oder in's duftende Heu träumend die Stirne verbarg.
Heimathliche Natur! wie bist du treu mir geblieben!
Zärtlichpflegend, wie einst, nimmst du den Flüchtling noch auf.
Noch gedeihn die Pfirsiche mir, noch wachsen gefällig
Mir an's Fenster, wie sonst, köstliche Trauben herauf.
Lockend röthen sich noch die süßen Früchte des Kirschbaums,
Und der pflückenden Hand reichen die Zweige sich selbst.
Schmeichelnd zieht mich, wie sonst, in des Walds unendliche Laube
Aus dem Garten der Pfad, oder hinab an den Bach,
Und die Pfade röthest du mir, es wärmt mich und spielt mir
Um das Auge, wie sonst, Vaterlandssonne! dein Licht;
Feuer trink' ich und Geist aus deinem freudigen Kelche,
Schläfrig lässest du nicht werden mein alterndes Haupt.
Die du einst mir die Brust erwecktest vom Schlafe der Kindheit
Und mit sanfter Gewalt höher und weiter mich triebst,
Mildere Sonne! zu dir kehr' ich getreuer und weiser,
Friedlich zu werden und froh unter den Blumen zu ruhn.

Die Eichbäume.

Aus den Gärten komm' ich zu euch, ihr Söhne des Berges!
Aus den Gärten, da lebt die Natur geduldig und häuslich,
Pflegend und wieder gepflegt mit dem fleißigen Menschen zusammen.
Aber ihr, ihr Herrlichen! steht wie ein Volk von Titanen
In der zahmeren Welt, und gehört nur euch und dem Himmel,
Der euch nährt' und erzog, und der Erde, die euch geboren.

Keiner von euch ist noch in die Schule der Menschen gegangen,
Und ihr drängt euch fröhlich und frei aus kräftiger Wurzel
Unter einander herauf, und ergreift, wie der Adler die Beute,
Mit gewaltigem Arme den Raum, und gegen die Wolken
Ist euch heiter und groß die sonnige Krone gerichtet.
Eine Welt ist jeder von euch, wie die Sterne des Himmels
Lebt ihr, jeder ein Gott, in freiem Bunde zusammen.
Könnt' ich die Knechtschaft nur erdulden, ich neidete nimmer
Diesen Wald und schmiegte mich gern an's gesellige Leben.
Fesselte nur nicht mehr an's gesellige Leben das Herz mich,
Das von Liebe nicht läßt, wie gern würd' ich unter euch wohnen!

An den Aether.

Treu und freundlich, wie du, erzog der Götter und Menschen
Keiner, o Vater Aether! mich auf; noch ehe die Mutter
In die Arme mich nahm und ihre Brüste mich tränkten,
Faßtest du zärtlich mich an und gossest himmlischen Trank mir,
Mir den heiligen Odem zuerst in den keimenden Busen.
Nicht von irdischer Kost gedeihen einzig die Wesen,
Aber du nährest sie all' mit deinem Nektar, o Vater!
Und es drängt sich und rinnt aus deiner ewigen Fülle
Die beseelende Luft durch alle Röhren des Lebens.
Darum lieben die Wesen dich auch und ringen und streben
Unaufhörlich hinauf nach dir in freudigem Wachsthum.
Himmlischer! sucht nicht dich mit ihren Augen die Pflanze,
Streckt nach dir die schüchternen Arme der niedrige Strauch nicht?
Daß er dich finde, zerbricht der gefangene Same die Hülse;
Daß er belebt von dir in deiner Welle sich bade,
Schüttelt der Wald den Schnee wie ein überlästig Gewand ab.
Auch die Fische kommen herauf und hüpfen verlangend
Ueber die glänzende Fläche des Stroms, als begehrten auch diese
Aus der Woge zu dir; auch den edeln Thieren der Erde
Wird zum Fluge der Schritt, wenn oft das gewaltige Sehnen,
Die geheime Liebe zu dir sie ergreift, sie hinanzieht.

Stolz verachtet den Boden das Roß, wie gebogener Stahl strebt
In die Höhe sein Hals, mit der Hufe berührt es den Sand kaum.
Wie zum Scherze berührt der Fuß der Hirsche den Grashalm,
Hüpft, wie ein Zephyr, über den Bach, der reißend hinabschäumt,
Hin und wieder schweift, kaum sichtbar durch die Gebüsche.
Aber des Aethers Lieblinge, sie, die glücklichen Vögel,
Wohnen und spielen vergnügt in der ewigen Halle des Vaters!
Raums genug ist für alle. Der Pfad ist keinem bezeichnet,
Und es regen sich frei im Hause die Großen und Kleinen.
Ueber dem Haupte frohlocken sie mir, und es sehnt sich auch mein Herz
Wunderbar zu ihnen hinauf; wie die freundliche Heimath
Winkt es von oben herab, und auf die Gipfel der Alpen
Möcht' ich wandern und rufen von da dem eilenden Adler,
Daß er, wie einst in die Arme des Zeus den seligen Knaben,
Aus der Gefangenschaft in des Aethers Halle mich trage.
Thöricht treiben wir uns umher; wie die irrende Rebe,
Wenn ihr der Stab gebricht, woran zum Himmel sie aufwächst,
Breiten wir über den Boden uns aus und suchen und wandern
Durch die Zonen der Erd', o Vater Aether! Vergebens;
Denn es treibt uns die Lust in deinen Gärten zu wohnen.
In die Meersfluth werfen wir uns, in den freieren Ebnen
Uns zu sättigen, und es umspielt die unendliche Woge
Unsern Kiel, es freut sich das Herz an den Kräften des Meergotts.
Dennoch genügt ihm nicht! denn der tiefere Ocean reizt uns,
Wo die leichtere Welle sich regt — o wer dort an jene
Goldnen Küsten das wandernde Schiff zu treiben vermöchte!
Aber indeß ich hinauf in die dämmernde Ferne mich sehne,
Wo du fremde Gestad' umfängst mit bläulicher Woge,
Kömmst du säuselnd herab von des Fruchtbaums blühenden Wipfeln,
Vater Aether! und sänftigest selbst das strebende Herz mir,
Und ich lebe nun gern, wie zuvor, mit den Blumen der Erde.

Die Liebe.

Wenn ihr Freunde vergeßt, wenn ihr die Euern all',
O ihr Dankbaren, sie, euere Dichter schmäht,
Gott vergeb' es, doch ehret
Nur die Seele der Liebenden.

Denn o saget, wo lebt menschliches Leben sonst,
Da die knechtische jezt alles, die Sorge, zwingt?
Darum wandelt der Gott auch
Sorglos über dem Haupt uns längst.

Doch, wie immer das Jahr kalt und gesanglos ist,
Zur beschiedenen Zeit aber aus weißem Feld
Grüne Halme doch sprossen,
Oft ein einsamer Vogel singt,

Wenn sich mählig der Wald dehnet, der Strom sich regt,
Schon die mildere Luft leise von Mittag weht
Zur erlesenen Stunde:
So, ein Zeichen der schönern Zeit,

Die wir glauben, erwächst einzig genügsam nah,
Einzig edel und fromm über dem ehernen,
Wilden Boden die Liebe,
Gottes Tochter, von ihm allein.

Sey gesegnet, o sey, himmlische Pflanze, mir
Mit Gesange gepflegt, wenn des ätherischen
Nektars Kräfte dich nähren,
Und der schöpfrische Stral dich reift.

Wachs' und werde zum Wald! eine beseeltere,
Voll entblühende Welt! Sprache der Liebenden
Sey die Sprache des Landes,
Ihre Seele der Laut des Volks!

Lebenslauf.

Größres wolltest auch du, aber die Liebe zwingt
All' uns nieder, das Leid beuget gewaltiger,
 Und es kehret umsonst nicht
  Unser Bogen, woher er kommt.

Aufwärts oder hinab! wehet in heil'ger Nacht,
Wo die stumme Natur werdende Tage sinnt,
 Weht im nüchternen Orkus
  Nicht ein liebender Athem auch?

Dieß erfuhr ich. Denn nie, sterblichen Meistern gleich,
Habt ihr Himmlischen, ihr Alleserhaltenden,
 Daß ich wüßte, mit Vorsicht
  Mich des ebenen Pfads geführt.

Alles prüfe der Mensch, sagen die Himmlischen,
Daß er, kräftig genährt, danken für Alles lern',
 Und verstehe die Freiheit,
  Aufzubrechen, wohin er will.

An die Parzen.

Nur Einen Sommer gönnt, ihr Gewaltigen!
Und Einen Herbst zu reinem Gesange mir,
 Daß williger mein Herz, vom süßen
  Spiele gesättiget, dann mir sterbe!

Die Seele, der im Leben ihr göttlich Recht
Nicht ward, sie ruht auch drunten im Orkus nicht;
 Doch ist mir einst das Heil'ge, das am
  Herzen mir liegt, das Gedicht, gelungen:

Willkommen dann, o Stille der Schattenwelt!
Zufrieden bin ich, wenn auch mein Saitenspiel
Mich nicht hinabgeleitet, Einmal
Lebt' ich, wie Götter, und mehr bedarf's nicht.

Die Heimath.

Froh kehrt der Schiffer heim an den stillen Strom,
Von Inseln fernher, wenn er geerntet hat;
So käm' auch ich zur Heimath, hätt' ich
Güter so viele, wie Leid, geerntet.

Ihr theuern Ufer, die mich erzogen einst,
Stillt ihr der Liebe Leiden, versprecht ihr mir,
Ihr Wälder meiner Jugend, wenn ich
Komme, die Ruhe noch einmal wieder?

Am kühlen Bache, wo ich der Wellen Spiel,
Am Strome, wo ich gleiten die Schiffe sah,
Dort bin ich bald; euch, traute Berge,
Die mich behüteten einst, der Heimath

Verehrte sichre Grenzen, der Mutter Haus,
Und liebender Geschwister Umarmungen
Begrüß' ich bald, und ihr umschließt mich,
Daß, wie in Banden, das Herz mir heile.

Ihr treu geblieb'nen! aber ich weiß, ich weiß,
Der Liebe Leid, dieß heilet so bald mir nicht,
Dieß singt kein Wiegensang, den tröstend
Sterbliche singen, mir aus dem Busen.

Denn sie, die uns das himmliche Feuer leihn,
Die Götter schenken heiliges Leid uns auch.
Drum bleibe dieß. Ein Sohn der Erde
Bin ich, zu lieben gemacht, zu leiden.

Ehmals und Jetzt.

In jüngern Tagen war ich des Morgens froh,
Des Abends weint' ich: jetzt, da ich älter bin,
Beginn' ich zweifelnd meinen Tag, doch
Heilig und heiter ist mir sein Ende.

An die Deutschen.

Spottet ja nicht des Kind's, wenn es mit Peitsch' und Sporn,
Auf dem Rosse von Holz, muthig und groß sich dünkt.
Denn, ihr Deutschen, auch ihr seyd
Thatenarm und gedankenvoll.

Oder kömmt, wie der Stral aus dem Gewölke kömmt,
Aus Gedanken die That? Leben die Bücher bald?
O ihr Lieben! so nehmt mich,
Daß ich büße die Lästerung!

An die Deutschen.

Ausführung des vorigen.

Spottet nimmer des Kinds, wenn es, das alberne,
Auf dem Rosse von Holz muthig und groß sich dünkt,
O ihr Guten! auch wir sind
Thatenarm und gedankenvoll.

Aber kömmt, wie der Stral aus dem Gewölke kömmt,
Aus Gedanken vielleicht geistig und reif die That?
  Folgt der Schrift, wie des Haines
    Dunklem Blatte, die goldne Frucht?

Und das Schweigen im Volk, ist es die Feier schon
Vor dem Feste? die Furcht, welche den Gott ansagt?
  O, dann nehmt mich, ihr Lieben!
    Daß ich büße die Lästerung.

Schon zu lange, zu lang' irr' ich dem Laien gleich
In des bildenden Geists werdender Werkstatt hier;
  Nur was blühet, erkenn' ich,
    Was er sinnet, erkenn' ich nicht.

Und zu ahnden ist süß, aber ein Leiden auch,
Und schon Jahre genug leb' ich in sterblicher,
  Unverständiger Liebe
    Zweifelnd immer bewegt um ihn,

Der das stetige Werk liebend aus dämmernder,
Voller Seele und mir näher, dem Sterblichen,
  Wo ich zage, des Lebens
    Reine Tiefe zur Reife bringt.

Schöpferischer, o wann, Genius unsres Volks,
Wann erscheinest du ganz, Seele des Vaterlands,
  Daß ich tiefer mich beuge,
    Daß die leiseste Saite selbst

Mir verstumme vor dir, daß ich beschämt und still,
Eine Blume der Nacht, himmlischer Tag, vor dir
  Enden möge mit Freuden,
    Wenn sie alle, mit denen ich

Vormals trauerte, wenn unsere Städte nun
Hell und offen und wach, reineren Feuers voll,
Und die Berge des deutschen
Landes Berge der Musen sind,

Wie die herrlichen einst, Pindos und Helikon
Und Parnassos, und rings unter des Vaterlands
Goldnem Himmel die freie,
Klare, geistige Freude glänzt.

Wohl ist enge begränzt unsere Lebenszeit,
Unserer Jahre Zahl sehen und zählen wir,
Doch die Jahre der Völker,
Sah ein sterbliches Auge sie?

Wenn die Seele dir auch über die eigne Zeit
Sich, die sehnende, schwingt, trauernd verweilest du
Doch am kalten Gestade
Bei den deinen und kennst sie nicht.

An die jungen Dichter.

Lieben Brüder, es reift unsere Kunst vielleicht,
Da, dem Jünglinge gleich, lange sie schon gegährt,
Bald zur Stille der Schönheit;
Seyd nur fromm, wie der Grieche war!

Liebt die Götter und denkt freundlich der Sterblichen!
Haßt den Rausch wie den Frost! lehrt und beschreibet nicht!
Wenn der Meister euch ängstigt,
Fragt die große Natur um Rath!

Die Kürze.

„Warum bist du so kurz? liebst du wie vormals denn
„Nun nicht mehr den Gesang? fand'st du als Jüngling doch
„In den Tagen der Hoffnung,
„Wenn du sangest, das Ende nie?"

Wie mein Glück ist mein Lied. — Willst du im Abendroth
Froh dich baden? Hinweg ist's und die Erd' ist kalt,
Und der Vogel der Nacht schwirrt
Unbequem vor das Auge dir.

Natur und Kunst.

oder

Saturn und Jupiter.

Du waltest hoch am Tag' und es blühet dein
Gesetz, du hältst die Wage, Saturnus Sohn!
Und theilst die Loos' und ruhest froh im
Ruhm der unsterblichen Herrscherkünste.

Doch in den Abgrund, sagen die Sänger sich,
Habst du den heil'gen Vater, den eignen, einst
Verwiesen, und es jammre drunten,
Da, wo die Wilden vor dir mit Recht sind,

Schuldlos der Gott der goldenen Zeit schon längst,
Einst mühelos und größer, wie du, wenn schon
Er kein Gebot aussprach und ihn der
Sterblichen Keiner mit Namen nannte.

Herab denn! oder schäme des Danks dich nicht!
Und willst du bleiben, diene dem Aelteren
Und gönn' es ihm, daß ihn vor Allen,
Göttern und Menschen, der Sänger nenne!

Denn, wie aus dem Gewölke dein Blitz, so kommt
Von ihm, was dein ist, siehe! so zeugt von ihm,
Was du gebeutst, und aus Saturnus
Frieden ist jegliche Macht erwachsen.

Und hab' ich erst am Herzen Lebendiges
Gefühlt, und dämmert, was du gestaltest,
Und war in ihrer Wiege mir in
Wonne die wechselnde Zeit entschlummert:

Dann kenn' ich dich, Kronion, dann hör' ich dich,
Den weisen Meister, welcher, wie wir, ein Sohn
Der Zeit, Gesetze gibt und, was die
Heilige Dämmerung birgt, verkündet.

Seiner Großmutter

zum zwei und siebzigsten Geburtstag.

Vieles hast du erlebt, du theure Mutter! und ruhst nun
Glücklich, von Fernen und Nah'n liebend beim Namen genannt,
Mir auch herzlich geehrt in des Alters silberner Krone,
Unter den Kindern, die dir reifen und wachsen und blüh'n.
Langes Leben hat dir die sanfte Seele gewonnen
Und die Hoffnung, die dich freundlich im Leiden geführt.
Denn zufrieden bist du und fromm, wie die Mutter, die einst den
Besten der Menschen, den Freund unserer Erde, gebar.
Ach! sie wissen es nicht, wie der Hohe wandelt' im Volke,
Und vergessen ist fast, was der Lebendige war.
Wenige kennen ihn doch, und oft erscheinet erheiternd
Mitten in stürmischer Zeit ihnen das himmlische Bild.
Allversöhnend und still, mit armen Sterblichen ging er,
Dieser einzige Mann, göttlich im Geiste, dahin.

Keins der Lebenden war aus seiner Seele geschlossen,
Und die Leiden der Welt trug er an liebender Brust.
Mit dem Tode befreundet' er sich, im Namen der Andern
Ging er aus Schmerzen und Müh'n, siegend, zum Vater zurück.
Und du kennest ihn auch, du theuere Mutter, und wandelst
Glaubend und duldend und still ihm dem Erhabenen nach.
Sieh! es haben mich selbst verjüngt die kindlichen Worte,
Und es rinnen, wie einst, Thränen vom Auge mir noch;
Und ich denke zurück an längst vergangene Tage,
Und die Heimath erfreut wieder mein einsam Gemüth,
Und das Haus, wo ich einst bei deinen Segnungen aufwuchs,
Wo, von Liebe genährt, schneller der Knabe gedieh.
Ach! wie dacht' ich dann oft, du solltest meiner dich freuen,
Wenn ich ferne mich sah wirkend in offener Welt.
Manches hab' ich versucht und geträumt und habe die Brust mir
Wund gerungen indeß, aber ihr heilet sie mir,
O ihr Lieben; und lange, wie du, o Mutter! zu leben,
Will ich lernen; es ist ruhig das Alter und fromm.
Kommen will ich zu dir, dann segne den Enkel noch einmal,
Daß dir halte der Mann, was er, als Knabe, gelobt.

Emilie

vor ihrem Brauttag.

Emilie an Klara.

Ich bin im Walde mit dem Vater draus
Gewesen, diesen Abend, auf dem Pfade;
Du kennest ihn, vom vor'gen Frühlinge.
Es blühten wilde Rosen nebenan,
Und von der Felswand überschattet uns
Der Eichenbüsche sonnenhelles Grün;
Und oben durch der Buchen Dunkel quillt
Das klare flüchtige Gewässer nieder.

Wie oft, du Liebe! stand ich dort und sah
Ihm nach aus seiner Bäume Dämmerung
Hinunter in die Ferne, wo zum Bach
Es wird, zum Strome, sehnte mich mit ihm
Hinaus — wer weiß wohin?

Das hast du oft
Mir vorgeworfen, daß ich immerhin
Abwesend bin mit meinem Sinne, hast
Mir's oft gesagt, ich habe bei den Menschen
Ein friedlich Bleiben nicht, verschwende
Die Seele an die Lüfte, lieblos sey
Ich öfters bei den Meinen. Gott! ich lieblos?

Wohl mag es freudig seyn und schön, zu bleiben,
Zu ruhn in einer lieben Gegenwart,
Wenn eine große Seele, die wir kennen,
Vertraulich nahe waltet über uns,
Sich um uns schließt, daß wir, die Heimathlosen,
Doch wissen, wo wir wohnen.

Gute! Treue!
Doch hast du recht. Bist du denn nicht mir eigen?
Und hab' ich ihn den theuern Vater nicht,
Den Heiligjugendlichen, Vielerfahrnen,
Der, wie ein stiller Gott auf dunkler Wolke,
Verborgen wirkend über seiner Welt
Mit freiem Auge ruht? und wenn er schon
Ein Höher's weiß, und ich des Mannes Geist
Nur ahnen kann, doch ehrt er liebend mich,
Und nennt mich seine Freude, ja! und oft
Gibt eine neue Seele mir sein Wort.

Dann möcht' ich wohl den Segen, den er gab,
Mit Einem, das ich liebte, gerne theilen.
Und bin allein — ach! ehmals war ich's nicht!

Mein Eduard! mein Bruder! denkst du sein,
Und denkst du noch der frommen Abende,
Wenn wir im Garten oft zusammensaßen
Nach schönem Sommertage, wenn die Luft
Um unsre Stille freundlich athmete,
Und über uns des Aethers Blumen glänzten?
Wenn von den Alten er, den Hohen! uns
Erzählte, wie in Freude sie und Freiheit
Aufstrebten, seine Meister? Tönender
Hub dann aus seiner Brust die Stimme sich,
Und zürnend war und liebend oft voll Thränen
Das Auge meinem Stolzen; ach! den letzten
Der Abende, wie nun, da Großes ihm
Bevorstand, ruhiger der Jüngling war,
Noch mit Gesängen, die wir gerne hörten,
Und mit der Zither uns die Trauernden
Vergnügt'!

Ich seh' ihn immer, wie er ging.
Nie war er schöner kühn, die Seele glänzt'
Ihm auf der Stirne, dann voll Andacht trat
Er vor den alten Vater. Kann ich Glück
Von dir empfangen! sprach er, heil'ger Mann!
So wünsche lieber mir das größte, denn
Ein andres! und betroffen schien der Vater.
Wenn's seyn soll, wünsch' ich dir's, antwortet' er.
Ich stand beiseit, und wehemüthig sah
Der Scheidende mich an und rief mich laut;
Mir bebt' es durch die Glieder, und er hielt
Mich zärtlich fest, in seinen Armen stärkte
Der Starke mir das Herz, und da ich aufsah
Nach meinem Lieben, war er fortgeeilt.

„Ein edel Volk ist hier auf Korsika;"
Schrieb freudig er im letzten Briefe mir,

„Wie wenn ein zahmer Hirsch zum Walde kehrt
„Und seine Brüder trifft, so bin ich hier,
„Und mir bewegt im Männerkriege sich
„Die Brust, daß ich von allem Weh genese.

„Wie lebst du, theure Seele! und der Vater?
„Hier unter frohem Himmel, wo zu schnell
„Die Frühlinge nicht altern, und der Herbst
„Aus lauer Luft die goldnen Früchte streut.
„Auf dieser guten Insel werden wir
„Uns wiedersehen; dieß ist meine Hoffnung.

„Ich lobe mir den Feldherrn. Oft im Traum'
„Hab' ich ihn fast gesehen, wie er ist,
„Mein Paoli, noch eh' er freundlich mich
„Empfing und zärtlich vorzog, wie der Vater
„Den Jüngstgebornen, der es mehr bedarf.

„Und schämen muß ich vor den andern mich,
„Den furchtbarstillen, ernsten Jünglingen.
„Sie dünken traurig dir bei Ruh und Spiel;
„Unscheinbar sind sie, wie die Nachtigall,
„Wenn von Gesang sie ruht; am Ehrentag'
„Erkennst du sie. Ein eigen Leben ist's! —
„Wenn mit der Sonne wir, mit heil'gem Lied
„Heraufgehn übern Hügel, und die Fahnen
„In's Thal hinab im Morgenwinde wehn,
„Und drunten auf der Ebne fernher sich,
„Ein gährend Element, entgegen uns
„Die Menge regt und treibt, da fühlen wir
„Frohlockender, wie wir uns herrlich lieben;
„Denn unter unsern Zelten und auf Wogen
„Der Schlacht begegnet uns der Gott, der uns
„Zusammenhält.

„Wir thun, was sich gebührt,
„Und führen wohl das edle Werk hinaus.
„Dann küßt ihr noch den heimathlichen Boden,
„Den trauernden, und kommt und lebt mit uns,
„Emilie! — Wie wird's dem alten Vater
„Gefallen, bei den Lebenden noch Einmal
„Zum Jüngling aufzuleben und zu ruhn
„In unentweihter Erde, wenn er stirbt.

„Denkst du des tröstenden Gesanges noch,
„Emilie, den seiner theuern Stadt
„In ihrem Fall der stille Römer sang? [1]
„Noch hab' ich Einiges davon im Sinne.

„Klagt nicht mehr! kommt in neues Land! so sagt' er.
„Der Ocean, der die Gefild' umschweift,
„Erwartet uns. Wir suchen selige
„Gefilde, reiche Inseln, wo der Boden
„Noch ungepflügt die Früchte jährlich gibt,
„Und unbeschnitten noch der Weinstock blüht,
„Wo der Olivenzweig nach Wunsche wächst,
„Und ihren Baum die Feige keimend schmückt,
„Wo Honig rinnt aus hohler Eich' und leicht
„Gewässer rauscht von Bergeshöh'n. Noch Manches
„Bewundern werden wir, die Glücklichen.
„Es sparte für ein frommes Volk Saturnus Sohn
„Dieß Ufer auf, da er die goldne Zeit
„Mit Erze mischte. — Lebe wohl, du Liebe!"

Der Edle fiel des Tags darauf im Treffen
Mit seiner Liebsten Einem, ruht mit ihm
In einem Grab!

1 Horaz Epod. 16, v. 39 sqq.

In deinem Schooße ruht
Er, schönes Korsika, und deine Wälder
Umschatten ihn, und deine Lüfte wehn
Am milden Herbsttag freundlich über ihm,
Dein Abendlicht vergoldet seinen Hügel.

Ach! dorthin möcht' ich wohl, doch hälf' es nicht.
Ich sucht' ihn, so wie hier. Ich würde fast
Dort weniger, wie hier, mich sein entwöhnen.
So wuchs ich auf mit ihm, und weinen muß ich
Und lächeln, denk' ich, wie mir's ehmals oft
Beschwerlich ward, dem Wilden nachzukommen,
Wenn nirgend er beim Spiele bleiben wollte.
Nun bist du dennoch fort und lässest mich
Allein, du Lieber! und ich habe nun
Kein Bleiben auch, und meine Augen sehn
Das Gegenwärtige nicht mehr, o Gott!
Und mit Phantomen peiniget und tröstet
Nun meine Seele sich, die einsame.
Das weißt du, gutes Mädchen! nicht, wie sehr
Ich unvernünftig bin. Ich will dir's all'
Erzählen. Morgen! Mich besucht doch immer
Der süße Schlaf, und wie die Kinder bin ich,
Die besser schlummern, wenn sie ausgeweint.

Emilie an Klara.

Der Vater schwieg im Leide tagelang,
Da er's erfuhr; und scheuen mußt' ich mich,
Mein Weh ihn sehn zu lassen; lieber ging
Ich dann hinaus zum Hügel, und das Herz
Gewöhnte mir zum freien Himmel sich.
Ich tadelt' oft ein wenig mich darüber,
Daß nirgend mehr im Hause mir's gefiel.

Vergnügt mit Allem war ich ehmals da,
Und leicht war Alles mir. Nun ängstigt es
Mich oft; noch trieb ich mein Geschäft, doch leblos,
Bis in die Seele stumm in meiner Trauer.

Es war, wie in der Schattenwelt, im Hause.
Der stille Vater und das stumme Kind!

Wir wollen fort auf eine Reise, Tochter!
Sagt' eines Tags mein Vater, und wir gingen,
Und kamen dann zu dir. In diesem Land,
An deines Neckars friedlichschönen Ufern,
Da dämmert' eine stille Freude mir
Zum erstenmale wieder auf. Wie oft
Im Abendlichte stand ich auf dem Hügel
Mit dir, und sah das grüne Thal hinauf,
Wo zwischen Bergen, da die Rebe wächst,
An manchem Dorf vorüber, durch die Wiesen
Zu uns herab, von luft'ger Weid' umkränzt,
Das goldne ruhige Gewässer wallte!
Mir bleibt die Stelle lieb, wo ich gelebt.

Ihr heiter freien Ebenen des Mains,
Ihr reichen, blühenden! wo nahe bald
Der frohe Strom, des stolzen Vaters Liebling,
Mit offnem Arm' ihn grüßt, den alten Rhein!

Auch ihr! Sie sind wie Freunde mir geworden,
Und aus der Seele mir vergehen soll
Kein frommer Dank, und trag' ich Leid im Busen,
So soll mir auch die Freude lebend bleiben.

Erzählen wollt' ich dir, doch hell ist nie
Das Auge mir, wenn dessen ich gedenke;
Vor seinen kindischen, geliebten Träumen
Bebt immer mir das Herz.

Wir reisten dann
Hinein in andre Gegenden, ins Land
Des Varusthals; dort bei den dunkeln Schatten
Der wilden, heil'gen Berge lebten wir
Die Sommertage durch, und sprachen gern
Von Helden, die daselbst gewohnt, und Göttern.

Noch gingen wir des Tages, ehe wir
Vom Orte schieden, in den Eichenwald
Des herrlichen Gebirgs hinaus, und standen
In kühler Luft auf hoher Heide nun.

„Hier unten in dem Thale schlafen sie
„Zusammen, sprach mein Vater, lange schon,
„Die Römer mit den Deutschen, und es haben
„Die Freigebornen sich, die stolzen, stillen,
„Im Tode mit den Welteroberern
„Versöhnt, und Großes ist und Größeres
„Zusammen in der Erde Schooß gefallen.
„Wo seyd ihr, meine Todten all'? Es lebt
„Der Menschengenius, der Sprache Gott,
„Der alte Braga noch, und Hertha grünt
„Noch immer ihren Kindern, und Walhalla
„Blaut über uns, der heimathliche Himmel;
„Doch euch, ihr Heldenbilder, find' ich nicht."

Ich sah hinab und leise schauerte
Mein Herz und bei den Starken war mein Sinn,
Den Guten, die hier unten vormals lebten.

Jetzt stand ein Jüngling, der, uns ungesehn,
Am einsamen Gebüsch beiseit gesessen,
Nicht ferne von mir auf. O Vater! mußt'
Ich rufen, das ist Eduard! — Du bist
Nicht klug, mein Kind! erwiedert' er und sah
Den Jüngling an; es mocht' ihn wohl auch treffen,

Er faßte schnell mich bei der Hand und zog
Mich weiter. Einmal mußt' ich noch mich umsehn.
Derselbe war's und nicht derselbe! Stolz und groß,
Voll Macht war die Gestalt, wie des Verlornen,
Und Aug' und Stirn' und Locke; schärfer blickt'
Er nur, und um die seelenvolle Miene
War, wie ein Schleier, ihm ein stiller Ernst
Gebreitet. Und er sah mich an. Es war,
Als sagt' er, gehe nur auch du, so geht
Mir alles hin, doch duld' ich aus und bleibe.

Wir reisten noch desselben Abends ab,
Und langsamtraurig fuhr der Wagen weiter
Und weiter durch's unwegsame Gebirg.
Es wechselten in Nebel und in Regen
Der Bäum' und des Gebüsches dunkle Bilder
Im Walde nebenan. Der Vater schlief,
In dumpfem Schmerze träumt' ich hin, und kaum
Nur eben noch die lange Zeit zu zählen,
War mir die Seele wach.

Ein schöner Strom
Erweckt' ein wenig mir das Aug'; es standen
Im breiten Boot die Schiffer am Gestad';
Die Pferde traten folgsam in die Fähre,
Und ruhig schifften wir. Erheitert war
Die Nacht, und auf die Wellen leuchtet'
Und Hütten, wo der fromme Landmann schlief,
Aus blauer Luft das stille Mondlicht nieder;
Und alles dünkte friedlich mir und sorglos,
In Schlaf gesungen von des Himmels Sternen.

Und ich sollt' ohne Ruhe seyn von nun an,
Verloren ohne Hoffnung mir an Fremdes
Die Seele meiner Jugend! Ach! ich fühlt'
Es jetzt, wie es geworden war mit mir.

Dem Adler gleich, der in der Wolke fliegt,
Erschien und schwand mir aus dem Auge wieder
Und wieder mir des hohen Fremdlings Bild,
Daß mir das Herz erbebt' und ich umsonst
Mich fassen wollte. Schliefst du gut, mein Kind!
Begrüßte nun der gute Vater mich,
Und gerne wollt' ich auch ein Wort ihm sagen.
Die Thränen doch erstickten mir die Stimme,
Und in den Strom hinunter mußt' ich sehn,
Und wußte nicht, wo ich mein Angesicht
Verbergen sollte.

Glückliche! die du
Dieß nie erfahren, überhebe mein
Dich nicht. Auch du, und wer von allen mag
Sein eigen bleiben unter dieser Sonne?
Oft meint' ich schon, wir leben nur, zu sterben,
Uns opfernd hinzugeben für ein Andres.
O schön zu sterben, edel sich zu opfern,
Und nicht so fruchtlos, so vergebens, Liebe!
Das mag die Ruhe der Unsterblichen
Dem Menschen seyn.

Bedaure du mich nur!
Doch tadeln, Gute, sollst du mir es nicht!
Nennst du sie Schatten, jene, die ich liebe?
Da ich kein Kind mehr war, da ich ins Leben
Erwachte, da aufs neu mein Auge sich
Dem Himmel öffnet' und dem Licht, da schlug
Mein Herz dem Schönen; und ich fand es noch;
Wie soll ich's nennen, nun es nicht mehr ist
Für mich? O laßt! Ich kann die Todten lieben,
Die Fernen; und die Zeit bezwingt mich nicht.
Mein oder nicht! Du bist doch schön, ich diene
Nicht Einem, was der Stunde nur gefällt,
Dem Täglichen gehör' ich nicht; es ist

Ein Andres, was ich lieb'; unsterblich
Ist, was du bist, und du bedarfst nicht meiner,
Damit du groß und gut und liebenswürdig
Und herrlich seyst, du edler Genius!

Laßt nur mich stolz in meinem Leide-seyn,
Und zürnen, wenn ich ihn verläugnen soll;
Bin ich doch sonst geduldig, und nicht oft
Aus meinem Munde kömmt ein Männerwort.
Demüthigt mich's doch schon genug, daß ich,
Was ich dir lang verborgen, nun gesagt.

Emilie an Klara.

Wie dank' ich dir, du Liebe, daß du mir
Vertrauen abgewonnen, daß ich dir
Mein still Geheimniß ausgesprochen.

Ich bin nun ruhiger — wie nenn' ich's dir?
Und an die schönen Tag denk' ich, wenn ich oft
Hinaus ging mit dem Bruder, und wir oben
Auf unserm Hügel beieinander saßen,
Und ich den Lieben bei den Händen hielt,
Und mir's gefallen ließ am offnen Feld'
Und an der Straß', und ins Gewölb' hinauf
Des grünen Ahorns staunt', an dem wir lagen.
Ein Sehnen war in mir, doch war ich still.
Es blühten uns der ersten Hoffnung Tage,
Die Tage des Erwachens.

Holde Dämm'rung!
So schön ist's, wenn die gütige Natur
Ins Leben lockt ihr Kind. Es singen nur
Den Schlummersang am Abend unsre Mütter,
Sie brauchen nie das Morgenlied zu singen.

Dieß singt die andre Mutter uns, die gute,
Die wunderbare, die uns Lebenslust
In unsern Busen athmet, uns mit süßen
Verheißungen erweckt.

Wie ist mir, Liebe!
Ich kann an Jugend heute nur und nur
An Jugend denken.

Sieh! ein heitrer Tag
Ist's eben auch. Seit frühem Morgen sitz' ich
Am lieben Fenster, und es wehn die Lüfte,
Die zärtlichen, herein, mir blickt das Licht
Durch meine Bäume, die zu nahe mir
Gewachsen sind, und mählig mit den Blüthen
Das ferne Land verhüllen, daß ich mich
Bescheiden muß, und hie und da noch kaum
Hinaus mich find' aus diesem freundlichen
Gefängniß! und es fliegen über ihnen
Die Schwalben und die Lerchen, und es singen
Die Stunde durch genug die Nachtigallen,
Und wie sie heißen, all die Lieblinge
Der schönen Jahrszeit; eigne Namen möcht'
Ich ihnen geben, und den Blumen auch,
Den stillen, die aus dunklem Beete duften,
Zu mir herauf wie junge Sterne glänzend.

Und wie es lebt und glücklich ist im Wachsthum,
Und seiner Reife sich entgegen freut!

Es findet jedes seine Stelle doch,
Sein Haus, die Speise, die das Herz ihm sättigt,
Und jedes segnest du mit eignem Segen,
Natur! und gibst dich ihnen zum Geschäft,
Und trägst und nährst zu ihrer Blüthenfreud'
Und ihrer Frucht sie fort, du Gütige!

Und klagtest du doch öfters, trauernd Herz!
Vergaßest mir den Glauben, danktest nicht,
Und dachtest nicht, wenn dir dein Thun zu wenig
Bedeuten wollt', es sey ein frommes Opfer,
Das du, wie andre, vor das Leben bringest,
Wohlmeinend, wie der Lerche Lied, das sie
Den Lüften singt, den freudegebenden. —

Nun geh' ich noch hinaus und hole Blumen,
Dem Vater aus dem Feld', und bind' ihm sie
In Einen Strauß, die drunten in dem Garten,
Und die der Bach erzog; ich will's schon richten,
Daß ihm's gefallen soll. Und dir? dir bring' ich
Genug des Neuen. Da ist's immer anders.
Jetzt blühn die Weiden; jetzt vergolden sich
Die Wiesen; jetzt beginnt der Buche Grün,
Und jetzt der Eiche — nun! leb' wohl indessen!

Emilie an Klara.

Ihr Himmlischen! das war er. Kannst du mir
Es glauben? — Beste! — wärst du bei mir! — Er!
Der Hohe, der Gefürchtete, Geliebte! —
Mein bebend Herz, hast du so viel gewollt?

Da ging ich so zurück mit meinen Blumen,
Sah auf den Pfad, den abendröthlichen,
In meiner Stille nieder, und es schlief
Mir sanft im Busen das Vergangene,
Ein kindlich Hoffen athmete mir auf;
Wie wenn uns zwischen süßem Schlaf und Wachen
Die Augen halb geöffnet sind, so war

Ich Blinde! Sieh! da stand er vor mir, mein
Heroe, und ich Arme war, wie todt,
Und ihm, dem Brüderlichen, überglänzte
Das Angesicht, wie einem Gott, die Freude.

„Emilie!“ — das war sein frommer Gruß.
Ach! alles Sehnen weckte mir und all
Das liebe Leiden, so ich eingewiegt,
Der goldne Ton des Jünglings wieder auf!
Nicht aufsehn durft' ich! keine Sylbe durft'
Ich sagen! O, was hätt' ich ihm gesagt!

Was mein' ich denn, du Gute? — laß mich nur!
Nun darf ich ja, nun ist's so thöricht nimmer,
Und schön ist's, wenn der Schmerz mit seiner Schwester,
Der Wonne, sich versöhnt, noch eh' er weggeht.

O Wiedersehn! das ist noch mehr, du Liebe!
Als wenn die Bäume wieder blühn, und Quellen
Von neuem fröhlich rauschen —

Ja! ich hab'
Ihn oft gesucht und ernstlich oft es mir
Versagt, doch wollt' ich sein Gedächtniß ehren.

Die Bilder der Gespielen, die mit mir
Auf grüner Erd' in stummer Kindheit saßen,
Sie dämmern ja um meine Seele mir,
Und dieser edle Schatte, sollt' er nicht?
Das Herz im Busen, das unsterbliche,
Kann nicht vergessen, sieh! und öfters bringt
Ein guter Genius die Liebenden
Zusammen, daß ein neuer Tag beginnt,
Und ihren Mai die Seele wieder feiert.

O wunderbar ist mir! auch er! — daß du
Hinunter mußtest, Lieber! ehe dir
Das Deine ward, und dich die frohe Braut
Zum Männerruhme segnete! Doch starbst
Du schön, und oft hab' ich gehört, es fallen
Die Lieblinge des Himmels früh, damit
Sie sterblich Glück und Leid und Alter nicht
Erfahren. Nimmermehr vergeß' ich dich,
Und ehren soll er dich. Dein Bild will ich
Ihm zeigen, wenn er kömmt; und wenn der Stolze
Sich dann verwundert, daß er sich bei mir
Gefunden, sag' ich ihm, es sey ein Andrer,
Und den er lieben müsse. O er wird's!

Emilie an Klara.

Da schrieb er mir. Ja, theures Herz! er ist's,
Den ich gesucht. Wie dieser Jüngling mich
Demüthiget und hebt! Nun! lies es nur!
„So bist du's wieder, und ich habe dich
„Gegrüßt, gefunden, habe dich noch Einmal
„In deiner frommen Ruh gestört, du Kind
„Des Himmels! — Nein, Emilie! du kanntest
„Mich ja. Ich kann nicht fragen. Wir sind es,
„Die Längstverwandten, die der Gott getraut,
„Und bleiben wird es, wie die Sonne droben.
„Ich bin voll Freude, schöne Seele! bin
„Der neuen Melodien ungewohnt.
„Es ist ein anders Lied, als jenes, so
„Dem Jünglinge die Parze lehrend singt,
„Bis ihm, wie Wohllaut, ihre Weise tönt;
„Dann gönnt sie ihm, du Friedliche! von dir
„Den süßern Ton, den liebsten, einzigen,

„Zu hören. Mein? o sieh! Du wirst in Lust
„Die Mühe mir, und, was mein Herz gebeut,
„Du wirst es all in heil'ge Liebe wandeln.
„Und hab' ich mit Unmöglichem gerungen,
„Und mir die Brust zu Treu und Ruh gehärtet,
„Du wärmest sie mit frommer Hoffnung mir,
„Daß sie vertrauter mit dem Siege schlägt.
„Und wenn das Urbild, das, wie Morgenlicht,
„Mir aus des Lebens dunkler Wolke stieg,
„Das Himmlische, mir schwindet, seh' ich dich,
„Und, eine schöne Götterbotin, mahnst
„Du lächelnd mich an meinen Phöbus wieder;
„Und wenn ich zürne, sänftigest du mich.
„Dein Schüler bin ich dann und lausch' und lerne.
„Von deinem Munde nehm' ich, Zauberin,
„Des Ueberredens süße Gabe mir,
„Daß sie die Geister freundlich mir bezwingt;
„Und wenn ich ferne war von dir, und wund
„Und müd' dir wiederkehre, heilst du mich,
„Und singst in Ruhe mich, du holde Muse!

„Emilie! daß wir uns wiedersahn!
„Daß wir uns einst gefunden, und du nun
„Mich nimmer fliehst, und nahe bist! Zu gern,
„Zu gern entwich dein stolzes Bild dem Wandrer,
„Das zarte, reine, da du ferne warst,
„Du Heiligschönes! doch ich sah dich oft,
„Wenn ich des Tags allein die Pfade ging,
„Und Abends in der fremden Hütte schwieg.

„O heute! grüße, wenn du willst, den Vater!
„Ich kenn' ihn wohl; auch meinen Namen kennt er;
„Und seiner Freunde Freund bin ich. Ich wußte nicht,
„Daß er es war, da wir zuerst einander
„Begegneten, und lang erfuhr ich's nicht.
„Bald grüß' ich schöner dich. — Armenion."

Emilie an Klara.

Er woll' ihn morgen sprechen, sagte mir
Mein Vater, morgen! und er schien nicht freundlich.
Nun sitz' ich hier und meine Augen ruhn
Und schlummern nicht; — ach! schämen muß ich mich,
Es dir zu klagen, — will ich stille werden,
So regt ein Laut mich auf; ich sinn' und bitte,
Und weiß nicht, was? und sagen möcht' ich viel,
Doch ist die Seele stumm; — o fragen möcht' ich
Die sorgenfreien Bäume hier, die Stralen
Der Nacht und ihre Schatten, wie es nun
Mir endlich werden wird.

Zu still ist's mir
In dieser schönen Nacht, und ihre Lüfte
Sind mir nicht hold, wie sonst. Die Thörin!
So lang er ferne war, so liebt' ich ihn;
Nun bin ich kalt und zag' und zürne mir
Und andern. — Auch die Worte, so ich dir
In dieser bösen Stunde schreibe, lieb'
Ich nicht, und was ich sonst von ihm geschrieben,
Unleidlich ist es mir. Was ist es denn?
Ich wünsche fast, ich hätt' ihn nie gesehen.
Mein Friede war doch schöner. Theures Herz!
Ich bin betrübt, und anders, denn ich's war,
Da ich um den Verlornen trauerte.
Ich bin es nimmer, nein! ich bin es nicht,
Ich bin nicht gut, und seellos bin ich auch,
Mich läßt die Furcht, die häßliche, nicht ruhn.

O daß der goldne Tag die Ruhe mir,
Mein eigen Leben wiederbrächt'! —

Ich will
Geduldig seyn, und wenn der Vater ihn
Nicht ehrt, mir ihn versagt, den Theuren,
So schweig' ich lieber, und es soll mir nicht
Zu sehr die Seele kränken; kann ich still
Ihn ehren doch, und bleiben, wie ich bin.

Emilie an Klara.

Nun muß ich lächeln über alles Schlimme,
Was ich die vor'ge Nacht geträumt; und hab'
Ich dir es gar geschrieben? Anders bin
Ich jetzt gesinnt.

Er kam, und mir frohlockte
Das Herz, wie er herab die Straße ging,
Und mir das Volk den fremden Herrlichen
Bestaunt', und lobend über ihn geheim
Die Nachbarn sich besprachen, und er jetzt
Den Knaben, der an ihm vorüberging,
Nach meinem Hause fragt'! ich sahe nicht
Hinaus, ich konnt', an meinem Tische sitzend,
Ihn ohne Scheue sehn — wie red' ich viel?
Und da er nun herauf die Treppe kam,
Und ich die Tritte hört' und seine Thüre
Mein Vater öffnete, sie draußen sich
Stillschweigend grüßten, daß ich nicht
Ein Wort vernehmen konnt', ich Unvernünft'ge,
Wie ward mir bange wieder? Und sie blieben
Nicht kurze Zeit allein im andern Zimmer,
Daß ich es länger nicht erdulden konnt',
Und dacht': ich könnte wohl den Vater fragen
Um dieß und jenes, was ich wissen mußte.

Dann hätt' ich's wohl gesehn in ihren Augen,
Wie mir es werden sollte. Doch ich kam
Bis an die Schwelle nur, ging lieber doch
In meinen Garten, wo die Pflanzen sonst,
In andrer Zeit, die Stunde mir gekürzt.

Und fröhlich glänzten, von des Morgens Thau
Gesättiget, im frischen Lichte sie
Ins Auge mir; wie liebend sich das Kind
An die betrübte Mutter drängt, so waren
Die Blumen und die Blüthen um mich rings,
Und schöne Pforten wölbten über mir
Die Bäume.

Doch ich konnt' es jetzt nicht achten,
Nur ernster ward und schwerer nur, und bänger
Das Herz mir Armen immer, und ich sollte
Wie eine Dienerin von ferne lauschen,
Ob sie vielleicht mich riefen, diese Männer!
Ich wollte nun auch nimmer um mich sehn,
Und barg in meiner Laube mich, und weinte,
Und hielt die Hände vor das Auge mir.

Da hört' ich sanft des Vaters Stimme nah,
Und lächelnd traten, da ich noch die Thränen
Mir trocknete, die beiden in die Laube:
„Hast du dich so geängstiget, mein Kind!
„Und zürnst du, sprach der Vater, daß ich erst
„Für mich den edlen Gast behalten wollt'?
„Ihn hast du nun. Er mag die Zürnende
„Mit mir versöhnen, wenn ich Unrecht that."

So sprach er; und wir reichten alle drei
Die Händ' einander, und der Vater sah
Mit stiller Freud' uns an. —

„Ein Trefflicher
„Ist dein geworden, Tochter! sprach er jetzt,
„Und dein, o Sohn! dieß heiligliebend Weib.
„Ein freudig Wunder, daß die alten Augen
„Mir übergehen, seyd ihr mir, und blüht,
„Wie eine seltne Blume mir, ihr Beiden!

„Denn nicht gelingt es immerhin den Menschen,
„Das Ihrige zu finden. Großes Glück
„Zu tragen und zu opfern gibt der Gott
„Den Einen, weniger gegeben ist
„Den Andern; aber hoffend leben sie.

„Zwei Genien geleiten auf und ab
„Uns Lebende, die Hoffnung und der Dank.
„Mit Einsamen und Armen wandelt jene,
„Die Immerwache; dieser führt aus Wonne
„Die Glücklichen des Weges freundlich weiter,
„Vor bösem Schicksal sie bewahrend. Oft,
„Wenn er entfloh, erheben sich zu sehr
„Die Freudigen, und rächend traf sie bald
„Das ungebetne Weh.

„Doch gerne theilt
„Das freie Herz von seinen Freuden aus,
„Der Sonne gleich, die liebend ihre Stralen
„An ihrem Tag' aus goldner Fülle gibt;
„Und um die Guten dämmert oft und glänzt
„Ein Kreis von Licht und Lust, so lang sie leben.

„O Frühling meiner Kinder, blühe nun!
„Und altre nicht zu bald, und reife schön!"

So sprach der gute Vater. Vieles wollt'
Er wohl noch sagen, denn die Seele war
Ihm aufgegangen; aber Worte fehlten ihm.

Er gab ihn mir und segnet' uns und ging
Hinweg.

Ihr Himmelslüfte, die ihr oft
Mich tröstend angeweht, nun athmetet
Ihr heiligend um unser goldnes Glück!

Wie anders war's, wie anders, da mit ihm,
Dem Liebenden, dem Freudigen, ich jetzt,
Ich Freudige, zu unsrer Mutter auf,
Zur schönen Sonne, sah! nun dämmert' es
Im Auge nicht, wie sonst im sehnenden,
Nun grüßt' ich helle dich, du stolzes Licht!
Und lächelnd weiltest du, und kamst, und schmücktest
Den Lieben mir, und kränztest ihm mit Rosen
Die Schläfe, Freundliches!

Und meine Bäume,
Sie streuten auch ein hold Geschenk herab,
Zu meinem Fest, vom Ueberfluß der Blüthen!

Da ging ich sonst; ach! zu den Pflanzen flüchtet'
Ich oft mein Herz, bei ihnen weilt' ich oft,
Und hing an ihnen; dennoch ruht' ich nie,
Und meine Seele war nicht gegenwärtig.

Wie eine Quelle, wenn die jugendliche
Dem heimathlichen Berge nun entwich,
Die Pfade bebend sucht, und flieht und zögert,
Und durch die Wiesen irrt und bleiben möcht',
Und sehnend, hoffend immer doch enteilt,
So war ich; aber liebend hat der stolze,
Der schöne Strom die flüchtige genommen,
Und ruhig wall' ich nun, wohin der sichre
Mich bringen will, hinab am heitern Ufer.

An eine Braut.

Des Wiedersehens Thränen, des Wiedersehns
Umfangen und dein Auge bei seinem Gruß,
Weissagend möcht' ich dieß und all der
Zaubrischen Liebe Geschick dir singen.

Zwar jetzt auch, junger Genius! bist du schön,
Auch einsam, und es freut sich in sich selbst,
Es blüht von eignem Geist und liebem
Herzensgesange die Musentochter.

Doch anders ist's in seliger Gegenwart,
Wenn an des Neugefundnen Blicke dein Geist sich kennt,
Wenn friedlich du vor seinem Anschaun
Wieder in goldener Wolke wandelst.

Indessen denk', ihm leuchte das Sonnenlicht,
Ihn tröst' und mahne, wenn er im Felde schläft,
Der Liebe Stern, und heitre Tage
Spare zum Ende das Herz sich immer.

Und wenn er da ist und die geflügelten,
Die Liebesstunden, schneller und schneller sind,
Dann sich dein Brauttag neigt und goldner
Schon die beglückenden Sterne leuchten —

Nein! ihr Geliebten! nein, ich beneid' euch nicht!
Unschädlich, wie vom Lichte die Blume lebt,
So leben gern vom schönen Bilde
Träumend und selig und arm — die Dichter.

Die Launischen.

Hör' ich ferne nur her, wenn ich für mich geklagt,
Saitenspiel und Gesang, schweigt mir das Herz doch gleich;
Bald auch bin ich verwandelt,
Blinkst du, purpurner Wein! mich an

Unter Schatten des Walds, wo die gewaltige
Mittagssonne mir sanft über dem Laube glänzt;
Ruhig sitz' ich daselbst, wenn,
Zürnend schwerer Beleidigung,

Ich im Felde geirrt — zürnen zu gerne doch
Deine Dichter, Natur! trauern und weinen leicht,
Die Beglückten; wie Kinder,
Die zu zärtlich die Mutter hält,

Sind sie mürrisch und voll herrischen Eigensinns;
Wandeln still sie des Wegs, irret Geringes doch
Bald sie wieder; sie reißen
Aus dem Gleise sich sträubend dir.

Doch du rührest sie kaum, Liebende! freundlich an,
Sind sie friedlich und fromm; fröhlich gehorchen sie!
Du lenkst, Meisterin! sie mit
Weichem Zügel, wohin du willst.

Die scheinheiligen Dichter.

Ihr kalten Heuchler, sprecht von den Göttern nicht!
Ihr habt Verstand, ihr glaubt nicht an Helios,
Noch an den Donnerer und Meergott;
Todt ist die Erde, wer mag ihr danken?

Getrost, ihr Götter! zieret ihr doch das Lied,
Wenn schon aus euren Namen die Seele schwand,
Und ist ein großes Wort vonnöthen,
Mutter Natur! so gedenkt man deiner.

Sonnenuntergang.

Wo bist du? trunken dämmert die Seele mir
Von aller deiner Wonne; denn eben ist's,
Daß ich gelauscht, wie, goldner Töne
Voll, der entzückende Sonnenjüngling

Sein Abendlied auf himmlischer Leyer spielt';
Es tönten rings die Wälder und Hügel nach,
Doch fern ist er zu frommen Völkern,
Die ihn noch ehren, hinweggegangen.

Dem Sonnengott.

Variation des Vorigen.

Wo bist du? trunken dämmert die Seele mir
Von aller deiner Wonne; denn eben ist's,
Daß ich gesehn, wie, müde seiner
Fahrt, der entzückende Götterjüngling

Die jungen Locken badet' im Goldgewölk'.
Und jetzt noch blickt mein Auge von selbst nach ihm;
Doch fern ist er zu frommen Völkern,
Die ihn noch ehren, hinweggegangen.

Dich lieb' ich, Erde! trauerst du doch mit mir!
Und unsre Trauer wandelt, wie Kinderschmerz,
In Schlummer sich, und, wie die Winde
Flattern und flüstern im Saitenspiele,

Bis ihm des Meisters Finger den schönen Ton
Entlockt, so spielen Nebel und Träum' um uns,
Bis der Geliebte wiederkömmt und
Leben und Geist sich in uns entzündet.

Menschenbeifall.

Ist nicht heilig mein Herz, schöneren Lebens voll,
Seit ich liebe? Warum achtet ihr mich mehr,
Da ich stolzer und wilder,
Wortereicher und leerer war?

Ach! der Menge gefällt, was auf den Marktplatz taugt,
Und es ehret der Knecht nur den Gewaltsamen;
An das Göttliche glauben
Die allein, die es selber sind.

Stimme des Volks.

Du seyest Gottes Stimme, so ahndet' ich
In heil'ger Jugend; ja, und ich sag' es noch. —
Um meine Weisheit unbekümmert
Rauschen die Wasser doch auch, und dennoch

Hör' ich sie gern, und öfters bewegen sie
Und stärken mir das Herz, die gewaltigen;
Und meine Bahn nicht, aber richtig
Wandeln in's Meer sie die Bahn hinunter.

Der zürnende Dichter.

Fürchtet den Dichter nicht, wenn er edel zürnet, sein Buchstab
Tödtet, aber es macht Geister lebendig der Geist.

Die Scherzhaften.

Immer spielet und scherzt! ihr müßt, o Freunde! mir geht dieß
In die Seele, denn dieß müssen Verzweifelte nur.

Der Zeitgeist:

Zu lang schon waltest über dem Haupte mir
Du in der dunkeln Wolke, du Gott der Zeit!
Zu wild, zu bang ist's ringsum, und es
Trümmert und wankt ja, wohin ich blicke.

Ach! wie ein Knabe seh' ich zu Boden oft,
Such' in der Höhle Rettung vor dir, und möcht',
Ich Blöder, eine Stelle finden,
Alleserschütt'rer! wo du nicht wärest.

Laß endlich, Vater! offenen Aug's mich dir
Begegnen! hast denn du nicht zuerst den Geist
Mit deinem Stral aus mir geweckt? mich
Herrlich an's Leben gebracht, o Vater!

Wohl keimt aus jungen Reben uns heil'ge Kraft,
In milder Luft begegnet den Sterblichen,
Und wenn sie still im Haine wandeln,
Heiternd ein Gott; doch allmächt'ger weckst du

Die reine Seele Jünglingen auf, und lehrst
Die Alten weise Künste; der Schlimme nur
Wird schlimmer, daß er bälder ende,
Wenn du, Erschütterer! ihn ergreifest.

Die Schlacht oder der Tod für's Vaterland.

O Morgenroth der Deutschen, du kommst, o Schlacht!
Flammst blutend über den Völkern auf;
  Denn länger dulden sie nicht mehr, sind
    Länger die Kinder nicht mehr, die Deutschen.

Du kommst, o Schlacht! schon wogen die Jünglinge
Hinab von ihren Hügeln, hinab in's Thal,
  Wo keck herauf die Würger dringen,
    Sicher der Kunst und des Arms, doch sichrer

Kömmt über sie die Seele der Jünglinge;
Denn die Gerechten schlagen, wie Zauberer,
  Und ihre Vaterlandsgesänge
    Lähmen die Kniee der Ehrelosen.

O nehmt mich, nehmt mich mit in die Reihen auf,
Damit ich einst nicht sterbe gemeinen Tods!
  Umsonst zu sterben, lieb' ich nicht; doch
    Lieb' ich, zu fallen am Opferhügel

Für's Vaterland, zu bluten des Herzens Blut
Für's Vaterland — und bald ist's gescheh'n! Zu euch,
  Ihr Theuern! komm' ich, die mich lieben
    Lehrten und sterben, zu euch hinunter!

Wie oft im Lichte dürstet' ich euch zu seh'n,
Ihr Helden und ihr Dichter aus alter Zeit!
  Nun grüßt ihr freundlich den geringen
    Fremdling, und brüderlich ist's hier unten.

Und Siegesboten kommen herab: die Schlacht
Ist unser! Lebe droben, o Vaterland,
  Und zähle nicht die Todten! dir ist,
    Liebes, nicht Einer zu viel gefallen.

Des Morgens.

Vom Thaue glänzt der Rasen, beweglicher
Eilt schon die wache Quelle; die Birke neigt
Ihr schwankes Haupt, und im Geblätter
Rauscht es und schimmert; und um die grauen

Gewölke streifen röthliche Flammen dort,
Verkündende, sie wallen geräuschlos auf;
Wie Fluten am Gestade, wogen
Höher und höher die wandelbaren.

Komm nun, o komm, und eile mir nicht zu schnell,
Du goldner Tag, zum Gipfel des Himmels fort!
Denn offner fliegt, vertrauter dir mein
Auge, du Freudiger! zu, so lang du

In deiner Schöne jugendlich blickst und noch
Zu herrlich nicht, zu stolz mir geworden bist;
Du möchtest immer eilen, könnt' ich,
Göttlicher Wandrer, mit dir! — doch lächelst

Des frohen Uebermüthigen du, daß er
Dir gleichen möchte; segne mir lieber denn
Mein sterblich Thun, und heitre wieder,
Gütiger! heute den stillen Pfad mir!

Abendphantasie.

Vor seiner Hütte ruhigem Schatten sitzt
Der Pflüger, dem Genügsamen raucht sein Heerd.
Gastfreundlich tönt dem Wanderer im
Friedlichen Dorfe die Abendglocke.

Wohl kehren jetzt die Schiffer zum Hafen auch,
In fernen Städten fröhlich verrauscht des Markts
Geschäft'ger Lärm; in stiller Laube
Glänzt das gesellige Mahl den Freunden.

Wohin denn ich? Es leben die Sterblichen
Von Lohn und Arbeit; wechselnd in Müh' und Ruh'
Ist alles freudig; warum schläft denn
Nimmer nur mir in der Brust der Stachel?

Am Abendhimmel blühet ein Frühling auf,
Unzählig blüh'n die Rosen, und ruhig scheint
Die goldne Welt; o dorthin nehmt mich,
Purpurne Wolken! und mögen droben

In Licht und Luft zerrinnen mir Lieb und Leid! —
Doch, wie verscheucht von thörichter Bitte, flieht
Der Zauber! dunkel wird's, und einsam
Unter dem Himmel, wie immer, bin ich.

Komm du nun, sanfter Schlummer! zu viel begehrt
Das Herz; doch endlich, Jugend, verglühst du ja,
Du ruhelose, träumerische!
Friedlich und heiter ist dann das Alter.

Der Main.

Wohl manches Land der lebenden Erde möcht'
Ich sehn, und öfters über die Berg' enteilt
Das Herz mir, und die Wünsche wandern
Ueber das Meer, zu den Ufern, die mir

Vor andern, so ich kenne, gepriesen sind;
Doch lieb ist in der Ferne nicht eines mir,
Wie jenes, wo die Göttersöhne
Schlafen, das trauernde Land der Griechen.

Ach! einmal dort an Suniums Küste möcht'
Ich landen, deine Säulen, Olympion!
Erfragen, dort, noch eh' der Nordsturm
Hin in den Schutt der Athenertempel

Und ihrer Götterbilder auch dich begräbt;
Denn lang schon einsam stehst du, o Stolz der Welt,
Die nicht mehr ist! — und o ihr schönen
Inseln Joniens, wo die Lüfte,

Vom Meere kühl, an warme Gestade wehn,
Wenn unter kräft'ger Sonne die Traube reift,
Ach! wo ein goldner Herbst dem armen
Volk in Gesänge die Seufzer wandelt,

Wenn die Betrübten jetzt ihr Limonenwald
Und ihr Granatbaum, purpurner Aepfel voll,
Und süßer Wein und Pauk' und Zithar
Zum labyrinthischen Tanze ladet. —

Zu euch vielleicht, ihr Inseln! geräth noch einst
Ein heimathloser Sänger; denn wandern muß
Von Fremden er zu Fremden, und die
Erde, die freie, sie muß ja leider

Statt Vaterlands ihm dienen, so lang er lebt,
Und wenn er stirbt — doch nimmer vergeß ich dich,
So fern ich wandre, schöner Main! und
Deine Gestade, die vielbeglückten.

Gastfreundlich nahmst du, Stolzer! bei dir mich auf
Und heitertest das Auge dem Fremdlinge,
Und still hingleitende Gesänge
Lehrtest du mich und geräuschlos Leben.

O ruhig mit den Sternen, du Glücklicher!
Wallst du von deinem Morgen zum Abend fort,
Dem Bruder zu, dem Rhein; und dann mit
Ihm in den Ocean freudig nieder!

Die Götter.

Du stiller Aether! immer bewahrst du schön
Die Seele mir im Schmerz, und es adelt sich
Zur Tapferkeit vor deinen Stralen,
Helios! oft die empörte Brust mir.

Ihr guten Götter! arm ist, wer euch nicht kennt,
Im rohen Busen ruhet der Zwist ihm nie,
Und Nacht ist ihm die Welt, und keine
Freude gedeihet und kein Gesang ihm.

Nur ihr, mit eurer ewigen Jugend, nährt
In Herzen, die euch lieben, den Kindersinn,
Und laßt in Sorgen und in Irren
Nimmer den Genius sich vertrauern.

Empedokles.

Das Leben suchst du, suchst, und es quillt und glänzt
Ein göttlich Feuer tief aus der Erde dir,
Und du in schauderndem Verlangen
Wirfst dich hinab in des Aetna Flammen.

So schmelzt' im Weine Perlen der Uebermuth
Der Königin; und mochte sie! Hättest du
Nur deinen Reichthum nicht, o Dichter,
Hin in den gährenden Kelch geopfert!

Doch heilig bist du mir, wie der Erde Macht,
Die dich hinwegnahm, kühner Getödteter!
Und folgen möcht' ich in die Tiefe,
Hielte die Liebe mich nicht, dem Helden.

An Eduard.

Euch alten Freunde droben, unsterbliches
Gestirn! euch frag' ich, Helden! woher es ist,
Daß ich so unterthan ihm bin, und
So der Gewaltige sein mich nennet?

Denn wenig kann ich bieten, nur weniges
Kann ich verlieren, aber ein liebes Glück,
Ein einziges, zum Angedenken
Reicherer Tage zurück geblieben;

Und so er mir's geböte, dies Eine noch,
Mein Saitenspiel, ich wagt' es, wohin er wollt',
Und mit Gesange folgt' ich, selbst in's
Ende der Tapferen ihm hinunter.

„Die Wolke“ — säng' ich — „tränket mit Regen dich,
„Du Mutterboden! aber mit Blut der Mensch;
„So ruht, so kühlt die Liebe sich, die
„Droben und drunten nicht Gleiches findet.

„Wo ist am Tag ihr Zeichen? wo spricht das Herz
„Sich aus? o wann im Leben, wann ist es frei,
„Was unser Wort nicht nennt, wann wird, was
„Trauert, gebannt in die Nacht, sein Wunsch ihm?

„Jetzt, wann die Opfer fallen, ihr Freunde! jetzt!
„Schon tritt hinzu der festliche Zug, schon blinkt
„Der Stahl, die Wolke dampft, sie fallen, und es
„Hallt in der Luft, und die Erde rühmt es!“

Wenn ich so singend fiele, dann rächtest du
Mich, mein Achill! und sprächest: „er lebte doch
„Treu bis zuletzt!“ das ernste Wort, das
Spräche mein Freund und der Todtenrichter!

Doch weilen wir in Ruhe, du Lieber, noch,
Uns birgt der Wald, es hält das Gebirge dort,
Das mütterliche, noch die beiden
Brüder in sicherem Arm gefangen.

Uns ist die Weisheit Wiegengesang; sie webt
Um's Aug' ihr heilig Dunkel; doch öfters kömmt
Aus ferne tönendem Gewölk die
Mahnende Flamme des Zeitengottes.

Es regt sein Sturm die Schwingen dir auf; dich ruft,
Dich nimmt der mächt'ge Vater hinauf; o nimm
Mich du, und trage deine leichte
Beute dem lächelnden Gott entgegen!

Rückkehr in die Heimath.

Ihr milden Lüfte, Boten Italiens,
Und du mit deinen Pappeln, geliebter Strom!
Ihr wogenden Gebirg'! o all' ihr
Sonnigen Gipfel! so seyd ihr's wieder.

Du stiller Ort! in Träumen erschienst du fern
Nach hoffnungslosem Tage dem Sehnenden,
Und du, mein Haus, und ihr, Gespielen,
Bäume des Hügels, ihr wohlbekannten!

Wie lang' ist's, o wie lange! des Kindes Ruh'
Ist hin, und hin ist Jugend und Lieb' und Glück,
Doch du, mein Vaterland, du Heilig-
-Duldendes, siehe, du bist geblieben!

Und darum, daß sie dulden mit dir, mit dir
Sich freu'n, erziehst Du, Theures! die deinen auch,
Und mahnst in Träumen, wenn sie ferne
Schweifen und irren, die Ungetreuen.

Und wenn im heißen Busen dem Jünglinge
Die eigenmächt'gen Wünsche besänftiget
Und stille vor dem Schicksal sind, dann
Gibt der Geläuterte dir sich lieber.

Lebt wohl denn, Jugendtage, du Rosenpfad
Der Lieb' und all' ihr Pfade des Wanderers,
Lebt wohl! und nimm und segne du mein
Leben, o Himmel der Heimath, wieder!

Heidelberg.

Lange lieb' ich dich schon, möchte dich mir zur Lust
Mutter nennen, und dir schenken ein kunstlos Lied,
Du, der Vaterlandsstädte
Ländlich schönste, so viel ich sah.

Wie der Vogel des Walds über die Gipfel fliegt,
Schwingt sich über den Strom, wo er vorbei dir glänzt,
Leicht und kräftig die Brücke,
Die von Wagen und Menschen tönt.

Wie von Göttern gesandt, fesselt' ein Zauber einst
Auf die Brücke mich an, da ich vorüber ging,
Und herein in die Berge
Mir die reizende Ferne schien,

Und der Jüngling, der Strom, fort in die Ebne zog,
Traurig froh, wie das Herz, wenn es, sich selbst zu schön,
Liebend unterzugehen,
In die Fluten der Zeit sich wirft.

Quellen hattest du ihm, hattest dem Flüchtigen
Kühle Schatten geschenkt, und die Gestade sahn
All' ihm nach, und es bebte
Aus den Wellen ihr lieblich Bild.

Aber schwer in das Thal hing die gigantische
Schicksalskundige Burg, nieder bis auf den Grund
Von den Wettern gerissen;
Doch die ewige Sonne goß

Ihr verjüngendes Licht über das alternde
Riesenbild, und umher grünte lebendiger
Epheu; freundliche Wälder
Rauschten über die Burg herab.

Sträuche blühten herab, bis wo im heitern Thal,
An den Hügel gelehnt, oder dem Ufer hold
  Deine fröhlichen Gassen
    Unter duftenden Gärten ruhn.

Der Neckar.

Variation des Gedichts »der Main«.

In deinen Thälern wachte mein Herz mir auf
Zum Leben, deine Wellen umspielten mich,
  Und all' der holden Hügel, die dich,
    Wanderer! kennen, ist keiner fremd mir.

Auf ihren Gipfeln löste des Himmels Luft
Mir oft der Knechtschaft Schmerzen; und aus dem Thal,
  Wie Leben aus dem Freudebecher,
    Glänzte die bläuliche Silberwelle.

Der Berge Quellen eilten hinab zu dir,
Mit ihnen auch mein Herz, und du nahmst uns mit
  Zum still erhabnen Rhein, zu seinen
    Städten hinunter und lust'gen Inseln. —

Noch dünkt die Welt mir schön, und das Aug' entflieht,
Verlangend nach den Reizen der Erde, mir
  Zum goldenen Paktol, zu Smyrna's
    Ufer, zu Ilions Wald. Auch möcht' ich

Bei Sunium oft landen, den stummen Pfad
Nach deinen Säulen fragen, Olympion!
  Nach eh' der Sturmwind und das Alter
    Hin in den Schutt der Athenertempel

Und ihrer Gottesbilder auch dich begräbt;
Denn lang schon einsam stehst du, o Stolz der Welt,
Die nicht mehr ist. Und o ihr schönen
Inseln Joniens! wo die Meerluft

Die heißen Ufer kühlt und den Lorbeerwald
Durchsäuselt, wenn die Sonne den Weinstock wärmt,
Ach! wo ein goldner Herbst dem armen
Volk in Gesänge die Seufzer wandelt,

Wenn sein Granatbaum reift, wenn aus grüner Nacht
Die Pomeranze blinkt, und der Mastixbaum
Von Harze träuft, und Pauk' und Cymbel
Zum labyrinthischen Tanze klingen.

Zu euch, ihr Inseln! bringt mich vielleicht, zu euch,
Mein Schutzgott einst; doch weicht mir aus treuem Sinn
Auch da mein Neckar nicht mit seinen
Lieblichen Wiesen und Uferweiden.

Die Herbstfeier.

An Siegfried Schmidt.

1.

Wieder ein Glück erlebt! Die gefährliche Dürre geneset,
Und die Schärfe des Lichts senget die Blüthe nicht mehr,
Offen steht jetzt wieder ein Saal, und gesund ist der Garten,
Und von Regen erfrischt rauschet das glänzende Thal
Hoch von Gewächsen, es schwellen die Bäch', und alle gebund'nen
Fittige wagen sich wieder in's Reich des Gesangs.
Voll ist die Luft von Fröhlichen jetzt, und die Stadt und der Hain ist
Rings von zufriedenen Kindern des Himmels erfüllt.

Gerne begegnen sie sich und irren unter einander,
Sorgenlos, und es scheint keines zu wenig, zu viel.
Denn so ordnet das Herz es an in lieblicher Anmuth;
Sie, die geschickliche, schenkt ihnen ein göttlicher Geist.
Aber die Wanderer auch sind wohl geleitet, und haben
Kränze genug und Gesang, haben den heiligen Stab,
Vollgeschmückt mit Trauben und Laub, bei sich, und der Fichte
Schatten; von Dorfe zu Dorf jauchzt es, von Tage zu Tag,
Und wie Wagen, bespannt mit freiem Wilde, so ziehn die
Berge voran, und so träget und eilet der Pfad.

2.

Aber meinest du nun, es haben die Thore vergebens
Aufgethan und den Weg freudig die Götter gemacht?
Und es schenken umsonst zu des Gastmahls Fülle die Guten
Neben dem Wein uns noch Beeren und Honig und Obst?
Schenken das purpurne Licht zu Festgesängen, und kühl und
Ruhig zu tieferem Freundesgespräche die Nacht?
Hält ein Ernsteres dich, so spar's dem Winter, und willst du
Freien, habe Geduld, Freier beglücket der Mai.
Jetzt ist Anderes Noth, jetzt komm und feire des Herbstes
Alte Sitte, noch jetzt blühet die edle mit uns.
Eins nur gilt für den Tag, das Vaterland, und des Opfers
Festlicher Flamme wirft jeder sein Eigenes zu.
Darum kränzt der gemeinsame Gott umsäuselnd das Haar uns,
Und den eigenen Sinn schmelzet, wie Perlen, der Wein.
Dieß bedeutet der Tisch, der geehrte, wenn, wie die Bienen,
Rund um den Eichbaum, wir sitzen und singen um ihn,
Dieß der Pokale Klang, und darum zwinget die wilden
Seelen der streitenden Männer zusammen der Chor.

3.

Aber damit uns nicht, gleich Allzuklugen, entfliehe
Diese neigende Zeit, komm' ich entgegen sogleich,

Bis an die Gränze des Lands, wo mir den lieben Geburtsort
  Und die Insel des Stroms blaues Gewässer umfließt.
Heilig ist mir der Ort, an beiden Ufern, der Fels auch,
  Der mit Garten und Haus grün aus den Wellen sich hebt.
Dort begegnen wir uns, o gütiges Licht! wo zuerst mich,
  Deiner gefühlteren Strahlen mich einer betraf.
Dort begann und beginnt das liebe Leben von Neuem,
  Aber des Vaters Grab seh' ich, und weine dir schon?
Wein' und halt' und habe den Freund und höre das Wort, das
  Einst mir in himmlischer Kunst Leiden der Liebe geheilt.
Andres erwacht! Ich muß die Landesheroen ihm nennen!
  Barbarossa! dich auch, gütiger Christoph, und dich,
Konradin! wie du fielst, so fallen Starke, der Epheu
  Grünt am Fels, und die Burg deckt das bacchantische Laub,
Doch Vergangenes ist, wie Künftiges, heilig den Sängern,
  Und in Tagen des Herbsts sühnen die Schatten wir aus.

4.

So der Gewalt'gen gedenk und des herzerhebenden Schicksals,
  Thatlos selber und leicht, aber vom Aether doch auch
Angeschauet und fromm, wie die Alten, die göttlicherzognen
  Freudigen Dichter, ziehn freudig das Land wir hinauf.
Groß ist das Werden umher. Dort von den äußersten Bergen
  Stammen der Jünglinge viel, steigen die Hügel herab.
Quellen rauschen von dort, und hundert geschäftige Bäche
  Kommen bei Tag und bei Nacht nieder und bauen das Land.
Aber der Meister pflügt in der Mitte des Landes, die Furchen
  Ziehet der Neckarstrom, ziehet den Segen hinab.
Und es kommen mit ihm Italiens Lüfte, die See schickt
  Ihre Wolken, sie schickt prächtige Sonnen mit ihm;
Darum wächset uns auch fast über das Haupt die gewalt'ge
  Fülle; denn hieher ward, hier in die Ebne, das Gut
Reicher den Lieben gebracht, den Landesleuten, doch neidet
  Keiner an Bergen dort ihnen die Gärten, den Wein,
Oder das üppige Gras und das Korn und die glühenden Bäume,
  Die am Wege gereiht über den Wanderern stehn.

5.

Aber indeß wir schaun und die mächtige Freude durchwandeln,
Fliehet der Weg und der Tag uns, wie den Trunkenen, hin.
Denn mit heiligem Laub umkränzt erhebet die Stadt schon,
Die gepriesene, dort, leuchtend ihr priesterlich Haupt.
Herrlich steht sie, und hält den Rebenstab und die Tanne
Hoch in den seligen Duft purpurner Wolken empor.
Sey uns hold, dem Gast und dem Sohn, o Fürstin der Heimath,
Glückliches-Stuttgart! nimm freundlich den Fremdling mir auf!
Immer hast du Gesang mit Flöten und Saiten gebilligt,
Wie ich glaub', und des Lieds kindlich Geschwätz, und der Mühn
Süße Vergessenheit bei gegenwärtigem Geiste.
Drum erfreuest du auch gerne den Sängern das Herz.
Aber ihr, ihr Größeren auch, ihr Frohen, die allzeit
Leben und walten, erkannt, oder gewaltiger auch,
Wenn ihr wirket und schafft in heiliger Nacht und alleinherrscht
Und allmählig empor ziehet ein ahnendes Volk,
Bis die Jünglinge sich der Väter droben erinnern,
Mündig und hell vor euch steht der besonnene Mensch.
Engel des Vaterlands! o ihr, vor denen das Auge,
Sey's auch stark, und das Knie bricht dem vereinzelten Mann,
Daß er halten sich muß an die Freund' und bitten die Theuern,
Daß sie tragen mit ihm all die beglückende Last,
Habt, o Gütige, Dank für Den und alle die Andern,
Die mein Leben, mein Gut unter den Sterblichen sind.

6.

Aber die Nacht kommt! Laß uns eilen, zu feiern das Herbstfest
Heut noch! voll ist das Herz, aber das Leben ist kurz,
Und was uns der himmlische Tag zu sagen geboten,
Das zu nennen, mein Schmidt, reichen wir Beide nicht aus.
Treffliche bring' ich dir, und das Freudenfeuer wird hoch auf

Schlagen, und heiliger soll sprechen das kühnere Wort.
Siehe! da ist es rein! Und des Gottes freundliche Gaben,
Die wir theilen, sie sind zwischen den Liebenden nur
Anderes nicht. O kommt, o macht es wahr! denn allein ja
Bin ich, und Niemand nimmt mir von der Stirne den Traum?
Kommt und reicht, ihr Lieben, die Hand! das möge genug seyn,
Aber die größere Lust sparen dem Enkel wir auf.

Die Nacht.

Fragment.

Rings um ruhet die Stadt, still wird die erleuchtete Gasse,
Und mit Fackeln geschmückt rauschen die Wagen hinweg.
Satt gehn heim, von Freuden des Tags zu ruhen, die Menschen,
Und Gewinn und Verlust wäget ein sinniges Haupt
Wohl zufrieden zu Haus; leer steht von Trauben und Blumen
Und von Werken der Hand ruht der geschäftige Markt.
Aber das Saitenspiel tönt fern aus Gärten; vielleicht, daß
Dort ein Liebender spielt, oder ein einsamer Mann
Ferner Freunde gedenkt und der Jugendzeit; und die Brunnen,
Immerquillend und frisch, rauschen an duftendem Beet.
Still in dämmriger Luft ertönen geläutete Glocken,
Und der Stunden gedenk rufet ein Wächter die Zahl.
Jetzt auch kommet ein Wehn und regt die Gipfel des Hains auf,
Sieh! und das Ebenbild unserer Erde, der Mond,
Kommet geheim nun auch; die Schwärmerische, die Nacht kommt;
Voll mit Sternen und wohl wenig bekümmert um uns
Glänzt die Erstaunende dort, die Fremdlingin unter den Menschen,
Ueber Gebirgeshöhn traurig und prächtig herauf.

An L.

Fragment.

Komm! in's Offene, Freund! Zwar glänzt ein Weniges heute
  Nur herunter, und eng schließet der Himmel uns ein;
Weder die Berge sind noch aufgegangen des Waldes
  Gipfel nach Wunsch, und leer ruht vom Gesange die Luft;
Trüb ist's heut, es schlummern die Gäng' und die Gassen, und fast will
  Mir es scheinen, es sei, als in der bleiernen Zeit.
Dennoch gelinget der Wunsch, Rechtglaubige zweifeln an Einer
  Stunde nicht, und der Lust bleibe geweihet der Tag.
Denn nicht wenig erfreut, was wir vom Himmel gewonnen,
  Wenn er's weigert und doch gönnet den Kindern zuletzt.
Nur daß solcher Reden und auch der Schritt' und der Mühe
  Werth der Gewinn und ganz wahr das Ergötzliche sey.
Darum hoff' ich sogar, es werde, wenn das Gewünschte
  Wir beginnen und erst unsere Zunge gelöst
Und gefunden das Wort und aufgegangen das Herz ist
  Und von trunkener Stirn' höher Besinnen entspringt,
Mit den unsern zugleich des Himmels Blüthe beginnen,
  Und dem offenen Blick offen der Leuchtende seyn.

Die Entschlafenen.

Einen vergänglichen Tag lebt' ich und wuchs mit den Meinen,
  Eins um's andere schon schläft mir und fliehet dahin.
Doch, ihr Schlafenden, wacht am Herzen mir, in verwandter
  Seele ruhet von euch mir das entfliehende Bild.
Und lebendiger lebt ihr dort, wo des göttlichen Geistes
  Freude die Alternden all, alle die Todten verjüngt.

An Landauer.

Seÿ froh! Du hast das gute Loos erkoren,
Denn tief und treu ward eine Seele Dir;
Der Freunde Freund zu seÿn, bist Du geboren,
Dieß zeugen Dir am Feste wir.

Und selig, wer im eignen Hause Frieden,
Wie Du, und Lieb' und Fülle sieht und Ruh;
Manch Leben ist, wie Licht und Nacht, verschieden,
In goldner Mitte wohnest Du.

Dir glänzt die Sonn' in wohlgebauter Halle,
Am Berge reift die Sonne Dir den Wein,
Und immer glücklich führt die Güter alle
Der kluge Gott Dir aus und ein.

Und Kind gedeiht, und Mutter um den Gatten,
Und wie den Wald die goldne Wolke krönt,
So seÿd auch ihr um ihn, geliebte Schatten!
Ihr Seligen, an ihn gewöhnt!

O seÿd mit ihm! Denn Wolk' und Winde ziehen
Unruhig öfters über Land und Haus,
Doch ruht das Herz von allen Lebensmühen
Im heil'gen Angedenken aus.

Und sieh! aus Freude sagen wir von Sorgen;
Wie dunkler Wein, erfreut auch ernster Sang;
Das Fest verhallt, und jedes gehet morgen
Auf schmaler Erde seinen Gang.

Das Ahnenbild.

Ne virtus ulla pereat!

Alter Vater! Du blickst immer, wie ehmals, noch,
Da du gerne gelebt unter den Sterblichen,
Aber ruhiger nur und
Wie die Seligen heiterer,

In die Wohnung, wo dich Vater! das Söhnlein nennt,
Wo es lächelnd vor dir spielt und den Muthwill übt,
Wie die Lämmer im Feld', auf
Grünem Teppiche, den zur Lust

Ihm die Mutter gegönnt. Ferne sich haltend, sieht
Ihm die Liebende zu, wundert der Sprache schon
Und des jungen Verstandes
Und des blühenden Auges sich.

Und an andere Zeit mahnt sie der Mann, dein Sohn,
An die Lüfte des Mai's, da er geseufzt um sie,
An die Bräutigamstage,
Wo der Stolze die Demuth lernt;

Doch es wandte sich bald. Sicherer, denn er war,
Ist er, herrlicher ist unter den Seinigen
Nun der Zweifachgeliebte,
Und ihm gehet sein Tagewerk.

Stiller Vater! auch du lebtest und liebtest so;
Darum wohnest du nun, als ein Unsterblicher,
Bei den Kindern, und Segen,
Wie aus Wolken des Himmels, kömmt

Oefters über das Haus, ruhiger Mann! von dir,
Und es mehrt sich, es reift, edler von Jahr zu Jahr,
  In bescheidenem Glücke,
    Was mit Hoffnungen du gepflanzt.

Die du liebend erzogst, siehe! sie grünen dir,
Deine Bäume, wie sonst, breiten um's Haus den Arm,
  Voll von dankenden Gaben;
    Sicher stehen die Stämme schon.

Und am Hügel hinab, wo du den sonnigen
Boden ihnen gebaut, neigen und schwingen sich
  Deine freudigen Reben,
    Trunken, purpurner Trauben voll.

Aber unten im Haus ruhet, besorgt von dir,
Der gekelterte Wein; theuer ist der dem Sohn,
  Und er sparet zum Fest das
    Alte, lautere Feuer sich.

Dann beim nächtlichen Mahl, wenn er, in Lust und Ernst,
Von Vergangenem viel, vieles von Künftigem
  Mit den Freunden gesprochen,
    Und der letzte Gesang noch hallt,

Hält er höher den Kelch, siehet dein Bild und spricht:
„Deiner denken wir nun, Dein, und so werd' und bleib'
  „Ihre Ehre des Hauses
    „Guten Genien, hier und sonst!"

Und es tönen zum Dank hell die Krystalle dir,
Und die Mutter, sie reicht heute zum erstenmal,
  Daß es wisse vom Feste,
    Auch dem Kinde von deinem Trank.

Mein Eigenthum.

In seiner Fülle ruhet der Herbsttag nun,
Geläutert ist die Traub', und der Hain ist roth
Von Obst, wenn schon der holden Blüthen
Manche der Erde zum Danke fielen.

Und rings im Felde, wo ich den Pfad hinaus,
Den stillen, wandle, ist den Zufriedenen
Ihr Gut gereift, und viel der frohen
Mühe gewähret der Reichthum ihnen.

Vom Himmel lächelt zu den Geschäftigen
Durch ihre Bäume milde das Licht herab,
Die Freude theilend, denn es wuchs durch
Hände der Menschen allein die Frucht nicht.

Und leuchtest du, o goldnes, auch mir, und wehst
Auch du mir wieder, Lüftchen, als segnetest
Du eine Freude mir, wie einst, und
Irrst, wie um Glückliche, mir am Busen?

Einst war ich's; doch, wie Rosen, vergänglich war
Das fromme Leben, ach! und es mahnen noch,
Die blühend mir geblieben sind, die
Holden Gestirne zu oft mich dessen.

Beglückt, wem ruhig liebend ein frommes Weib
Am eignen Heerd in friedlicher Heimath lebt,
Es leuchtet über festem Boden
Schöner sein Himmel dem sichern Manne.

Denn, wie die Pflanze, wurzelt auf eignem Grund
Sie nicht, verglüht die Seele des Sterblichen,
Der mit dem Tageslichte nur ein
Armer auf heiliger Erde wandelt.

Zu mächtig, ach! ihr himmlischen Höhen, zieht
Ihr mich empor; bei Stürmen, am heitern Tag
Fühl' ich verzehrend euch am Busen
Wechseln, ihr wandelnden Götterkräfte.

Doch heute laßt mich stille den trauten Pfad
Zum Haine gehn, dem golden sein sterbend Laub
Die Wipfel schmückt, und kränzt auch mir die
Stirne, ihr holden Erinnerungen!

Und daß doch mir zu retten mein sterblich Herz,
Wie andern, eine bleibende Stätte sey
Und heimathlos die Seele mir nicht
Ueber das Leben hinweg sich sehne,

Sey du, Gesang! mein freundlich Asyl! sey du,
Beglückender, mit sorgender Liebe mir
Gepflegt, du Garten, wo ich wandelnd
Unter den Blüthen, den immer jungen,

In sichrer Einfalt wohne, wenn draußen mir
Mit ihren Wellen allen die mächt'ge Zeit,
Die wandelbare, fern rauscht und die
Stillere Sonne mein Wirken fördert.

Ihr segnet gütig jedem der Sterblichen,
Ihr reinen Himmelskräfte, sein Eigenthum,
O segnet meines auch, und daß zu
Frühe die Parze den Traum nicht ende.

Unter den Alpen gesungen.

Heilige Unschuld, du der Menschen und der
Götter liebste Vertrauteste! Du magst im
Hause oder draußen ihnen zu Füßen
Sitzen, den Alten,

Immerzufriedner Weisheit voll; denn manches
Gute kennet der Mann, doch staunet er, dem
Wild gleich, oft zum Himmel; aber wie rein ist,
Reine, dir alles!

Siehe! das rauhe Thier des Feldes, gerne
Dient und trauet es dir, der stumme Wald spricht,
Wie vor Alters, seine Sprüche zu dir, es
Lehren die Berge

Heil'ge Gesetze dich, und was noch jetzt uns
Vielerfahrenen offenbar der große
Vater werden heißt, du darfst es allein uns
Helle verkünden.

So mit den Himmlischen allein zu seyn, und,
Geht vorüber das Licht und Strom und Wind und
Zeit — eilt sie zum Ort, vor ihnen ein stetes
Auge zu haben:

Seliger weiß und wünsch' ich nichts, so lange
Nicht auch mich, wie die Winde, fort die Flut nimmt,
Daß wohl aufgehoben, schlafend dahin ich
Muß in den Wogen;

Aber es bleibt daheim gern, wer in treuem
Busen Göttliches hält, und frei will ich, so
Lang ich darf, euch all', ihr Sprachen des Himmels,
Deuten und singen.

Dichtermuth.

Sind denn dir nicht verwandt alle Lebendigen?
Nährt zum Dienste denn nicht selber die Parze dich?
Drum! so wandle nur wehrlos
Fort durch's Leben und sorge nicht!

Was geschiehet, es sey alles gesegnet dir,
Sey zur Freude gewandt! oder was könnte denn
Dich beleidigen, Herz! was
Da begegnen, wohin du sollst?

Denn, wie still am Gestad, oder in silberner
Fernhintönender Flut, oder auf schweigenden
Wassertiefen der leichte
Schwimmer wandelt, so sind auch wir,

Wir, die Dichter des Volks, gerne, wo Lebendes
Um uns athmet und wallt, freudig, und Jedem hold,
Jedem trauend; wie sängen
Sonst wir Jedem den eignen Gott?

Wenn die Woge denn auch einen der Muthigen,
Wo er treulich getraut, schmeichelnd hinunter zieht,
Und die Stimme des Sängers
Nun in blauender Halle schweigt:

Freudig starb er, und noch klagen die Einsamen,
Seine Haine, den Fall ihres Geliebtesten;
Oefters tönet der Jungfrau
Vom Gezweige sein freundlich Lied.

Wenn des Abends vorbei Einer der Unsern kömmt,
Wo der Bruder ihm sank, denket er Manches wohl
An der warnenden Stelle,
Schweigt und gehet getrösteter.

Der Winter.

Jetzt komm und hülle, zaubrischer Phantasus,
Den zarten Sinn der Frauen in Wolken ein,
In goldne Träum' und schütze sie, die
Blühende Ruhe der Immerguten.

Dem Manne laß sein Sinnen und sein Geschäft
Und seiner Kerze Schein und den künft'gen Tag
Gefallen, laß des Unmuths ihm, der
Häßlichen Sorge zu viel nicht werden,

Wenn jetzt der immerzürnende Boreas,
Mein Erbfeind, über Nacht mit dem Frost das Land
Befällt, und spät, zur Schlummerstunde,
Spottend der Menschen, sein schrecklich Lied singt,

Und unsrer Städte Mauern und unsern Zaun,
Den fleißig wir gesetzt, und den stillen Hain
Zerreißt, und selber im Gesang die
Seele mir störet, der Allverderber,

Und rastlos tobend über den sanften Strom
Sein schwarz Gewölk ausschüttet, daß weit umher
Das Thal gährt und, wie fallend Laub, vom
Berstenden Hügel herab der Fels fällt.

Wohl frommer ist, denn andre Lebendige,
Der Mensch; doch zürnt es draußen, gehört er auch
Sich eigner an und sinnt und ruht in
Sicherer Hütte, der Freigeborne.

Und immer wohnt der freundlichen Genien
Noch einer gerne segnend mit ihm, und wenn
Sie zürnten all', die ungelehr'gen
Geniuskräfte, doch liebt die Liebe.

Der gefesselte Strom.

Was schläfst und träumst du, Jüngling! gehüllt in dich,
Und säumst am kalten Ufer, Geduldiger,
  Und achtest nicht des Ursprungs, du, des
    Oceans Sohn, des Titanenfreundes?

Die Liebesboten, welche der Vater schickt,
Kennst du die lebenathmenden Lüfte nicht?
  Und trifft das Wort dich nicht, das hell von
    Oben der wachende Gott dir sendet?

Schon tönt, schon tönt es ihm in der Brust! es quillt,
Wie da er noch im Schooße der Felsen spielt',
  Ihm auf, und nun gedenkt er seiner
    Kraft, der Gewaltige, nun, nun eilt er,

Der Zauberer, er spottet der Fesseln nun,
Und nimmt und bricht und wirft die zerbrochenen
  Zum Zorne, spielend, da und dort zum
    Schallenden Ufer; und von der Stimme

Des Göttersohns erwachen die Berge rings,
Es regen sich die Wälder, es hört die Kluft
  Den Herold fern, und schaudernd regt im
    Busen der Erde sich Freude wieder.

Der Frühling kommt, es dämmert das neue Grün;
Er aber wandelt hin zu Unsterblichen;
  Denn nirgend darf er bleiben, als wo
    Ihn in die Arme der Vater aufnimmt.

Heimkunft.

An die Verwandten.

1.

Drinn in den Alpen ist's noch helle Nacht, und die Wolke,
  Freudiges dichtend, sie deckt drinnen das gähnende Thal.
Dahin, dorthin toset und stürzt die scherzende Bergluft,
  Schroff durch Tannen herab glänzet und schwindet ein Stral;.
Langsam eilt es und kämpft, das freudigschauernde Chaos;
  Jung an Gestalt, doch stark, feiert es liebenden Streit
Unter den Felsen, es gährt und wankt in den ewigen Schranken,
  Denn bacchantischer zieht drinnen der Morgen herauf.
Denn es wächst unendlicher dort das Jahr, und die heilgen
  Stunden, die Tage, sie sind kühner geordnet, gemischt.
Dennoch merket die Zeit der Gewittervogel, und zwischen
  Bergen hoch in der Luft weilt er, und rufet den Tag.
Jetzt auch wachet und schaut in der Tiefe drinnen das Dörflein,
  Furchtlos, Hohem vertraut, unter den Gipfeln hinauf,
Wachstum ahnend; denn schon, wie Blize, fallen die alten
  Wasserquellen, der Grund unter den stürzenden dampft,
Echo tönet umher, und die unermeßliche Werkstatt
  Reget bei Tag und bei Nacht, Gaben versendend, den Arm.

2.

Ruhig glänzen indeß die silbernen Höhen darüber,
  Voll mit Rosen ist schon droben der leuchtende Schnee.
Und noch höher hinauf wohnt über dem Lichte der reine
  Selige Gott vom Spiel heiliger Stralen erfreut.
Stille wohnt er allein, und hell erscheinet sein Antliz;
  Der ätherische scheint Leben zu geben geneigt,
Freude zu schaffen, mit uns, wie oft, wenn kundig des Maßes
  Kundig der Athmenden auch zögernd und schonend der Gott
Wohlgediegenes Glück den Städten und Häusern und milde
  Regen, zu öffnen das Land, brütende Wolken und euch,
Trauteste Lüfte, dann euch, sanfte Frühlinge, sendet,

Und mit langsamer Hand Traurige wieder erfreut,
Wenn er die Zeiten erneut, der schöpferische, die stillen
Herzen der alternden Menschen erfrischt und ergreift,
Und hinab in die Tiefe wirkt, und öffnet und aufhellt,
Wie er's liebet, und jetzt wieder ein Leben beginnt,
Anmuth blühet, wie einst, und gegenwärtiger Geist kommt,
Und ein freudiger Muth wieder die Fittige schwellt.

3.

Vieles sprach ich zu ihm, denn was auch Dichtende sinnen
Oder singen, es gilt meistens den Göttern und ihm;
Vieles bat ich zulieb dem Vaterlande, damit nicht
Ungebeten uns einst plözlich befiele der Geist.
Vieles für euch auch, die im Vaterlande besorgt sind,
Denen der heilige Dank lächelnd die Flüchtlinge bringt,
Theure Verwandte, für euch, indessen wiegte der See mich,
Und der Ruderer saß ruhig und lobte die Fahrt.
Weit in der Ebene war's Ein leuchtend freudiges Wallen
Unter den Segeln, und jetzt blühet und hellet die Stadt
Dort in der Frühe sich auf; wohl her von schattigen Alpen
Kommt geleitet und ruht nun in dem Hafen das Schiff.
Warm ist das Ufer hier, und freundlich offene Thale
Schön von Pfaden erhellt grünen und schimmern mich an.
Gärten stehen gesellt, und die glänzende Knospe beginnt schon,
Und des Vogels Gesang ladet den Wanderer ein.
Alles scheinet vertraut, der vorübereilende Gruß auch
Scheint von Freunden, es scheint jegliche Miene verwandt.

4.

Freilich wohl! das Geburtsland ist's, der Boden der Heimath;
Was du suchest, es ist nahe, begegnet dir schon.
Und umsonst nicht steht, wie ein Sohn, am wellenumrauschten
Thor und siehet und sucht liebende Namen für dich
Mit Gesang ein wandernder Mann, glückseliges Lindau!
Eine der gastlichen Pforten des Landes ist dieß,
Reizend hinauszugehn in die vielversprechende Ferne,

Dort, wo die Wunder sind, dort, wo das göttliche Wild
Hoch in die Ebene herab, der Rhein, die verwegene Bahn bricht,
Und aus den Felsen hervor ziehet das jauchzende Thal,
Dort hinein, durch's helle Gebirg, nach Komo zu wandern,
Oder hinab, wie der Tag wandelt, den offenen See.
Aber reizender mir bist du, geweihete Pforte,
Heimzugehn, wo bekannt blühende Wege mir sind,
Dort zu besuchen das Land und die schönen Thale des Neckars,
Und die Wälder, das Grün heiliger Bäume, wo gern
Sich die Eiche gesellt mit stillen Birken und Buchen
Und in Bergen ein Ort freundlich gefangen mich nimmt.

5.

Dort empfangen sie mich — o süße Stimme der Meinen!
O du triffest, du regst langevergangenes auf!
Und doch sind sie es noch! noch blühet die Sonn' und die Freud' euch,
O ihr Liebsten! und fast heller im Auge, wie sonst.
Ja! das Alte noch ist's! es gedeiht und reifet; doch keines,
Wer da lebet und liebt, lässet die Treue zurück.
Aber das Beste, der Fund, der unter des heiligen Friedens
Bogen lieget, er ist Jungen und Alten gespart.
Thörig red' ich. Es ist die Freude. Doch morgen und künftig,
Wenn wir gehen und schaun draußen das lebende Feld
Unter den Blüthen des Baums in den Feiertagen des Frühlings,
Red und hoff ich mit euch vieles, ihr Lieben, davon.
Vieles hab' ich gehört vom großen Vater und habe
Lange geschwiegen von ihm, welcher die wandernde Zeit
Droben in Höhen erfrischt und waltet über Gebirgen;
Der gewähret uns bald himmlische Gaben und ruft
Hellern Gesang und schickt viel gute Geister — o säumt nicht,
Kommt, erhaltenden ihr! Engel des Jahres! und ihr,

6.

Engel des Hauses, kommt! in die Adern alle des Lebens,
Alle freuend zugleich, theile das Himmlische sich,

Adle, verjünge, damit nichts Menschlichgutes, damit nicht
  Eine Stunde des Tags ohne die Frohen und auch
Solche Freude, wie jetzt, wenn Liebende wieder sich finden,
  Wie es gehört für sie, schicklich geheiliget sei!
Wenn wir segnen das Mahl, wen darf ich nennen? und wenn wir
  Ruhn vom Leben des Tags, saget, wie bring' ich den Dank?
Nenn' ich den Hohen dabei? Unschickliches liebet ein Gott nicht,
  Ihn zu fassen, ist fast unsere Freude zu klein.
Schweigen müssen wir oft; es fehlen heilige Namen,
  Herzen schlagen, und doch bleibet die Rede zurück?
Aber ein Saitenspiel leiht jeder Stunde die Töne,
  Und erfreuet vielleicht Himmlische, welche sich nahn.
Das bereitet, und so ist auch beinahe die Sorge
  Schon befriediget, die unter das Freudige kam.
Sorgen, wie diese, muß, gern oder nicht, in der Seele
  Tragen ein Sänger und oft, aber die anderen nicht.

Der blinde Sänger.

'Ελυσεν αἰνον ἄχος ἀπ' ὀμματων 'Αρης.

Vom Auge nahm des Grames Dunkel Ares uns.

Sophokles.

Wo bist du, jugendliches! das immer mich
Zur Stunde weckt des Morgens, wo bist du, Licht?
  Das Herz ist wach, doch hält und hemmt in
    Heiligem Zauber die Nacht mich immer.

Sonst lauscht' ich um die Dämmerung gern, sonst harrt'
Ich gerne dein am Hügel, und nie umsonst!
  Nie täuschten mich, du Holdes! deine
    Boten, die Lüfte, denn immer kamst du,

Kamst allbeseligend den gewohnten Pfad
Herein in deiner Schöne; wo bist du, Licht?
Das Herz ist wieder wach, doch bannt und
Hemmt die unendliche Nacht mich immer.

Mir grünten sonst die Lauben, es leuchteten
Die Blumen, wie die eigenen Augen, mir,
Nicht ferne war das Angesicht der
Lieben und leuchtete mir, und droben

Und um die Wälder sah ich die Fittige
Des Himmels fliegen, da ich ein Jüngling war;
Nun sitz' ich still allein, von einer
Stunde zur anderen, und Gestalten

Aus Lieb' und Leid der helleren Tage schafft,
Zur eignen Freude, nun mein Gedanke sich,
Und ferne lausch' ich hin, ob nicht ein
Freundlicher Retter vielleicht mir komme.

Dann hör' ich oft den Wagen des Donnerers
Am Mittag, wenn der eherne nahe kommt
Und ihm das Haus bebt, und der Boden
Unter ihm dröhnt, und der Berg es nachhallt.

Den Retter hör' ich dann in der Nacht, ich hör'
Ihn tödtend, den Befreier, belebend ihn,
Den Donnerer, vom Untergang zum
Orient eilen, und ihm nach tönt ihr,

Ihr, meiner Seele Saiten! es lebt mit ihm
Mein Geist, und, wie die Quelle dem Strome folgt,
Wohin er trachtet, so geleit' ich
Gerne den Sicheren auf der Irrbahn.

Wohin? wohin? ich höre dich da und dort,
Du Herrlicher! und rings um die Erde tönt's!
Wo endest du? und was, was ist es
Ueber den Wolken? und o wie wird mir!

Tag! Tag! du über stürzenden Wolken! sey
Willkommen mir! es blühet mein Auge dir,
O Jugendlicht! o Glück! das alte
Wieder! doch geistiger rinnst du nieder,

Du goldner Quell aus heiligem Kelch! und du,
Du grüner Boden! friedliche Wieg'! und du,
Haus meiner Väter! und ihr Lieben,
Die mir begegneten einst, o nahet,

O kommt, daß euer, euer die Freude sey,
Ihr alle! daß euch segne der Sehende!
O nehmt, daß ich's ertrage, mir das
Leben, das göttliche, mir vom Herzen!

An die Hoffnung.

O Hoffnung! holde! gütig geschäftige!
Die du das Haus der Trauernden nicht verschmähst,
Und gerne dienend, Edle, zwischen
Sterblichen waltest und Himmelsmächten,

Wo bist du? wenig lebt' ich, doch athmet kalt
Mein Abend schon, und stille, den Schatten gleich,
Bin ich schon hier; und schon gesanglos
Schlummert das schauernde Herz im Busen.

Im grünen Thale, dort, wo der frische Quell
Vom Berge täglich rauscht, und die liebliche
  Zeitlose mir am Herbstlicht aufblüht,
    Dort in der Stille, du Holde, will ich

Dich suchen, oder wenn in der Mitternacht
Das unsichtbare Leben im Haine wallt,
  Und über mir die immer frohen
    Blumen, die sicheren Sterne, glänzen.

O du, des Aethers Tochter! erscheine dann
Aus deines Vaters Gärten, und darfst du nicht
  Mir sterblich Glück verheißen, schreck', o
    Schrecke mit anderem nur das Herz mir.

Palinodie.

Was dämmert um mich, Erde, dein freundlich Grün?
Was wehst du wieder, Lüftchen, wie einst, mich an?
  In allen Wipfeln rauscht's

Was weckt ihr mir die Seele? was regt ihr mir
Vergangnes auf, ihr Guten? o schonet mein
  Und laßt sie ruhn, die Asche meiner
    Freuden, ihr spottetet nur; o wandelt,

Ihr schicksallosen Götter, vorbei und blüht
In eurer Jugend über den Alternden,
  Und wollt ihr zu den Sterblichen euch
    Gerne gesellen, so blühn der Jungfraun

Euch viel, der jungen Helden, und schöner spielt
Der Morgen um die Wangen der Glücklichen,
Und lieblich tönen . .
Euch die Gesänge der Mühelosen.

Ach! vormals rauschte leicht des Gesanges Well'
Auch mir vom Busen, da noch die Freude mir,
Die himmlische vom Auge glänzte

Ermunterung.

Echo des Himmels! heiliges Herz! warum,
Warum verstummst du unter den Lebenden,
Schläfst, freies! von den Götterlosen
Ewig hinab in die Nacht verwiesen?

Wacht denn, wie vormals, nimmer des Aethers Licht?
Und blüht die alte Mutter, die Erde, nicht?
Und übt der Geist nicht da und dort, nicht
Lächelnd die Liebe das Recht noch immer?

Nur du nicht mehr! doch mahnen die Himmlischen,
Und stillebildend weht, wie ein kahl Gefild,
Der Athem der Natur dich an, der
Alleserheiternde, seelenvolle.

O Hoffnung! bald, bald singen die Haine nicht
Des Lebens Lob allein; denn es ist die Zeit,
Daß aus der Menschen Munde sie, die
Schönere Seele, sich neu verkündet,

Dann liebender im Bunde mit Sterblichen
Das Element sich bildet, und dann erst reich,
  Bei frommer Kinder Dank, der Erde
    Brust, die unendliche, sich entfaltet,

Und unsre Tage wieder, wie Blumen, sind,
Wo sie, des Himmels Sonne, sich ausgetheilt
  Im stillen Wechsel sieht und wieder
    Froh in den frohen das Licht sich findet,

Und er, der sprachlos waltet und unbekannt
Zukünftiges bereitet, der Gott, der Geist
  Im Menschenwort, am schönen Tage
    Kommenden Jahren, wie einst, sich ausspricht.

Der Mensch.

Fragment.

Kaum sproßten aus den Wassern, o Erde, dir
Der alten Berge Gipfel, und dufteten,
  Voll junger Wälder, durch die Mailuft,
    Ueber den Ocean hin, lustathmend,

Die ersten grünen Inseln; und freudig sah
Des Sonnengottes Auge die Erstlinge,
  Die Bäum' und Blumen, seiner Jugend
    Lächelnde Kinder, aus dir geboren:

Da auf der Inseln schönster,
  . . . .
  Lag unter Trauben einst, nach lauer
    Nacht, in der dämmernden Morgenstunde,

Geboren dir, o Erde, dein schönstes Kind;
Und auf zum Vater Helios sieht bekannt
Der Knab' und weiht und wählt, die süßen
Beeren versuchend, die heil'ge Rebe

Zur Amme sich. Und bald ist er groß; ihn scheun
Die Thiere, denn ein Anderer ist, wie sie,
Der Mensch; nicht dir und nicht dem Vater
Gleicht er, denn kühn ist in ihm und einzig

Des Vaters hohe Seele mit deiner Lust,
O Erd', und deiner Trauer von je vereint;
Der ewigen Natur, der Götter-
Mutter, der furchtbaren, möcht' er gleichen.

Ach! darum treibt ihn, Erde! vom Herzen dir
Sein Uebermuth, und deine Geschenke sind
Umsonst, die zärtlichen; zu hoch schlägt
Immer und immer der stolze Busen.

Von seines Ufers duftender Wiese muß
Ins blüthenlose Wasser hinaus der Mensch,
Und glänzt auch, wie die Sternennacht, von
Goldenen Früchten sein Hain, doch gräbt er

Sich Höhlen in den Bergen und späht im Schacht,
Von seines Vaters heiligem Strale fern,
Dem Sonnengott auch ungetreu, der
Knechte nicht liebt und der Sorgen spottet.

Ach! freier athmen Vögel des Walds, wenn schon
Des Menschen Brust sich wilder und stolzer hebt,
Sein Trotz wird Angst, und seines Friedens
Blume, die zärtliche, blüht nicht lange.

Der Frieden.

. . . .
Wie wenn die alten Wasser in andrem Zorn,
In schrecklichem, verwandelt wieder
Kämen, zu reinigen, da es noth war,

So gährt' und wuchs und wogte von Jahr zu Jahr
Rastlos und überschwemmte das bange Land
Die unerhörte Schlacht, es hüllte
Dunkel und Blässe das Haupt der Menschen.

Die Heldenkräfte flogen, wie Wellen, auf
Und nieder, denn du kürztest der Rächerin,
Der sie gedient, die Arbeit schnell und
Lenktest zur Ruhe sie um, die Streiter.

O du, die unerbittlich und unbesiegt
Zu seiner Zeit den Uebergewalt'gen trifft,
Daß bis in's letzte Glied hinab vom
Schlage sein armes Geschlecht erzittert,

Die du geheim den Stachel und Zügel hältst,
Zu hemmen und zu fördern, o Nemesis,
Strafst du die Todten noch, die schliefen
Unter Italiens Lorbeergärten,

Sonst ungestört die alten Eroberer?
Und schontest du der müßigen Hirten nicht?
Und haben endlich wohl genug den
Ueppigen Schlummer gebüßt die Völker?

Wer hub es an? wer brachte den Fluch? von heut
Ist's nicht und nicht von gestern, und die zuerst
Das Maaß verloren, unsre Väter,
Wußten es nicht, und es trieb ihr Geist sie.

Zu lang, zu lang schon treten die Sterblichen
Sich gern auf's Haupt und zanken um Herrschaft sich,
Den Nachbar fürchtend, und es hat auf
Eigenem Boden der Mann nicht Segen.

Und unstät wehn und irren, dem Chaos gleich,
Dem gährenden Geschlechte die Wünsche nach,
Und wild ist und verzagt und kalt von
Sorgen das Leben der Armen immer.

Du aber wandelst ruhig die sichre Bahn,
O Mutter Erd' im Lichte! Dein Frühling blüht,
Melodischwechselnd gehen dir die
Wachsenden Zeiten, du lebensreiche!

Mit deinem stillen Ruhme, genügsame!
Mit deinen ungeschriebnen Gesetzen auch,
Mit deiner Liebe komm und gieb ein
Bleiben im Leben, ein Herz uns wieder.

Unschuldige! sind klüger die Kinder doch
Beinahe, denn wir Alten; es irrt der Zwist
Den Guten nicht den Sinn, und klar und
Freudig ist ihnen ihr Auge blieben.

Und wie mit andern Schauenden lächelnd ernst
Der Richter auf der Jünglinge Rennbahn sieht,
Wo glühend sich die Kämpfer und die
Wagen in stäubenden Wolken treiben,

So steht und lächelt Helios über uns,
Und einsam ist der Göttliche, Frohe nie,
Denn ewig wohnen sie, des Aethers
Blühende Sterne, die heiligfreien.

Gesang des Deutschen.

O heilig Herz der Völker, o Vaterland!
Allduldend gleich der schweigenden Mutter Erd'
Und allverkannt, wenn schon aus deiner
Tiefe die Fremden ihr Bestes haben.

Sie ernten den Gedanken, den Geist von dir,
Sie pflücken gern die Traube, doch höhnen sie
Dich, ungestalte Rebe, daß du
Schwankend den Boden und wild umirrest.

Du Land des hohen, ernsteren Genius!
Du Land der Liebe! Bin ich der deine schon,
Oft zürnt' ich weinend, daß du immer
Blöde die eigene Seele läugnest.

Doch magst du manche Schöne nicht bergen mir:
Oft stand ich überschauend das sanfte Grün
Im weiten Garten hoch in deinen
Lüften auf hohem Gebirg und sah dich.

An deinen Strömen ging ich und dachte dich,
Indeß die Töne schüchtern die Nachtigall
Im Dunkel sang und still und klar auf
Dämmerndem Grunde die Sonne weilte.

Und an den Ufern sah ich die Städte blühn,
Die edeln, wo der Fleiß in der Werkstatt schweigt,
Die Wissenschaft, wo deine Sonne
Milde dem Künstler zum Ernste leuchtet.

Kennst du Minervens Volk? es erwählete
Den Oelbaum sich zum Lieblinge, kennst du dieß?
Noch lebt's! noch waltet der Athener
Seele, die sinnende, still bei Menschen,

Wenn Platon's frommer Garten auch schon nicht mehr
Am stillen Strome grünt und ein dürft'ger Mann
Die Heldenasche pflügt und scheu der
Vogel der Nacht auf der Säule trauert.

O heil'ger Wald! o Attika! traf der Gott
Mit furchtbar sich'rem Strale so bald auch dich,
Und eilten sie, die dich belebt, die
Flammen, entbunden zum Aether über?

Doch wie der Frühling wandelt der Genius
Von Land zu Land. Und wie? ist denn einer noch
Von unsern Jünglingen, der nicht ein
Ahnden, ein Räthsel der Brust verschwiege?

Den deutschen Frauen danket! sie haben euch
Der Götterbilder freundlichen Geist bewahrt,
Und sühnet täglich nicht der holde
Friede das böse Gewirre wieder?

Und wo sind Dichter, denen der Gott es gab,
Wie unsern Alten, freundlich und fromm zu seyn,
Wo Weise, wie die unsern sind, die
Kalten und kühnen, die unbestechbar'n?

Gegrüßt in deiner Schöne, mein Vaterland,
Mit neuem Namen, reifeste Frucht der Zeit,
Du letzte und du erste aller
Musen, Urania, sey gegrüßt mir!

Noch säumst und schweigst du, sinnest ein freudig Werk,
Das von dir zeuge, sinnest ein neu Gebild,
Das einzig, wie du selber, das aus
Liebe geboren und gut, wie du, sey.

Wo ist dein Delos, wo dein Olympia,
Daß wir uns alle finden am höchsten Fest?
  Doch wie erräth dein Sohn, was du den
    Deinen, Unsterbliche, längst bereitest? .

An die Prinzessin Auguste von Hessen-Homburg.

Geringe dünkt der träumende Sänger sich
Und Kindern gleich am müßigen Saitenspiel,
  Wenn ihn der Edeln Glück, wenn ihn die
    -That und der Ernst der Gewalt'gen aufweckt.

Doch herrlicht mir Dein Name das Lied; Dein Fest,
Augusta! durft' ich feiern; Beruf ist mir's,
  Zu rühmen Höhers, darum gab die
    Sprache der Gott und den Dank in's Herz mir.

O daß von diesem heiligen Tage wir
Auch meine Zeit beginne, daß endlich auch
  Mir ein Gesang in Deinen Hainen,
    Edle! gedeihe, der Deiner werth sey.

An die Prinzessin Amalie.

Aus stillem Hause senden die Götter oft
Auf kurze Zeit zu Fremden die Lieblinge,
  Damit, erinnert, sich am edlen
    Bilde der Sterblichen Herz erfreue.

So kommst Du aus Luisiums Hainen auch,
Aus heil'ger Schwelle dort, wo geräuschlos rings
Die Lüfte sind und friedlich um Dein
Dach die geselligen Bäume spielen,

Aus Deines Tempels Freuden, o Priesterin!
Zu uns, wenn schon die Wolke das Haupt uns beugt
Und kalt und wild

O theuer längst . . . ., da Du
Im Dunkeln göttlich Feuer behütetest;
Doch stiller, theurer heute, da Du
Unter den Zeitlichen segnend feierst.

Denn wo die Reinen wandeln, vernehmlicher
Ist da der Geist, und offen und heiter blühn
Des Lebens dämmernde Gestalten
Da, wo ein sicheres Licht erscheinet.

Und wie auf dunkler Wolke besänftigend
Der schöne Bogen blühet, ein Zeichen ist
Er künft'ger Zeit, ein Angedenken
Seliger Tage, die einst gewesen.

So ist Dein Leben, heilige Fremdlingin!
Wenn du Vergangnes über Italiens
Zerbrochnen Säulen siehest, wenn Du
Neues in stürmischer Zeit betrachtest.

Diotima.

Diotima.

Lange todt und tiefverschlossen,
Grüßt mein Herz die schöne Welt,
Seine Zweige blüh'n und sprossen,
Neu von Lebenskraft geschwellt.
O, ich kehre noch in's Leben,
Wie heraus in Luft und Licht
Meiner Blumen selig Streben
Aus der dürren Hülse bricht.

Wie so anders ist's geworden!
Alles, was ich haßt' und mied,
Stimmt in freundlichen Akkorden
Nun in meines Lebens Lied;
Und mit jedem Stundenschlage
Werd' ich wunderbar gemahnt
An der Kindheit goldne Tage,
Seit ich dieses Eine fand.

Diotima, selig Wesen!
Herrliche! durch die mein Geist,
Von des Lebens Angst genesen,
Götterjugend sich verheißt!
Unser Himmel wird bestehen!
Unergründlich sich verwandt,
Hat sich, eh' wir uns gesehen,
Unser Innerstes gekannt.

Da ich noch in Kinderträumen,
Friedlich, wie der blaue Tag,
Unter meines Gartens Bäumen
Auf der warmen Erde lag,
Und in leiser Lust und Schöne
Meines Herzens Mai begann,
Säuselte wie Zephyrstöne
Diotima's Geist mich an.

Ach! und da, wie eine Sage,
Mir des Lebens Schöne schwand,
Da ich vor des Himmels Tage
Darbend, wie ein Blinder, stand,
Da die Last der Zeit mich beugte,
Und mein Leben, kalt und bleich,
Sehnend schon hinab sich neigte
In der Schatten stummes Reich:

Da, da kam vom Ideale,
Wie vom Himmel, Muth und Macht,
Du erschienst mit deinem Strale,
Götterbild, in meiner Nacht!
Dich zu finden, warf ich wieder,
Warf ich den entschlafnen Kahn
Von dem stummen Porte nieder
In den blauen Ocean. —

Nun, ich habe Dich gefunden;
Schöner, als ich ahnend sah,
In der Liebe Feierstunden —
Hohe, Gute! bist Du da.
O, der armen Phantasieen!
Dieses Eine bildest nur
Du in ew'gen Harmonieen,
Froh vollendete Natur!

Wie die Seligen dort oben,
Wo hinauf die Freude flieht,
Wo, des Daseyns überhoben,
Wandellose Schöne blüht,
Wie melodisch bei des alten
Chaos Zwist Urania,
Steht sie, göttlich rein erhalten,
Im Ruin der Zeiten da.

Unter tausend Huldigungen
Hat mein Geist, beschämt, besiegt,
Sie zu fassen schon gerungen,
Die sein Kühnstes überfliegt.
Sonnengluth und Frühlingsmilde,
Streit und Frieden wechselt hier
Vor dem schönen Engelsbilde
In des Busens Tiefe mir.

Viel der heil'gen Herzensthränen
Hab' ich schon vor ihr geweint,
Hab' in allen Lebenstönen
Mit der Holden mich vereint,
Hab', ins tiefste Herz getroffen,
Oft um Schonung sie gefleht,
Wenn so klar und heilig offen
Mir ihr eig'ner Himmel steht;

Habe, wenn in reicher Stille,
Wenn in einem Blick und Laut
Seine Ruhe, seine Fülle
Mir ihr Genius vertraut,
Wenn der Gott, der mich begeistert,
Mir an ihrer Stirne tagt,
Von Bewundrung übermeistert,
Zürnend ihr mein Nichts geklagt;

Dann umfängt ihr himmlisch Wesen
Süß im Kinderspiele mich,
Und in ihrem Zauber lösen
Freudig meine Bande sich;
Hin ist dann mein dürftig Streben,
Hin des Kampfes letzte Spur,
Und ins volle Götterleben
Tritt die sterbliche Natur.

Da, wo keine Macht auf Erden,
Keines Gottes Wink uns trennt,
Wo wir Eins und Alles werden,
Da ist nun mein Element;
Wo wir Noth und Zeit vergessen,
Und den kärglichen Gewinn
Nimmer mit der Spanne messen,
Da, da weiß ich, daß ich bin.

Wie der Stern der Tyndariden,
Der in lichter Majestät
Seine Bahn, wie wir, zufrieden
Dort in dunkler Höhe geht,
Wie er in die Meereswogen,
Wo die schöne Ruhe winkt,
Von des Himmels steilem Bogen
Klar und groß hinuntersinkt:

O Begeisterung, so finden
Wir in dir ein selig Grab;
Tief in deine Wogen schwinden,
Still frohlockend, wir hinab,
Bis der Hore Ruf wir hören
Und, mit neuem Stolz erwacht,
Wie die Sterne wieder kehren
In des Lebens kurze Nacht.

Diotima.

Spätere Form des vorigen.

Leuchtest du wie vormals nieder,
Goldner Tag? und sprossen mir
Des Gesanges Blumen wieder
Lebenathmend auf zu dir?
Wie so anders ist's geworden!
Manches, was ich traurig mied,
Stimmt in freundlichen Akkorden
Nun in meiner Freude Lied,
Und mit jedem Stundenschlage
Werd' ich wunderbar gemahnt
An der Kindheit stille Tage,
Seit ich sie, die Eine, fand.

Diotima! edles Leben!
Schwester, heilig mir verwandt!
Eh' ich Dir die Hand gegeben,
Hab' ich ferne Dich gekannt.
Damals schon, da ich in Träumen,
Mir entlockt vom heitern Tag,
Unter meines Gartens Bäumen,
Ein zufriedner Knabe lag,
Da in leiser Lust und Schöne
Meiner Seele Mai begann:
Säuselte, wie Zephyrstöne,
Göttliche! dein Hauch mich an.

Ach! und da, wie eine Sage,
Jeder frohe Gott mir schwand,
Da ich vor des Himmels Tage
Darbend, wie ein Blinder, stand,
Da die Last der Zeit mich beugte,
Und mein Leben, kalt und bleich,
Sehnend schon hinab sich neigte
In der Todten stummes Reich:

Wünscht' ich öfters noch, dem blinden
Wanderer, dieß Eine mir,
Meines Herzens Bild zu finden
Bei den Schatten oder hier.

Nun! ich habe Dich gefunden!
Schöner, als ich ahnend sah,
Hoffend in den Feierstunden,
Holde Muse! bist Du da;
Von den Himmlischen dort oben,
Wo hinauf die Freundschaft flieht,
Wo, des Alters überhoben,
Immerheitre Schöne blüht,
Scheinst Du mir herabgestiegen,
Götterbotin! weiltest Du
Nun in gütigem Genügen
Bei dem Sänger immerzu!

Sommerglut und Frühlingsmilde,
Streit und Friede wechselt hier
Vor dem stillen Götterbilde
Wunderbar im Busen mir;
Zürnend unter Huldigungen,
Hab' ich oft beschämt, besiegt,
Sie zu fassen schon gerungen,
Die mein Kühnstes überfliegt;
Unzufrieden im Gewinne,
Hab' ich stolz darob geweint,
Daß zu herrlich meinem Sinne
Und zu mächtig sie erscheint.

Ach! an deine stille Schöne,
Heilig holdes Angesicht!
Herz! an deine Himmelstöne
Ist gewöhnt das meine nicht;

Aber deine Melodieen
Heitern mählig mir den Sinn,
Daß die trüben Träume fliehen,
Und ich selbst ein Andrer bin!
Bin ich dazu denn erkoren?
Ich zu deiner hohen Ruh'?
So zu Licht und Lust geboren,
Göttlich Glückliche! wie Du?

Wie dein Vater und der meine,
Der in heitrer Majestät
Ueber seinem Eichenhaine
Dort in lichter Höhe geht,
Wie er in die Meereswogen,
Wo die kühle Tiefe blaut,
Steigend an des Himmels Bogen,
Klar und still hinunterschaut:
So will ich aus Götterhöhen,
Neu geweiht in schön'rem Glück,
Froh zu singen und zu sehen
Nun zu Sterblichen zurück.

Der gute Glaube.

Schönes Leben! Du liegst krank, und das Herz ist mir
Müd vom Weinen, und schon dämmert die Furcht in mir;
Doch, doch kann ich nicht glauben,
Daß Du sterbest, so lang Du liebst.

Ihre Genesung.

Deine Freundin, Natur! leidet und schläft, und du
Allbelebende säumst? ach, und ihr heilt sie nicht,
Mächt'ge Lüfte des Aethers,
Nicht, ihr Quellen des Sonnenlichts?

Alle Blumen der Erd', alle die fröhlichen
Schönen Früchte des Hains, heitern sie alle nicht
Dieses Leben, ihr Götter,
Das ihr selber in Lieb' erzogt?

Ach! schon athmet und tönt heilige Lebenslust
Ihr im reizenden Wort wieder, wie sonst, und schon
Glänzt das Auge des Lieblings
Freundlich offen, Natur! dich an.

Abbitte.

Heilig Wesen! gestört hab' ich die goldene
Götterruhe Dir oft, und der geheimeren,
Tiefern Schmerzen des Lebens
Hast Du manche getrennt von mir.

O vergiß es, vergieb! gleich dem Gewölke dort
Vor dem friedlichen Mond, geh' ich dahin, und Du
Ruhst und glänzest in deiner
Schöne wieder, du süßes Licht!

An Diotima.

Komm und besänftige mir, die du einst Elemente versöhntest,
  Wonne der himmlischen Muse, das Chaos der Zeit!
Ordne den tobenden Kampf mit Friedenstönen des Himmels,
  Bis in der sterblichen Brust sich das entzweite vereint,
Bis der Menschen alte Natur, die ruhige, große,
  Aus der gährenden Zeit mächtig und heiter sich hebt!
Kehr' in die dürftigen Herzen des Volks, lebendige Schönheit,
  Kehr' an den gastlichen Tisch, kehr' in die Tempel zurück!
Denn Diotima lebt! wie die zarten Blüthen im Winter,
  Reich an eigenem Geist, sucht sie die Sonne doch auch.
Aber die Sonne des Geists, die schönere Welt, ist hinunter,
  Und in frostiger Nacht zanken Orkane sich nun.

An ihren Genius.

Send' ihr Blumen und Früchte aus nie versiegender Fülle,
  Send' ihr, freundlicher Geist, ewige Jugend herab!
Hüll in deine Wonnen sie ein, und laß sie die Zeit nicht
  Sehn, wo einsam und fremd sie, die Athenerin, lebt,
Bis sie im Lande der Seligen einst die fürstlichen Schwestern,
  Die zu Phidias Zeit herrschten und liebten, umfängt.

Am Abend.

Geh unter, schöne Sonne, sie achteten
Nur wenig dein, sie kannten dich, heil'ge, nicht,
  Denn mühelos und stille bist du
    Ueber den Mühsamen aufgegangen.

Mir gehst du freundlich unter und auf, o Licht,
Und wohl erkennt mein Auge dich, herrliches!
Denn göttlich still ehren lernt' ich,
Da Diotima den Sinn mir heilte.

O Du, des Himmels Botin, wie lauscht' ich Dir,
Dir, Diotima! Liebe, wie sah von Dir
Zum goldnen Tage dieses Auge
Staunend und dankend empor. Da rauschten

Lebendiger die Quellen, es athmeten
Der dunkeln Erde Blüthen mich liebend an,
Und lächelnd über Silberwolken
Neigte sich segnend herab der Aether.

Der Abschied.

Trennen wollten wir uns? wähnten es gut und klug?
Da wir's thaten, warum schreckte, wie Mord, die That?
Ach! wir kennen uns wenig,
Denn es waltet ein Gott in uns.

Den verrathen? ach ihn, welcher uns alles erst,
Sinn und Leben, erschuf, ihn, den beseelenden
Schutzgott unserer Liebe,
Dieß, dieß Eine vermag ich nicht.

Aber anderen Fehl denket der Menschen Sinn,
Andern ehernen Dienst übt er und anders Recht,
Und es fordert die Seele
Tag für Tag der Gebrauch uns ab.

Wohl! ich wußt' es zuvor. Seit der gewurzelte
Allentzweiende Haß Götter und Menschen trennt,
Muß, mit Blut sie zu sühnen,
Muß der Liebenden Herz vergehn.

Laß mich schweigen! o laß nimmer von nun an mich
Dieses Tödtliche sehn, daß ich im Frieden doch
Hin ins Einsame ziehe,
Und noch unser der Abschied sey!

Reich' die Schale mir selbst, daß ich des rettenden
Heil'gen Giftes genug, daß ich des Lethetranks
Mit Dir trinke, daß alles,
Haß und Liebe, vergessen sey!

Hingehn will ich. Vielleicht seh' ich in langer Zeit
Diotima! Dich hier. Aber verblutet ist
Dann das Wünschen, und friedlich
Gleich den Seligen, fremd sind wir.

Und ein ruhig Gespräch führet uns auf und ab,
Sinnend, zögernd; doch jetzt faßt die Vergessenen
Hier die Stelle des Abschieds,
Es erwarmet ein Herz in uns,

Staunend seh' ich Dich an, Stimmen und süßen Sang,
Wie aus voriger Zeit, hör' ich und Saitenspiel,
Und befreiet in Flammen
Fliegt in Lüfte der Geist uns auf.

Diotima.

Du schweigst und duldest, denn sie verstehn Dich nicht.
Du edles Leben! siehest zur Erd' und schweigst
Am schönen Tag, denn ach! umsonst nur
Suchst Du die Deinen im Sonnenlichte,

Die Königlichen, welche wie Brüder doch,
Wie eines Hains gesellige Gipfel sonst
Der Lieb' und Heimath sich und ihres
Immer umfangenden Himmels freuten,

Des Ursprungs noch in tönender Brust gedenk;
Die Dankbarn, sie, sie mein' ich, die einzig treu
Bis in den Tartarus die Freude
Brachten, die Freien, die Göttermenschen,

Die zärtlich großen Seelen, die nimmer sind:
Denn sie beweint, so lange das Trauerjahr
Schon dauert, von den vor'gen Sternen
Täglich gemahnet, das Herz noch immer,

Und diese Todtenklage, sie ruht nicht aus!
Die Zeit doch heilt. Die Himmlischen sind jetzt stark,
Sind schnell. Nimmt denn nicht schon ihr altes
Freudiges Recht die Natur sich wieder?

Sieh! eh noch unser Hügel, o Liebe, sinkt,
Geschieht's, und ja! noch siehet mein sterblich Lied
Den Tag, der, Diotima! nächst den
Göttern mit Helden Dich nennt, und Dir gleicht.

Abschiedsworte.

An Diotima.

Wenn ich sterbe mit Schmach, wenn an den Frechen nicht
Meine Seele sich rächt, wenn ich hinunter bin,
  Von des Genius Feinden
    Ueberwunden, in's feige Grab,

Dann vergiß mich, o dann rette vom Untergang
Meinen Namen auch Du, gütiges Herz, nicht mehr,
  Dann erröthe, die Du mir
    Hold gewesen, doch eher nicht.

Aber ahnd' ich es nicht? Wehe von Dir, von Dir,
Schutzgeist! ferne von Dir spielen zerreißend bald
  Alle Geister des Todes
    Auf den Saiten des Herzens mir.

O so bleiche dich denn, Locke der muthigen
Jugend! heute noch du lieber, als morgen, mir.

Nachruf.

Wohl geh' ich täglich andere Pfade, bald
In's Grün im Walde, bald zu der Quelle Bad,
  Zum Felsen, wo die Rosen blühen,
    Blicke vom Hügel in's Land; doch nirgend,

Du Holde, nirgend find' ich im Lichte Dich,
Und in die Lüfte schwinden die Worte mir,
  Die frommen, die bei Dir ich ehmals

Ja ferne bist Du, seliges Angesicht!
Und deines Lebens Wohllaut verhallt vor mir,
Nicht mehr belauscht, und ach! wo seyd ihr
Zaubergesänge, die einst das Herz mir

Besänftiget mit Ruhe der Himmlischen?
Wie lang' ist's! o wie lange! der Jüngling ist
Gealtert, selbst die Erde, die mir
Damals gelächelt, ist anders worden.

O lebe wohl! es scheidet und kehrt zu Dir
Die Seele jeden Tag, und es weint um Dich
Das Auge, daß es heller wieder
Dort, wo Du säumest, hinüberblicke.

Achill.

Herrlicher Göttersohn! da du die Geliebte verloren,
Giengst du an's Meergestad, weintest hinaus in die Fluth,
Weheklagend hinab verlangt' in den heiligen Abgrund,
In die Stille dein Herz, wo, von der Schiffe Gelärm
Fern, tief unter den Wogen, in friedlicher Grotte die schöne
Thetis wohnt, die dich schützte, die Göttin des Meers.
Mutter war dem Jünglinge sie, die mächtige Göttin,
Hatte den Knaben einst liebend am Felsengestad
Seiner Insel gesäugt, mit dem kräftigen Liede der Welle
Und im stärkenden Bad ihn zum Heroen gemacht.
Und die Mutter vernahm die Weheklage des Jünglings,
Stieg vom Grunde der See trauernd, wie Wölkchen, herauf,
Stillte mit zärtlichem Umfangen die Schmerzen des Lieblings,
Und er hörte, wie sie schmeichelnd zu helfen versprach.
Göttersohn! o wär' ich, wie du, so könnt' ich vertraulich
Einem der Himmlischen klagen mein heimliches Leid.

Sehen soll ich es nicht, soll tragen die Schmach, als gehört' ich
  Nimmer zu ihr, die doch meiner mit Thränen gedenkt.
Gute Götter! doch hört ihr jegliches Flehen der Menschen,
  Ach! und innig und fromm liebt' ich dich, heiliges Licht,
Seit ich lebe, dich Erd' und deine Quellen und Wälder,
  Vater Aether und dich fühlte zu sehnend und rein
Dieses Herz — o sänftiget mir, ihr Guten, mein Leiden,
  Daß die Seele mir nicht früh, ach! zu frühe verstummt,
Daß ich lebe und euch, ihr hohen himmlischen Mächte,
  Noch am fliehenden Tag danke mit frommem Gesang,
Danke für voriges Gut, für Freuden vergangener Jugend,
  Und dann nehmet zu euch gütig den Einsamen auf.

Menons Klage um Diotima.

1.

Täglich geh' ich heraus und such' ein Anderes immer,
  Habe längst sie befragt, alle die Pfade des Lands;
Droben die kühlenden Höhn, die Schatten alle besuch' ich,
  Und die Quellen; hinauf irret der Geist und hinab,
Ruh' erbittend; so flieht das getroffene Wild in die Wälder,
  Wo es um Mittag sonst sicher im Dunkel geruht;
Aber nimmer erquickt sein grünes Lager das Herz ihm,
  Jammernd und schlummerlos treibt es der Stachel umher.
Nicht die Wärme des Lichts und nicht die Kühle der Nacht hilft,
  Und in Wogen des Stroms taucht es die Wunden umsonst.
Und wie ihm vergebens die Erd' ihr fröhliches Heilkraut
  Reicht, und das gährende Blut keiner der Zephyre stillt,
So, ihr Lieben, auch mir, so will es scheinen, und Niemand
  Kann von der Stirne mir nehmen den traurigen Traum?

2.

Ja! es frommet auch nicht, ihr Todesgötter! wenn einmal
  Ihr ihn haltet und fest habt den bezwungenen Mann,

Wenn ihr Bösen hinab in die schaurige Nacht ihn genommen,
 Dann zu suchen, zu flehn, oder zu zürnen mit euch,
Oder geduldig auch wohl im furchtsamen Banne zu wohnen,
 Und mit Lächeln von euch hören das nüchterne Lied.
Soll es seyn, so vergiß dein Heil, und schlummere klanglos!
 Aber doch quillt ein Laut hoffend im Busen dir auf,
Immer kannst du noch nicht, o meine Seele, noch kannst du's
 Nicht gewohnen, und träumst mitten im eisernen Schlaf!
Festzeit hab' ich nicht, doch möcht' ich die Locke bekränzen;
 Bin ich allein denn nicht? aber ein Freundliches muß
Fernher nahe mir seyn, und lächeln muß ich und staunen,
 Wie so selig doch auch mitten im Leide mir ist.

3.

Licht der Liebe! scheinest du denn auch Todten, du goldnes!
 Bilder aus hellerer Zeit leuchtet ihr mir in die Nacht?
Liebliche Gärten, seyd, ihr abendröthlichen Berge,
 Seyd willkommen, und ihr, schweigende Pfade des Hains,
Zeugen himmlischen Glücks, und ihr, hochschauende Sterne,
 Die mir damals oft segnende Blicke gegönnt!
Euch, ihr Liebenden auch, ihr schönen Kinder des Maitags,
 Stille Rosen, und euch, Lilien, nenn' ich noch oft!
Ihr Vertrauten! ihr Lebenden all', einst nahe dem Herzen,
 Einst wahrhaftiger, einst heller und schöner gesehn.
Wohl gehn Frühlinge fort, ein Jahr verdränget das andre,
 Wechselnd und streitend, so tost droben vorüber die Zeit
Ueber sterblichem Haupt, doch nicht vor seligen Augen,
 Und den Liebenden ist anderes Leben geschenkt.
Denn sie alle, die Tag' und Jahre der Sterne, sie waren
 Diotima! um uns innig und ewig vereint.

4.

Aber wir, zufrieden gesellt, wie die liebenden Schwäne,
 Wenn sie ruhen am See, oder, auf Wellen gewiegt,
Niedersehn in die Wasser, wo silberne Wolken sich spiegeln,
 Und ätherisches Blau unter den Schiffenden wallt,

So auf Erden wandelten wir. Und drohte der Nord auch,
Er, der Liebenden Feind, klagenbereitend, und fiel
Von den Aesten das Laub, und flog im Winde der Regen,
Ruhig lächelten wir, fühlten den eigenen Gott
Unter trautem Gespräch, in Einem Seelengesange,
Ganz in Frieden mit uns, kindlich und freudig allein.
Aber das Haus ist öde mir nun, und sie haben mein Auge
Mir genommen, auch mich hab' ich verloren mit ihr;
Darum irr' ich umher, und wohl, wie die Schatten, so muß ich
Leben, und sinnlos dünkt lange das Uebrige mir.

5.

Feiern möcht' ich, aber wofür? und singen mit Andern,
Aber so einsam fehlt jegliches Göttliche mir.
Dieß ist's, dieß mein Gebrechen, ich weiß, es lähmet ein Fluch mir
Darum die Sehnen, und wirft, wo ich beginne, mich hin,
Daß ich fühllos sitze den Tag und stumm, wie die Kinder,
Nur vom Auge mir kalt öfters die Thräne noch schleicht,
Und die Pflanze des Felds und der Vögel Singen mich trüb macht,
Weil mit Freuden auch sie Boten des Himmlischen sind,
Aber mir in schaudernder Brust die beseelende Sonne
Kühl und fruchtlos mir dämmert, wie Strahlen der Nacht,
Ach! und nichtig und leer, wie Gefängnißwände, der Himmel,
Eine beugende Last, über dem Haupte mir hängt!

6.

Sonst mir anders bekannt! o Jugend! und bringen Gebete
Dich nicht wieder, dich nie? führet kein Pfad mich zurück?
Soll es werden auch mir, wie den Götterlosen, die vormals
Glänzenden Auges doch auch saßen am seligen Tisch,
Aber übersättiget bald, die schwärmenden Gäste,
Nun verstummet, und nun unter der Lüfte Gesang,
Unter blühender Erd' entschlafen sind, bis dereinst sie
Eines Wunders Gewalt, sie, die Versunkenen, zwingt,
Wiederzukehren und neu auf grünendem Boden zu wandeln —
Heiliger Odem durchströmt göttlich die lichte Gestalt,

Wenn das Fest sich beseelt und Fluten der Liebe sich regen,
Und vom Himmel getränkt rauscht der lebendige Strom,
Wenn es drunten ertönt, und ihre Schätze die Nacht zollt,
Und aus Bächen herauf glänzt das begrabene Gold.

7.

Aber o Du, die schon am Scheidewege mir damals,
Da ich versank vor Dir, tröstend ein Schöneres wies,
Du, die, Großes zu sehn und froher die Götter zu singen,
Schweigend, wie sie, mich einst stille begeisternd, gelehrt,
Götterkind! erscheinest Du mir, und grüßest, wie einst, mich,
Redest wieder, wie einst, höhere Dinge mir zu?
Siehe! weinen vor Dir und klagen muß ich, wenn schon noch
Denkend edlerer Zeit, dessen die Seele sich schämt.
Denn so lange, so lang auf matten Pfaden der Erde
Hab' ich, Deiner gewohnt, Dich in der Irre gesucht,
Freudiger Schutzgeist! aber umsonst, und Jahre zerrannen,
Seit wir ahnend um uns glänzen die Abende sahn.

8.

Dich nur, Dich erhält Dein Licht, o Heldin! im Lichte,
Und Dein Dulden erhält liebend, o Gütige! Dich;
Und nicht einmal bist Du allein, Gespielen genug sind,
Wo Du blühest und ruhst unter den Rosen des Jahrs;
Und der Vater, er selbst, durch sanftmuthathmende Musen
Sendet die zärtlichen Wiegengesänge Dir zu.
Ja! noch ist sie es ganz! noch schwebt vom Haupte zur Sohle,
Still herwandelnd, wie sonst, mir die Athenerin vor.
Und wie, freundlicher Geist! von heitersinnender Stirne
Segnend und sicher Dein Stral unter die Sterblichen fällt,
So bezeugest Du mir's, und sagst mir's, daß ich es Andern
Wiedersage, denn auch Andere glauben es nicht,
Daß unsterblicher doch, denn Sorg' und Zürnen, die Freude
Und ein goldner Tag täglich am Ende noch ist.

9.

So will ich, ihr Himmlischen! denn euch danken, und endlich
Athmet aus leichterer Brust wieder des Sängers Gebet.
Und wie, wenn ich mit ihr, auf sonniger Höhe mit ihr stand,
Spricht belebend ein Gott innen vom Tempel mich an.
Leben will ich denn auch! schon grünt's! wie von heiliger Leier
Ruft es von silbernen Bergen Apollon's voran!
Komm! es war wie ein Traum! Die blutenden Fittige sind ja
Schon genesen, verjüngt leben die Hoffnungen all!
Großes zu finden, ist viel, ist viel noch übrig, und wer so
Liebte, gehet, er muß, gehet zu Göttern die Bahn.
Und geleitet ihr uns, ihr Weihestunden! ihr ernsten,
Jugendlichen! o bleibt, heilige Ahnungen, ihr,
Fromme Bitten, und ihr, Begeisterungen, und all ihr
Guten Genien, die gerne bei Liebenden sind,
Bleibt so lange mit uns, bis wir auf gemeinsamem Boden,
Dort, wo die Seligen all niederzukehren bereit,
Dort, wo die Adler sind, die Gestirne, die Boten des Vaters,
Dort, wo die Musen, woher Helden und Liebende sind,
Dort uns, oder auch hier, auf thauender Insel, begegnen,
Wo die Unsrigen erst blühend in Gärten gesellt,
Wo die Gesänge wahr, und länger die Frühlinge schön sind,
Und von neuem ein Jahr unserer Seele beginnt!

Hellas.

Griechenland.

An St.

Hätt' ich dich im Schatten der Platanen,
Wo durch Blumen der Cephisus rann,
Wo die Jünglinge sich Ruhm ersannen,
Wo die Herzen Sokrates gewann,
Wo Aspasia durch Myrten wallte,
Wo der brüderlichen Freude Ruf
Aus der lärmenden Agora schallte,
Wo mein Plato Paradiese schuf;

Wo den Frühling Festgesänge würzten,
Wo die Ströme der Begeisterung
Von Minerven's heil'gem Berge stürzten —
Der Beschützerin zur Huldigung —
Wo in tausend süßen Dichterstunden,
Wie ein Göttertraum, das Alter schwand;
Hätt' ich da, Geliebter! dich gefunden,
Wie vor Jahren dieses Herz dich fand!

Ach! wie anders hätt' ich dich umschlungen —
Marathon's Heroen sängst du mir,
Und die schönste der Begeisterungen
Lächelte vom trunknen Auge dir.
Deine Brust verjüngten Siegsgefühle,
Deinen Geist, vom Lorbeerzweig umspielt,
Drückte nicht des Lebens dumpfe Schwüle,
Die so karg der Hauch der Freude kühlt.

Ist der Stern der Liebe dir verschwunden?
Und der Jugend holdes Rosenlicht?
Ach! umtanzt von Hellas goldnen Stunden,
Fühl'test du die Flucht der Jahre nicht!
Ewig, wie der Vesta Flamme, glühte
Muth und Liebe dort in jeder Brust,
Wie die Frucht der Hesperiden, blühte
Ewig dort der Jugend stolze Lust.

Hätte doch von diesen goldnen Jahren
Einen Theil das Schicksal dir bescheert;
Diese reizenden Athener waren
Deines glühenden Gesangs so werth;
Hingelehnt am frohen Saitenspiele
Bei der süßen Chiertraube Blut,
Hättest du vom stürmischen Gewühle
Der Agora glühend ausgeruht.

Ach! es hätt' in jenen bessern Tagen
Nicht umsonst so brüderlich und groß
Für ein Volk dein liebend Herz geschlagen,
Dem so gern des Dankes Zähre floß! —
Harre nur! sie kömmt gewiß die Stunde,
Die das Göttliche vom Staube trennt!
Stirb! du suchst auf diesem Erdenrunde,
Edler Geist! umsonst dein Element.

Attika, die Riesin, ist gefallen;
Wo die alten Göttersöhne ruh'n,
Im Ruin gestürzter Marmorhallen,
Brütet ew'ge Todesstille nun;
Lächelnd steigt der süße Frühling nieder,
Doch er findet seine Brüder nie
In Ilissus heil'gem Thale wieder —
Ewig deckt die bange Wüste sie.

Mich verlangt in's bessre Land hinüber,
Nach Alcäus und Anakreon,
Und ich schlief' im engen Hause lieber
Bei den Heiligen in Marathon;
Ach! es sey die letzte meiner Thränen,
Die dem heil'gen Griechenlande rann;
Laßt, o Parzen, laßt die Scheere tönen,
Denn mein Herz gehört den Todten an!

Sokrates und Alcibiades.

„Warum huldigest Du, heiliger Sokrates,
„Diesem Jünglinge? kennt Größ'res nicht dein Blick?
„Warum siehet begeistert,
„Wie auf Götter, Dein Aug' auf ihn?"

Wer das Tiefste gedacht, liebt das Lebendigste;
Hohe Jugend versteht, wer in die Welt geblickt,
Und der Weiseste neiget
Gern am Ende zu Schönem sich.

An unsere Dichter.

Des Ganges Ufer hörten des Freudengotts
Triumph, als allerobernd vom Indus her
Der junge Bacchus kam, mit heil'gem
Weine vom Schlafe die Völker weckend.

O weckt, ihr Dichter, weckt sie vom Schlummer auf,
Die jetzt noch schlafen, gebt die Gesetze, gebt
Uns Leben, siegt Heroen! ihr nur
Habt der Eroberung Recht, wie Bacchus.

Sophokles.

Viele versuchten umsonst, das Freudigste freudig zu sagen,
Hier spricht endlich es mir, hier in der Trauer, sich aus.

Der Archipelagus.

Kehren die Kraniche wieder zu dir? und suchen zu deinen
Ufern wieder die Schiffe den Lauf? umathmen erwünschte
Lüfte dir die beruhigte Flut, und sonnet der Delphin,
Aus der Tiefe gelockt, am neuen Lichte den Rücken?
Blüht Jonien? ist es die Zeit? denn immer im Frühling,
Wenn den Lebenden sich das Herz erneut, und die erste
Liebe den Menschen erwacht und goldner Zeiten Erinnrung,
Komm' ich zu dir, und grüß' in deiner Stille dich, Alter!
Immer, Gewaltiger! lebst du noch und ruhest im Schatten
Deiner Berge, wie sonst; mit Jünglingsarmen umfängst du
Noch dein liebliches Land, und deiner Töchter, o Vater,
Deiner Inseln ist noch, der blühenden, keine verloren.
Kreta steht, und Salamis grünt, umdämmert von Lorbeern,
Rings von Strahlen umblüht erhebt zur Stunde des Aufgangs
Delos ihr begeistertes Haupt, und Ceos und Chios
Haben der purpurnen Früchte genug, von trunkenen Hügeln
Quillt der Cypriertrank, und von Kalauria fallen
Silberne Bäche, wie einst, in die alten Wasser des Vaters.
Alle leben sie noch, die Heroenmütter, die Inseln,

Blühend von Jahr zu Jahr, und wenn zu Zeiten, vom Abgrund
Losgelassen, die Flamme der Nacht, das untre Gewitter,
Eine der Holden ergriff und die Sterbende dir in den Schooß sank,
Göttlicher! du, du dauertest aus, denn über den dunkeln
Tiefen ist Manches schon dir auf- und untergegangen.

Auch die Himmlischen, sie, die Kräfte der Höhe, die stillen,
Die den heiteren Tag und süßen Schlummer und Ahnung
Fernher bringen über das Haupt der fühlenden Menschen
Aus der Fülle der Macht, auch sie, die alten Gespielen,
Wohnen, wie einst, mit dir, und oft am dämmernden Abend,
Wenn von Asiens Bergen herein das heilige Mondlicht
Kömmt und die Sterne sich in deiner Woge begegnen,
Leuchtest du von himmlischem Glanz, und so, wie sie wandeln,
Wechseln die Wasser dir, es tönt die Weise der Brüder
Droben, ihr Nachtgesang im liebenden Busen dir wieder.
Wenn die allverklärende dann, die Sonne des Tages,
Sie, des Orients Kind, die Wunderthätige, da ist,
Dann die Lebenden all' im goldenen Traume beginnen,
Den die Dichtende stets des Morgens ihnen bereitet,
Dir, dem trauernden Gott, dir sendet sie froheren Zauber,
Und ihr eigen freundliches Licht ist selber so schön nicht,
Denn das Liebeszeichen, der Kranz, den immer, wie vormals
Deiner gedenk, doch sie um die graue Locke dir windet.
Und umfängt der Aether dich nicht? und kehren die Wolken,
Deine Boten, von ihm mit dem Göttergeschenke, dem Strahle
Aus der Höhe, dir nicht? Dann sendest du über das Land sie,
Daß am heißen Gestad' die gewittertrunkenen Wälder
Rauschen und wogen mit dir, daß bald, dem wandernden Sohn gleich,
Wenn der Vater ihn ruft, mit den tausend Bächen Mäander
Seinen Irren enteilt, und aus der Ebne Kayster
Dir entgegen frohlockt, und der Erstgeborne, der Alte,
Der zu lange sich barg, dein majestätischer Nil, jetzt
Hochherschreitend aus fernem Gebirg, wie im Klange der Waffen,
Siegreich kömmt und die offenen Arme der sehnende reichet.

Dennoch einsam dünkest du dir, in schweigender Nacht hört
Deine Weheklage der Fels, und öfters entflieht dir
Zürnend von Sterblichen weg die geflügelte Woge zum Himmel.
Denn es leben mit dir die edlen Lieblinge nimmer,
Die dich geehrt, die einst mit den schönen Tempeln und Städten
Deine Gestade bekränzt, und immer suchen und missen,
Immer bedürfen ja, wie Heroen den Kranz, die geweihten
Elemente zum Ruhme das Herz der fühlenden Menschen.

Sage, wo ist Athen? ist über den Urnen der Meister
Deine Stadt, die geliebteste dir, an den heiligen Ufern,
Trauernder Gott, dir ganz in Asche zusammen gesunken?
Oder ist noch ein Zeichen von ihr, daß etwa der Schiffer,
Wenn er vorüber kömmt, sie nenn' und ihrer gedenke?
Stiegen dort die Säulen empor und leuchteten dort nicht
Sonst vom Dache der Burg herab die Göttergestalten?
Rauschte dort die Stimme des Volks, die stürmischbewegte,
Aus der Agora nicht her, und eilt es aus freudigen Pforten
Dort die Gassen dir nicht zu gesegnetem Hafen herunter?
Siehe! da löste sein Schiff der fernhinsinnende Kaufmann,
Froh, denn es wehet' ihm auch die beflügelnde Luft, und die Götter
Liebten so, wie den Dichter, auch ihn, dieweil er die guten
Gaben der Erd' ausglich und Fernes Nahem vereinte.
Fern nach Cypros ziehet er hin und ferne nach Tyros,
Strebt nach Kolchis hinauf und hinab zum alten Aegyptos,
Daß er Purpur und Wein und Korn und Vliesse gewinne
Für die eigene Stadt, und öfters über des kühnen
Herkules Säulen hinaus, zu neuen seligen Inseln
Tragen die Hoffnungen ihn und des Schiffes Flügel, indessen
Anders bewegt am Gestade der Stadt ein einsamer Jüngling
Weilt, und die Woge belauscht, und Großes ahnet der Ernste,
Wenn er zu Füßen so des erderschütternden Meisters
Lauschet und sitzt, und nicht umsonst erzog ihn der Meergott.

Denn des Genius Feind, der vielgebietende Perse,
Jahrlang zählt' er sie schon, der Waffen Menge, der Knechte,

Spottend des griechischen Lands und seiner wenigen Inseln,
Und sie däuchten dem Herrscher ein Spiel, und noch wie ein Traum war
Ihm das innige Volk, vom Göttergeiste gerüstet.
Leicht aus spricht er das Wort, und schnell, wie der flammende Bergquell,
Wenn er, furchtbar umher vom gährenden Aetna gegossen,
Städte begräbt in der purpurnen Flut und blühende Gärten,
Bis der brennende Strom im heiligen Meere sich kühlet:
So mit dem Könige nun, versengend, städteverwüstend,
Stürzt von Ekbatana daher sein prächtig Getümmel;
Weh! und Athene, die Herrliche, fällt; wohl schauen und ringen
Vom Gebirg, wo das Wild ihr Geschrei hört, fliehende Greise
Nach den Wohnungen dort zurück und den rauchenden Tempeln;
Aber es weckt der Söhne Gebet die heilige Asche
Nun nicht mehr, im Thal ist der Tod, und die Wolke des Brandes
Schwindet am Himmel dahin, und weiter im Lande zu ernten,
Zieht, vom Frevel erhitzt, mit der Beute der Perse vorüber.

Aber an Salamis' Ufern, o Tag! an Salamis' Ufern,
Harrend des Endes stehn die Athenerinnen, die Jungfraun,
Stehn die Mütter, wiegend im Arm das gerettete Söhnlein;
Aber den Horchenden schallt aus Tiefen die Stimme des Meergotts
Heilweissagend herauf, es schaun die Götter des Himmels
Wägend und richtend herab, denn dort an den bebenden Ufern
Wankt seit Tagesbeginn, wie langsam wandelnd Gewitter,
Dort auf schäumenden Wassern die Schlacht, und es glühet der Mittag,
Unbemerket im Zorn, schon über dem Haupte den Kämpfern.
Aber die Männer des Volks, die Heroenenkel, sie walten
Helleren Auges jetzt, die Götterlieblinge denken
Des beschiedenen Glücks, es zähmen die Kinder Athene's
Ihren Genius, ihn, den todverachtenden, jetzt nicht.
Denn wie aus rauchendem Blut das Wild der Wüste noch einmal
Sich zuletzt verwandelt erhebt, der edleren Kraft gleich,
Und den Jäger erschreckt, kehrt jetzt im Glanze der Waffen,

Bei der Herrscher Gebot furchtbargesammelt den Wilden,
Mitten im Untergang, die ermattete Seele noch einmal.
Und entbrannter beginnt's; wie Paare ringender Männer,
Fassen die Schiffe sich an, in die Woge taumelt das Steuer,
Unter den Streitern bricht der Boden und Schiffer und Schiff sinkt.

Aber in schwindelndem Traum, vom Liede des Tages gesungen,
Rollt der König den Blick; irrlächelnd über den Ausgang,
Droht er und fleht und frohlockt, und sendet, wie Blitze, die Boten;
Doch er sendet umsonst, es kehret keiner ihm wieder.
Blutige Boten, Erschlagne des Heers, und berstende Schiffe
Wirft die Rächerin ihm zahllos, die donnernde Woge,
Vor den Thron, wo er sitzt am bebenden Ufer, der Arme,
Schauend die Flucht, und fort in die fliehende Menge gerissen
Eilt er, ihn treibt der Gott, der spottend sein eitel Geschmeid ihm
Endlich zerschlug und den Schwachen erreicht' in der drohenden Rüst-
ung.

Aber liebend zurück zum einsam harrenden Strome
Kommt der Athener Volk, und von den Bergen der Heimath
Wogen, freudig gemischt, die glänzenden Schaaren herunter
In's verlassene Thal, ach! gleich der gealterten Mutter,
Wenn nach Jahren das Kind, das verloren geachtete, wieder
Lebend ihr an den Busen kehrt, ein erwachsener Jüngling,
Aber im Gram ist ihr die Seele gewelkt, und die Freude
Kömmt der Hoffnungsmüden zu spät, und mühsam vernimmt sie,
Was der liebende Sohn in seinem Danke geredet;
So erscheint den Kommenden dort der Boden der Heimath.
Denn es fragen umsonst nach ihren Hainen die Frommen,
Und die Sieger empfängt die freundliche Pforte nicht wieder,
Wie den Wanderer sonst sie empfing, wenn er froh von den Inseln
Wiederkehrt', und die selige Burg der Mutter Athene
Ueber sehnendem Haupt ihm fernherglänzend heraufging.
Aber wohl sind ihnen bekannt die verödeten Gassen
Und die trauernden Gärten umher, und auf der Agora,

Wo des Portikus Säulen gestürzt und die göttlichen Bilder
Liegen, da reicht, in der Seele bewegt und der Treue sich freuend,
Jetzt das liebende Volk zum Bunde die Hände sich wieder.
Bald auch suchet und sieht den Ort des eigenen Hauses
Unter dem Schutte der Mann; ihm weint am Halse, der trauten
Schlummerstätte gedenk, sein Weib, es fragen die Kindlein
Nach dem Tische, wo sonst in lieblicher Reihe sie saßen,
Von den Vätern gesehn, den lächelnden Göttern des Hauses.
Aber Gezelte bauet das Volk, es schließen die alten
Nachbarn wieder sich an, und nach des Herzens Gewohnheit
Ordnen die lüftigen Wohnungen sich umher an den Hügeln.
So indessen wohnen sie nun, wie die Freien, die Alten,
Die, der Stärke gewiß und dem kommenden Tage vertrauend,
Wandernden Vögeln gleich, mit Gesange von Berge zu Berg einst,
Zogen, die Fürsten des Forsts und des weltumirrenden Stromes.
Doch umfängt noch, wie sonst, die Muttererde, die treue,
Wieder ihr edel Volk, und unter heiligem Himmel
Ruhen sie sanft, wenn milde, wie sonst, die Lüfte der Jugend
Um die Schlafenden wehn und aus Platanen Ilissus
Ihnen herüberrauscht und, neue Tage verkündend,
Lockend zu neuen Thaten, bei Nacht die Woge des Meergotts
Fernher tönt und fröhliche Träume den Lieblingen sendet.
Schon auch sprossen und blühn die Blumen mählig, die goldnen;
Auf zertretenem Feld, von frommen Händen gewartet,
Grünet der Oelbaum auf, und auf Kolonos' Gefilden
Nähren friedlich, wie sonst, die athenischen Rosse sich wieder.

Aber der Muttererd' und dem Gott der Woge zu Ehren
Blühet die Stadt jetzt auf, ein herrlich Gebild, dem Gestirn gleich
Sicher gegründet, des Genius Werk; denn Fesseln der Liebe
Schafft er gerne sich so, so hält in großen Gestalten,
Die er selbst sich erbaut, der Immerrege sich bleibend.
Sieh! und dem Schaffenden dienet der Wald, ihm reicht mit den andern
Bergen nahe zur Hand der Pentele Marmor und Erze.

Aber lebend, wie er, und froh und herrlich entquillt es
Seinen Händen, und leicht, wie der Sonne, gedeiht das Geschäft ihm.
Brunnen steigen empor, und über die Hügel in reinen
Bahnen gelenkt, ereilt der Quell das glänzende Becken;
Und umher an ihnen erglänzt gleich festlichen Helden
Am gemeinsamen Kelch, die Reihe der Wohnungen, hoch ragt
Der Prytanen Gemach, es stehn Gymnasien offen,
Göttertempel entstehn, ein heiligkühner Gedanke
Steigt, Unsterblichen nah, das Olympion auf in den Aether
Aus dem seligen Hain; noch manche der himmlischen Hallen!
Mutter Athene, dir auch, dir wuchs dein herrlicher Hügel
Stolzer aus der Trauer empor und blühte noch lang dem
Gott der Wogen und dir, und deine Lieblinge sangen
Frohversammelt noch oft am Vorgebirge den Dank dir.

O die Kinder des Glücks, die frommen! wandeln sie fern nun
Bei den Vätern daheim, und der Schicksalstage vergessen,
Drüben am Lethestrom, und bringt kein Sehnen sie wieder?
Sieht mein Auge sie nie? ach! findet über den tausend
Pfaden der grünenden Erd', ihr göttergleichen Gestalten,
Euch das suchende nie, und vernahm ich darum die Sprache,
Darum die Sage von euch, daß immertrauernd die Seele
Vor der Zeit mir hinab zu euern Schatten entfliehe?
Aber näher zu euch, wo eure Haine noch wachsen,
Wo sein einsames Haupt in Wolken der heilige Berg hüllt,
Zum Parnassos will ich, und wenn, im Dunkel der Eiche
Schimmernd, mir Irrenden dort Kastalia's Quelle begegnet,
Will ich, mit Thränen gemischt, aus blüthenumdufteter Schale
Dort auf keimendes Grün das Wasser gießen, damit doch,
O ihr Schlafenden all', ein Todtenopfer euch werde.
Dort im schweigenden Thal, an Tempe's hangenden Felsen,
Will ich wohnen mit euch, dort oft, ihr herrlichen Namen!
Her euch rufen bei Nacht, und wenn ihr zürnend erscheinet,
Weil der Pflug die Gräber entweiht, mit der Stimme des Herzens
Will ich, mit frommem Gesang, euch sühnen, heilige Schatten!
Bis zu leben mit euch sich ganz die Seele gewöhnet.

Fragen wird der Geweihtere dann euch Manches, ihr Todten!
Euch, ihr Lebenden, auch, ihr hohen Kräfte des Himmels,
Wenn ihr über dem Schutt mit euren Jahren vorbeigeht,
Ihr in der sicheren Bahn! denn oft ergreifet das Irrsal
Unter den Sternen mir, wie schaurige Lüfte, den Busen,
Daß ich spähe nach Rath, und lang schon reden sie nimmer
Trost den Bedürftigen zu, die prophetischen Haine Dodona's,
Stumm ist der delphische Gott, und einsam liegen und öde
Längst die Pfade, wo einst, von Hoffnungen leise geleitet,
Fragend der Mann zur Stadt des redlichen Sehers heraufstieg.
Aber droben das Licht, es spricht noch heute zu Menschen,
Schöner Deutungen voll, und des großen Donnerers Stimme
Ruft es: denket ihr mein? und die trauernde Woge des Meergott
Hallt es wieder: gedenkt ihr nimmer meiner, wie vormals?
Denn es ruhn die Himmlischen gern am fühlenden Herzen,
Immer, wie sonst, geleiten sie noch, die begeisternden Kräfte,
Gerne den strebenden Mann, und über den Bergen der Heimath
Ruht und waltet und lebt allgegenwärtig der Aether,
Daß ein liebendes Volk, in des Vaters Armen gesammelt,
Menschlich freudig, wie sonst, und Ein Geist allen gemein sey.
Aber weh! es wandelt in Nacht, es wohnt, wie im Orkus,
Ohne Göttliches unser Geschlecht. An's eigene Treiben
Sind sie geschmiedet allein, und sich in der tosenden Werkstatt
Höret jeglicher nur, und viel arbeiten die Wilden
Mit gewaltigem Arm; rastlos, doch immer und immer
Unfruchtbar, wie die Furien, bleibt die Mühe der Armen,
Bis, erwacht vom ängstigen Traum, die Seele den Menschen
Aufgeht, jugendlich froh, und der Liebe segnender Odem
Wieder, wie vormals oft, bei Hellas' blühenden Kindern,
Wehet in neuer Zeit, und über freierer Stirne
Uns der Geist der Natur, der fernherwandelnde, wieder,
Stillerweilend der Gott in goldenen Wolken erscheinet.
Ach! und säumest du noch? und jene, die göttlich gebornen,
Wohnen immer, o Tag! noch all' in den Tiefen der Erde
Einsam unten, indeß ein immerlebender Frühling

Unbesungen über dem Haupt den Schlafenden dämmert?
Aber länger nicht mehr! schon hör' ich ferne des Festtags
Chorgesang auf grünem Gebirg, und das Echo der Haine,
Wo der Jünglinge Brust sich hebt, wo die Seele des Volks sich
Still vereint in freierem Lied, zur Ehre des Gottes,
Dem die Höhe gebührt; doch auch die Thale sind heilig;
Denn, wo fröhlich der Strom in wachsender Jugend hinauseilt,
Unter Blumen des Lands, und wo auf sonnigen Ebnen
Edles Korn und der Obstwald reift, da kränzen am Feste
Gerne die Frommen sich auch, und auf dem Hügel der Stadt glänzt,
Menschlicher Wohnung gleich, die himmlische Halle der Freude.
Denn voll göttlichen Sinns ist alles Leben geworden,
Und vollendend, wie sonst, erscheinst du wieder den Kindern
Ueberall, o Natur! und, wie vom Quellengebirg, rinnt
Segen von da und dort in die keimende Seele dem Volke.
Dann, dann, o ihr Freuden Athens! ihr Thaten in Sparta!
Köstliche Frühlingszeit im Griechenlande! wenn unser
Herbst kömmt, wenn ihr, gereift, ihr Geister alle der Vorwelt!
Wiederkehret und siehe! des Jahrs Vollendung ist nahe!
Dann erhalte das Fest auch euch, vergangene Tage!
Hin nach Hellas schaue das Volk, und weinend und dankend
Sänftige sich in Erinnerungen der stolze Triumphtag!

Aber blühet indeß, bis unsre Früchte beginnen,
Blüht, ihr Gärten Ioniens, nur, und die an Athen's Schutt
Grünen, ihr Holden! verbergt dem schauenden Tage die Trauer!
Kränzt mit ewigem Laub, ihr Lorbeerwälder, die Hügel
Eurer Todten umher, bei Marathon dort, wo die Knaben
Siegend starben, ach! dort auf Chäronea's Gefilden,
Wo mit Waffen hinaus die letzten Athener enteilten,
Fliehend vor dem Tage der Schmach, dort, dort von den Bergen
Klag't in's Schlachtthal täglich herab, dort singet von Oeta's
Gipfeln das Schicksalslied, ihr wandelnden Wasser, herunter!
Aber du, unsterblich, wenn auch der Griechengesang schon
Dich nicht feiert, wie sonst, aus deinen Wogen, o Meergott!
Töne mir in die Seele noch oft, daß über den Wassern

Furchtlos rege der Geist, dem Schwimmer gleich, in der Starken
Frischem Glücke sich üb', und die Göttersprache, das Wechseln
Und das Werden, versteh'; und wenn die reißende Zeit mir
Zu gewaltig das Haupt ergreift, und die Noth und das Irrsal
Unter Sterblichen mir mein sterblich Leben erschüttert,
Laß der Stille mich dann in deiner Tiefe gedenken!

Die Wanderung.

Glückselig Suevien, meine Mutter!
Auch du, der glänzenderen, der Schwester
Lombarda drüben gleich,
Von hundert Bächen durchflossen!
Und Bäume genug, weißblühend und röthlich,
Und dunklere, wild, tief grünenden Laub's voll,
Und Alpengebirg der Schweiz auch überschattet,
Benachbartes, dich; denn nah dem Heerde des Hauses
Wohnst du, und hörst, wie drinnen
Aus silbernen Opferschalen
Der Quell rauscht, ausgeschüttet
Von reinen Händen, wenn berührt

Von warmen Strahlen
Krystallenes Eis und umgestürzt
Vom leichtanregenden Lichte
Der schneeige Gipfel übergießt die Erde
Mit reinestem Wasser. Darum ist
Dir angeboren die Treue. Schwer verläßt,
Was nahe dem Ursprung wohnet, den Ort.
Und deine Kinder, die Städte
Am weithindämmernden See,
An Neckars Weiden, am Rheine,
Sie alle meinen, es wäre
Sonst nirgend besser zu wohnen.

Ich aber will dem Kaukasos zu!
Denn sagen hört' ich
Noch heut in den Lüften:
Frei seyn, wie Schwalben, die Dichter.
Auch hat mir ohnedies
In jüngeren Tagen Eines vertraut:
Es seyen vor alter Zeit
Die Eltern einst, das deutsche Geschlecht,
Still fortgezogen von Wellen der Donau,
Dort mit der Sonne Kindern
Am Sommertage, da diese
Sich Schatten suchten, zusammen
Am schwarzen Meere gekommen,
Und nicht umsonst sey dieß
Das gastfreundliche genennet.

Denn als ihr Staunen vorüber war,
Da nahten die Andern zuerst; dann setzten auch
Die Unseren sich neugierig unter den Oelbaum.
Doch, als sich ihre Gewande berührt,
Und Keiner vernehmen konnte
Die eigene Rede des Andern, wäre wohl
Entstanden ein Zwist, wenn nicht aus Zweigen herunter
Gekommen wäre die Kühlung,
Die Lächeln über das Angesicht
Der Streitenden öfters breitet; und eine Weile
Sah'n still sie auf, dann reichten sie sich
Die Hände liebend einander. Und bald

Vertauschten sie Waffen und all'
Die lieben Güter des Hauses,
Vertauschten das Wort auch, und es wünschten
Die freundlichen Väter umsonst nichts
Beim Hochzeitjubel den Kindern.
Denn aus den Heiligvermählten

Wuchs schöner, denn Alles,
Was vor und nach
Von Menschen sich nannt', ein Geschlecht auf.
Wo aber wohnt ihr, liebe Verwandten,
Daß wir das Bündniß wiederbegehn,
Und der theuern Ahnen gedenken?

Dort an den Ufern, unter den Bäumen
Jonia's, in Ebenen des Kaystros,
Wo Kraniche, des Aethers froh,
Umschlossen sind von fernhindämmernden Bergen,
Dort wart auch ihr, ihr Schönsten! oder pflegtet
Der Inseln, die, mit Wein bekränzt,
Voll tönten von Gesang; noch Andere wohnten
Am Tayget, am vielgepriesnen Hymettos,
Und diese blühten zuletzt. Doch von
Parnassos' Quell bis zu des Tmolos
Goldglänzenden Bächen erklang
Ein ewiges Lied. So rauschten
Die heiligen Wälder und all'
Die Saitenspiele zusammt,
Von himmlischer Milde gerühret.

O Land des Homer!
Am purpurnen Kirschbaum, oder wenn,
Von dir gesandt, im Weinberg mir
Die jungen Pfirsiche grünen,
Und die Schwalbe fernher kommt und Vieles erzählend
An meinen Wänden ihr Haus baut, in
Den Tagen des Mai's, auch unter den Sternen
Gedenk' ich, o Jonia! dein. Doch Menschen
Ist Gegenwärtiges lieb. Drum bin ich
Gekommen, euch, ihr Inseln, zu sehn und euch,
Ihr Mündungen der Ströme, o ihr Hallen der Thetis,
Ihr Wälder, euch, und euch, ihr Wolken des Ida!

Doch nicht zu bleiben gedenk' ich:
Unfreundlich ist und schwer zu gewinnen
Die Verschlossene, der ich entkommen, die Mutter.
Von ihren Söhnen einer, der Rhein,
Mit Gewalt wollt' er an's Herz ihr stürzen und schwand,
Der Zurückgestoßene, niemand weiß, wohin, in die Ferne.
Doch nicht so wünscht' ich gegangen zu seyn
Von ihr, und nur euch einzuladen
Bin ich zu euch, ihr Grazien Griechenlands,
Ihr Himmelstöchter, gewandert,
Daß, wenn die Reise zu weit nicht ist,
Zu uns ihr kommet, ihr Holden!

Wenn milder athmen die Lüfte,
Und liebende Pfeile der Morgen
Uns Allzugeduldigen schickt,
Und leichte Gewölke blühn
Uns über den schüchternen Augen,
Dann werden wir sagen, wie kommt,
Ihr Charitinnen, zu Wilden?
Die Dienerinnen des Himmels
Sind aber wunderbar,
Wie alles Göttlichgeborne.
Zum Traume wird's ihm, will es Einer
Beschleichen, und straft den, der
Ihm gleichen will mit Gewalt.
Oft überraschet es den,
Der eben kaum es gehofft hat.

Stimme des Volks.

Erweiterung des Gedichts S. 104.

Du seiest Gottes Stimme, so glaubt' ich sonst
In heil'ger Jugend, ja, und ich sag' es noch!
Um unsre Weisheit unbekümmert
Rauschen die Ströme doch auch, und dennoch,

Wer liebt sie nicht? und immer bewegen sie
Das Herz mir, hör' ich ferne die schwindenden,
Die ahnungsvollen meine Bahn nicht,
Aber gewisser in's Meer hin eilen.

Denn selbstvergessen, allzubereit, den Wunsch
Der Götter zu erfüllen, ergreift zu gern,
Was sterblich ist und einmal offnen
Aug's auf eignem Pfade wandelt,

In's All zurück die kürzeste Bahn: so stürzt
Der Strom hinab, er suchet die Ruh', es reißt,
Es ziehet wider Willen ihn, von
Klippe zu Klippe den Steuerlosen

Das wunderbare Sehnen dem Abgrund zu;
Das Ungebundne reizet, und Völker auch
Ergreift die Todeslust, und kühne
Städte, nachdem sie versucht das Beste,

Von Jahr zu Jahr forttreibend das Werk, sie hat
Ein heilig Ende troffen; die Erde grünt,
Und stille vor den Sternen liegt, den
Betenden gleich, in den Sand geworfen,

Freiwillig überwunden, die lange Kunst
Von jenen Unnachahmbaren da; er selbst,
Der Mensch, mit eigner Hand zerbrach, die
Hohen zu ehren, sein Werk der Künstler.

Doch minder nicht sind jene den Menschen hold,
Sie lieben wieder, so wie geliebt sie sind,
Und hemmen öfters, daß er lang im
Lichte sich freue, die Bahn des Menschen.

Und nicht des Adlers Jungen allein, sie wirft
Der Vater aus dem Neste, damit sie nicht
Zu lang' ihm bleiben, uns auch treibt mit
Richtigem Stachel hinaus der Herrscher.

Wohl jenen, die zur Ruhe gegangen sind
Und vor der Zeit gefallen, auch die, auch die
Geopfert, gleich den Erstlingen der
Ernte, sie haben ein Theil gefunden.

Am Xanthos lag, in griechischer Zeit, die Stadt;
Jetzt aber, gleich den größeren, die dort ruhn,
Ist durch ein Schicksal sie dem heilgen
Lichte des Tages hinweggekommen.

Sie kamen aber nicht in der offnen Schlacht
Durch eigne Hand um. Fürchterlich ist davon,
Was dort geschehn, die wunderbare
Sage von Osten zu uns gelanget.

Es reizte sie die Güte von Brutus. Denn,
Als Feuer ausgegangen, so bot er sich
Zu helfen ihnen, ob er gleich, als Feldherr,
Stand in Belagerung vor den Thoren.

Doch von den Mauern warfen die Diener sie,
Die er gesandt. Lebendiger ward darauf
Das Feuer, und sie freuten sich, und ihnen
Strecket' entgegen die Hände Brutus,

Und alle waren ausser sich selbst. Geschrei
Entstand und Jauchzen. Drauf in die Flamme warf
Sich Mann und Weib, von Knaben stürzt' auch
Der in die Schlacht, in der Väter Schwert der.

Nicht räthlich ist es, Helden zu trotzen. Längst
War's aber vorbereitet. Die Väter auch,
Da sie ergriffen waren einst und
Heftig die persischen Feinde drängten,

Entzündeten, ergreifend des Stromes Rohre,
Daß sie das Freie fänden, die Stadt. Und Haus
Und Tempel nahm, zum heiligen Aether
Fliegend, und Menschen hinweg die Flamme.

So hatten es die Kinder gehört, und wohl
Sind gut die Sagen; denn ein Gedächtniß sind
Dem Höchsten sie, doch auch bedarf es
Eines, die heiligen auszulegen.

Zweite Abtheilung.

Hyperion.

I.

Fragment von Hyperion.

Es gibt zwei Ideale unseres Daseyns: einen Zustand der höchsten Einfalt, wo unsere Bedürfnisse mit sich selbst, und mit unsern Kräften, und mit allem, womit wir in Verbindung stehen, durch die bloße Organisation der Natur, ohne unser Zuthun, gegenseitig zusammenstimmen, und einen Zustand der höchsten Bildung, wo dasselbe statt finden würde bei unendlich vervielfältigten und verstärkten Bedürfnissen und Kräften, durch die Organisation, die wir uns selbst zu geben im Stande sind. Die excentrische Bahn, die der Mensch, im Allgemeinen und Einzelnen, von einem Punkte (der mehr oder weniger reinen Einfalt) zum andern (der mehr oder weniger vollendeten Bildung) durchläuft, scheint sich, nach ihren wesentlichen Richtungen, immer gleich zu seyn.

Einige von diesen sollten, nebst ihrer Zurechtweisung, in den Briefen, wovon die folgenden ein Bruchstück sind, dargestellt werden.

Der Mensch möchte gerne in allem und über allem seyn, und die Sentenz in der Grabschrift des Lojola:

non coerceri maximo, contineri tamen a minimo

kann ebenso die alles begehrende, alles unterjochende gefährliche Seite des Menschen, als den höchsten und schönsten ihm erreichbaren Zustand bezeichnen. In welchem Sinne sie für jeden gelten soll, muß sein freier Wille entscheiden.

Zante.

Ich will nun wieder in mein Jonien zurück: umsonst hab' ich mein Vaterland verlassen, und Wahrheit gesucht.

Wie konnten auch Worte meiner durstenden Seele genügen?

Worte fand' ich überall; Wolken, und keine Juno.

Ich hasse sie, wie den Tod, alle die armseligen Mitteldinge von Etwas und Nichts. Meine ganze Seele sträubt sich gegen das Wesenlose.

Was mir nicht Alles, und ewig Alles ist, ist mir Nichts.

Mein Bellarmin! wo finden wir das Eine, das uns Ruhe gibt, Ruhe? Wo tönt sie uns einmal wieder, die Melodie unsers Herzens in den seligen Tagen der Kindheit?

Ach! einst sucht' ich sie in Verbrüderung mit Menschen.. Es war mir, als sollte die Armuth unsers Wesens Reichthum werden, wenn nur ein Paar solcher Armen Ein Herz, Ein unzertrennbares Leben würden, als bestände der ganze Schmerz unsers Daseyns nur in der Trennung von dem, was zusammengehörte.

Mit Freud' und Wehmuth denk' ich daran, wie mein ganzes Wesen dahin trachtete, nur dahin, ein herzlich Lächeln zu erbeuten, wie ich mich hingab für einen Schatten von Liebe, wie ich mich wegwarf. Ach! wie oft glaubt' ich das Unnennbare zu finden, das mein, mein werden sollte, dafür, daß ich es wagte, mich selbst an das Geliebte zu verlieren! Wie oft glaubt' ich den heiligen Tausch getroffen zu haben, und forderte nun, forderte, und da stand das arme Wesen, verlegen und betroffen, oft auch hämisch — es wollte ja nur Kurzweil, nichts so Ernstes!

Ich war ein blinder Knabe, lieber Bellarmin! Perlen wollt' ich kaufen von Bettlern, die ärmer waren, als ich, so arm, so begraben in ihr Elend, daß sie nicht wußten, wie arm sie waren, und sich recht wohl gefielen in den Lumpen, womit sie sich behangen hatten.

Aber die mannigfaltige Täuschung drückt mich unaussprechlich nieder.

Ich glaubte wirklich unterzugehen. Es ist ein Schmerz ohne gleichen, ein fortdauerndes Gefühl der Zernichtung, wenn das Daseyn so ganz seine Bedeutung verloren hat. Eine unbegreifliche Muthlosigkeit drückte mich. Ich wagte das Auge nicht aufzuschlagen vor den Menschen. Ich fürchtete das Lachen eines Kindes. Dabei war ich oft sehr still und geduldig; hatte oft auch einen recht wunderbaren Aberglauben an die Heilkraft mancher Dinge. Oft konnte ich ingeheim von einem kleinen erkauften Besitzthum, von einer Kahnfahrt, von einem Thale, das mir ein Berg verbarg, erwarten, was ich suchte.

Mit dem Muthe schwanden auch sichtbar meine Kräfte.

Ich hatte Mühe, die Trümmer ehemals gedachter Gedanken zusammenzulesen; der rege Geist war veraltet; ich fühlte, wie sein himmlisch Licht, das mir kaum erst aufgegangen war, sich allmählig verdunkelte.

Freilich, wenn es einmal, wie mir däuchte, den letzten Rest meiner verlornen Existenz galt, wenn mein Stolz sich regte, dann war ich lauter Wirksamkeit, und die Allmacht eines Verzweifelten war in mir; oder wenn sie einen Tropfen Freuden eingesogen hatte, die welke dürftige Natur, dann drang ich mit Gewalt unter die Menschen, sprach, wie ein Begeisterter, und fühlte wohl manchmal auch die Thräne der Seligen im Auge; oder wenn einmal wieder ein Gedanke, oder das Bild eines Helden in die Nacht meiner Seele strahlte, dann staunt' ich, und freute mich, als kehrte ein Gott ein in dem verarmten Gebiete, dann war mir, als sollte sich eine Welt bilden in mir; aber je heftiger sich die schlummernden Kräfte aufgerafft hatten, desto müder sanken sie hin, und die unbefriedigte Natur kehrte zu verdoppeltem Schmerze zurück.

Wohl dem, Bellarmin! wohl dem, der sie überstanden hat, diese Feuerprobe des Herzens, der es verstehen gelernt hat, das Seufzen der Kreatur, das Gefühl des verlornen Paradieses. Je höher sich die Natur erhebt über das Thierische, desto größer die Gefahr, zu verschmachten im Lande der Vergänglichkeit!

Aber Eines hab' ich dir noch mitzutheilen, brüderliches Herz!

Ich fürchtete mich noch vor gewissen Erinnerungen, als wir uns fanden über den Trümmern des alten Roms. Unser Geist gleitet so leicht aus seiner Bahn; müssen wir doch oft dem Säuseln eines Blatts entgehen, um ihn nicht zu stören in seinem stillen Geschäfte!

Jetzt kann ich wohl manchmal spielen mit den Geistern vergangener Stunden.

Mein alter Freund, der Frühling, hatte mich überrascht in meiner Finsterniß. Sonst hätt' ich ihn noch von ferne gefühlt, wenn die erstarrten Zweige sich regten, und ein lindes Wehen meine Wange berührte. Sonst hätt' ich für jedes Weh Linderung von ihm gehofft. Aber das Hoffen und Ahnden war allmählig aus meiner Seele verschwunden.

Jetzt war er da, in aller Glorie der Jugend.

Mir war, als sollt' ich doch auch wieder fröhlich werden. Ich öffnete meine Fenster, und kleidete mich, wie zu einem Feste. Er sollte auch mich besuchen, der himmlische Fremdling.

Ich sah, wie Alles hinausströmte ins Freie, aufs freundliche Meer von Smyrna, und sein Gestade. Sonderbare Erwartungen regten sich in mir. Ich ging auch hinaus.

Da zeigte sich recht die Allmacht der Natur. Fast jedes Gesicht war herzlicher; überall wurde offner gescherzt, und wo man sich sonst recht feierlich begrüßt hatte, bot man sich jetzt die Hände. Alles verjüngte und begeisterte der herrliche süße Frühling.

Der Hafen wimmelte von jauchzenden Schiffen, wo Blumenkränze wehten und Chierwein blinkte, die Myrtenlauben tönten von fröhlichen Melodien, und Tanz und Spiel durchrauschte die Ulmen und Platanen.

Ach! ich suchte mehr als das. Das konnte nicht vom Tode retten. Unwillkührlich, verloren in meinem Gram, kam ich in den Garten des Gorgonda Notara, meines Bekannten. —

Ein Rauschen aus einem Seitengange störte mich auf. —

Ach! mir — in diesem schmerzlichen Gefühl meiner Einsamkeit, mit diesem freudeleeren blutenden Herzen — erschien mir Sie; hold und heilig, wie eine Priesterin der Liebe, stand sie da vor mir; wie aus Licht und Duft gewebt, so geistig und zart; über dem Lächeln voll Ruh' und himmlischer Güte thronte mit eines Gottes Majestät ihr großes begeistertes Auge, und, wie Wölkchen ums Morgenlicht, wallten im Frühlingswinde die goldnen Locken um ihre Stirne.

Mein Bellarmin! könnt' ich dir's mittheilen, ganz und lebendig, das Unaussprechliche, das damals vorgieng in mir! — Wo waren nun die Leiden meines Lebens, seine Nacht und Armuth? Die ganze dürftige Sterblichkeit?

Gewiß, er ist das höchste und seligste, was die unerschöpfliche Natur in sich faßt, ein solcher Augenblick der Befreiung! Er wiegt Aeonen unsers Pflanzenlebens auf! Tod war mein irdisches Leben, die Zeit war nicht mehr, und entfesselt und auferstanden fühlte mein Geist seine Verwandtschaft und seinen Ursprung.

Jahre sind vorüber; Frühlinge kamen und giengen; manch herrlich Bild der Natur, manche Reliquie deines Italiens, aus himmlischer Phantasie hervorgegangen, erfreute mein Auge; aber das Meiste verwischte die Zeit; nur Ihr Bild ist mir geblieben, mit allem, was mit ihm verwandt ist. Noch steht sie da vor mir, wie in dem heiligen trunknen Momente, da ich sie fand; ich press' es an mein glühendes Herz, das süße Phantom; ich höre ihre Stimme, das Lispeln ihrer Harfe; wie ein friedlich Arkadien, wo Blüthe und Saat in ewig stiller Luft sich wiegt, wo ohne des Mittags Schwüle die Ernte reift und die süße Traube gedeiht, wo keine Furcht das sichere Land umzäunt, wo man von nichts weiß, als von dem ewigen Frühling der Erde und dem wolkenlosen Himmel und seiner Sonne und seinen freundlichen Gestirnen, so stehet es offen da vor mir, das Heiligthum ihres Herzens und Geistes.

Melite! o Melite! himmlisches Wesen!

Ich möchte wohl wissen, ob sie meiner noch zuweilen gedächte. Sie bedauert mich vielleicht. Ich werde sie wiederfinden, in irgend einer Periode des ewigen Daseyns. Gewiß! was sich verwandt ist, kann sich nicht ewig fliehen.

Ach! der Gott in uns ist immer einsam und arm. Wo findet er alle seine Verwandten? Die einst da waren und da seyn werden? Wann kommt das große Wiedersehen der Geister? Denn einmal waren wir doch, wie ich glaube, alle beisammen.

Gute Nacht, Bellarmin, gute Nacht!

Morgen werd' ich ruhiger erzählen.

Zante.

Der Abend jenes Tages meiner Tage ist mir mit allem, was ich noch gewahr ward in meiner Trunkenheit, unvergèßlich. Mir war er das schönste, was der Frühling der Erde geben kann, und der Himmel und sein Licht. Wie eine Glorie der Heiligen, umfloß sie das Abendroth, und die zarten goldnen Wölkchen im Aether lächelten herunter, wie himmlische Genien, die sich freuten über ihre Schwester auf Erden, wie sie unter uns einhergieng in aller Herrlichkeit der Geister, und doch so gut und freundlich war gegen alles, was um sie war.

Alles drängte sich an sie. Allen schien sich ein Theil ihres Wesens mitzutheilen. Ein neuer zarter Sinn, eine süße Traulichkeit war unter alle gekommen, und sie wußten nicht, wie ihnen geschah.

Ohne zu fragen, erfuhr ich, sie komme von den Ufern des Paktols, aus einem einsamen Thale des Tmolus, wohin ihr Vater, ein sonderbarer Mann, aus Verdruß über die jetzige Lage der Griechen sich schon gar lange von Smyrna weg begeben hätte, um dort seines finstern Grams zu pflegen, und ihre Mutter, ehemals die Krone von Jonien, sey eine Verwandte des Gorgonda Notara.

Notara bat uns, den Abend mit ihm unter seinen Bäumen zuzubringen, und, so, wie wir jetzt gestimmt waren, dachte keines gern an ein Auseinandergehen.

Allmählig kam immer mehr Leben und Geist unter uns. Wir sprachen viel von den herrlichen Kindern des alten Joniens, von Sappho und Alcäus und Anakreon, sonderlich von Homer, seinem Grabe zu Nio, von einer nahen Felsengrotte am Ufer des Meles, wo der Herrliche manche Stunde der Begeisterung gefeiert haben soll, und manchem Andern; wie neben uns die freundlichen Bäume des Gartens, wo, vom Hauche des Frühlings gelöst, die Blüthen auf die Erde regneten, so theilten unsre Gemüther sich mit; jedes nach seiner Art, und auch die Aermsten gaben etwas. Melite sprach manch himmlisches Wort, kunstlos, ohne alle Absicht, in lautrer heiliger Einfalt. Oft, wenn ich sie sprechen hörte, fielen mir die Bilder des Dädalus ein, von denen Pausanias sagt: ihr Anblick habe bei all ihrer Einfachheit etwas Göttliches gehabt.

Lange saß ich stumm, und verschlang die himmlische Schönheit, die, wie Strahlen des Morgenlichts, in mein Inneres drang, und die erstorbenen Keime meines Wesens ins Leben rief.

Man sprach endlich auch von so manchen Wundern griechischer Freundschaft, von den Dioskuren, von Achill und Patroklus, von der Phalanx der Sparter, von all' den Liebenden und Geliebten, die auf- und untergiengen über der Welt, unzertrennlich, wie die ewigen Lichter des Himmels.

Da wacht' ich auf. Wir sollten davon nicht sprechen, rief ich.

Solche Herrlichkeit zernichtet uns Arme. Freilich waren es goldne Tage, wo man die Waffen tauschte, und sich liebte bis zum Tode, wo man unsterbliche Kinder zeugte in der Begeisterung der Liebe und Schönheit, Thaten für's Vaterland, und himmlische Gesänge, und ewige Worte der Weisheit, ach! wo der ägyptische Priester dem Solon noch vorwarf: „ihr Griechen seyd allezeit Jünglinge!" Wir sind nun Greise geworden, klüger, als alle die Herrlichen, die dahin sind; nur Schade, daß so manche Kraft verschmachtet in diesem fremden Elemente!

Vergiß das zum wenigsten für heute, Hyperion! rief Notara; und ich gab ihm Recht.

Melite's Auge ruhte so ernst und groß auf mir. Wer hätte nicht alles vergessen!

Auf dem Wege nach der Stadt kam ich an ihre Seite. Ich drückte die Arme mit Macht gegen mein schauderndes Herz. Ich zwang den verwirrenden Tumult in mir, daß ich sprechen konnte.

O mein Bellarmin! Wie ich sie verstand, und wie sie das freute! wie ein zufällig Wörtchen von ihr eine Welt von Gedanken in mir hervorrief! Sie war ein wahrer Triumph der Geister über alles Kleine und Schwache, diese stille Vereinigung unseres Denkens und Dichtens.

An Notara's Hause schieden wir. Ich taumelte fort in rasender Freude, schalt und lachte über den Kleinmuth meines Herzens in den vergangenen Tagen, und sah mit namenlosem Stolze auf meine alten Leiden zurück.

Wie ich aber nun nach Hause kam, und vor die offenen Fenster trat, und meine verwilderten und halb verdorrten Blumen, und hinaussah zu der verfallenen Burg von Smyrna, die vor mir lag im dämmernden Lichte, wie sonderbar überfiel mich das alles!

Ach! da war ich ehemals so oft gestanden um Mitternacht, wenn ich den Schlaf nicht finden konnte auf meinem einsamen Lager, und hatte den Trümmern aus besserer Zeit und ihren Geistern meinen Jammer geklagt!

Jetzt war er wiedergekehrt, der Frühling meines Herzens. Jetzt hatt' ich, was ich suchte. Ich hatt' es wiedergefunden in der himmlischen Grazie Melite's. Es tagte wieder in mir. Das hohe Wesen hatte meinen Geist aus seinem Grabe gerufen.

Aber, was ich war, war ich durch sie. Die Gute freute sich über dem Lichte, das in mir leuchtete, und dachte nicht, daß es nur der Wiederschein des ihrigen war. Ich fühlte nur zu bald, daß ich ärmer wurde, als ein Schatten, wenn sie nicht in mir, und um mich, und für mich lebte, wenn sie nicht mein ward, daß ich zu nichts ward, wenn sie sich mir entzog. Es konnte nicht anders kommen, ich mußte mit dieser Todesangst jede Miene und jeden Laut von ihr befragen, ihrem Auge folgen, als wollte mir mein Leben entfliehen, es mochte gen Himmel sich wenden, oder zur Erde; o Gott! es mußte ja ein Todesbote für mich seyn, jedes Lächeln ihres heiligen Friedens, jedes ihrer Himmelsworte, das mir sagte, wie ihr an ihrem, ihrem Herzen genüge: sie mußte ja über mich kommen, diese Verzweiflung, daß das Herrliche, was ich liebte, so herrlich war, daß es mein nicht bedurfte. Verzeih' es mir die Heilige! oft flucht' ich der Stunde, wo ich sie fand, und raste im Geiste gegen das himmlische Geschöpf, daß es mich nur darum in's Leben geweckt hätte, um mich wieder niederzudrücken mit seiner Hoheit. Kann so viel Unmenschliches in eines Menschen Seele kommen?

Pyrgo in Morea.

Schlummer und Unruhe, und manche andere seltsame Erscheinung, die halb sich bildete in mir, und verschwand, ließen indeß nichts, was ich dir mittheilen wollte, zur Sprache kommen. Oft hab' ich schöne Tage. Dann lass' ich mein Innres walten, wie es will, träumen und sinnen, lebe meistens unter freiem Himmel, und die heiligen Höhen und Thale von Morea stimmen oft recht freundlich in die reineren Töne meiner Seele.

Alles muß kommen, wie es kömmt. Alles ist gut. Ich sollte das Vergangne schlummern lassen. Wir sind nicht für's Einzelne, Beschränkte geschaffen. Nicht wahr, mein Bellarmin? Mir wuchs ja nur darum kein Arkadien auf, daß das Dürftige, das in mir denkt und lebt, sich ausbreiten sollte und das Unendliche umfassen. —

Das möcht' ich auch, o das möcht' ich! Zernichten möcht' ich die Vergänglichkeit, die über uns lastet und unserer heiligen Liebe spottet, und wie ein Lebendigbegrabener sträubt sich mein Geist gegen die Finsterniß, worin er gefesselt ist.

Ich wollte erzählen. Ich will es thun. Von außen stört mich nichts in meinen Erinnerungen. Meer und Erde schläft in der Schwüle des Mittags, und selbst die Quelle, die sonst hier unter mir rieselte, ist vertrocknet. Kein Lüftchen säuselt durch die Zweige. Ein leises Aechzen der Erde, wenn der brennende Strahl den Boden spaltet, hör' ich zuweilen. Aber das stört wohl nicht. Auch gibt die Cypresse, die über mir trauert, Schatten genug.

Der Abènd, da ich von ihr gieng, hatte mit der Nacht gewechselt, und die Nacht mit dem Tage; aber für mich nicht. In meinem Leben war kein Schlaf und kein Erwachen mehr. Es war nur Ein Traum von ihr, ein seliger schmerzlicher Traum; ein Ringen zwischen Angst und Hoffnung. Endlich gieng ich hin zu ihr.

Ich erschrack, wie sie nun vor mir stand, so ganz anders, als in mir es aussah, so ruhig und selig, in der Allgenügsamkeit einer Himmlischen. Ich war verwirrt und sprachlos. Mein Geist war mir entflohen.

Ich glaube nicht, daß sie es ganz bemerkte, wie sie überhaupt bei all' ihrer himmlischen Güte nicht sehr genau darauf zu achten schien, was um sie vorgieng.

Sie hatte Mühe, mich dahin zurückzubringen, wo wir den Abend zuvor geendet hatten. Endlich regte sich doch hie und da ein Gedanke in mir, und schloß sich fröhlich an die ihrigen an.

Sie wußte nicht, wie unendlich viel sie sagte, und wie ihr Bild zum Ueberschwenglichen sich verherrlichte, wenn das Hohe ihrer Gedanken an ihrer Stirne sich offenbarte, und der königliche Geist sich vereinigte mit der Huld des arglosen alliebenden Herzens. Es war, als träte die Sonne hervor im freundlichen Aether, oder als stiege ein Gott hernieder zu einem unschuldigen Volke, wenn das Selbstständige, das Heilige neben ihrer Grazie sichtbar ward.

So lang ich bei ihr war, und ihr begeisterndes Wesen mich emporhub über alle Armuth der Menschen, vergaß ich oft auch die Sorgen und Wünsche meines dürftigen Herzens. Aber wenn ich weg war, dann verbarg ich's mir umsonst, dann klagt' es laut auf in mir, sie liebt dich nicht! Ich zürnte und kämpfte. Aber mein Gram ließ nicht ab von mir. Meine Unruhe stieg von Tage zu Tage. Je höher und mächtiger ihr Wesen über mir leuchtete, desto düstrer und verwilderter ward meine Seele.

Sie schien mir endlich auszuweichen. Auch ich beschloß, sie nimmer zu sehen und hatt' es auch wirklich unter namenloser Peinigung meinem Herzen abgetrotzt, daß ich einige Tage wegblieb.

Um diese Zeit begegnete mir, da ich eben von der Einöde des Korax zurückkehrte, wohin ich vor Tagesanbruch hinausgegangen war, Notara mit seinem Weibe. Er sagte mir, daß sie zu einem benachbarten Verwandten geladen wären, und auf den Abend wieder da zu seyn gedenken. Melite, setzte er hinzu, sey zu Hause geblieben; die fromme Tochter müsse Briefe schreiben an Vater und Mutter.

Alle meine niedergedrückten Wünsche erwachten wieder. Einen Augenblick darauf ermannt' ich mich zwar, und sagte dem Sturm in mir, daß ich heute gerade sie schlechterdings nicht sehen wolle, gieng aber doch an ihrem Hause vorüber, gedankenlos und zitternd, als hätte ich einen Mord im Sinne. Darauf zwang ich mich nach Hause, schloß die Thüre ab, warf die Kleider von mir, schlug mir, nachdem meine Wahl ziemlich lange gezögert hatte, den Ajax Mastigophoros auf, und sah hinein. Aber nicht eine Sylbe nahm mein Geist in sich auf. Wo ich hinsah, war ihr Bild. Jeder Fußtritt störte mich auf. Unwillkürlich, ohne Sinn sagt' ich abgerissene Reden vor mich hin, die ich aus ihrem Munde gehört hatte! Oft streckt' ich die Arme nach ihr aus, oft floh ich, wenn sie mir erschien.

Endlich ergrimmt' ich über meinen Wahnsinn, und sann mit Ernst darauf, es von Grund aus zu vertilgen, dieses tödtende Sehnen. Aber mein Geist versagte mir den Dienst. Dafür schien es, als drängen sich falsche Dämonen mir auf, und böten mir Zaubertränke dar, mich vollends zu verderben mit ihren höllischen Arzneien.

Ermattet von dem wüthenden Kampfe sank ich endlich nieder. Mein Auge schloß sich, meine Brust schlug sanfter, und, wie der Bogen des Friedens nach dem Sturme, gieng ihr ganzes himmlisches Wesen wieder auf in mir.

Der heilige Frieden ihres Herzens, den sie mir oft auf Augenblicke mitgetheilt hatte durch Red' und Miene, daß mir's ward, als wandelte ich wieder im verlassenen Paradiese der Kindheit, ihre fromme Scheue, nichts zu entweihen durch übermüthigen Scherz oder Ernst, wenn es nur ferne verwandt war mit Schönem und Gutem, ihre anspruchlose Gefälligkeit, ihr Geist mit seinen königlichen Idealen, woran ihre stille Liebe so einzig hieng, daß sie nichts suchte und nichts fürchtete in der Welt — alle die lieben, seelenvollen Abende, die ich zugebracht hatte mit ihr, ihre Stimme und ihr Saitenspiel, jeder Reiz ihrer Bewegung, die, wo sie stand und gieng, nur sie — ihre Güte und ihre Größe bezeichnete; ach! das alles und mehr ward so lebendig in mir.

Und diesem himmlischen Geschöpfe zürnt' ich? Und warum zürnt' ich ihr? Weil sie nicht verarmt war, wie ich, weil sie den Himmel noch im Herzen trug, und nicht sich selbst verloren hatte, wie ich, nicht eines anderen Wesens, nicht fremden Reichthums bedurfte, um die verödete Stelle auszufüllen, weil sie nicht untergehen fürchten konnte, wie ich, und sich mit dieser Todesangst an ein anderes zu hängen, wie ich; ach! gerade, was das Göttlichste an ihr war, diese Ruhe, diese himmlische Genügsamkeit hatt' ich gelästert mit meinem Unmuth, mit unedlem Groll sie um ihr Paradies beneidet. Durfte sie sich befassen mit solch einem zerrütteten Geschöpfe? Mußte sie mich nicht fliehen? Gewiß! ihr Genius hatte sie gewarnt vor mir.

Das alles gieng mir, wie ein Schwert, durch die Seele.

Ich wollte anders werden. O! ich wollte werden, wie sie. Ich hörte schon aus ihrem Munde das Himmelswort der Vergebung, und fühlte mit tausend Wonnen, wie es mich umschuf.

So eilt' ich zu ihr. Aber mit jedem Schritte ward ich unruhiger. Melite erblaßte, wie ich hereintrat. Dieß brachte mich vollends aus der Fassung. Doch war mir das gänzliche Verstummen von beiden Seiten, so kurz es dauerte, zu schmerzhaft, als daß ich es nicht mit aller Macht zu brechen versucht hätte.

Ich mußte kommen, sagt' ich. Ich war es dir schuldig, Melite! Das Gemäßigte meines Tones schien sie zu beruhigen; doch fragte sie etwas verwundert, warum ich dann kommen müßte?

Ich habe so viel dir abzubitten, Melite, rief ich.

„Du hast mich ja nicht beleidigt."

O Melite! wie straft mich diese himmlische Güte! Mein Unmuth ist dir sicher aufgefallen. —

„Aber beleidigt hat er mich nicht, du wolltest ja das nicht, Hyperion! Warum sollt' ichs dir nicht sagen? Getrauert hab' ich über dich. Ich hätte dir so gerne Frieden gegönnt. Ich wollte dich oft auch bitten, ruhiger zu sein. Du bist so ganz ein Anderer in deinen guten Stunden. Ich gestehe dir, ich fürchte für dich, wenn ich dich so düster und heftig sehe. Nicht wahr, guter Hyperion! du legst das ab?"

Ich konnte kein Wort vorbringen. Du fühlst es wohl auch, Bruder meiner Seele! wie mir sein mußte. Ach! so himmlisch der Zauber war, womit sie dieß sprach, so unaussprechlich war mein Schmerz.

Ich habe manchmal gedacht, fuhr sie fort, woher es wohl kommen möchte, daß du so sonderbar bist. Es ist so ein schmerzlich Räthsel, daß ein Geist, wie der deinige, von solchen Leiden gedrückt werden soll. Es war gewiß eine Zeit, wo er frei war von dieser Unruhe. Ist sie dir nicht mehr gegenwärtig? Könnt' ich sie dir zurückbringen, diese stille Feier, diese heilige Ruhe im Innern, wo auch der leiseste Laut vernehmbar ist, der aus der Tiefe des Geistes kömmt, und die leiseste Berührung von außen, vom Himmel her, und aus den Zweigen und Blumen — ich kann es nicht aussprechen, wie mir oft ward, wenn ich so dastand vor der göttlichen Natur, und alles Irdische in mir verstummte — da ist er uns so nahe, der Unsichtbare!

Sie schwieg, und schien betroffen, als hätte sie Geheimnisse verrathen.

Hyperion! begann sie wieder, du hast Gewalt über dich; ich weiß es. Sage deinem Herzen, daß man vergebens den

Frieden außer sich suche, wenn man ihn nicht sich selbst gibt. Ich habe diese Worte immer so hoch geachtet. Es sind Worte meines Vaters, eine Frucht seiner Leiden, wie er sagt. Gib ihn dir, diesen Frieden, und sey fröhlich! Du wirst es thun. Es ist meine erste Bitte. Du wirst sie mir nicht versagen.

Was du willst, wie du willst, Engel des Himmels! rief ich, indem ich, ohne zu wissen, wie mir geschah, ihre Hand ergriff, und sie mit Macht gegen mein jammerndes Herz hinzog.

Sie war, wie aus einem Traume geschreckt, und wand sich los, mit möglichster Schonung, aber die Majestät in ihrem Auge drückte mich zu Boden.

Du mußt anders werden, rief sie etwas heftiger, als gewöhnlich. Ich war in Verzweiflung. Ich fühlte, wie klein ich war, und rang vergebens empor. Ach! daß es dahin kommen konnte mit mir! Wie die gemeinen Seelen, sucht' ich darin Trost für mein Nichts, daß ich das Große verkleinerte, daß ich das Himmlische — Bellarmin! es ist ein Schmerz ohne Gleichen, so einen schändlichen Fleck an sich zu zeigen. Sie will deiner los seyn, dacht' ich, das ist's all' — „Nun ja, ich will anders werden!" Das stieß ich Elender unter erzwungenem Lächeln heraus, und eilte, um fortzukommen.

Wie von bösen Geistern getrieben, lief ich hinaus in den Wald, und irrte herum, bis ich hinsank in's dürre Gras.

Wie eine lange entsetzliche Wüste lag die Vergangenheit da vor mir, und mit höllischem Grimme vertilgt' ich jeden Rest von dem, was einst mein Herz gelabt hatte und erhoben.

Dann fuhr ich wieder auf mit wüthendem Hohngelächter über mich und alles, lauschte mit Lust dem gräßlichen Wiederhall, und das Geheul der Tschakale, das durch die Nacht her von allen Seiten gegen mich drang, that meiner zerrütteten Seele wirklich wohl.

Eine dumpfe fürchterliche Stille folgte diesen vernichtenden Stunden, eine eigentliche Todtenstille! Ich suchte nun keine Rettung mehr. Ich achtete nichts. Ich war, wie ein Thier unter der Hand des Schlächters.

„Auch sie! auch sie!“ Das war der erste Laut, der nach langer Zeit mir über die Lippen kam, und Thränen traten mir ins Auge.

„Sie kann ja nicht anders; sie kann sich ja nicht geben, was sie nicht haben kann, deine Armuth und deine Liebe!“ Das sagt' ich mir endlich auch. Ich ward nach und nach ruhig, und fromm wie ein Kind. Ich wollte nun gewiß nichts mehr suchen, wollte mir forthelfen von einem Tage zum andern, so gut ich konnte, ich war mir selbst nichts mehr, forderte auch nicht, daß ich andern etwas seyn sollte, und es gab Augenblicke, wo es mir möglich schien, die Einzige zu sehn und nichts zu wünschen.

So hatt' ich einige Zeit gelebt, als eines Tages Notara zu mir kam mit einem jungen Tinioten, sich über meine sonderbare Eingezogenheit beschwerte, und mich bat, mich den andern Tag Abends bei Homers Grotte einzufinden, er habe etwas Eignes vor, dem Tinioten zu lieb, der so recht mit ganzer Seele am alten Griechenland hänge, und jetzt auf dem Wege sei, die Aeolische Küste und das alte Troas zu besuchen; es wäre mir heilsam, setzte er hinzu, wenn ich seinen Freund dahin geleitete, er erinnere sich ohnedieß, daß ich einmal den Wunsch geäußert hätte, diesen Theil von Kleinasien zu sehen. Der Tiniote bat auch, und ich nahm es an, so wie ich alles angenommen hätte, beinahe mit willenloser Lenksamkeit.

Der andere Tag verging unter Anstalten zur Abreise, und Abends holte Adamas, so hieß der Tiniote, mich ab, zur Grotte hinaus.

Es ist kein Wunder (begann ich, um andern Erscheinungen in mir nicht Raum zu geben, nachdem wir eine Weile am Meles auf und nieder unter den Myrten und Platanen gegangen waren), daß die Städte sich zankten über die Abkunft Homers. Der Gedanke ist so erheiternd, daß der holde Knabe da im Sande gespielt habe, und die ersten Eindrücke empfangen, aus denen so ein schöner gewaltiger Geist sich mählig entwickelte.

Du hast recht, erwiederte er, und ihr Smyrner müßt euch den erfreulichen Glauben nicht nehmen lassen. Mir ist es heilig, dieses Wasser und dieß Gestade! Wer weiß, wie viel das Land hier, nebst Meer und Himmel, Theil hat an der Unsterblichkeit des Mäoniden! Das unbefangene Auge des Kindes sammelt sich Ahndungen und Regungen aus der Beschauung der Welt, die manches beschämen, was später unser Geist auf mühsamem Wege erringt.

In diesem Tone fuhr er fort, bis Notara mit Melite und einigen Andern herankam.

Ich war gefaßt. Ich konnte mich ihr nähern, ohne merkliche Aenderung im Innern. Es war gut, daß ich unmittelbar zuvor nicht mir selbst überlassen war.

Sie litt auch. Man sah es. Aber o Gott! wie unendlich größer!

In die Regionen des Guten und Wahren hatte sich ihr Herz geflüchtet. Ein stiller Schmerz, wie ich ihn nie bemerkt hatte an ihr, hielt die frohen Bewegungen ihres Angesichtes gefangen; aber ihren Geist nicht. In unwandelbarer Ruhe leuchtete dieser aus dem himmlischen Auge, und ihre Wehmuth schloß sich an ihn, wie an einen göttlichen Tröster.

Adamas fuhr fort, wo er unterbrochen worden war; Melite nahm Theil; ich sprach auch zuweilen ein Wörtchen.

So kamen wir an die Grotte Homers.

Stille trauernde Akkorde empfiengen uns vom Felsen herab, unter den wir traten; die Saitenspiele ergossen sich über mein Inneres, wie über die todte Erde ein warmer Regen im Frühlinge. Innen, im magischen Dämmerlichte der Grotte, das durch die verschiedenen Oeffnungen des Felsens, durch Blätter und Zweige hereinbricht, stand eine Marmorbüste des göttlichen Sängers, und lächelte gegen die frommen Enkel.

Wir saßen um sie herum, wie die Unmündigen um ihren Vater, und lasen uns einzelne Rhapsodien der Ilias, wie sie jedes nach seinem Sinne sich auswählte; denn alle waren wir vertraut mit ihr.

Eine Nänie, die mein Innerstes erschütterte, sangen wir drauf dem Schatten des lieben blinden Mannes, und seinen

Zeiten. Alle waren tiefbewegt. Melite sah fast unverwandt auf seinen Marmor, und ihr Auge glänzte von Thränen der Wehmuth und der Begeisterung.

Alles war nun stille. Wir sprachen kein Wort, wir berührten uns nicht, wir sahen uns nicht an, so gewiß von ihrem Einklang schienen alle Gemüther in diesem Augenblicke, so über Sprache und Aeußerung schien das zu gehen, was jetzt in ihnen lebte.

Es war Gefühl der Vergangenheit, die Todtenfeier von allem, was einst da war.

Erröthend beugte sich endlich Melite gegen Notara hin, und flüsterte ihm etwas zu.

Notara lächelte, voll Freude über das süße Geschöpf, nahm die Scheere, die sie ihm bot, und schnitt sich eine Locke ab.

Ich verstand, was das sollte, und that stillschweigend dasselbe.

Wem sonst, als dir? rief der Tiniote, indem er seine Locke gegen den Marmor hielt.

Auch die Andern gaben, ergriffen von unsrem Ernst, ihr Todtenopfer. Melite sammelte das andere zu dem ihrigen, band es zusammen, und legte es an der Büste nieder, indeß wir Andern wieder die Nänie sangen.

Das alles diente nur, um mein Wesen aus der Ruhe zu locken, in die es gesunken war. Mein Auge verweilte wieder auf ihr, und meine Liebe und mein Schmerz ergriffen mich gewaltiger, als je.

Ich strengte mich umsonst an, auszuhalten. Ich mußte weggehen. Meine Trauer war wirklich gränzenlos. Ich ging hinab an den Meles, warf mich nieder auf's Gestade, und weinte laut. Oft sprach ich mir leise ihren Namen vor, und mein Schmerz schien davon besänftigt zu werden. Aber er war es nur, um desto unaufhaltsamer zurückzukehren. Ach! für mich war keine Ruhe zu finden, auf keiner Stelle der Welt! Ihr nahe zu seyn, und ferne von ihr, die ich so namenlos liebte, und so namenlos, so unaussprechlich schändlich gequält hatte, das war gleich! Beides war Hölle für mich geworden! ich konnte nicht lassen von ihr, und konnte nicht um sie bleiben!

Mitten in diesem Tumulte hört' ich etwas durch die Myrten rauschen. Ich raffte mich auf — und o Himmel! es war Melite!

Sie mußte wohl erschrecken, so ein zerstörtes Geschöpf vor sich zu sehen. Ich stürzte hin zu ihr in meiner Verzweiflung und rang die Hände und flehte nur um Ein, Ein Wort ihrer Güte. Sie erblaßte und konnte kaum sprechen. Mit himmlischen Thränen bat sie mich endlich, den edlern, stärkern Theil meines Wesens kennen zu lernen, wie sie ihn kenne, auf das Selbstständige, Unbezwingliche, Göttliche, das, wie in Allen, auch in mir sey, mein Auge zu richten — was nicht aus dieser Quelle entspringe, führe zum Tode — was von ihr komme, und in sie zurückgehe, sei ewig — was Mangel und Noth vereinige, höre auf, Eines zu sein, so wie die Noth aufhöre; was sich vereinige in dem und für das, was allein groß, allein heilig, allein unerschütterlich seye, dessen Vereinigung müsse ewig bestehen, wie das Ewige, wodurch und wofür sie bestehe und so — hier mußte sie enden. Die Andern kamen ihr nach. Ich hätte in diesem Augenblicke tausend Leben daran gewagt, sie auszuhören! Ich habe sie nie ausgehört. Ueber den Sternen hör' ich vielleicht das Uebrige.

Nahe bei der Grotte, zu der wir wieder zurückkehrten, fing sie noch von meiner Reise an, und bat mich, die Ufer des Skamander's und den Ida und das ganze alte Trojer Land von ihr zu grüßen. Ich beschwur sie, kein Wort mehr zu sprechen von dieser verhaßten Reise, und wollte geradezu den Adamas bitten, mich loszusprechen von meinem gegebenen Worte. Aber mit all' ihrer Grazie flehte Melite, das nicht zu thun; sie sei so gewiß, nichts sei vermögend, Frieden und Freude zwischen mir und ihr zu stiften, wie diese Reise, ihr wäre, als hänge Leben und Tod daran, daß wir uns auf eine kleine Weile trennten, sie gestände mir, es sei ihr selbst nicht so deutlich, warum sie mich so sehr bitten müßte, aber sie müßte, und wenn es ihr das Leben kostete, sie müßte.

Ich sah sie staunend an und schwieg. Mir war, als hätt' ich die Priesterin zu Dodona gehört. Ich war entschlossen zu gehn, und wenn es mir das Leben kostete. Es war schon dunkel geworden, und die Sterne giengen herauf am Himmel.

Die Grotte war erleuchtet. Wolken von Weihrauch stiegen aus dem Innern des Felsens, und mit majestätischem Jubel brach die Musik nach kurzen Dissonanzen hervor.

Wir sangen heilige Gesänge von dem, was besteht, was fortlebt unter tausend veränderten Gestalten, was war und ist und seyn wird, von der Unzertrennlichkeit der Geister, und wie sie Eines seyen von Anbeginn und immerdar, so sehr auch Nacht und Wolke sie scheide, und aller Augen giengen über vom Gefühle dieser Verwandtschaft und Unsterblichkeit.

Ich war ganz ein Anderer geworden. Laßt vergehen, was vergeht, rief ich unter die Begeisterten, es vergeht, um wiederzukehren, es altert, um sich zu verjüngen, es trennt sich, um sich inniger zu vereinigen, es stirbt, um lebendiger zu leben.

So müssen, fuhr nach einer kleinen Weile der Tiniote fort, die Ahndungen der Kindheit dahin, um als Wahrheit wieder aufzustehen im Geiste des Mannes. So verblühen die schönen jugendlichen Myrten der Vorwelt, die Dichtungen Homer's und seiner Zeiten, die Prophezeihungen und Offenbarungen, aber der Keim, der in ihnen lag, gehet als reife Frucht hervor im Herbste. Die Einfalt und Unschuld der ersten Zeit erstirbt, daß sie wiederkehre in der vollendeten Bildung, und der heilige Friede des Paradieses gehet unter, daß, was nur Gabe der Natur war, wiederaufblühe als errungenes Eigenthum der Menschheit.

Herrlich! herrlich! rief Notara.

Doch wird das Vollkommene erst im fernen Lande kommen, sagte Melite, im Lande des Wiedersehens und der ewigen Jugend. Hier bleibt es doch nur Dämmerung. Aber anderswo wird er gewiß uns aufgehen, der heilige Morgen; ich denke mit

Lust daran; da werden auch wir uns alle wiederfinden, bei der großen Vereinigung alles Getrennten.

Melite war ungewöhnlich bewegt. Wir sprachen sehr wenig auf unsrem Rückwege. An Notara's Hause bot sie mir noch die Hand; „lebe wohl, guter Hyperion!" das waren ihre letzten Worte, und so entschwand sie.

Lebe wohl, Melite, lebe wohl! Ich darf deiner nicht oft gedenken. Ich muß mich hüten vor den Schmerzen und Freuden der Erinnerung. Ich bin, wie eine kranke Pflanze, die die Sonne nicht ertragen kann. Leb auch Du wohl, mein Bellarmin! Bist Du indeß dem Heiligthume der Wahrheit näher gekommen? Könnt ich ruhig suchen, wie Du! —

Ach! bin ich nur dort einmal angekommen, dann soll es anders werden mit mir. Tief unter uns rauscht dann der Strom der Vergänglichkeit mit den Trümmern, die er wälzt, und wir seufzen nicht mehr, als wenn das Jammern derer, die er hinunterschlingt, in die stillen Höhen des Wahren und Ewigen heraufdringt.

Kastri am Parnaß.

Vom Gegenwärtigen ein andermal! Auch von meiner Reise mit Adamas vielleicht ein andermal! Unvergeßlich ist mir besonders die Nacht vor unserem Abschiede, wo wir an den Ufern des alten Ilion unter Grabhügeln, die vielleicht dem Achill und Patroklus und Antilochus und Ajax Telamon errichtet wurden, vom vergangenen und künftigen Griechenlande sprachen, und manchem andern, das aus den Tiefen und in die Tiefen unsers Wesens kam und gieng.

Der herzliche Abschied Melite's, Adamas Geist, die heroischen Phantasien und Gedanken, die, wie Sterne aus der Nacht, uns aufgiengen aus den Gräbern und Trümmern der alten Welt, die geheime Kraft der Natur, die überall sich an uns äußert, wo das Licht und die Erde, der Himmel und das Meer uns umgibt, all das hatte mich gestärkt, daß jetzt etwas mehr sich in mir regte, als nur mein dürftiges Herz; Melite wird sich freuen über dich! sagt' ich mir oft ingeheim mit inniger Lust, und tausend güldne Hoffnungen schlossen sich an, an diesen Gedanken. Dann konnte mich wieder eine sonderbare Angst überfallen, ob ich sie wohl auch noch treffen werde, aber ich hielt es für ein Ueberbleibsel meines finsteren Lebens und schlug es mir aus dem Sinne.

Ich hatte am Sigäischen Vorgebirge ein Schiff getroffen, das geradezu nach Smyrna segelte, und es war mir ganz lieb, den Rückweg auf dem Meere an Tenedos und Lesbos hin zu machen.

Ruhig schifften wir dem Hafen von Smyrna zu. Im süßen Frieden der Nacht wandelten über uns die Helden des Sternenhimmels. Kaum kräuselten sich die Meereswellen im Mondenlichte. In meiner Seele war's nicht ganz so stille. Doch fiel ich gegen Morgen in einen leichten Schlaf. Mich weckte das Frohlocken der Schwalben und der erwachende Lärm im Schiffe. Mit allen seinen Hoffnungen jauchzte mein Herz dem freundlichen Gestade meiner Heimath zu, und dem Morgenlichte, das über dem Gipfel des dämmernden Pagus und seiner alternden Burg und über den Spitzen der Moskeen und dunkeln Cypressenhaine hereinbrach, und ich lächelte treuherzig gegen die Häuserchen am Ufer, die mit ihren glühenden Fenstern wie Zauberschlösser hervorleuchteten hinter den Oliven und Palmen.

Freudig säuselte mir der Jubat in den Locken. Freudig hüpften die kleinen Wellen vor dem Schiffe voran ans Ufer.

Ich sah, und fühlte das, und lächelte.

Es ist schön, daß der Knabe nichts ahndet, wenn der Tod ihm schon ans Herz gedrungen ist.

Ich eilte vom Hafen zu Notara's Hause. Melite war fort Sie sey schnell abgeholt worden auf Befehl ihres Vaters, sagte mir Notara, wohin wisse man nicht. Ihr Vater habe die Gegend des Tmolus verlassen, und er habe weder seinen jetzigen Aufenthalt noch die Ursache seiner Entfernung erfahren können.

Melite hab' es wahrscheinlich selbst nicht gewußt. Sie habe übrigens am Tage des Abschieds überhaupt beinahe nichts mehr gesprochen. Sie hab' ihm aufgetragen, mich noch zu grüßen.

Mir war, als würde mir mein Todesurtheil gesprochen. Aber ich war ganz stille dazu. Ich gieng nach Hause, berichtigte nothwendige Kleinigkeiten, und war sonst im Aeußern ganz, wie die Andern. Ich vermied alles, was mich an das Vergangene erinnern konnte; ich hielt mich ferne von Notara's Garten und dem Ufer des Meles. Alles, was irgend mein Gemüth bewegen konnte, floh ich, und das Gleichgültige war mir noch gleichgültiger geworden. Abgezogenheit von allem Lebendigen, das war es, was ich suchte. Ueber den ehrwürdigen Produkten des altgriechischen Tiefsinns brütet' ich Tage und Nächte. Ich flüchtete mich in ihre Abgezogenheit von allem Lebendigen. Allmählig war mir das, was man vor Augen hat, so fremde geworden, daß ich es oft beinahe mit Staunen ansah. Oft, wenn ich Menschenstimmen hörte, war mir's, als mahnten sie mich, aus einem Lande zu flüchten, worein ich nicht gehörte, und ich kam mir vor, wie ein Geist, der sich über die Mitternachtsstunde verweilt hat, und den Hahnenschrei hört.

Während dieser ganzen Zeit war ich nie hinausgekommen. Aber mein Herz schlug noch zu jugendlich: sie war noch nicht in mir gestorben, die Mutter alles Lebens, die unbegreifliche Liebe.

Ein räthselhaft Verlangen zog mich fort. Ich gieng hinaus.

Es war ein stiller Herbsttag. Wunderbar erfreute mich die sanfte Luft, wie sie die welken Blätter schonte, daß sie noch eine Weile am mütterlichen Stamme blieben.

Ein Kreis von Platanen, wo man über das felsige Gestade weg ins Meer hinaussah, war mir immer heilig gewesen.

Dort saß ich und gieng umher.

Es war schon Abend geworden, und kein Laut regte sich ringsumher.

Da ward ich, was ich jetzt bin. Aus dem Innern des Hains schien es mich zu mahnen, aus den Tiefen der Erde und des Meers mir zuzurufen, warum liebst du nicht *mich*?

Von nun an konnt' ich nichts mehr denken, was ich zuvor dachte, die Welt war mir heiliger geworden, aber geheimnißvoller. Neue Gedanken, die mein Innerstes erschütterten, flammten mir durch die Seele. Es war mir unmöglich, sie festzuhalten, ruhig fortzusinnen.

Ich verließ mein Vaterland, um jenseits des Meeres Wahrheit zu finden.

Wie schlug mein Herz von großen jugendlichen Hoffnungen!

Ich fand nichts, als dich. Ich sage das dir, mein Bellarmin! Du fandest ja auch nichts, als mich.

Wir sind nichts; was wir suchen, ist alles.

Auf dem Cithäron.

Noch ahnd' ich, ohne zu finden.

Ich frage die Sterne und sie verstummen, ich frage den Tag, und die Nacht; aber sie antworten nicht. Aus mir selbst, wenn ich mich frage, tönen mystische Sprüche, Träume ohne Deutung.

Meinem Herzen ist oft wohl in dieser Dämmerung. Ich weiß nicht, wie mir geschieht, wenn ich sie ansehe, diese unergründliche Natur; aber es sind heilige, selige Thränen, die ich weine vor der verschleierten Geliebten. Mein ganzes Wesen verstummt und lauscht, wenn der leise geheimnißvolle Hauch des Abends mich anweht. Verloren ins weite Blau, blick' ich oft hinauf an den Aether, und hinein ins heilige Meer, und mir wird, als schlöße sich die Pforte des Unsichtbaren mir auf und ich vergienge mit allem, was um mich ist, bis ein Rauschen im Gesträuche mich aufweckt aus dem seligen Tode, und mich wider Willen zurückruft auf die Stelle, wovon ich ausgieng.

Meinem Herzen ist wohl in dieser Dämmerung. Ist sie

unser Element, diese Dämmerung? Warum kann ich nicht ruhen darinnen?

Da sah' ich neulich einen Knaben am Wege liegen. Sorgsam hatte die Mutter, die ihn bewachte, eine Decke über ihn gebreitet, daß er sanft schlummere im Schatten, und ihn die Sonne nicht blende. Aber der Knabe wollte nicht bleiben, und riß die Decke weg, und ich sah, wie ers versuchte, das freundliche Licht anzusehen, und immer wieder versuchte, bis ihn das Auge schmerzte, und er weinend sein Gesicht zur Erde kehrte.

Armer Knabe! dacht' ich, andern ergehts nicht besser, und hatte mir auch beinahe vorgenommen, abzulassen von dieser verwegnen Neugier. Aber ich kann nicht! ich soll nicht!

Es muß heraus, das große Geheimniß, das mir das Leben gibt oder den Tod.

II.

Hyperion
oder
der Eremit in Griechenland.

Non coerceri maximo, contineri minimo,
divinum est.

Vorrede.

Ich verspräche gerne diesem Buche die Liebe der Deutschen. Aber ich fürchte, die einen werden es lesen, wie ein Compendium, und um das fabula docet sich zu sehr bekümmern, indeß die andern gar zu leicht es nehmen, und beide Theile verstehen es nicht.

Wer blos an meiner Pflanze riecht, der kennt sie nicht, und wer sie pflückt, bloß, um daran zu lernen, kennt sie auch nicht.

Die Auflösung der Dissonanzen in einem gewissen

Charakter ist weder für das bloße Nachdenken, noch für die leere Lust.

Der Schauplatz, wo sich das Folgende zutrug, ist nicht neu, und ich gestehe, daß ich einmal kindisch genug war, in dieser Rücksicht eine Veränderung mit dem Buche zu versuchen, aber ich überzeugte mich, daß er der einzig angemessene für Hyperions elegischen Charakter wäre, und schämte mich, daß mich das wahrscheinliche Urtheil des Publikums so übertrieben geschmeidig gemacht.

Ich bedaure, daß für jetzt die Beurtheilung des Plans noch nicht jedem möglich ist. Aber der zweite Band soll so schnell, wie möglich, folgen.

Erstes Buch.

Hyperion an Bellarmin.

Der liebe Vaterlandsboden gibt mir wieder Freude und Leid.

Ich bin jetzt alle Morgen auf den Höhen des Korinthischen Isthmus, und, wie die Biene unter Blumen, fliegt meine Seele oft hin und her zwischen den Meeren, die zur Rechten und zur Linken meinen glühenden Bergen die Füße kühlen.

Besonders der Eine der beiden Meerbusen hätte mich freuen sollen, wär' ich ein Jahrtausend früher hier gestanden.

Wie ein siegender Halbgott, wallte da zwischen der herrlichen Wildniß des Helikon und Parnaß, wo das Morgenroth um hundert überschneite Gipfel spielt, und zwischen der paradiesischen Ebene von Sicyon der glänzende Meerbusen herein, gegen die Stadt der Freude, das jugendliche Korinth, und schüttete den erbeuteten Reichthum aller Zonen vor seiner Lieblingin aus.

Aber was soll mir das? Das Geschrei des Tschakals, der unter den Steinhaufen des Alterthums sein wildes Grablied singt, schreckt ja aus meinen Träumen mich auf.

Wohl dem Manne, dem ein blühend Vaterland das Herz erfreut und stärkt! Mir ist, als würd' ich in den Sumpf geworfen, als schlüge man den Sargdeckel über mir zu, wenn einer an das meinige mich mahnt, und wenn mich einer einen Griechen nennt, so wird mir immer, als schnürt' er mit dem Halsband eines Hundes mir die Kehle zu.

Und siehe, mein Bellarmin! wenn manchmal mir so ein Wort entfuhr, wohl auch im Zorne mir eine Thräne ins Auge trat, so kamen dann die weisen Herren, die unter euch

Deutschen so gerne spucken, die Elenden, denen ein leidend Gemüth so gerade recht ist, ihre Sprüche anzubringen, die thaten dann sich gütlich, ließen sich beigehn, mir zu sagen: klage nicht, handle!

O hätt' ich doch nie gehandelt! um wie manche Hoffnung wär' ich reicher! —

Ja, vergiß nur, daß es Menschen gibt, darbendes, angefochtenes, tausendfach geärgertes Herz! und kehre wieder dahin, wo du ausgiengst, in die Arme der Natur, der wandellosen, stillen und schönen.

Hyperion an Bellarmin.

Ich habe nichts, wovon ich sagen möchte, es sey mein eigen.

Fern und todt sind meine Geliebten, und ich vernehme durch keine Stimme von ihnen nichts mehr.

Mein Geschäft auf Erden ist aus. Ich bin voll Willens an die Arbeit gegangen, habe geblutet darüber, und die Welt um keinen Pfenning reicher gemacht.

Ruhmlos und einsam kehr' ich zurück und wandre durch mein Vaterland, das, wie ein Todtengarten, weit umher liegt, und mich erwartet vielleicht das Messer des Jägers, der uns Griechen, wie das Wild des Waldes, sich zur Lust hält.

Aber du scheinst noch, Sonne des Himmels! Du grünst noch, heilige Erde! Noch rauschen die Ströme ins Meer, und schattige Bäume säuseln im Mittag. Der Wonnegesang des Frühlings singt meine sterblichen Gedanken in Schlaf. Die Fülle der allebendigen Welt ernährt und sättiget mit Trunkenheit mein darbend Wesen.

O selige Natur! Ich weiß nicht, wie mir geschiehet, wenn ich mein Auge erhebe vor deiner Schöne, aber alle Lust des Himmels ist in den Thränen, die ich weine vor dir, der Geliebte vor der Geliebten.

Mein ganzes Wesen verstummt und lauscht, wenn die zarte Welle der Luft mir um die Brust spielt. Verloren ins weite

Blau, blick ich oft hinauf an den Aether und hinein ins heilige Meer, und mir ist, als öffnet' ein verwandter Geist mir die Arme, als lös'te der Schmerz der Einsamkeit sich auf ins Leben der Gottheit.

Eines zu seyn mit Allem, das ist Leben der Gottheit, das ist der Himmel des Menschen.

Eines zu seyn mit Allem, was lebt, in seliger Selbstvergessenheit wieder zu kehren ins All der Natur, das ist der Gipfel der Gedanken und Freuden, das ist die heilige Bergeshöhe, der Ort der ewigen Ruhe, wo der Mittag seine Schwüle und der Donner seine Stimme verliert und das kochende Meer der Woge des Kornfelds gleicht.

Eines zu seyn mit Allem, was lebt! Mit diesem Worte legt die Tugend den zürnenden Harnisch, der Geist des Menschen den Zepter weg, und alle Gedanken schwinden vor dem Bilde der ewig einigen Welt, wie die Regeln des ringenden Künstlers vor seiner Urania, und das eherne Schicksal entsagt der Herrschaft, und aus dem Bunde der Wesen schwindet der Tod, und Unzertrennlichkeit und ewige Jugend beseliget, verschönert die Welt.

Auf dieser Höhe steh' ich oft, mein Bellarmin! Aber ein Moment des Besinnens wirft mich herab. Ich denke nach, und finde mich, wie ich zuvor war, allein, mit allen Schmerzen der Sterblichkeit, und meines Herzens Asyl, die ewig einige Welt, ist hin; die Natur verschließt die Arme, und ich stehe, wie ein Fremdling, vor ihr, und verstehe sie nicht.

Ach! wär' ich nie in eure Schulen gegangen. Die Wissenschaft, der ich in den Schacht hinunter folgte, von der ich, jugendlich thöricht, die Bestätigung meiner reinen Freude erwartete, die hat mir alles verdorben.

Ich bin bei euch so recht vernünftig geworden, habe gründlich mich unterscheiden gelernt von dem, was mich umgibt, bin nun vereinzelt in der schönen Welt, bin so ausgeworfen aus dem Garten der Natur, wo ich wuchs und blühte, und vertrockne an der Mittagssonne.

O ein Gott ist der Mensch, wenn er träumt, ein Bettler, wenn er nachdenkt, und wenn die Begeisterung hin ist, steht er da, wie ein mißrathener Sohn, den der Vater aus dem Hause stieß, und betrachtet die ärmlichen Pfenninge, die ihm das Mitleid auf den Weg gab.

Hyperion an Bellarmin.

Ich danke Dir, daß Du mich bittest, Dir von mir zu erzählen, daß Du die vorigen Zeiten mir in's Gedächtniß bringst.

Das trieb mich auch nach Griechenland zurück, daß ich den Spielen meiner Jugend näher leben wollte.

Wie der Arbeiter in den erquickenden Schlaf, sinkt oft mein angefochtenes Wesen in die Arme der unschuldigen Vergangenheit.

Ruhe der Kindheit! himmlische Ruhe! wie oft steh' ich stille vor dir in liebender Betrachtung, und möchte dich denken! Aber wir haben ja nur Begriffe von dem, was einmal schlecht gewesen und wieder gut gemacht ist; von Kindheit, Unschuld haben wir keine Begriffe.

Da ich noch ein stilles Kind war und von dem allem, was uns umgibt, nichts wußte, war ich da nicht mehr, als jetzt, nach all den Mühen des Herzens und all dem Sinnen und Ringen?

Ja! ein göttlich Wesen ist das Kind, so lang es nicht in die Chamäleonsfarbe der Menschen getaucht ist.

Es ist ganz, was es ist, und darum ist es so schön.

Der Zwang des Gesetzes und des Schicksals betastet es nicht; im Kind' ist Freiheit allein.

In ihm ist Frieden; es ist noch mit sich selber nicht zerfallen. Reichthum ist in ihm; es kennt sein Herz, die Dürftigkeit des Lebens nicht. Es ist unsterblich, denn es weiß vom Tode nichts.

Aber das können die Menschen nicht leiden. Das Göttliche muß werden, wie ihrer einer, muß erfahren, daß sie auch da sind, und eh' es die Natur aus seinem Paradiese treibt, so schmeicheln und schleppen die Menschen es heraus, auf das Feld des Fluchs, daß es, wie sie, im Schweiße des Angesichts sich abarbeite.

Aber schön ist auch die Zeit des Erwachens, wenn man nur zur Unzeit uns nicht weckt.

O es sind heilige Tage, wo unser Herz zum erstenmale die Schwingen übt, wo wir, voll schnellen feurigen Wachsthums, dastehen in der herrlichen Welt, wie die junge Pflanze, wenn sie der Morgensonne sich aufschließt, und die kleinen Arme dem unendlichen Himmel entgegenstreckt.

Wie es mich umhertrieb an den Bergen und am Meeresufer! ach wie ich oft da saß mit klopfendem Herzen, auf den Höhen von Tina, und den Falken und Kranichen nachsah, und den kühnen fröhlichen Schiffen, wenn sie hinunter schwanden am Horizont! Dort hinunter! dacht' ich, dort wanderst du auch einmal hinunter, und mir war, wie einem Schmachtenden, der ins kühlende Bad sich stürzt und die schäumenden Wasser über die Stirne sich schüttet.

Seufzend kehrt' ich dann nach meinem Hause wieder um. Wenn nur die Schülerjahre erst vorüber wären, dacht' ich oft.

Guter Junge! sie sind noch lange nicht vorüber.

Daß der Mensch in seiner Jugend das Ziel so nahe glaubt! Es ist die schönste aller Täuschungen, womit die Natur der Schwachheit unsers Wesens aufhilft.

Und wenn ich oft da lag unter den Blumen, und am zärtlichen Frühlingslichte mich sonnte, und hinauf sah ins heitre Blau, das die warme Erde umfing, wenn ich unter den Ulmen und Weiden, im Schooße des Berges saß, nach einem erquickenden Regen, wenn die Zweige noch bebten von den Berührungen des Himmels, und über dem tröpfelnden Walde sich goldne Wolken bewegten, oder wenn der Abendstern voll friedlichen Geistes heraufkam mit den alten Jünglingen, den übrigen Helden des Himmels, und ich so sah, wie das Leben in ihnen in ewiger, müheloser Ordnung durch den Aether sich fort bewegte, und die Ruhe der Welt mich umgab und erfreute, daß ich aufmerkte und lauschte, ohne zu wissen, wie mir geschah — hast du mich lieb, guter Vater im Himmel! fragt' ich dann leise, und fühlte seine Antwort so sicher und selig am Herzen.

O du, zu dem ich rief, als wärst du über den Sternen, den ich Schöpfer des Himmels nannte und der Erde, freundlich Idol meiner Kindheit, du wirst nicht zürnen, daß ich deiner vergaß! — Warum ist die Welt nicht dürftig genug, um außer ihr noch Einen zu suchen? *)

O wenn sie eines Vaters Tochter ist, die herrliche Natur, ist das Herz der Tochter nicht sein Herz? Ihr Innerstes, ist's nicht Er? Aber hab' ich's denn? kenn' ich es denn?

Es ist, als säh' ich, aber dann erschreck' ich wieder, als wär' es meine eigne Gestalt, was ich gesehen, es ist, als fühlt' ich ihn, den Geist der Welt, aber ich erwache und meine, ich habe meine eigenen Finger gehalten.

Hyperion an Bellarmin.

Weißt Du, wie Plato und sein Stella sich liebten?

So liebt ich, so war ich geliebt. O ich war ein glücklicher Knabe!

Es ist erfreulich, wenn Gleiches sich zu Gleichem gesellt, aber es ist göttlich, wenn ein großer Mensch die Kleineren zu sich aufzieht.

Ein freundlich Wort aus eines tapfern Mannes Herzen, ein Lächeln, worin die verzehrende Herrlichkeit des Geistes sich verbirgt, ist wenig und viel, wie ein zauberisch Losungswort, das Tod und Leben in seiner einfältigen Sylbe verbirgt, ist, wie ein geistig Wasser, das aus der Tiefe der Berge quillt, und die geheime Kraft der Erde uns mittheilt in seinem krystallenen Tropfen.

---

*) Es ist wohl nicht nöthig, zu erinnern, daß derlei Aeußerungen als bloße Phänomene des menschlichen Gemüths von Rechtswegen niemand scandalisiren sollten.

Wie hass' ich dagegen alle die Barbaren, die sich einbilden, sie seyen weise, weil sie kein Herz mehr haben, alle die rohen Unholde, die tausendfältig die jugendliche Schönheit tödten und zerstören, mit ihrer kleinen unvernünftigen Mannszucht!

Guter Gott! Da will die Eule die jungen Adler aus dem Neste jagen, will ihnen den Weg zur Sonne weisen!

Verzeih mir, Geist meines Adamas! daß ich dieser gedenke vor dir. Das ist der Gewinn, den uns Erfahrung gibt, daß wir nichts Treffliches uns denken, ohne sein ungestaltes Gegentheil.

O daß nur du mir ewig gegenwärtig wärest, mit allem, was dir verwandt ist, traurender Halbgott, den ich meine! Wen du umgibst, mit deiner Ruhe und Stärke, Ringer und Kämpfer, wem du begegnest mit deiner Liebe und Weisheit, der fliehe, oder werde, wie du! Unedles und Schwaches besteht nicht neben dir.

Wie oft warst du mir nahe, da du längst mir ferne warst, verklärtest mich mit deinem Lichte, und wärmtest mich, daß mein erstarrtes Herz sich wieder bewegte, wie der verhärtete Quell, wenn der Strahl des Himmels ihn berührt! Zu den Sternen hätt' ich dann fliehn mögen mit meiner Seligkeit, damit sie mir nicht entwürdigt würde von dem, was mich umgab.

Ich war aufgewachsen, wie eine Rebe ohne Stab, und die wilden Ranken breiteten richtungslos über dem Boden sich aus. Du weißt ja, wie so manche edle Kraft bei uns zu Grunde geht, weil sie nicht genützt wird. Ich schweifte herum, wie ein Irrlicht, griff alles an, wurde von allem ergriffen, aber auch nur für den Moment, und die unbehülflichen Kräfte matteten vergebens sich ab. Ich fühlte, daß mirs überall fehlte, und konnte doch mein Ziel nicht finden. So fand er mich.

Er hatt' an seinem Stoffe, an der sogenannten kultivirten Welt, lange genug Geduld und Kunst geübt, aber sein Stoff war Stein und Holz gewesen und geblieben, nahm wohl zur Noth die edle Menschenform von außen an, aber um dieß war's meinem Adamas nicht zu thun; er wollte Menschen, und, um diese zu schaffen, hatt' er seine Kunst zu arm gefunden. Sie waren einmal da gewesen, die er suchte, die zu schaffen seine Kunst zu arm war, das erkannt' er deutlich. Wo sie da gewesen, wußt' er auch. Da wollt' er hin und unter dem Schutt nach ihrem Genius fragen, mit diesem sich die einsamen Tage zu verkürzen. Er kam nach Griechenland. So fand ich ihn.

Noch seh' ich ihn vor mich treten in lächelnder Betrachtung, noch hör' ich seinen Gruß und seine Fragen.

Wie vor einer Pflanze, wenn ihr Friede den strebenden Geist besänftigt, und die einfältige Genügsamkeit wiederkehrt in die Seele — so stand er vor mir.

Und ich, war ich nicht der Nachhall seiner stillen Begeisterung? wiederholten sich nicht die Melodien seines Wesens? Was ich sah, ward ich, und es war Göttliches, was ich sah.

Wie unvermögend ist doch der gutwilligste Fleiß der Menschen gegen die Allmacht der ungetheilten Begeisterung.

Sie weilt nicht auf der Oberfläche, faßt nicht da und dort uns an, braucht keiner Zeit und keines Mittels; Gebot und Zwang und Ueberredung braucht sie nicht; auf allen Seiten, in allen Tiefen und Höhen ergreift sie im Augenblick uns, und wandelt, ehe sie da ist für uns, ehe wir fragen, wie uns geschiehet, durch und durch in ihre Schönheit, ihre Seligkeit uns um.

Wohl dem, wem auf diesem Wege ein edler Geist in früher Jugend begegnete!

O es sind goldne unvergeßliche Tage, voll von den Freuden der Liebe und süßer Beschäftigung!

Bald führte mein Adamas in die Heroenwelt des Plutarch, bald in das Zauberland der griechischen Götter mich ein, bald ordnet' und beruhigt' er mit Zahl und Maaß das jugendliche Treiben, bald stieg er auf die Berge mit mir; des Tags, um die Blumen der Heide und des Walds und die wilden Moose des Felsen, des Nachts, um über uns die heiligen Sterne zu schauen, und nach menschlicher Weise zu verstehen.

Es ist ein köstlich Wohlgefühl in uns, wenn so das Innere

an seinem Stoffe sich stärkt, sich unterscheidet und getreuer anknüpft und unser Geist allmählig waffenfähig wird.

Aber dreifach fühlt' ich ihn und mich, wenn wir, wie Manen aus vergangner Zeit, mit Stolz und Freude, mit Zürnen und Trauern an den Athos hinauf und von da hinüber schifften in den Hellespont und dann hinab an die Ufer von Rhodus und die Bergschlünde von Tänarum, durch die stillen Inseln alle, wenn da die Sehnsucht über die Küsten hinein uns trieb, in's düstre Herz des alten Peloponnes, an die einsamen Gestade des Eurotas; ach! die ausgestorbnen Thale von Elis und Nemea und Olympia — wenn wir da, an eine Tempelsäule des vergeßnen Jupiters gelehnt, umfangen von Lorbeerrosen und Immergrün, ins wilde Flußbeet sahn, und das Leben des Frühlings und die ewig jugendliche Sonne uns mahnte, daß auch der Mensch einst da war, und nun dahin ist, daß des Menschen herrliche Natur jetzt kaum noch da ist, wie das Bruchstück eines Tempels, oder im Gedächtniß, wie ein Todtenbild: — da saß ich traurig spielend neben ihm, und pflückte das Moos von eines Halbgotts Piedestal, grub eine marmorne Heldenschulter aus dem Schutt und schnitt den Dornbusch und das Heidekraut von den halb begrabenen Architraven, indeß mein Adamas die Landschaft zeichnete, wie sie freundlich tröstend den Ruin umgab: den Weizenhügel, die Oliven, die Ziegenheerde, die am Felsen des Gebirgs hing, den Ulmenwald, der von den Gipfeln in das Thal sich stürzte; und die Lacerte spielte zu unsern Füßen, und die Fliegen umsummten uns in der Stille des Mittags — Lieber Bellarmin! ich hätte Lust, so pünktlich Dir, wie Nestor, zu erzählen; ich ziehe durch die Vergangenheit, wie ein Aehrenleser über die Stoppeläcker, wenn der Herr des Lands geerndtet hat; da liest man jeden Strohhalm auf. Und wie ich neben ihm stand auf den Höhen von Delos, wie das ein Tag war, der mir graute, da ich mit ihm an der Granitwand des Cynthus die alten Marmortreppen hinaufstieg. Hier wohnte der Sonnengott einst, unter den himmlischen Festen, wo ihn, wie goldnes Gewölk, das versammelte Griechenland umglänzte. In Fluthen der Freude und Begeisterung warfen hier, wie Achill in den Styx, die griechischen Jünglinge sich, und giengen unüberwindlich, wie der Halbgott, hervor. In den Hainen, in den Tempeln erwachten und tönten in einander ihre Seelen, und treu bewahrte jeder die entzückenden Akkorde.

Aber was sprech' ich davon? Als hätten wir noch eine Ahnung jener Tage! Ach! es kann ja nicht einmal ein schöner Traum gedeihen unter dem Fluche, der über uns lastet. Wie ein heulender Nordwind, fährt die Gegenwart über die Blüthen unseres Geistes und versengt sie im Entstehen. Und doch war es ein goldner Tag, der auf dem Cynthus mich umfing! Es dämmerte noch, da wir schon oben waren. Jetzt kam er herauf in seiner ewigen Jugend, der alte Sonnengott, zufrieden und mühelos, wie immer, flog der unsterbliche Titan mit seinen tausend eignen Freuden herauf, und lächelt' herab auf sein verödet Land, auf seine Tempel, seine Säulen, die das Schicksal vor ihn hingeworfen hatte, wie die dürren Rosenblätter, die im Vorübergehen ein Kind gedankenlos vom Strauche riß, und auf die Erde säete.

Sey, wie dieser! rief mir Adamas zu, ergriff mich bei der Hand und hielt sie dem Gott entgegen, und mir war, als trügen uns die Morgenwinde mit sich fort, und brächten uns ins Geleite des heiligen Wesens, das nun hinaufstieg auf den Gipfel des Himmels, freundlich und groß, und wunderbar mit seiner Kraft und seinem Geist die Welt und uns erfüllte.

Noch trauert und frohlockt mein Innerstes über jedes Wort, das mir damals Adamas sagte, und ich begreife meine Bedürftigkeit nicht, wenn oft mir wird, wie damals ihm seyn mußte. Was ist Verlust, wenn so der Mensch in seiner eigenen Welt sich findet? In uns ist alles. Was kümmerts dann den Menschen, wenn ein Haar von seinem Haupte fällt? Was ringt er so nach Knechtschaft, da er ein Gott seyn könnte! Du wirst einsam seyn, mein Liebling! sagte mir damals Adamas auch, Du wirst seyn wie der Kranich, den seine Brüder zurückließen in rauher Jahrszeit, indeß sie den Frühling suchen im fernen Lande.

Und das ist's, Lieber! Das macht uns arm bei allem Reichthum, daß wir nicht allein seyn können, daß die Liebe in uns, so lange wir leben, nicht erstirbt. Gib mir meinen Adamas wieder, und komm mit allen, die mir angehören, daß die alte schöne Welt sich unter uns erneure, daß wir uns versammeln und vereinen in den Armen unserer Gottheit, der Natur: und siehe! so weiß ich nichts von Nothdurft.

Aber sage nur niemand, daß uns das Schicksal trenne! Wir sind's, wir! wir haben unsre Lust daran, uns in die Nacht des Unbekannten, in die kalte Fremde irgend einer andern Welt zu stürzen, und, wär' es möglich, wir verließen der Sonne Gebiet und stürmten über des Irrsterns Gränzen hinaus. Ach! für des Menschen wilde Brust ist keine Heimath möglich; und wie der Sonne Strahl die Pflanzen der Erde, die er entfaltete, wieder versengt, so tödtet der Mensch die süßen Blumen, die an seiner Brust gediehen, die Freuden der Verwandtschaft und der Liebe.

Es ist, als zürnt' ich meinem Adamas, daß er mich verließ, aber ich zürn' ihm nicht. O er wollte ja wieder kommen.

In der Tiefe von Asien soll ein Volk von seltener Trefflichkeit verborgen seyn; dahin trieb ihn seine Hoffnung weiter.

Bis Nio begleitet' ich ihn. Es waren bittre Tage. Ich habe den Schmerz ertragen gelernt, aber für solch' ein Scheiden hab' ich keine Kraft in mir.

Mit jedem Augenblicke, der uns der letzten Stunde näher brachte, wurd' es sichtbarer, wie dieser Mensch verwebt war in mein Wesen. Wie ein Sterbender den fliehenden Othem, hielt ihn meine Seele.

Am Grabe Homers brachten wir noch einige Tage zu, und Nio wurde mir die heiligste unter den Inseln.

Endlich rissen wir uns los. Mein Herz hatte sich müde gerungen. Ich war ruhiger im letzten Augenblicke. Auf den Knieen lag ich vor ihm, umschloß ihn zum letztenmale mit diesen Armen; gib mir einen Segen, mein Vater! rief ich leise zu ihm hinauf, und er lächelte groß, und seine Stirne breitete vor den Sternen des Morgens sich aus, und sein Auge durchdrang die Räume des Himmels — Bewahrt ihn mir, rief er, ihr Geister besserer Zeit! und zieht zu eurer Unsterblichkeit ihn auf, und all' ihr freundlichen Kräfte des Himmels und der Erde, seyd mit ihm!

Es ist ein Gott in uns, setzt' er ruhiger hinzu, der lenkt, wie Wasserbäche, das Schicksal, und alle Dinge sind sein Element. Der sey vor allem mit Dir!

So schieden wir. Leb wohl, mein Bellarmin!

Hyperion an Bellarmin.

Wohin könnt' ich mir entfliehen, hätt' ich nicht die lieben Tage meiner Jugend?

Wie ein Geist, der keine Ruhe am Acheron findet, kehr' ich zurück in die verlassnen Gegenden meines Lebens. Alles altert und verjüngt sich wieder. Warum sind wir ausgenommen vom schönen Kreislauf der Natur? Oder gilt er auch für uns?

Ich wollt' es glauben, wenn Eines nicht in uns wäre, das ungeheure Streben, Alles zu seyn, das, wie der Titan des Aetna, herauf zürnt aus den Tiefen unsers Wesens.

Und doch, wer wollt' es nicht lieber in sich fühlen, wie ein siedend Oel, als sich gestehn, er sey für die Geißel und fürs Joch geboren? Ein tobend Schlachtroß oder eine Mähre, die das Ohr hängt, was ist edler?

Lieber! es war eine Zeit, da auch meine Brust an großen Hoffnungen sich sonnte, da auch mir die Freude der Unsterblichkeit in allen Pulsen schlug, da ich wandelt' unter herrlichen Entwürfen, wie in weiter Wäldernacht, da ich glücklich, wie die Fische des Oceans, in meiner uferlosen Zukunft weiter, ewig weiter drang.

Wie muthig, selige Natur! entsprang der Jüngling deiner Wiege! wie freut' er sich in seiner unversuchten Rüstung! Sein Bogen war gespannt und seine Pfeile rauschten im Köcher, und die Unsterblichen, die hohen Geister des Alterthums führten ihn an, und sein Adamas war mitten unter ihnen.

Wo ich gieng und stand, geleiteten mich die herrlichen Gestalten; wie Flammen, verloren sich in meinem Sinne die Thaten aller Zeiten in einander, und wie in Ein frohlockend Gewitter die Riesenbilder, die Wolken des Himmels, sich vereinen, so vereinten sich, so wurden Ein unendlicher Sieg in mir die hundertfältigen Siege der Olympiaden.

Wer hält das aus, wen reißt die schreckende Herrlichkeit des Alterthums nicht um, wie ein Orkan die jungen Wälder umreißt, wenn sie ihn ergreift, wie mich, und wenn, wie mir, das Element ihm fehlt, worin er sich ein stärkend Selbstgefühl erbeuten könnte?

O mir, mir beugte die Größe der Alten, wie ein Sturm, das Haupt, mir raffte sie die Blüthe vom Gesichte, und oftmals lag ich, wo kein Auge mich bemerkte, unter tausend Thränen da, wie eine gestürzte Tanne, die am Bache liegt und ihre welke Krone in die Fluth verbirgt. Wie gerne hätt' ich einen Augenblick aus eines großen Mannes Leben mit Blut erkauft!

Aber was half mir das? Es wollte ja mich niemand.

O es ist jämmerlich, so sich vernichtet zu sehn; und wem dieß unverständlich ist, der frage nicht danach, und danke der Natur, die ihn zur Freude, wie die Schmetterlinge, schuf, und geh' und sprech' in seinem Leben nimmermehr von Schmerz und Unglück.

Ich liebte meine Heroen, wie eine Fliege das Licht; ich suchte ihre gefährliche Nähe und floh und suchte sie wieder.

Wie ein blutender Hirsch in den Strom stürzt' ich oft mitten hinein in den Wirbel der Freude, die brennende Brust zu kühlen und die tobenden herrlichen Träume von Ruhm und Größe weg zu baden, aber was half das?

Und wenn mich oft um Mitternacht das heiße Herz in den Garten hinunter trieb unter die thauigen Bäume, und der Wiegengesang des Quells und die liebliche Luft und das Mondlicht meinen Sinn besänftigte, und so frei und friedlich über mir die silbernen Gewölke sich regten, und aus der Ferne mir die verhallende Stimme der Meeresfluth tönte, wie freundlich spielten da mit meinem Herzen all' die großen Phantome seiner Liebe!

Lebt wohl, ihr Himmlischen! sprach ich oft im Geiste, wenn über mir die Melodie des Morgenlichts mit leisem Laute begann, ihr herrlichen Todten, lebt wohl! ich möcht' euch folgen, möchte von mir schütteln, was mein Jahrhundert mir gab, und ausbrechen in's freiere Schattenreich!

Aber ich schmachte an der Kette und hasche mit bitterer Freude die kümmerliche Schale, die meinem Durste gereicht wird.

Hyperion an Bellarmin.

Meine Insel war mir zu enge geworden, seit Adamas fort war. Ich hatte Jahre schon in Tina Langeweile. Ich wollt' in die Welt.

Geh vorerst nach Smyrna, sagte mein Vater, lerne da die Künste der See und des Kriegs, lerne die Sprache gebildeter Völker und ihre Verfassungen und Meinungen und Sitten und Gebräuche, prüfe alles und wähle das Beste! — Dann kann es meinetwegen weiter gehn.

Lern' auch ein wenig Geduld! setzte die Mutter hinzu, und ich nahm's mit Dank an.

Es ist entzückend, den ersten Schritt aus der Schranke der Jugend zu thun, es ist, als dächt' ich meines Geburtstags, wenn ich meiner Abreise von Tina gedenke. Es war eine neue Sonne über mir, und Land und See und Luft genoß ich wie zum erstenmale.

Die lebendige Thätigkeit, womit ich nun in Smyrna meine Bildung besorgte, und der eilende Fortschritt besänftigten mein Herz nicht wenig. Auch manches seligen Feierabends erinnere ich mich aus dieser Zeit. Wie oft gieng ich unter den immer grünen Bäumen am Gestade des Meles, an der Geburtsstätte meines Homer, und sammelt' Opferblumen und warf sie in den heiligen Strom! Zur nahen Grotte trat ich dann in meinen friedlichen Träumen, da hätte der Alte, sagen sie, seine Iliade gesungen. Ich fand ihn. Jeder Laut in mir verstummte vor seiner Gegenwart. Ich schlug sein göttlich Gedicht mir auf, und es war, als hätt' ich es nie gekannt, so ganz anders wurd' es jetzt lebendig in mir.

Auch denk' ich gerne meiner Wanderung durch die Gegenden von Smyrna. Es ist ein herrlich Land, und ich habe tausend Mal mir Flügel gewünscht, um des Jahres Einmal nach Kleinasien zu fliegen.

Aus der Ebne von Sardes kam ich durch die Felsenwände des Tmolus herauf.

Ich hatt' am Fuße des Berges übernachtet in einer freundlichen Hütte, unter Myrten, unter den Düften des Ladanstrauchs, wo in der goldnen Fluth des Paktolus die Schwäne mir zur Seite spielten, wo ein alter Tempel der Cybele aus den Ulmen hervor, wie ein schüchterner Geist, ins helle Mondlicht blickte. Fünf liebliche Säulen trauerten über dem Schutt, und ein königlich Portal lag niedergestürzt zu ihren Füßen.

Durch tausend blühende Gebüsche wuchs mein Pfad nun aufwärts. Vom schroffen Abhang neigten lispelnde Bäume sich und übergossen mit ihren zarten Flocken mein Haupt. Ich war des Morgens ausgegangen. Um Mittag war ich auf der Höhe des Gebirgs. Ich stand, sah fröhlich vor mich hin, genoß der reinern Lüfte des Himmels. Es waren selige Stunden.

Wie ein Meer, lag das Land, wovon ich herauf kam, vor mir da, jugendlich, voll lebendiger Freude; es war ein himmlisch unendlich Farbenspiel, womit der Frühling mein Herz begrüßte, und wie die Sonne des Himmels sich wieder fand im tausendfachen Wechsel des Lichts, das ihr die Erde zurückgab, so erkannte mein Geist sich in der Fülle des Lebens, die ihn umfing, von allen Seiten ihn überfiel.

Zur Linken stürzt' und jauchzte, wie ein Riese, der Strom in die Wälder hinab, vom Marmorfelsen, der über mir hing, wo der Adler spielte mit seinen Jungen, wo die Schneegipfel hinauf in den blauen Aether glänzten; rechts wälzten Wetterwolken sich her über den Wäldern des Sipylus; ich fühlte nich den Sturm, der sie trug, ich fühlte nur ein Lüftchen in der Locken, aber ihren Donner hört' ich, wie man die Stimme de Zukunft hört, und ihre Flammen sah ich, wie das ferne Lich der geahneten Gottheit. Ich wandte mich südwärts und gien weiter. Da lag es offen vor mir, das ganze paradiesische Land das der Cayster durchströmt, durch so manchen reizenden Um weg, als könnt' er nicht lange genug verweilen in all' den Reichthum und der Lieblichkeit, die ihn umgibt. Wie die Ze phyre, irrte mein Geist von Schönheit zu Schönheit selig umhe vom fremden friedlichen Dörfchen, das tief unten am Berge lag bis hinein, wo die Gebirgskette des Messogis dämmert.

Ich kam nach Smyrna zurück, wie ein Trunkener vor Gastmahl. Mein Herz war des Wohlgefälligen zu voll, ur nicht von seinem Ueberflusse der Sterblichkeit zu leihen. Ic hatte zu glücklich in mich die Schönheit der Natur erbeutet, ur nicht die Lücken des Menschenlebens damit auszufüllen. Mei dürftig Smyrna kleidete sich in die Farben meiner Begeisterun und stand, wie eine Braut, da. Die geselligen Städter zoge mich an. Der Widersinn in ihren Sitten vergnügte mich, wi eine Kinderposse, und weil ich von Natur hinaus war über al die eingeführten Formen und Bräuche, spielt' ich mit allen und legte sie an und zog sie aus, wie Fastnachtskleider.

Was aber eigentlich mir die schale Kost des gewöhnliche Umgangs würzte, das waren die guten Gesichter und Gestalten die noch hie und da die mitleidige Natur, wie Sterne, in unser Verfinsterung sendet.

Wie hatt' ich meine herzliche Freude daran! wie glaubi deutet' ich diese freundlichen Hieroglyphen! Aber es ging mi fast damit, wie ehemals mit den Birken im Frühlinge. Ic hatte von dem Safte dieser Bäume gehört und dachte Wunde was einst köstlich Getränk die lieblichen Stämme geben müßten Aber es war nicht Kraft und Geist genug darinnen.

Ach! und wie heillos war das übrige alles, was ich hör und sah.

Es war mir wirklich hie und da, als hätte sich die Menschennatur in die Mannigfaltigkeiten des Thierreichs aufgelöst, wenn ich umhergieng unter diesen Gebildeten. Wie überall, so waren auch hier die Männer besonders verwahrlost und verwest.

Gewisse Thiere heulen, wenn sie Musik anhören. Meine besser gezogenen Leute hingegen lachten, wenn von Geistesschönheit die Rede war und von Jugend des Herzens. Die Wölfe gehen davon, wenn einer Feuer schlägt. Sahn jene Menschen einen Funken Vernunft, so kehrten sie, wie Diebe, den Rücken.

Sprach ich einmal auch vom alten Griechenland ein warmes Wort, so gähnten sie, und meinten, man hätte doch auch zu leben in der jetzigen Zeit; und es wäre der gute Geschmack noch immer nicht verloren gegangen, fiel ein anderer bedeutend ein.

Dieß zeigte sich dann auch. Der eine witzelte wie ein Bootsknecht, der andere blies die Backen auf und predigte Sentenzen.

Es gebärdet' auch wohl einer sich aufgeklärt, machte dem Himmel ein Schnippchen, und rief: um die Vögel auf dem Dache hab' er nie sich bekümmert, die Vögel in der Hand, die seyen ihm lieber! Doch wenn man ihm vom Tode sprach, so legt' er stracks die Hände zusammen, und kam so nach und nach im Gespräche darauf, wie es gefährlich sey, daß unsere Priester nichts mehr gelten.

Die Einzigen, deren zuweilen ich mich bediente, waren die Erzähler, die lebendigen Namenregister von fremden Städten und Ländern, die redenden Bilderkasten, wo man Potentaten auf Rossen und Kirchthürme und Märkte sehen kann.

Ich war es endlich müde, mich weg zu werfen, Trauben zu suchen in der Wüste und Blumen über dem Eisfeld.

Ich lebte nun entschiedner allein, und der sanfte Geist meiner Jugend war fast ganz aus meiner Seele verschwunden. Die Unheilbarkeit des Jahrhunderts war mir aus so manchem, was ich erzähle und nicht erzähle, sichtbar geworden, und der schöne Trost, in Einer Seele meine Welt zu finden, mein Geschlecht in einem freundlichen Bilde zu umarmen, auch der gebrach mir.

Lieber! was wäre das Leben ohne Hoffnung? Ein Funke, der aus der Kohle springt und verlischt, und wie man bei trüber Jahrszeit einen Windstoß hört, der einen Augenblick saust und dann verhallt, so wär' es mit uns?

Auch die Schwalbe sucht ein freundlicher Land im Winter, es läuft das Wild umher in der Hitze des Tags und seine Augen suchen den Quell. Wer sagt dem Kinde, daß die Mutter ihre Brust ihm nicht versage? Und siehe! es sucht sie doch.

Es lebte Nichts, wenn es nicht hoffte. Mein Herz verschloß jetzt seine Schätze, aber nur, um sie für eine bessere Zeit zu sparen, für das Einzige, Heilige, Treue, das gewiß, in irgend einer Periode des Daseyns, meiner dürstenden Seele begegnen sollte.

Wie selig hing ich oft an ihm, wenn es, in Stunden des Ahnens, leise, wie das Mondlicht, um die besänftigte Stirne mir spielte? Schon damals kannt' ich dich, schon damals blicktest du, wie ein Genius, aus Wolken mich an, du, die mir einst, im Frieden der Schönheit aus der trüben Woge der Welt stieg! Da kämpfte, da glüht' es nimmer, dieß Herz.

Wie in schweigender Luft sich eine Lilie wiegt, so regte sich in seinem Elemente, in den entzückenden Träumen von ihr, mein Wesen.

Hyperion an Bellarmin.

Smyrna war mir nun verleidet. Ueberhaupt war mein Herz allmählig müder geworden. Zuweilen konnte wohl der Wunsch in mir auffahren, um die Welt zu wandern, oder in den ersten besten Krieg zu gehen, oder meinen Adamas aufzusuchen und in seinem Feuer meinen Mißmuth auszubrennen; aber dabei blieb es, und mein unbedeutend welkes Leben wollte nimmer sich erfrischen.

Der Sommer war nun bald zu Ende; ich fühlte schon die düstern Regentage und das Pfeifen der Winde und Tosen der Wetterbäche zum Voraus, und die Natur, die, wie ein schäumender Springquell, empor gedrungen war in allen Pflanzen und Bäumen, stand jetzt schon da vor meinem verdüsterten Sinne, schwindend und verschlossen und in sich gekehrt, wie ich selber.

Ich wollte noch mit mir nehmen, was ich konnte, von all' dem fliehenden Leben, alles, was ich draußen lieb gewonnen hatte, wollt' ich noch herein retten in mich, denn ich wußte wohl, daß mich das wiederkehrende Jahr nicht wieder finden würde unter diesen Bäumen und Bergen, und so gieng und ritt ich jetzt mehr, als gewöhnlich, herum im ganzen Bezirke.

Was aber mich besonders hinaustrieb, war das geheime Verlangen, einen Menschen zu sehn, der seit einiger Zeit vor dem Thore unter den Bäumen, wo ich vorbei kam, mir alle Tage begegnet war.

Wie ein junger Titan, schritt der herrliche Fremdling unter dem Zwergengeschlechte daher, das mit freudiger Scheue an seiner Schöne sich weidete, seine Höhe maß und seine Stärke, und an dem glühenden verbrannten Römerkopfe, wie an verbotner Frucht, mit verstohlenem Blicke sich labte, und es war jedesmal ein herrlicher Moment, wenn das Auge dieses Menschen, für dessen Blick der freie Aether zu enge schien, so mit abgelegtem Stolze sucht' und strebte, bis es sich in meinem Auge fühlte und wir erröthend uns einander nachsahn und vorüber gingen.

Einst war ich tief in die Wälder des Mimas hineingeritten und kehrt' erst spät Abends zurück. Ich war abgestiegen, und führte mein Pferd einen steilen wüsten Pfad über Baumwurzeln und Steine hinunter, und, wie ich so durch die Sträuche mich wand, in die Höhle hinunter, die nun vor mir sich öffnete, fielen plötzlich ein paar Karabornische Räuber über mich her, und ich hatte Mühe, für den ersten Moment die zwei gezückten Säbel abzuhalten, aber sie waren schon von anderer Arbeit müde, und so half ich doch mir durch. Ich setzte mich ruhig wieder aufs Pferd und ritt hinab.

Am Fuße des Berges that mitten unter den Wäldern und aufgehäuften Felsen sich eine kleine Wiese vor mir auf. Es wurde hell. Der Mond war eben aufgegangen über den finstern Bäumen. In einiger Entfernung sah ich Rosse auf dem Boden ausgestreckt und Männer neben ihnen im Grase.

Wer seyd ihr? rief ich.

Das ist Hyperion! rief eine Heldenstimme, freudig überrascht. Du kennst mich, fuhr die Stimme fort; ich begegne dir alle Tage unter den Bäumen am Thore.

Mein Roß flog, wie ein Pfeil ihm zu. Das Mondlicht schien ihm hell ins Gesicht. Ich kannt' ihn; ich sprang herab.

Guten Abend! rief der liebe Rüstige, sah mit zärtlich wildem Blicke mich an und drückte mit seiner nervigen Faust die meine, daß mein Innerstes den Sinn davon empfand.

O nun war mein unbedeutend Leben am Ende!

Alabanda, so hieß der Fremde, sagte mir nun, daß er mit seinem Diener von Räubern wäre überfallen worden, daß die beiden, auf die ich stieß, wären fortgeschickt worden von ihm, daß er den Weg aus dem Walde verloren gehabt und darum wäre genöthigt gewesen, auf der Stelle zu bleiben, bis ich gekommen. Ich habe einen Freund dabei verloren, setzt' er hinzu, und wies sein todtes Roß mir.

Ich gab das meine seinem Diener, und wir gingen zu Fuße weiter.

Es geschah uns recht, begann ich, indeß wir Arm in Arm zusammen aus dem Walde giengen; warum zögerten wir auch so lange und giengen uns vorüber, bis der Unfall uns zusammen brachte!

Ich muß denn doch Dir sagen, erwidert' Alabanda, daß Du der Schuldigere, der Kältere bist. Ich bin Dir heute nachgeritten.

Herrlicher! rief ich, siehe nur zu! an Liebe sollst Du doch mich nimmer übertreffen.

Wir wurden immer inniger und freudiger zusammen.

Wir kamen nahe an der Stadt an einem wohlgebauten Khan vorbei, das unter plätschernden Brunnen ruhte und unter Fruchtbäumen und duftenden Wiesen.

Wir beschlossen, da zu übernachten. Wir saßen noch lange

zusammen bei offnen Fenstern. Hohe geistige Stille umfing uns. Erd' und Meer war selig verstummt, wie die Sterne, die über uns hiengen. Kaum, daß ein Lüftchen von der See her uns ins Zimmer flog und zart mit unserm Lichte spielte, oder daß von ferner Musik die gewaltigern Töne zu uns drangen, indeß die Donnerwolke sich wiegt' im Bette des Aethers, und hin und wieder durch die Stille fernher tönte, wie ein schlafender Riese, wenn er stärker athmet in seinen furchtbaren Träumen.

Unsre Seelen mußten um so stärker sich nähern, weil sie wider Willen waren verschlossen gewesen. Wir begegneten einander, wie zwei Bäche, die vom Berge rollen, und die Last von Erde und Stien und faulem Holz und das ganze träge Chaos, das sie aufhält, von sich schleudern, um den Weg sich zu einander zu bahnen, und durchzubrechen bis dahin, wo sie nun ergreifend und ergriffen mit gleicher Kraft, vereint in Einen majestätischen Strom, die Wanderung ins weite Meer beginnen.

Er, vom Schicksal und der Barbarei der Menschen heraus, vom eignen Hause unter Fremden hin und hergejagt, von früher Jugend an erbittert und verwildert, und doch auch das innere Herz voll Liebe, voll Verlangens, aus der innern rauhen Hülse durchzudringen in ein freundlich Element; ich, von allem schon so innigst abgeschieden, so mit ganzer Seele fremd und einsam unter den Menschen, so lächerlich begleitet von dem Schellenklang der Welt in meines Herzens liebsten Melodien; ich, die Antipathie aller Blinden und Lahmen, und doch mir selbst zu blind und lahm, doch mir selbst so herzlich überlästig in allem, was von ferne verwandt war mit den Klugen und Vernünftlern, den Barbaren und den Witzlingen — und so voll Hoffnung, so voll einziger Erwartung eines schönern Lebens. —

Mußten so in freudig stürmischer Eile nicht die beiden Jünglinge sich umfassen?

O Du, mein Freund und Kampfgenosse, mein Alabanda, wo bist Du? Ich glaube fast, Du bist ins unbekannte Land hinüber gegangen zur Ruhe, bist wieder geworden, wie einst, da wir noch Kinder waren.

Zuweilen, wenn ein Gewitter über mir hinzieht, und seine göttlichen Kräfte unter die Wälder austheilt und die Saaten, oder wenn die Wogen der Meeresfluth unter sich spielen, oder ein Chor von Adlern um die Berggipfel, wo ich wandre, sich schwingt, kann mein Herz sich regen, als wäre mein Alabanda nicht fern; aber sichtbarer, gegenwärtiger, unverkennbarer lebt er in mir, ganz, wie er einst dastand, ein feurig strenger furchtbarer Kläger, wenn er die Sünden des Jahrhunderts nannte. Wie erwachte da in seinen Tiefen mein Geist, wie rollten mir die Donnerworte der unerbittlichen Gerechtigkeit über die Zunge! Wie Boten der Nemesis, durchwanderten unsere Gedanken die Erde, und reinigten sie, bis keine Spur von allem Fluche da war.

Auch die Vergangenheit riefen wir vor unsern Richterstuhl, das stolze Rom erschreckte uns nicht mit seiner Herrlichkeit, Athen bestach uns nicht mit seiner jugendlichen Blüthe.

Wie Stürme, wenn sie frohlockend, unaufhörlich fort durch Wälder über Berge fahren, so drangen unsre Seelen in kolossalischen Entwürfen hinaus; nicht, als hätten wir, unmännlich, unsre Welt, wie durch ein Zauberwort, geschaffen, und kindisch unerfahren keinen Widerstand berechnet; dazu war Alabanda zu verständig und zu tapfer. Aber oft ist auch die mühelose Begeisterung kriegerisch und klug.

Ein Tag ist mir besonders gegenwärtig.

Wir waren zusammen aufs Feld gegangen, saßen vertraulich umschlungen im Dunkel des immergrünen Lorbeers, und sahn zusammen in unsern Plato, wo er so wunderbar erhaben vom Altern und Verjüngen spricht, und ruhten hin und wieder aus auf der stummen entblätterten Landschaft, wo der Himmel schöner, als je, mit Wolken und Sonnenschein um die herbstlich schlafenden Bäume spielte.

Wir sprachen darauf manches vom jetzigen Griechenland, beide mit blutendem Herzen, denn der entwürdigte Boden war auch Alabanda's Vaterland.

Alabanda war wirklich ungewöhnlich bewegt.

Wenn ich ein Kind ansehe, rief dieser Mensch, und denke

wie schmählich und verderbend das Joch ist, das es tragen wird, und daß es darben wird, wie wir, daß es Menschen suchen wird, wie wir, fragen wird, wie wir, nach Schönem und Wahrem, daß es unfruchtbar vergehen wird, weil es allein seyn wird, wie wir, daß es — o nehmt doch eure Söhne aus der Wiege und werft sie in den Strom, um wenigstens vor eurer Schande sie zu retten!

Gewiß, Alabanda! sagt' ich, gewiß es wird anders.

Wodurch? erwiedert' er; die Helden haben ihren Ruhm, die Weisen ihre Lehrlinge verloren. Große Thaten, wenn sie nicht ein edel Volk vernimmt, sind mehr nicht als ein gewaltiger Schlag vor eine dumpfe Stirne, und hohe Worte, wenn sie nicht in hohem Herzen wiedertönen, sind, wie ein sterbend Blatt, das in den Koth herunter rauscht. Was willst Du nun?

Ich will, sagt' ich, die Schaufel nehmen und den Koth in eine Grube werfen. Ein Volk, wo Geist und Größe keinen Geist und keine Größe mehr erzeugt, hat nichts mehr gemein mit andern, die noch Menschen sind, hat keine Rechte mehr, und es ist ein leeres Possenspiel, ein Aberglauben, wenn man solche willenlose Leichname noch ehren will, als wär' ein Römerherz in ihnen. Weg mit ihnen! Er darf nicht stehen, wo er steht, der dürre faule Baum, er stiehlt ja Licht und Luft dem jungen Leben, das für eine neue Welt heran reift.

Alabanda flog auf mich zu, umschlang mich, und seine Küsse giengen mir in die Seele. Waffenbruder! rief er, lieber Waffenbruder! o nun hab' ich hundert Arme!

Das ist endlich einmal meine Melodie, fuhr er fort, mit einer Stimme, die, wie ein Schlachtruf, mir das Herz bewegte, mehr braucht's nicht! Du hast ein herrlich Wort gesprochen, Hyperion! Was? vom Wurme soll der Gott abhängen? Der Gott in uns, dem die Unendlichkeit zur Bahn sich öffnet, soll stehn und harren, bis der Wurm ihm aus dem Wege geht? Nein! nein! Man frägt nicht, ob ihr wollt! Ihr wollt ja nie, ihr Knechte und Barbaren! Euch will man auch nicht bessern, denn es ist umsonst! man will nur dafür sorgen, daß ihr dem

Siegeslauf der Menschheit aus dem Wege geht. O! zünde mir einer die Fackel an, daß ich das Unkraut von der Heide brenne, die Mine bereite mir einer, daß ich die trägen Klötze aus der Erde sprenge!

Wo möglich, lehnt man sanft sie auf die Seite, fiel ich ein.

Alabanda schwieg eine Weile.

Ich habe meine Lust an der Zukunft, begann er endlich wieder, und faßte feurig meine beiden Hände. Gott sey Dank! ich werde kein gemeines Ende nehmen. Glücklich seyn, heißt schläfrig seyn im Munde der Knechte. Glücklich seyn! mir ist, als hätt' ich Brei und laues Wasser auf der Zunge, wenn ihr mir sprecht von glücklich seyn. So albern und so heillos ist das alles, wofür ihr hingebt eure Lorbeerkronen, eure Unsterblichkeit.

O heiliges Licht, das ruhelos, in seinem ungeheuern Reiche wirksam, dort oben über uns wandelt, und seine Seele auch mir mittheilt, in den Strahlen, die ich trinke, dein Glück sey meines!

Von ihren Thaten nähren die Söhne der Sonne sich; sie leben vom Sieg; mit eignem Geiste ermuntern sie sich, und ihre Kraft ist ihre Freude. —

Der Geist dieses Menschen faßte einen oft an, daß man sich hätte schämen mögen, so federleicht hinweg gerissen fühlte man sich.

O Himmel und Erde! rief ich, das ist Freude! — Das sind andre Zeiten, das ist kein Ton aus meinem kindischen Jahrhundert, das ist nicht der Boden, wo das Herz des Menschen unter seines Treibers Peitsche keucht. — Ja! ja! bei Deiner herrlichen Seele Mensch! Du wirst mit mir das Vaterland erretten.

Das will ich, rief er, oder untergehn.

Von diesem Tag an wurden wir uns immer heiliger und lieber. Tiefer, unbeschreiblicher Ernst war unter uns gekommen. Aber wir waren nur um so seliger zusammen. Nur in den ewigen Grundtönen seines Wesens lebte jeder, und schmucklos schritten wir fort von einer großen Harmonie zur andern. Voll herrlicher Strenge und Kühnheit war unser gemeinsames Leben.

Wie bist Du denn so wortarm geworden? fragte mich einmal Alabanda mit Lächeln. In den heißen Zonen, sagt' ich, näher der Sonne, singen ja auch die Vögel nicht.

Aber es geht alles auf und unter in der Welt, und es hält der Mensch mit aller seiner Riesenkraft nichts fest. Ich sah einmal ein Kind die Hand ausstrecken, um das Mondlicht zu haschen; aber das Licht ging ruhig weiter seine Bahn. So stehn wir da, und ringen, das wandelnde Schicksal anzuhalten.

O wer ihm nur so still und sinnend, wie dem Gange der Sterne, zusehen könnte!

Je glücklicher Du bist, um so weniger kostet es, Dich zu Grunde zu richten, und die seligen Tage, wie Alabanda und ich sie lebten, sind wie eine jähe Felsenspitze, wo Dein Reisegefährte nur Dich anzurühren braucht, um unabsehlich, über die schneidenden Zacken hinab, Dich in die dämmernde Tiefe zu stürzen.

Wir hatten eine herrliche Fahrt nach Chios gemacht, hatten tausend Freude an uns gehabt. Wie Lüftchen über der Meeresfläche, walteten über uns die freundlichen Zauber der Natur. Mit freudigem Staunen sah einer den andern, ohne ein Wort zu sprechen, aber das Auge sagte, so hab' ich Dich nie gesehen! So verherrlicht waren wir von den Kräften der Erde und des Himmels.

Wir hatten dann auch mit heitrem Feuer uns über manches gestritten, während der Fahrt; ich hatte, wie sonst, auch dießmal wieder meines Herzens Freude daran gehabt, diesem Geist auf seiner kühnen Irrbahn zuzusehn, wo er so regellos, so in ungebundener Fröhlichkeit, und doch meist so sicher seinen Weg verfolgte.

Wir eilten, wie wir ausgestiegen waren, allein zu seyn.

Du kannst Niemand überzeugen, sagt' ich jetzt mit inniger Liebe, Du überredest, Du bestichst die Menschen, ehe Du anfängst; man kann nicht zweifeln, wenn Du sprichst, und wer nicht zweifelt, wird nicht überzeugt.

Stolzer Schmeichler, rief er dafür, Du lügst! aber gerade recht, daß Du mich mahnst! nur zu oft hast Du schon mich unvernünftig gemacht! Um alle Kronen möcht' ich von Dir mich nicht befreien, aber es ängstiget denn doch mich oft, daß Du mir so unentbehrlich seyn sollst, daß ich so gefesselt bin an Dich; und sieh, fuhr er fort, daß Du ganz mich hast, sollst Du auch alles von mir wissen! wir dachten bisher unter all' der Herrlichkeit und Freude nicht daran, uns nach Vergangenem umzusehn.

Er erzählte mir nun sein Schicksal; mir war dabei, als säh' ich einen jungen Herkules mit der Megära im Kampfe.

Wirst Du mir jetzt verzeihen, schloß er die Erzählung seines Ungemachs, wirst Du jetzt ruhiger seyn, wenn ich oft rauh bin und anstößig und unverträglich?

O stille, stille! rief ich innigst bewegt; aber daß Du noch da bist, daß Du Dich erhieltest für mich!

Ja wohl! für Dich! rief er, und es freut mich herzlich, daß ich Dir denn doch genießbare Kost bin. Und schmeck' ich auch wie ein Holzapfel Dir zuweilen, so keltre mich so lange, bis ich trinkbar bin.

Laß mich! laß mich! rief ich; ich sträubte mich umsonst, der Mensch machte mich zum Kinde; ich verbarg's ihm auch nicht; er sah meine Thränen, und weh ihm, wenn er sie nicht sehen durfte!

Wir schwelgen, begann nun Alabanda wieder, wir tödten im Rausche die Zeit.

Wir haben unsre Bräutigamstage zusammen, rief ich erheitert, da darf es wohl noch lauten, als wäre man in Arkadien. — Aber auf unser vorig Gespräch zu kommen!

Du räumst dem Staate denn doch zu viel Gewalt ein. Er darf nicht fordern, was er nicht erzwingen kann. Was aber die Liebe gibt und der Geist, das läßt sich nicht erzwingen. Das laß' er unangetastet, oder man nehme sein Gesetz und schlag' es an den Pranger! Beim Himmel! der weiß nicht, was er sündigt, der den Staat zur Sittenschule machen will. Immerhin hat das den Staat zur Hölle gemacht, daß ihn der Mensch zu seinem Himmel machen wollte.

Die rauhe Hülse um den Kern des Lebens und nichts weiter ist der Staat. Er ist die Mauer um den Garten menschlicher Früchte und Blumen.

Aber was hilft die Mauer um den Garten, wo der Boden dürre liegt? Da hilft der Regen vom Himmel allein.

O Regen vom Himmel! o Begeisterung! Du wirst den Frühling der Völker uns wieder bringen. Dich kann der Staat nicht hergebieten. Aber er störe dich nicht, so wirst du kommen, kommen wirst du, mit deinen allmächtigen Wonnen, in goldne Wolken wirst du uns hüllen und empor uns tragen über die Sterblichkeit, und wir werden staunen und fragen, ob wir es noch seyen, wir, die Dürftigen, die wir die Sterne fragten, ob dort uns ein Frühling blühe — frägst du mich, wann dieß seyn wird? Dann, wann die Lieblingin der Zeit, die jüngste, schönste Tochter der Zeit, die neue Kirche, hervorgehn wird aus diesen befleckten veraltenden Formen, wann das erwachte Gefühl des Göttlichen dem Menschen seine Gottheit, und seiner Brust die schöne Jugend wieder bringen wird, wann — ich kann sie nicht verkünden, denn ich ahne sie kaum, aber sie kömmt gewiß, gewiß. Der Tod ist ein Bote des Lebens, und daß wir jetzt schlafen in unsern Krankenhäusern, dieß zeugt vom nahen gesunden Erwachen. Dann, dann erst sind wir, dann, dann ist das Element der Geister gefunden!

Alabanda schwieg und sah eine Weile erstaunt mich an. Ich war hingerissen von unendlichen Hoffnungen; Götterkräfte trugen, wie ein Wölkchen, mich fort —

Komm! rief ich, und faßt' Alabanda beim Gewande, komm, wer hält es länger aus im Kerker, der uns umnachtet?

Wohin, mein Schwärmer, erwiedert' Alabanda trocken, und ein Schatten von Spott schien über sein Gesicht zu gleiten.

Ich war, wie aus den Wolken gefallen. Geh! sagt' ich, Du bist ein kleiner Mensch!

In demselben Augenblicke traten etliche Fremde ins Zimmer, auffallende Gestalten, meist hager und blaß, so viel ich im Mondlicht sehen konnte, ruhig, aber in ihren Mienen war etwas, das in die Seele gieng, wie ein Schwert, und es war, als stünde man vor der Allwissenheit; man hätte gezweifelt, ob dieß die Aussenseite wäre von bedürftigen Naturen, hätte nicht hie und da der getödtete Affekt seine Spuren zurückgelassen.

Besonders einer fiel mir auf. Die Stille seiner Züge war die Stille eines Schlachtfelds. Grimm und Liebe hatt' in diesem Menschen gerast, und der Verstand leuchtete über den Trümmern des Gemüths, wie das Auge eines Habichts, der auf zerstörten Pallästen sitzt. Tiefe Verachtung war auf seinen Lippen. Man ahnete, daß dieser Mensch mit keiner unbedeutenden Absicht sich befasse.

Ein anderer mochte seine Ruhe mehr einer natürlichen Herzenshärte danken. Man fand an ihm fast keine Spur einer Gewaltsamkeit, von Selbstmacht oder Schicksal verübt.

Ein dritter mochte seine Kälte mehr mit der Kraft der Ueberzeugung dem Leben abgedrungen haben, und wohl noch oft im Kampfe mit sich stehen; denn es war ein geheimer Widerspruch in seinem Wesen, und es schien mir, als müßt' er sich bewachen. Er sprach am wenigsten.

Alabanda sprang auf, wie gebogener Stahl, bei ihrem Eintritt.

Wir suchen Dich, rief einer von ihnen.

Ihr würdet mich finden, sagt' er lachend, wenn ich in den Mittelpunkt der Erde mich verbärge. Sie sind meine Freunde, setzt' er hinzu, indeß er zu mir sich wandte.

Sie schienen mich ziemlich scharf ins Auge zu fassen.

Das ist auch einer von denen, die es gerne besser haben möchten in der Welt, rief Alabanda nach einer Weile, und wies auf mich.

Das ist Dein Ernst? fragt' einer mich von den Dreien.

Es ist kein Scherz, die Welt zu bessern, sagt' ich.

Du hast viel mit einem Worte gesagt! rief wieder einer von ihnen. Du bist unser Mann! ein andrer.

Ihr denkt auch so? fragt' ich.

Frage, was wir thun! war die Antwort.

Und wenn ich fragte?

So würden wir Dir sagen, daß wir da sind, aufzuräumen auf Erden, daß wir die Steine vom Acker lesen, und die harten Erdenklöse mit dem Karst zerschlagen, und Furchen graben mit dem Pflug, und das Unkraut an der Wurzel fassen, an der Wurzel es durchschneiden, sammt der Wurzel es ausreißen, daß es verdorre im Sonnenbrande.

Nicht, daß wir ernten möchten, fiel ein andrer ein; uns kömmt der Lohn zu spät; uns reift die Ernte nicht mehr.

Wir sind am Abend unsrer Tage. Wir irrten oft, wir hofften viel und thaten wenig. Wir wagten lieber, als wir uns besannen. Wir waren gerne bald am Ende und trauten auf das Glück. Wir sprachen viel von Freude und Schmerz, und liebten, haßten beide. Wir spielten mit dem Schicksal, und es that mit uns ein Gleiches. Vom Bettelstabe bis zur Krone warf es uns auf und ab. Es schwang uns, wie man ein glühend Rauchfaß schwingt, und wir glühten, bis die Kohle zu Asche ward. Wir haben aufgehört von Glück und Mißgeschick zu sprechen. Wir sind empor gewachsen über die Mitte des Lebens, wo es grünt und warm ist. Aber es ist nicht das Schlimmste, was die Jugend überlebt. Aus heißem Metalle wird das kalte Schwert geschmiedet. Auch sagt man, auf verbrannten abgestorbenen Vulkanen gedeihe kein schlechter Most.

Wir sagen das nicht um unsertwillen, rief ein anderer jetzt etwas rascher, wir sagen es um euertwillen! Wir betteln um das Herz des Menschen nicht. Denn wir bedürfen seines Herzens, seines Willens nicht. Denn er ist in keinem Falle wider uns, denn es ist alles für uns, und die Thoren und die Klugen und die Einfältigen und die Weisen und alle Laster und alle Tugenden der Rohheit und der Bildung stehen, ohne gedungen zu seyn, in unsrem Dienst, und helfen blindlings mit zu unsrem Ziel — nur wünschten wir, es hätte jemand den Genuß davon, drum suchen wir unter den tausend blinden Gehülfen die besten uns aus, um sie zu sehenden Gehülfen zu machen — will aber niemand wohnen, wo wir bauten, unsre Schuld und unser Schaden ist es nicht. Wir thaten, was das unsre war. Will niemand sammeln, wo wir pflügten, wer verargt es uns? Wer flucht dem Baume, wenn sein Apfel in den Sumpf fällt? Ich hab's mir oft gesagt, du opferst der Verwesung, und ich endete mein Tagwerk doch.

Das sind Betrüger! riefen alle Wände meinem empfindlichen Sinne zu. Mir war, wie einem, der im Rauch ersticken will, und Thüren und Fenster einstößt, um sich hinauszuhelfen; so dürstet' ich nach Luft und Freiheit.

Sie sahn auch bald, wie unheimlich mir zu Muthe war, und brachen ab. Der Tag graute schon, da ich aus dem Khan trat, wo wir waren beisammen gewesen. Ich fühlte das Wehen der Morgenluft, wie Balsam an einer brennenden Wunde.

Ich war durch Alabanda's Spott schon zu sehr gereizt, um nicht durch seine räthselhafte Bekanntschaft vollends irre zu werden an ihm.

Er ist schlecht, rief ich, ja, er ist schlecht. Er heuchelt gränzenlos Vertrauen und lebt mit solchen — und verbirgt es dir.

Mir war, wie einer Braut, wenn sie erfährt, daß ihr Geliebter insgeheim mit einer Dirne lebe.

O es war der Schmerz nicht, den man hegen mag, den man am Herzen trägt, wie ein Kind, und in Schlummer singt mit Tönen der Nachtigall!

Wie eine ergrimmte Schlange, wenn sie unerbittlich herauffährt an den Knieen und Lenden, und alle Glieder umklammert, und nun in die Brust die giftigen Zähne schlägt, und nun in den Nacken, so war mein Schmerz, so faßt' er mich in seine fürchterliche Umarmung. Ich nahm mein höchstes Herz zu Hülfe, und rang nach großen Gedanken, um noch stille zu halten, es gelang mir auch auf wenige Augenblicke, aber nun war ich auch zum Zorne gestärkt, nun tödtet' ich auch, wie eingelegtes Feuer, jeden Funken der Liebe in mir.

Er muß ja, dacht' ich, das sind ja seine Menschen, er muß verschworen seyn mit diesen, gegen dich! Was wollt' er auch von dir? Was konnt' er suchen bei dir, dem Schwärmer? O wär' er seiner Wege gegangen! Aber sie haben ihren eigenen Gelust, sich an ihr Gegentheil zu machen! so ein fremdes Thier im Stalle zu haben, läßt ihnen gar gut! —

Und doch war ich unaussprechlich glücklich gewesen mit ihm, war so oft untergegangen in seinen Umarmungen, um aus ihnen zu erwachen mit Unüberwindlichkeit in der Brust, wurde so oft gehärtet und geläutert in seinem Feuer, wie Stahl!

Da ich einst in heitrer Mitternacht die Dioskuren ihm wies, und Alabanda die Hand aufs Herz mir legt' und sagte: das sind nur Sterne, Hyperion, nur Buchstaben, womit der Name der Heldenbrüder am Himmel geschrieben ist; in uns sind sie! lebendig und wahr, mit ihrem Muth und ihrer göttlichen Liebe, und Du, Du bist der Göttersohn, und theilst mit deinem sterblichen Kastor deine Unsterblichkeit! —

Da ich die Wälder des Ida mit ihm durchstreifte, und wir herunter kamen in's Thal, um da die schweigenden Grabhügel nach ihren Todten zu fragen, und ich zu Alabanda sagte, daß unter den Grabhügeln einer vielleicht dem Geist Achills und seines Geliebten angehöre, und Alabanda mir vertraute, wie er oft ein Kind sey, und sich denke, daß wir einst in Einem Schlachtthal fallen und zusammen ruhen werden unter Einem Baum — wer hätte damals das gedacht?

Ich sann mit aller Kraft des Geistes, die mir übrig war, ich klagt' ihn an, vertheidigt' ihn, und klagt' ihn wieder um so bittrer an; ich widerstrebte meinem Sinne, wollte mich erheitern, und verfinsterte mich nur ganz dadurch.

Ach! mein Auge war ja von so manchem Faustschlag wund gewesen, fing ja kaum zu heilen an, wie sollt' es jetzt gesundere Blicke thun?

Alabanda besuchte mich den andern Tag. Mein Herz kochte,

wie er herein trat, aber ich hielt mich, so sehr sein Stolz und seine Ruhe mich aufregt' und erhitzte.

Die Luft ist herrlich, sagt' er endlich, und der Abend wird sehr schön seyn; laß uns zusammen auf die Akropolis gehn!

Ich nahm es an. Wir sprachen lange kein Wort. Was willst Du? fragt' ich endlich.

Das kannst Du fragen? erwiederte der wilde Mensch mit einer Wehmuth, die mir durch die Seele gieng. Ich war betroffen, verwirrt.

Was soll ich von Dir denken? fing ich endlich wieder an.

Das, was ich bin! erwiedert' er gelassen.

Du brauchst Entschuldigung, sagt' ich mit veränderter Stimme, und sah mit Stolz ihn an, entschuldige Dich! reinige Dich!

Das war zuviel für ihn.

Wie kommt es denn, rief er entrüstet, daß dieser Mensch mich beugen soll, wie's ihm gefällt? — Es ist auch wahr, ich war zu früh entlassen aus der Schule, ich hatte alle Ketten geschleift und alle zerrissen, nur Eine fehlte noch, nur Eine war noch zu zerbrechen, ich war noch nicht gezüchtiget von einem Grillenfänger — murre nur! ich habe lange genug geschwiegen!

O Alabanda! Alabanda! rief ich.

Schweig', erwiedert' er, und brauche meinen Namen nicht zum Dolche gegen mich!

Nun brach auch mir der Unmuth vollends los. Wir ruhten nicht, bis eine Rückkehr fast unmöglich war. Wir zerstörten mit Gewalt den Garten unsrer Liebe. Wir standen oft und schwiegen, und wären uns so gerne, so mit tausend Freuden um den Hals gefallen, aber der unselige Stolz erstickte jeden Laut der Liebe, der vom Herzen aufstieg.

Leb wohl! rief ich endlich, und stürzte fort. Unwillkührlich mußt' ich mich umsehn, unwillkührlich war mir Alabanda gefolgt.

Nicht wahr, Alabanda, rief ich ihm zu, das ist ein sonderbarer Bettler? seinen letzten Pfenning wirft er in den Sumpf!

Wenn's das ist, mag er auch verhungern, rief er, und gieng.

Ich wankte sinnlos weiter, stand nun am Meer' und sah die Wellen an — ach! da hinunter strebte mein Herz, da hinunter, und meine Arme flogen der freien Fluth entgegen; aber bald kam, wie vom Himmel, ein sanfterer Geist über mich, und ordnete mein unbändig leidend Gemüth mit seinem ruhigen Stabe; ich überdachte stiller mein Schicksal, meinen Glauben an die Welt, meine trostlosen Erfahrungen, ich betrachtete den Menschen, wie ich ihn empfunden und erkannt von früher Jugend an, in mannigfaltigen Erziehungen, fand überall dumpfen oder schreienden Mißlaut, nur in kindlicher einfältiger Beschränkung fand ich noch die reinen Melodien — es ist besser, sagt' ich mir, zur Biene zu werden, und sein Haus zu bauen in Unschuld, als zu herrschen mit den Herren der Welt, und, wie mit Wölfen, zu heulen mit ihnen, als Völker zu meistern, und an dem unreinen Stoffe sich die Hände zu beflecken; ich wollte nach Tina zurück, um meinen Gärten und Feldern zu leben.

Lächle nur! Mir war es sehr Ernst. Bestehet ja das Leben der Welt im Wechsel des Entfaltens und Verschließens, in Ausflug und in Rückkehr zu sich selbst, warum nicht auch das Herz des Menschen?

Freilich ging die neue Lehre mir hart ein, freilich schied ich ungern von dem stolzen Irrthum meiner Jugend — wer reißt auch gerne die Flügel sich aus? — aber es mußte ja so seyn!

Ich setzt' es durch. Ich war nun wirklich eingeschifft. Ein frischer Bergwind trieb mich aus dem Hafen von Smyrna. Mit einer wunderbaren Ruhe, recht, wie ein Kind, das nichts vom nächsten Augenblicke weiß, lag ich so da auf meinem Schiffe, und sah die Bäume und Moskeen dieser Stadt an, meine grünen Gänge an dem Ufer, meinen Fußsteig zur Akropolis hinauf, das sah ich an, und ließ es weiter gehen und immer weiter; wie ich aber nun auf's hohe Meer hinaus kam, und alles nach und nach hinab sank, wie ein Sarg in's Grab, da mit einmal war es auch, als wäre mein Herz gebrochen — o Himmel! schrie ich, und alles Leben in mir erwacht', und rang, die fliehende Gegenwart zu halten, aber sie war dahin, dahin!

Wie ein Nebel, lag das himmlische Land vor mir, wo ich, wie ein Reh auf freier Waide, weit und breit die Thäler und die Höhen hatte durchstreift, und das Echo meines Herzens zu den Quellen und Strömen, in die Fernen und die Tiefen der Erde gebracht.

Dort hinein auf den Tmolus war ich gegangen in einsamer Unschuld; dort hinab, wo Ephesus einst stand in seiner glücklichen Jugend und Teos und Milet, dort hinauf in's heilige trauernde Troas war ich mit Alabanda gewandert, mit Alabanda, und, wie ein Gott, hatt' ich geherrscht über ihn, und wie ein Kind, zärtlich und gläubig, hatt' ich seinem Auge gedient, mit Seelenfreude, mit innigem frohlockendem Genusse seines Wesens, immer glücklich, wenn ich seinem Rosse den Zaum hielt, oder wenn ich, über mich selbst erhoben, in herrlichen Entschlüssen, in kühnen Gedanken, im Feuer der Rede seiner Seele begegnete!

Und nun war es dahin gekommen, nun war ich nichts mehr, war so heillos um alles gebracht, war zum ärmsten unter den Menschen geworden, und wußte selbst nicht, wie?

O ewiges Irrsal! dacht' ich bei mir, wann reißt der Mensch aus deinen Ketten sich los?

Wir sprechen von unsrem Herzen, unsern Planen, als wären sie unser, und es ist doch eine fremde Gewalt, die uns herumwirft und in's Grab legt, wie es ihr gefällt, und von der wir nicht wissen, von wannen sie kommt, noch wohin sie geht.

Wir wollen wachsen da hinauf, und dort hinaus die Aeste und die Zweige breiten, und Boden und Wetter bringt uns doch, wohin es geht, und wenn der Blitz auf deine Krone fällt, und bis zur Wurzel dich hinunter spaltet, armer Baum! was geht es dich an?

So dacht' ich. Aergerst Du dich daran, mein Bellarmin! Du wirst noch andere Dinge hören.

Das eben, Lieber! ist das Traurige, daß unser Geist so

gerne die Gestalt des irren Herzens annimmt, so gerne die vorüberfliehende Trauer festhält, daß der Gedanke, der die Schmerzen heilen sollte, selber krank wird, daß der Gärtner an den Rosensträuchern, die er pflanzen sollte, sich die Hand so oft zerreißt, o! das hat manchen zum Thoren gemacht vor andern, die er sonst, wie ein Orpheus, hätte beherrscht, das hat so oft die edelste Natur zum Spott gemacht vor Menschen, wie man sie auf jeder Straße findet, das ist die Klippe für die Lieblinge des Himmels, daß ihre Liebe mächtig ist und zart wie ihr Geist, daß ihres Herzens Wogen stärker oft und schneller sich regen, wie der Trident, womit der Meergott sie beherrscht, und darum mein Lieber! überhebe ja sich keiner.

Hyperion an Bellarmin.

Kannst Du es hören, wirst Du es begreifen, wenn ich dir von meiner langen kranken Trauer sage?

Nimm mich, wie ich mich gebe, und denke, daß es besser ist zu sterben, weil man lebte, als zu leben, weil man nie gelebt! Neide die Leidensfreien nicht, die Götzen von Holz, denen nichts mangelt, weil ihre Seele so arm ist, die nichts fragen nach Regen und Sonnenschein, weil sie nichts haben, was der Pflege bedürfte.

Ja! ja! es ist recht sehr leicht, glücklich, ruhig zu seyn mit seichtem Herzen und eingeschränktem Geiste. Gönnen kann man's euch; wer ereifert sich denn, daß die bretterne Scheibe nicht wehklagt, wenn der Pfeil sie trifft, und daß der hohle Topf so dumpf klingt, wenn ihn einer an die Wand wirft?

Nur müßt ihr euch bescheiden, lieben Leute, müßt ja in aller Stille euch wundern, wenn ihr nicht begreift, daß andre nicht auch so glücklich, auch so selbstgenügsam sind, müßt ja euch hüten, eure Weisheit zum Gesetz zu machen, denn das wäre der Welt Ende, wenn man euch gehorchte.

Ich lebte nun sehr still, sehr anspruchslos in Tina. Ich ließ auch wirklich die Erscheinungen der Welt vorüberziehn, wie

Nebel im Herbste, lachte manchmal auch mit nassen Augen über mein Herz, wenn es hinzuflog, um zu naschen, wie der Vogel nach der gemalten Traube, und blieb still und freundlich dabei.

Ich ließ nun jedem gerne seine Meinung, seine Unart. Ich war bekehrt, ich wollte niemand mehr bekehren; nur war mir traurig, wenn ich sah, daß die Menschen glaubten, ich lasse darum ihr Possenspiel unangetastet, weil ich es so hoch und theuer achte, wie sie. Ich mochte nicht gerade ihrer Albernheit mich unterwerfen, doch sucht' ich sie zu schonen, wo ich konnte. Das ist ja ihre Freude, dacht' ich, davon leben sie ja!

Oft ließ ich sogar mir gefallen, mitzumachen, und wenn ich noch so seelenlos, so ohne eignen Trieb dabei war, das merkte keiner, da vermißte keiner nichts, und hätt' ich gesagt, sie möchten mir's verzeihen, so wären sie dagestanden und hätten sich verwundert und gefragt: was hast du denn uns gethan? Die Nachsichtigen!

Oft, wenn ich des Morgens dastand unter meinem Fenster und der geschäftige Tag mir entgegenkam, konnt' auch ich mich augenblicklich vergessen, konnte mich umsehn, als möcht' ich etwas vornehmen, woran mein Wesen seine Lust noch hätte, wie ehmals, aber da schalt ich mich, da besann ich mich, wie einer, dem ein Laut aus seiner Muttersprache entfährt in einem Lande, wo sie nicht verstanden wird — wohin, mein Herz? sagt' ich verständig zu mir selber und gehorchte mir.

Was ist's denn, daß der Mensch so viel will? fragt' ich oft; was soll denn die Unendlichkeit in seiner Brust? Unendlichkeit? wo ist sie denn? wer hat sie denn vernommen? Mehr will er, als er kann! das möchte wahr seyn! O! das hast du oft genug erfahren. Das ist auch nöthig, wie es ist. Das gibt das süße, schwärmerische Gefühl der Kraft, daß sie nicht ausströmt, wie sie will, das eben macht die schönen Träume von Unsterblichkeit und all' die holden und die kolossalischen Phantome, die den Menschen tausendfach entzücken, das schafft dem Menschen sein Elysium und seine Götter, daß seines Lebens Linie nicht gerad ausgeht, daß er nicht hinfährt, wie ein Pfeil, und eine fremde Macht dem Fliehenden in den Weg sich wirft.

Des Herzens Woge schäumte nicht so schön empor, und würde Geist, wenn nicht der alte stumme Fels, das Schicksal, ihr entgegen stände.

Aber dennoch stirbt der Trieb in unsrer Brust, und mit ihm unsre Götter und ihr Himmel.

Das Feuer geht empor in freudigen Gestalten, aus der dunkeln Wiege, wo es schlief, und seine Flamme steigt und fällt, und bricht sich und umschlingt sich freudig wieder, bis ihr Stoff verzehrt ist; nun raucht und ringt sie und erlischt; was übrig ist, ist Asche.

So geht's mit uns. Das ist der Inbegriff von allem, was in schreckend reizenden Mysterien die Weisen uns erzählen.

Und du? was frägst du dich? Daß so zuweilen etwas in dir auffährt, und, wie der Mund des Sterbenden, dein Herz in Einem Augenblicke so gewaltsam dir sich öffnet und verschließt, das gerade ist das böse Zeichen.

Sey nur still, und laß es seinen Gang gehn! künstle nicht! versuche kindisch nicht, um eine Elle länger dich zu machen! — Es ist, als wolltest du noch eine Sonne schaffen, und neue Zöglinge für sie, ein Erdenrund und einen Mond erzeugen.

So träumt' ich hin. Geduldig nahm ich nach und nach von allem Abschied. — O ihr Genossen meiner Zeit! fragt eure Aerzte nicht und nicht die Priester, wenn ihr innerlich vergeht!

Ihr habt den Glauben an alles Große verloren: so müßt, so müßt ihr hin, wenn dieser Glaube nicht wiederkehrt, wie ein Komet aus fremden Himmeln.

Hyperion an Bellarmin.

Es gibt ein Vergessen alles Daseyns, ein Verstummen unsers Wesens, wo uns ist, als hätten wir alles gefunden.

Es gibt ein Verstummen, ein Vergessen alles Daseyns, wo uns ist, als hätten wir alles verloren, eine Nacht unsrer Seele, wo kein Schimmer eines Sterns, wo nicht einmal ein faules Holz uns leuchtet.

Ich war nun ruhig geworden. Nun trieb mich nichts mehr auf um Mitternacht. Nun sengt' ich mich in meiner eigenen Flamme nicht mehr.

Ich sah nun still und einsam vor mich hin, und schweift' in die Vergangenheit und in die Zukunft mit dem Auge nicht. Nun drängte Fernes und Nahes sich in meinem Sinne nicht mehr; die Menschen, wenn sie mich nicht zwangen, sie zu sehen, sah ich nicht.

Sonst lag oft, wie das ewig leere Faß der Danaiden, vor meinem Sinne dieß Jahrhundert, und mit verschwenderischer Liebe goß meine Seele sich aus, die Lücken auszufüllen; nun sah ich keine Lücke mehr, nun drückte mich des Lebens Langeweile nicht mehr.

Nun sprach ich nimmer zu der Blume, du bist meine Schwester! und zu den Quellen, wir sind eines Geschlechts! ich gab nun treulich, wie ein Echo, jedem Dinge seinen Namen.

Wie ein Strom an dürren Ufern, wo kein Weidenblatt im Wasser sich spiegelt, lief unverschönert vorüber an mir die Welt.

Hyperion an Bellarmin.

Es kann nichts wachsen und nichts so tief vergehen, wie der Mensch. Mit der Nacht des Abgrunds vergleicht er oft sein Leiden und mit dem Aether seine Seligkeit, und wie wenig ist dadurch gesagt?

Aber schöner ist nichts, als wenn es so nach langem Tode wieder in ihm dämmert, und der Schmerz, wie ein Bruder, der fernher dämmernden Freude entgegen geht.

O es war ein himmlisch Ahnen, womit ich jetzt den kommenden Frühling wieder begrüßte! Wie fernher in schweigender Luft, wenn alles schläft, das Saitenspiel der Geliebten, so umtönten seine leisen Melodien mir die Brust; wie von Elysium herüber, vernahm ich seine Zukunft, wenn die todten Zweige sich regten und ein lindes Wehen meine Wange berührte.

Holder Himmel Joniens! so war ich nie an dir gehangen, aber so ähnlich war dir auch nie mein Herz gewesen, wie damals, in seinen heitern zärtlichen Spielen. —

Wer sehnt sich nicht nach Freuden der Liebe und großen Thaten, wenn im Auge des Himmels und im Busen der Erde der Frühling wiederkehrt?

Ich erhob mich, wie vom Krankenbette, leise und langsam, aber von geheimen Hoffnungen zitterte mir die Brust so selig, daß ich drüber vergaß, zu fragen, was dieß zu bedeuten habe.

Schönere Träume umfingen mich jetzt im Schlafe, und, wenn ich erwachte, waren sie mir im Herzen, wie die Spur eines Kusses auf der Wange der Geliebten. O das Morgenlicht und ich, wir giengen nun uns entgegen, wie versöhnte Freunde, wenn sie noch etwas fremde thun, und doch den nahen unendlichen Augenblick des Umarmens schon in der Seele tragen.

Es that nun wirklich einmal wieder mein Auge sich auf, freilich, nicht mehr, wie sonst, gerüstet und erfüllt mit eigner Kraft, es war bittender geworden, es fleht' um Leben, aber es war mir im Innersten doch, als könnt' es wieder werden mit mir, wie sonst, und besser.

Ich sahe die Menschen wieder an, als sollt' auch ich wirken und mich freuen unter ihnen. Ich schloß mich wirklich herzlich überall an.

Himmel! wie war das eine Schadenfreude, daß der stolze Sonderling nun Einmal war, wie ihrer einer, geworden! wie hatten sie ihren Scherz daran, daß den Hirsch des Waldes der Hunger trieb, in ihren Hühnerhof zu laufen! —

Ach! meinen Adamas sucht' ich, meinen Alabanda, aber es erschien mir keiner.

Endlich schrieb ich auch nach Smyrna, und es war, als sammelt' alle Zärtlichkeit und alle Macht des Menschen in Einen Moment sich, da ich schrieb; so schrieb ich dreimal, aber keine Antwort, ich flehte, drohte, mahnt' an alle Stunden der Liebe und der Kühnheit, aber keine Antwort von dem Unvergeßlichen, bis in den Tod Geliebten. — Alabanda! rief ich, o mein Alabanda! du hast den Stab gebrochen über mich. Du hieltest mich noch aufrecht, warst die letzte Hoffnung meiner Jugend! Nun will ich nichts mehr! nun ist's heilig und gewiß!

Wir bedauern die Todten, als fühlten sie den Tod, und die Todten haben doch Frieden. Aber das, das ist der Schmerz, dem keiner gleichkömmt, das ist unaufhörliches Gefühl der gänzlichen Zernichtung, wenn unser Leben seine Bedeutung so verliert, wenn so das Herz sich sagt, du mußt hinunter und nichts bleibt übrig von dir; keine Blume hast du gepflanzt, keine Hütte gebaut, nur daß du sagen könntest: ich lasse eine Spur zurück auf Erden. Ach! und die Seele kann immer so voll Sehnens seyn, bei dem, daß sie so muthlos ist!

Ich suchte immer etwas, aber ich wagte das Auge nicht aufzuschlagen vor den Menschen. Ich hatte Stunden, wo ich das Lachen eines Kindes fürchtete.

Dabei war ich meist sehr still und geduldig, hatte oft auch einen wunderbaren Aberglauben an die Heilkraft mancher Dinge; von einer Taube, die ich kaufte, von einer Kahnfahrt, von einem Thale, das die Berge mir verbargen, konnt' ich Trost erwarten.

Genug! genug! wär' ich mit Themistokles aufgewachsen, hätt' ich unter den Scipionen gelebt, meine Seele hätte sich wahrlich nie von dieser Seite kennen gelernt.

Hyperion an Bellarmin.

Zuweilen regte sich noch eine Geisteskraft in mir. Aber freilich nur zerstörend!

Was ist der Mensch? konnt' ich beginnen; wie kommt es, daß so etwas in der Welt ist, das, wie ein Chaos, gährt, oder modert, wie ein fauler Baum, und nie zu einer Reife gedeiht? Wie duldet diesen Heerling die Natur bei ihren süßen Trauben?

Zu den Pflanzen spricht er: ich war auch einmal, wie ihr! und zu den reinen Sternen: ich will werden, wie ihr, in einer andern Welt! inzwischen bricht er auseinander und treibt hin und wieder seine Künste mit sich selbst, als könnt' er, wenn es einmal sich aufgelöst, Lebendiges zusammensetzen, wie ein Mauerwerk; aber es macht ihn auch nicht irre, wenn nichts gebessert wird durch all sein Thun; es bleibt doch immerhin ein Kunststück, was er treibt.

O ihr Armen, die ihr das fühlt, die ihr auch nicht sprechen mögt von menschlicher Bestimmung, die ihr auch so durch und durch ergriffen seyd vom Nichts, das über uns waltet, so gründlich einseht, daß wir geboren werden für Nichts, daß wir lieben ein Nichts, glauben an's Nichts, uns abarbeiten für Nichts, um mählig überzugehen in's Nichts — was kann ich dafür, daß euch die Knie brechen, wenn ihr's ernstlich bedenkt? Bin ich doch auch schon manchmal hingesunken in diesen Gedanken, und habe gerufen, was legst du die Axt mir an die Wurzel, grausamer Geist? und bin noch da.

O einst, ihr finstern Brüder! war es anders. Da war es über uns so schön, so schön und froh vor uns; auch diese Herzen wallten über vor den fernen seligen Phantomen, und kühn frohlockend drangen auch unsere Geister aufwärts und durchbrachen die Schranke, und wie sie sich umsahn, wehe, da war es eine unendliche Leere.

O! auf die Knie kann ich mich werfen und meine Hände ringen und flehen, ich weiß nicht wen? um andere Gedanken. Aber ich überwältige sie nicht, die schreiende Wahrheit. Hab' ich mich nicht zwiefach überzeugt? Wenn ich hinsehe in's Leben, was ist das Letzte von allem? Nichts. Wenn ich aufsteige im Geiste, was ist das Höchste von allem? Nichts.

Aber stille, mein Herz! Es ist ja deine letzte Kraft, die du verschwendest! deine letzte Kraft? und du, du willst den Himmel stürmen? wo sind denn deine hundert Arme, Titan, wo dein Pelion und Ossa, deine Treppe zu des Göttervaters Burg hinauf, damit du hinaufsteigst und den Gott und seinen Göttertisch und all' die unsterblichen Gipfel des Olymps herabwirfst und den Sterblichen predigest: bleibt unten, Kinder des Augenblicks!

strebt nicht in diese Höhen herauf, denn es ist nichts hier oben.

Das kannst du lassen, zu sehn, was über andere waltet. Dir gilt deine neue Lehre. Ueber dir und vor dir ist es freilich leer und öde, weil es in dir leer und öd' ist.

Freilich, wenn ihr reicher seyd, als ich, ihr andern, könntet ihr doch wohl auch ein wenig helfen.

Wenn euer Garten so voll Blumen ist, warum erfreut ihr Odem mich nicht auch? — Wenn ihr so voll der Gottheit seyd, so reicht sie mir zu trinken. An Festen darbt ja Niemand, auch der ärmste nicht. Aber Einer nur hat seine Feste unter euch: das ist der Tod.

Noth und Angst und Nacht sind eure Herren. Die sondern euch, die treiben euch mit Schlägen an einander. Den Hunger nennt ihr Liebe, und wo ihr nichts mehr seht, da wohnen eure Götter. Götter und Liebe?

O die Poeten haben recht, es ist nichts so klein und wenig, woran man sich nicht begeistern könnte.

So dacht' ich. Wie das alles in mich kam, begreif' ich noch nicht.

Zweites Buch.

Hyperion an Bellarmin.

Ich lebe jetzt auf der Insel des Ajax, der theuern Salamis.

Ich liebe dieß Griechenland überall. Es trägt die Farbe meines Herzens. Wohin man siehet, liegt eine Freude begraben.

Und doch ist so viel Liebliches und Großes auch um einen.

Auf dem Vorgebirge hab' ich mir eine Hütte gebaut von Mastixzweigen, und Moos und Bäume herumgepflanzt und Thymian und allerlei Sträuche.

Da hab' ich meine liebsten Stunden, da sitz' ich Abende lang und sehe nach Attika hinüber, bis endlich mein Herz zu hoch mir klopft; dann nehm' ich mein Werkzeug, gehe hinab an die Bucht und fange mir Fische.

Oder les' ich auch auf meiner Höhe droben vom alten herrlichen Seekrieg, der an Salamis einst im wilden klug beherrschten Getümmel vertobte, und freue des Geistes mich, der das wüthende Chaos von Freunden und Feinden lenken konnte und zähmen, wie ein Reiter das Roß, und schäme mich innigst meiner eigenen Kriegsgeschichte.

Oder schau' ich auf's Meer hinaus und überdenke mein Leben, sein Steigen und Sinken, seine Seligkeit und seine Trauer, und meine Vergangenheit lautet mir oft, wie ein Saitenspiel, wo der Meister alle Töne durchläuft und Streit und Einklang mit verborgener Ordnung untereinander wirft.

Heut ist's dreifach schön hier oben. Zwei freundliche Regentage haben die Luft und die lebensmüde Erde gekühlt.

Der Boden ist grüner geworden, offner das Feld. Unendlich steht, mit der freudigen Kornblume gemischt, der goldene Waizen da, und licht und heiter steigen tausend hoffnungsvolle Gipfel aus der Tiefe des Hains. Zart und groß durchirret den Raum jede Linie der Fernen; wie Stufen gehen die Berge bis zur Sonne unaufhörlich hinter einander hinauf. Der ganze Himmel ist rein. Das weiße Licht ist nur über den Aether gehaucht, und, wie ein silbern Wölkchen, wallt der schüchterne Mond am hellem Tage vorüber.

Hyperion an Bellarmin.

Mir ist lange nicht gewesen, wie jetzt.

Wie Jupiters Adler dem Gesange der Musen, lausch' ich dem wunderbaren unendlichen Wohllaut in mir. Unangefochten an Sinn und Seele, stark und fröhlich, mit lächelndem Ernste, spiel' ich im Geiste mit dem Schicksal und den drei Schwestern, den heiligen Parzen. Voll göttlicher Jugend frohlockt mein ganzes Wesen über sich selbst, über Alles. Wie der Sternenhimmel, bin ich still und bewegt.

Ich habe lange gewartet auf solche Festzeit, um Dir einmal wieder zu schreiben. Nun bin ich stark genug; nun laß mich Dir erzählen.

Mitten in meinen finstern Tagen lud ein Bekannter von Kalaurea herüber mich ein. Ich sollt' in seine Gebirge kommen, schrieb er mir; man lebe hier freier als sonst wo, und auch da blüheten mitten unter den Fichtenwäldern und reißenden Wassern Limonienhaine und Palmen und liebliche Kräuter und Myrten und die heilige Rebe. Einen Garten hab' er hoch am Gebirge gebaut und ein Haus; dem beschatteten dichte Bäume den Rücken, und kühlende Lüfte umspiel'ten es leise in den brennenden Sommertagen; wie ein Vogel vom Gipfel der Ceder, blickte man in die Tiefen hinab, zu den Dörfern und grünen Hügeln und zufriedenen Heerden der Insel, die alle, wie Kinder, umherlägen um den herrlichen Berg und sich nährten von seinen schäumenden Bächen.

Das weckte mich denn doch ein wenig. Es war ein heiterer blauer Apriltag, an dem ich hinüberschiffte. Das Meer war ungewöhnlich schön und rein, und leicht die Luft, wie in höheren Regionen. Man ließ im schwebenden Schiffe die Erde hinter sich liegen, wie eine köstliche Speise, wenn der heilige Wein gereicht wird.

Dem Einflusse des Meers und der Luft widerstrebt der finstere Sinn umsonst. Ich gab mich hin, fragte nichts nach mir und andern, suchte nichts, sann auf nichts, ließ vom Boote mich halb in Schlummer wiegen, und bildete mir ein, ich liege in Charons Nachen. O es ist süß, so aus der Schaale der Vergessenheit zu trinken.

Mein fröhlicher Schiffer hätte gerne mit mir gesprochen, aber ich war sehr einsylbig.

Er deutete mit dem Finger und wies mir rechts und links das blaue Eiland, aber ich sah nicht lange hin, und war im nächsten Augenblicke wieder in meinen eigenen lieben Träumen.

Endlich, da er mir die stillen Gipfel in der Ferne wies und sagte, daß wir bald in Kalaurea wären, merkt' ich mehr auf, und mein ganzes Wesen öffnete sich der wunderbaren Gewalt, die auf Einmal süß und still und unerklärlich mit mir spielte. Mit großem Auge, staunend und freudig sah' ich hinaus in die Geheimnisse der Ferne, leicht zitterte mein Herz, und die Hand entwischte mir und faßte freundlich hastig meinen Schiffer an — so? rief ich, das ist Kalaurea? Und wie er mich drum ansah, wußt' ich selbst nicht, was ich aus mir machen sollte.

Ich grüßte meinen Freund mit wunderbarer Zärtlichkeit. Voll süßer Unruhe war all mein Wesen.

Den Nachmittag wollt' ich gleich einen Theil der Insel durchstreifen. Die Wälder und geheimen Thale reizten mich unbeschreiblich, und der freundliche Tage lockte alles hinaus.

Es war so sichtbar, wie alles Lebendige mehr, denn tägliche

Speise, begehrt, wie auch der Vogel sein Fest hat und das Thier.

Es war entzückend anzusehn! Wie, wenn die Mutter schmeichelnd frägt, wo um sie her ihr Liebstes sey, und alle Kinder in den Schooß ihr stürzen, und das Kleinste noch die Arme aus der Wiege streckt, so flog und sprang und strebte jedes Leben in die göttliche Luft hinaus, und Käfer und Schwalben und Tauben und Störche tummelten sich in frohlockender Verwirrung unter einander in den Tiefen und Höhn, und was die Erde festhielt, dem ward zum Fluge der Schritt, über die Gräben brauste das Roß und über die Zäune das Reh, und aus dem Meergrund kamen die Fische herauf und hüpften über die Fläche. Allen drang die mütterliche Luft an's Herz, und hob sie und zog sie zu sich.

Und die Menschen giengen aus ihren Thüren heraus, und fühlten wunderbar das geistige Wehen, wie es leise die zarten Haare über der Stirne bewegte, wie es den Lichtstrahl kühlte, und lösten freundlich ihre Gewänder, um es aufzunehmen an ihre Brust, athmeten süßer, berührten zärtlicher das leichte, klare schmeichelnde Meer, in dem sie lebten und webten.

O Schwester des Geistes, der feurigmächtig in uns waltet und lebt, heilige Luft! wie schön ist's, daß du, wohin ich wandre, mich geleitest, Allgegenwärtige, Unsterbliche!

Mit den Kindern spielte das hohe Element am schönsten.

Das summte friedlich vor sich hin, dem schlüpft' ein taktlos Liedchen aus den Lippen, dem ein Frohlocken aus offener Kehle; das streckte sich, das sprang in die Höhe; ein andres schlenderte vertieft umher.

Und all dieß war die Sprache Eines Wohlseyns, alles Eine Antwort auf die Liebkosungen der entzückenden Lüfte.

Ich war voll unbeschreiblichen Sehnens und Friedens. Eine fremde Macht beherrschte mich. Freundlicher Geist, sagt' ich bei mir selber, wohin rufest du mich? nach Elysium oder wohin?

Ich ging in einem Walde, am rieselnden Wasser hinauf,

wo es über Felsen heruntertröpfelte, wo es harmlos über die Kieseln glitt; und mählig verengte sich und ward zum Bogengange das Thal, und einsam spielte das Mittagslicht im schweigenden Dunkel. —

Hier — ich möchte sprechen können, mein Bellarmin! möchte gerne mit Ruhe Dir schreiben!

Sprechen? o ich bin ein Laie in der Freude, ich will sprechen!

Wohnt doch die Stille im Lande der Seligen, und über den Sternen vergißt das Herz seine Noth und seine Sprache.

Ich hab' es heilig bewahrt! wie ein Palladium, hab' ich es in mir getragen, das Göttliche, das mir erschien! und wenn hinfort mich das Schicksal ergreift und von einem Abgrund in den andern mich wirft, und alle Kräfte ertränkt in mir und alle Gedanken: so soll dieß Einzige doch mich selber überleben in mir, und leuchten in mir und herrschen, in ewiger, unzerstörbarer Klarheit! —

So lagst du hingegossen, süßes Leben, so blicktest du auf, erhubst dich, standst nun da, in schlanker Fülle, göttlich ruhig, und das himmlische Gesicht noch voll des heitern Entzückens, worin ich dich störte!

O wer in die Stille dieses Auges gesehen, wem diese süßen Lippen sich aufgeschlossen, wovon mag der noch sprechen?

Friede der Schönheit! göttlicher Friede! wer einmal an dir das tobende Leben und den zweifelnden Geist besänftigt, wie kann dem anderes helfen?

Ich kann nicht sprechen von ihr, aber es gibt ja Stunden, wo das Beste und Schönste, wie in Wolken, erscheint, und der Himmel der Vollendung vor der ahnenden Liebe sich öffnet; da, Bellarmin! da denke ihres Wesens, da beuge die Knie mit mir, und denke meiner Seligkeit! aber vergiß nicht, daß ich hatte, was Du ahnest, daß ich mit diesen Augen sah, was nur wie in Wolken Dir erscheint.

Daß die Menschen manchmal sagen möchten: sie freueten sich! O glaubt, ihr habt von Freude noch nichts geahnet! Euch ist der Schatten ihres Schattens noch nicht erschienen! O geht, und sprecht vom blauen Aether nicht, ihr Blinden!

Daß man werden kann, wie die Kinder, daß noch die goldne Zeit der Unschuld wiederkehrt, die Zeit des Friedens und der Freiheit, daß doch Eine Freude ist, Eine Ruhestätte auf Erden!

Ist der Mensch nicht veraltet, verwelkt, ist er nicht, wie ein abgefallen Blatt, das seinen Stamm nicht wieder findet und nun umher gescheucht wird von den Winden, bis es der Sand begräbt?

Und dennoch kehrt sein Frühling wieder!

Weint nicht, wenn das Trefflichste verblüht! bald wird es sich verjüngen! Trauert nicht, wenn eures Herzens Melodie verstummt! bald findet eine Hand sich wieder, es zu stimmen!

Wie war denn ich? war ich nicht wie ein zerrissen Saitenspiel? Ein wenig tönt' ich noch, aber es waren Todestöne. Ich hatte mir ein düster Schwanenlied gesungen! Einen Sterbekranz hätt' ich gern mir gewunden, aber ich hatte nur Winterblumen.

Und wo war sie denn nun, die Todtenstille, die Nacht und Oede meines Lebens? die ganze dürftige Sterblichkeit?

Freilich ist das Leben arm und einsam. Wir wohnen hier unten, wie der Diamant im Schacht. Wir fragen umsonst, wie wir herab gekommen, um wieder den Weg hinauf zu finden.

Wir sind, wie Feuer, das im dürren Aste oder im Kiesel schläft; und ringen und suchen in jedem Moment das Ende der engen Gefangenschaft. Aber sie kommen, sie wägen Aeonen des Kampfes auf, die Augenblicke der Befreiung, wo das Göttliche den Kerker sprengt, wo die Flamme vom Holze sich löst und siegend emporwallt über der Asche, ha! wo uns ist, als kehrte der entfesselte Geist, vergessen der Leiden, der Knechtsgestalt, im Triumphe zurück in die Hallen der Sonne.

Hyperion an Bellarmin.

Ich war einst glücklich, Bellarmin! Bin ich es nicht noch? Wär' ich es nicht, wenn auch der heilige Moment, wo ich zum erstenmale sie sah, der letzte wäre gewesen?

Ich hab' es Einmal gesehen, das Einzige, das meine Seele suchte, und die Vollendung, die wir über die Sterne hinauf entfernen, die wir hinausschieben bis an's Ende der Zeit, die hab' ich gegenwärtig gefühlt. Es war da, das Höchste, in diesem Kreise der Menschennatur und der Dinge war es da!

Ich frage nicht mehr, wo es sey; es war in der Welt, es kann wiederkehren in ihr, es ist jetzt nur verborgener in ihr. Ich frage nicht mehr, was es sey; ich hab' es gesehn, ich hab' es kennen gelernt.

O ihr, die ihr das Höchste und Beste sucht in der Tiefe des Wissens, im Getümmel des Handelns, im Dunkel der Vergangenheit, im Labyrinthe der Zukunft, in den Gräbern, oder über den Sternen! wißt ihr seinen Namen? den Namen deß, das Eins ist und Alles?

Sein Name ist Schönheit.

Wußtet ihr, was ihr wolltet? Noch weiß ich es nicht, doch ahn' ich es, der neuen Gottheit neues Reich, und eil' ihm zu, und ergreife die andern und führe sie mit mir, wie der Strom die Ströme in den Ocean.

Und du, du hast mir den Weg gewiesen! Mit dir begann ich. Sie sind der Worte nicht werth, die Tage, da ich noch dich nicht kannte. —

O Diotima, Diotima, himmlisches Wesen!

Hyperion an Bellarmin.

Laß uns vergessen, daß es eine Zeit gibt, und zähle die Lebenstage nicht!

Was sind Jahrhunderte gegen den Augenblick, wo zwei Wesen so sich ahnen und nahn?

Noch seh' ich den Abend, an dem Notara zum erstenmale zu ihr in's Haus mich brachte.

Sie wohnte nur einige hundert Schritte von uns am Fuße des Bergs.

Ihre Mutter war ein denkend zärtlich Wesen, ein schlichter

fröhlicher Junge der Bruder, und beide gestanden herzlich in allem Thun und Lassen, daß Diotima die Königin des Hauses war.

Ach! es war alles geheiliget, verschönert durch ihre Gegenwart. Wohin ich sah, was ich berührte, ihr Fußteppich, ihr Polster, ihr Tischchen, alles war in geheimem Bunde mit ihr. Und da sie zum erstenmale mit Namen mich rief, da sie selbst so nahe mir kam, daß ihr unschuldiger Othem mein lauschend Wesen berührte! —

Wir sprachen sehr wenig zusammen. Man schämt sich seiner Sprache. Zum Tone möchte man werden und sich vereinen in Einen Himmelsgesang.

Wovon auch sollten wir sprechen? Wir sahn nur uns. Von uns zu sprechen, scheuten wir uns.

Vom Leben der Erde sprachen wir endlich.

So feurig und kindlich ist ihr noch keine Hymne gesungen worden.

Es that uns wohl, den Ueberfluß unsers Herzens der guten Mutter in den Schoos zu streuen. Wir fühlten uns dadurch erleichtert, wie die Bäume, wenn ihnen der Sommerwind die fruchtbaren Aeste schüttelt, und ihre süßen Aepfel in das Gras gießt.

Wir nannten die Erde eine der Blumen des Himmels, und den Himmel nannten wir den unendlichen Garten des Lebens. Wie die Rosen sich mit goldnen Stäubchen erfreuen, sagten wir, so erfreue das heldenmüthige Sonnenlicht mit seinen Strahlen die Erde; sie sey ein herrlich lebend Wesen, sagten wir, gleich göttlich, wenn ihr zürnend Feuer oder mildes klares Wasser aus dem Herzen quille, immer glücklich, wenn sie von Thautropfen sich nähre, oder von Gewitterwolken, die sie sich zum Genusse bereite mit Hülfe des Himmels, die immer treuer liebende Hälfte des Sonnengotts, ursprünglich vielleicht inniger mit ihm vereint, dann aber durch ein allwaltend Schicksal geschieden von ihm, damit sie ihn suche, sich nähere, sich entferne und unter Lust und Trauer zur höchsten Schönheit reife.

So sprachen wir. Ich gebe Dir den Inhalt, den Geist davon. Aber was ist er ohne das Leben?

Es dämmerte, und wir mußten gehen. Gute Nacht, ihr Engelsaugen! dacht' ich im Herzen, und erscheine du bald mir wieder, schöner göttlicher Geist, mit deiner Ruhe und Fülle!

Hyperion an Bellarmin.

Ein paar Tage drauf kamen sie herauf zu uns. Wir giengen zusammen im Garten herum. Diotima und ich geriethen voraus, vertieft, mir traten oft Thränen der Wonne in's Auge, über das Heilige, das so anspruchlos zur Seite mir gieng.

Vorn am Rande des Berggipfels standen wir nun, und sahn hinaus, in den unendlichen Osten.

Diotima's Auge öffnete sich weit, und leise, wie eine Knospe sich aufschließt, schloß das liebe Gesichtchen vor den Lüften des Himmels sich auf, ward lauter Sprache und Seele, und, als begänne sie den Flug in die Wolken, stand sanft emporgestreckt die ganze Gestalt, in leichter Majestät, und berührte kaum mit den Füßen die Erde.

O unter den Armen hätt' ich sie fassen mögen, wie der Adler seinen Ganymed, und hinfliegen mit ihr über das Meer und seine Inseln.

Nun trat sie weiter vor, und sah die schroffe Felsenwand hinab. Sie hatte ihre Lust daran, die schröckende Tiefe zu messen, und sich hinab zu verlieren in die Nacht der Wälder, die unten aus Felsenstücken und schäumenden Wetterbächen herauf die lichten Gipfel streckten.

Das Geländer, worauf sie sich stützte, war etwas niedrig. So durft' ich es ein wenig halten, das Reizende, indeß es so sich vorwärts beugte. Ach! heiße zitternde Wonne durchlief mein Wesen, und Taumel und Toben war in allen Sinnen, und die Hände brannten mir, wie Kohlen, da ich sie berührte.

Und dann die Herzenslust, so traulich neben ihr zu stehn,

und die zärtlich kindische Sorge, daß sie fallen möchte, und die Freude an der Begeisterung des herrlichen Mädchens!

Was ist alles, was in Jahrtausenden die Menschen thaten und dachten, gegen Einen Augenblick der Liebe? Es ist aber auch das Gelungenste, Göttlichschönste in der Natur! dahin führen alle Stufen auf der Schwelle des Lebens. Daher kommen wir, dahin gehen wir.

Hyperion an Bellarmin.

Nur ihren Gesang sollt' ich vergessen, nur diese Seelentöne sollten nimmer wiederkehren in meinen unaufhörlichen Träumen.

Man kennt den stolzhinschiffenden Schwan nicht, wenn er schlummernd am Ufer sitzt.

Nur, wenn sie sang, erkannte man die liebende Schweigende, die so ungern sich zur Sprache verstand.

Da, da gieng erst die himmlische Ungefällige in ihrer Majestät und Lieblichkeit hervor; da weht' es oft so bittend und so schmeichelnd, oft, wie ein Göttergebot, von den zarten blühenden Lippen. Und wie das Herz sich regt' in dieser göttlichen Stimme, wie alle Größe und Demuth, alle Lust und alle Trauer des Lebens verschönert im Adel dieser Töne erschienen!

Wie im Fluge die Schwalbe die Bienen hascht, ergriff sie immer uns alle.

Es kam nicht Lust und nicht Bewunderung, es kam der Friede des Himmels unter uns.

Tausendmal hab' ich es ihr und mir gesagt: das Schönste ist auch das Heiligste. Und so war alles an ihr. Wie ihr Gesang, so auch ihr Leben.

Hyperion an Bellarmin.

Unter den Blumen war ihr Herz zu Hause, als wär' es eine von ihnen.

Sie nannte sie alle mit Namen, schuf ihnen aus Liebe neue, schönere, und wußte genau die fröhlichste Lebenszeit von jeder.

Wie eine Schwester, wenn aus jeder Ecke ein Geliebtes ihr entgegenkömmt, und jedes gerne zuerst gegrüßt seyn möchte, so war das stille Wesen mit Aug' und Hand beschäftigt, selig zerstreut, wenn auf der Wiese wir gingen, oder im Walde.

Und das war so ganz nicht angenommen, angebildet, das war so mit ihr aufgewachsen.

Es ist doch ewig gewiß und zeigt sich überall; je unschuldiger, schöner eine Seele, desto vertrauter wird sie mit den andern Glücklichen leben, die man seelenlos nennt.

Hyperion an Bellarmin.

Tausendmal hab' ich in meiner Herzensfreude gelacht über die Menschen, die sich einbilden, ein erhabner Geist könne unmöglich wissen, wie man ein Gemüse bereitet. Diotima konnte wohl zur rechten Zeit recht herzhaft von dem Feuerheerde sprechen, und es ist gewiß nichts edler, als ein edles Mädchen, das die allwohlthätige Flamme besorgt, und, ähnlich der Natur, die herzerfreuende Speise bereitet.

Hyperion an Bellarmin.

Was ist alles künstliche Wissen in der Welt, was ist die ganze stolze Mündigkeit der menschlichen Gedanken gegen die ungesuchten Töne dieses Geistes, der nicht wußte, was er wußte, was er war?

Wer will die Traube nicht lieber voll und frisch, so wie sie aus der Wurzel quoll, als die getrockneten gepflückten Beeren, die der Kaufmann in die Kiste preßt und in die Welt schickt? Was ist die Weisheit eines Buchs gegen die Weisheit eines Engels?

Sie schien immer so wenig zu sagen, und sagte so viel.

Ich geleitete sie einst in später Dämmerung nach Hause;

wie Träume, beschlichen thauende Wölkchen die Wiese, wie lauschende Genien sahen die seligen Sterne durch die Zweige.

Man hörte selten ein „wie schön!" aus ihrem Munde, wenn schon das fromme Herz kein lispelnd Blatt, kein Rieseln einer Quelle unbehorcht ließ.

Dießmal sprach sie es denn doch mir aus — wie schön.

Es ist wohl uns zuliebe so! sagt' ich, ungefähr, wie Kinder etwas sagen, weder im Scherze noch im Ernste.

Ich kann mir denken, was Du sagst, erwiederte sie; ich denke mir die Welt am liebsten, wie ein häuslich Leben, wo jedes, ohne gerade dran zu denken, sich in's andre schickt. und wo man sich einander zum Gefallen und zur Freude lebt, weil es eben so vom Herzen kömmt.

Froher erhabner Glaube! rief ich.

Sie schwieg eine Weile.

Auch wir sind also Kinder des Hauses, begann ich endlich wieder, „sind es und werden es seyn".

Werden ewig es sein, erwiederte sie.

Werden wir das? fragt' ich.

Ich vertraue, fuhr sie fort, hierinnen der Natur, so wie ich täglich ihr vertraue.

O ich hätte mögen Diotima seyn, da sie dieß sagte! Aber Du weißt nicht, was sie sagte, mein Bellarmin! Du hast es nicht gesehn und nicht gehört.

Du hast Recht, rief ich ihr zu; die ewige, ewige Schönheit, die Natur leidet keinen Verlust in sich, so wie sie keinen Zusatz leidet. Ihr Schmuck ist morgen anders, als er heute war; aber unser Bestes, uns, uns kann sie nicht entbehren und Dich am wenigsten. Wir glauben, daß wir ewig sind, denn unsere Seele fühlt die Schönheit der Natur. Sie ist ein Stückwerk, ist die Göttliche, die Vollendete nicht, wenn jemals Du in ihr vermißt wirst. Sie verdient Dein Herz nicht, wenn sie erröthen muß vor Deinen Hoffnungen.

Hyperion an Bellarmin.

So bedürfnißlos, so göttlichgenügsam hab' ich nichts gekannt.

Wie die Woge des Oceans das Gestade seliger Inseln, so umfluthete mein ruheloses Herz den Frieden des himmlischen Mädchens.

Ich hatt' ihr nichts zu geben, als ein Gemüth voll wilder Widersprüche, voll blutender Erinnerungen, nichts hatt' ich ihr zu geben, als meine gränzenlose Liebe mit ihren tausend Sorgen, ihren tausend tobenden Hoffnungen; sie aber stand vor mir in wandelloser Schönheit, mühelos, in lächelnder Vollendung da, und alles Sehnen, alles Träumen der Sterblichkeit, ach! alles, was in goldnen Morgenstunden von höhern Regionen der Genius weissagt, es war alles in dieser Einen stillen Seele erfüllt.

Man sagt sonst, über den Sternen verhalle der Kampf, und künftig erst, verspricht man uns, wenn unsre Hefe gesunken sey, verwandle sich in edlen Freudenwein das gährende Leben; die Herzensruhe der Seligen sucht man sonst auf dieser Erde nirgends mehr. Ich weiß es anders. Ich bin den nähern Weg gekommen. Ich stand vor ihr, und hört' und sah den Frieden des Himmels, und mitten im seufzenden Chaos erschien mir Urania.

Wie oft hab' ich meine Klagen vor diesem Bilde gestillt! wie oft hat sich das übermüthige Leben und der strebende Geist besänftigt, wenn ich, in selige Betrachtungen versunken, ihr in's Herz sah, wie man in die Quelle siehet, wenn sie still erbebt von den Berührungen des Himmels, der in Silbertropfen auf sie niederträufelt!

Sie war mein Lethe, diese Seele, mein heiliger Lethe, woraus ich die Vergessenheit des Daseyns trank, daß ich vor ihr stand, wie ein Unsterblicher, und freudig mich schalt, und wie nach schweren Träumen lächeln mußte über alle Ketten, die mich gedrückt.

O ich wär' ein glücklicher, ein trefflicher Mensch geworden mit ihr!

Mit ihr! aber das ist mißlungen, und nun irr' ich herum in dem, was vor und in mir ist, und drüber hinaus, und weiß nicht, was ich machen soll aus mir und andern Dingen.

Meine Seele ist, wie ein Fisch aus ihrem Elemente auf den Ufersand geworfen, und windet sich und wirft sich umher, bis sie vertrocknet in der Hitze des Tages.

Ach! gäb' es nur noch etwas in der Welt für mich zu thun! gäb' es eine Arbeit, einen Krieg für mich, das sollte mich erquicken!

Knäblein, die man von der Mutterbrust gerissen und in die Wüste geworfen, hat einst, so sagt man, eine Wölfin gesäugt.

Mein Herz ist nicht so glücklich.

Hyperion an Bellarmin.

Ich kann nur hie und da ein Wörtchen von ihr sprechen. Ich muß vergessen, was sie ganz ist, wenn ich von ihr sprechen soll. Ich muß mich täuschen, als hätte sie vor alten Zeiten gelebt, als wüßt' ich durch Erzählung einiges von ihr, wenn ihr lebendig Bild mich nicht ergreifen soll, daß ich vergehe im Entzücken und im Schmerz, wenn ich den Tod der Freude über sie und den Tod der Trauer um sie nicht sterben soll.

Hyperion an Bellarmin.

Es ist umsonst; ich kanns mir nicht verbergen. Wohin ich auch entfliehe mit meinen Gedanken, in die Himmel hinauf und in den Abgrund, zum Anfang und an's Ende der Zeiten, selbst wenn ich ihm, der meine letzte Zuflucht war, der sonst noch jede Sorge in mir verzehrte, der alle Lust und allen Schmerz des Lebens sonst mit der Feuerflamme, worin er sich offenbarte, in mir versengte, selbst wenn ich ihm mich in die Arme werfe, dem herrlichen geheimen Geiste der Welt, in seine Tiefe mich tauche, wie in den bodenlosen Ocean hinab, auch da, auch da finden die süßen Schrecken mich auf, die süßen verwirrenden tödtenden Schrecken, daß Diotima's Grab mir nah ist.

Hörst Du? hörst Du? Diotima's Grab!

Mein Herz war doch so stille geworden, und meine Liebe war begraben mit der Todten, die ich liebte.

Du weißt, mein Bellarmin! ich schrieb Dir lange nicht von ihr, und da ich schrieb, so schrieb ich Dir gelassen, wie ich meine.

Was ist's denn nun?

Ich gehe an's Ufer hinaus und sehe nach Kalaurea, wo sie ruhet, hinüber, das ist's.

O daß ja keiner den Kahn mir leihe, daß ja sich keiner erbarme und mir sein Ruder biete und mir hinüberhelfe zu ihr!

Daß ja das gute Meer nicht ruhig bleibe, damit ich nicht ein Holz mir zimmre und hinüberschwimme zu ihr.

Aber in die tobende See will ich mich werfen, und ihre Woge bitten, daß sie an Diotima's Gestade mich wirft! —

Lieber Bruder! ich tröste mein Herz mit allerlei Phantasien, ich reiche mir manchen Schlaftrank; und es wäre wohl größer, sich zu befreien auf immer, als sich zu behelfen mit Palliativen; aber wem geht's nicht so? Ich bin denn doch damit zufrieden.

Zufrieden? ach das wäre gut! da wäre ja geholfen, wo kein Gott nicht helfen kann.

Nun! nun! ich habe, was ich konnte, gethan! Ich fordre von dem Schicksal meine Seele.

Hyperion an Bellarmin.

War sie nicht mein, ihr Schwestern des Schicksals, war sie nicht mein? Die reinen Quellen fordr' ich auf zu Zeugen, und die unschuldigen Bäume, die uns belauschten, und das Tagslicht und den Aether! war sie nicht mein? vereint mit mir in allen Tönen des Lebens?

Wo ist das Wesen, das, wie meines, sie erkannte? in welchem Spiegel sammelten sich, so wie in mir, die Strahlen dieses Lichts? erschrack sie freudig nicht vor ihrer eignen Herrlichkeit, da sie zuerst in meiner Freude sich gewahr ward? Ach! wo ist das Herz, das so, wie meines, überall ihr nah war, so, wie meines, sie erfüllte und von ihr erfüllt war, das so einzig da war, ihres zu empfangen, wie die Wimper für das Auge da ist.

Wir waren Eine Blume nur, und unsre Seelen lebten in einander, wie die Blume, wenn sie liebt, und ihre zarten Freuden im verschloßnen Kelche verbirgt.

Und doch, doch wurde sie, wie eine angemaaste Krone, von mir gerissen und in den Staub gelegt?

Hyperion an Bellarmin.

Eh' es eines von uns beeden wußte, gehörten wir uns an.

Wenn ich so, mit allen Huldigungen des Herzens, selig überwunden, vor ihr stand, und schwieg, und all' mein Leben sich hingab in den Strahlen des Auges, das sie nur sah, nur sie umfaßte, und sie dann wieder zärtlich zweifelnd mich betrachtete, und nicht wußte, wo ich war mit meinen Gedanken, wenn ich oft, begraben in Lust und Schönheit, bei einem reizenden Geschäfte sie belauschte, und um die leiseste Bewegung, wie die Biene um die schwanken Zweige, meine Seele schweift' und flog, und wenn sie dann in friedlichen Gedanken gegen mich sich wandt', und, überrascht von meiner Freude, meine Freude sich verbergen mußte, und bei der lieben Arbeit ihre Ruhe wieder sucht' und fand —

Wenn sie, wunderbar allwissend, jeden Wohlklang, jeden Mißlaut in der Tiefe meines Wesens, im Momente, da er begann, noch eh' ich selbst ihn wahrnahm, mir enthüllte, wenn sie jeden Schatten eines Wölkchens auf der Stirne, jeden Schatten einer Wehmuth, eines Stolzes auf der Lippe, jeden Funken mir im Auge sah, wenn sie die Ebb' und Fluth des Herzens mir behorcht' und sorgsam trübe Stunden ahnete, indeß mein Geist zu unenthaltsam, zu verschwenderisch im üppigen Gespräche sich verzehrte, wenn das liebe Wesen, treuer, wie ein Spiegel, jeden Wechsel meiner Wange mir verrieth, und oft in freundlichen Bekümmernissen über mein unstet Wesen mich ermahnt' und strafte wie ein theures Kind —

Ach! da du einst, Unschuldige, an den Fingern die Treppen zähltest von unsrem Berge herab zu deinem Hause, da du deine Spaziergänge mir wiesest, die Plätze, wo du sonst gesessen, und mir erzähltest, wie die Zeit dir da vergangen, und mir am Ende sagtest, es sey dir jetzt, als wär' ich auch von jeher dagewesen —

Gehörten wir da nicht längst uns an?

Hyperion an Bellarmin.

Ich baue meinem Herzen ein Grab, damit es ruhen möge; ich spinne mich ein, weil überall es Winter ist; in seligen Erinnerungen hüll' ich vor dem Sturme mich ein.

Wir saßen einst mit Notara — so hieß der Freund, bei dem ich lebte — und einigen andern, die auch, wie wir, zu den Sonderlingen in Kalaurea gehörten, in Diotima's Garten, unter blühenden Mandelbäumen, und sprachen unter andrem über die Freundschaft.

Ich hatte wenig mitgesprochen, ich hütete mich seit einiger Zeit, viel Worte zu machen von Dingen, die das Herz zunächst angehn, meine Diotima hatte mich so einsylbig gemacht. —

Da Harmodius und Aristogiton lebten, rief endlich einer, da war noch Freundschaft in der Welt. Das freute mich zu sehr, als daß ich hätte schweigen mögen.

Man sollte Dir eine Krone flechten um dieses Wortes willen! rief ich ihm zu; hast Du denn wirklich eine Ahnung davon, hast Du ein Gleichniß für die Freundschaft des Aristogiton und Harmodius? Verzeih mir! Aber beim Aether! man muß Aristogiton seyn, um nachzufühlen, wie Aristogiton liebte, und die Blitze durfte wohl der Mann nicht fürchten, der geliebt seyn wollte mit Harmodius' Liebe, denn es täuscht mich alles, wenn der furchtbare Jüngling nicht mit Minos' Strenge liebte. Wenige sind in solcher Probe bestanden, und es ist nicht leichter, eines Halbgotts Freund zu seyn, als an der Götter Tische, wie Tantalus, zu sitzen. Aber es ist auch nichts herrlicheres auf Erden, als wenn ein stolzes Paar, wie diese, so sich unterthan ist.

Das ist auch meine Hoffnung, meine Lust in einsamen Stunden, daß solche große Töne und größere einst wiederkehren müssen in der Symphonie des Weltlaufs. Die Liebe gebar Jahrtausende voll lebendiger Menschen; die Freundschaft wird sie wiedergebären. Von Kinderharmonie sind einst die Völker ausgegangen, die Harmonie der Geister wird der Anfang einer neuen Weltgeschichte seyn. Von Pflanzenglück begannen die Menschen und wuchsen auf, und wuchsen, bis sie reiften; von nun an gährten sie unaufhörlich fort, von innen und außen, bis jetzt das Menschengeschlecht, unendlich aufgelöst, wie ein Chaos daliegt, daß alle, die noch fühlen und sehen, Schwindel ergreift; aber die Schönheit flüchtet aus dem Leben der Menschen sich herauf in den Geist; Ideal wird, was Natur war, und wenn von unten gleich der Baum verdorrt ist und verwittert, ein frischer Gipfel ist noch hervorgegangen aus ihm, und grünt im Sonnenglanze, wie einst der Stamm in den Tagen der Jugend; Ideal ist, was Natur war. Daran, an diesem Ideale, dieser verjüngten Gottheit, erkennen die Wenigen sich, und Eins sind sie, denn es ist Eines in ihnen, und von diesen, diesen beginnt das zweite Lebensalter der Welt — ich habe genug gesagt, um klar zu machen, was ich denke.

Da hättest Du Diotima sehen sollen, wie sie aufsprang und die beiden Hände mir reichte und rief: ich hab' es verstanden, Lieber, ganz verstanden, so viel es sagt.

Die Liebe gebar die Welt, die Freundschaft wird sie wieder gebären.

O dann, ihr künftigen, ihr neuen Dioskuren, dann weilt ein wenig, wenn ihr vorüberkömmt, da, wo Hyperion schläft, weilt ahnend über des vergessnen Mannes Asche, und sprecht: er wäre, wie unser einer, wär' er jetzt da.

Das hab' ich gehört, mein Bellarmin! das hab' ich erfahren, und gehe nicht willig in den Tod?

Ja! ja! ich bin vorausbezahlt, ich habe gelebt. Mehr Freude konnt' ein Gott ertragen, aber ich nicht.

Hyperion an Bellarmin.

Frägst Du, wie mir gewesen sey um diese Zeit? Wie einem, der alles verloren hat, um alles zu gewinnen.

Oft kam ich freilich von Diotima's Bäumen, wie ein Siegestrunkner, oft mußt' ich eilends weg von ihr, um keinen meiner Gedanken zu verrathen; so tobte die Freude in mir, und der Stolz, der allbegeisternde Glaube, von Diotima geliebt zu seyn.

Dann sucht' ich die höchsten Berge mir auf und ihre Lüfte, und wie ein Adler, dem der blutende Fittig geheilt ist, regte mein Geist sich im Freien, und dehnt', als wäre sie sein, über die sichtbare Welt sich aus; wunderbar! es war mir oft, als läuterten sich und schmelzten die Dinge der Erde, wie Gold, in meinem Feuer zusammen, und ein Göttliches würde aus ihnen und mir, so tobte in mir die Freude; und wie ich die Kinder aufhub und an mein schlagendes Herz sie drückte, wie ich die Pflanzen grüßte und die Bäume! Einen Zauber hätt' ich mir wünschen mögen, die scheuen Hirsche und all' die wilden Vögel des Walds, wie ein häuslich Völkchen, um meine freigebigen Hände zu versammeln, so selig thöricht liebt' ich alles!

Aber nicht lange, so war das alles, wie ein Licht, in mir erloschen, und stumm und traurig, wie ein Schatte, saß ich da und suchte das entschwundene Leben. Klagen mocht' ich nicht und trösten mocht' ich mich auch nicht. Die Hoffnung warf ich weg, wie ein Lahmer, dem die Krücke verleidet ist; des Weinens schämt' ich mich; ich schämte mich des Daseyns überhaupt. Aber endlich brach denn doch der Stolz in Thränen aus, und das

Leiden, das ich gerne verläugnet hätte, wurde mir lieb, und ich legt' es, wie ein Kind, mir an die Brust.

Nein, rief mein Herz, nein, meine Diotima! es schmerzt nicht. Bewahre du dir deinen Frieden und laß mich meinen Gang gehn. Laß dich in deiner Ruhe nicht stören, holder Stern! wenn unter dir es gährt und trüb ist.

O laß dir deine Rose nicht bleichen, selige Götterjugend! Laß in den Kümmernissen der Erde deine Schöne nicht altern. Das ist ja meine Freude, süßes Leben! daß du in dir den sorgenfreien Himmel trägst. Du sollst nicht dürftig werden, nein, nein! du sollst in dir die Armuth der Liebe nicht sehn.

Und wenn ich dann wieder zu ihr hinabging — ich hätte das Lüftchen fragen mögen und dem Zuge der Wolken es ansehn, wie es mit mir seyn werde in einer Stunde! und wie es mich freute, wenn irgend ein freundlich Gesicht mir auf dem Wege begegnete, und nur nicht gar zu trocken sein „schönen Tag!" mir zurief!

Wenn ein kleines Mädchen aus dem Walde kam und einen Erdbeerstrauß mir zum Verkaufe reichte, mit einer Miene, als wollte sie ihn schenken, oder wenn ein Bauer, wo ich vorübergieng, auf seinem Kirschbaum saß und pflückte, und aus den Zweigen herab mir rief, ob ich nicht eine Handvoll kosten möchte; das waren gute Zeichen für das abergläubische Herz!

Stand vollends gegen den Weg her, wo ich herabkam, von Diotima's Fenstern eines offen, wie konnte das so wohlthun!

Sie hatte vielleicht nicht lange zuvor herausgesehn.

Und nun stand ich vor ihr, athemlos und wankend, und drückte die verschlungnen Arme gegen mein Herz, sein Zittern nicht zu fühlen, und wie der Schwimmer aus reißenden Wassern hervor, rang und strebte mein Geist, nicht unterzugehn in der unendlichen Liebe.

Wovon sprechen wir doch geschwind? konnt' ich rufen, man hat oft seine Mühe, man kann den Stoff nicht finden, die Gedanken daran festzuhalten.

Reißen sie wieder aus in die Luft? erwiederte meine Diotima. Du mußt ihnen Blei an die Flügel binden, oder ich will sie an einen Faden knüpfen, wie der Knabe den fliegenden Drachen, daß sie uns nicht entgehn.

Das liebe Mädchen suchte sich und mir durch einen Scherz zu helfen, aber es war wenig damit gethan.

Ja! ja! rief ich, wie Du willst, wie Du es für gut hältst — soll ich vorlesen? Deine Laute ist wohl noch gestimmt von gestern — vorzulesen hab' ich auch gerade nichts —

Du hast schon mehr, als einmal, sagte sie, versprochen, mir zu erzählen, wie Du gelebt hast, ehe wir uns kannten, möchtest Du jetzt nicht?

Das ist wahr, erwiedert' ich; mein Herz warf sich gerne auf das, und ich erzählt' ihr nun, wie Dir, von Adamas und meinen einsamen Tagen in Smyrna, von Alabanda und wie ich getrennt wurde von ihm, und von der unbegreiflichen Krankheit meines Wesens, eh' ich nach Kalaurea herüberkam — nun weißt Du alles, sagt' ich zu ihr gelassen, da ich zu Ende war, nun wirst Du weniger Dich an mir stoßen; nun wirst Du sagen, setzt' ich lächelnd hinzu: spottet dieses Vulkans nicht, wenn er hinkt, denn ihn haben zweimal die Götter vom Himmel auf die Erde geworfen.

Stille, rief sie mit erstickter Stimme, und verbarg ihre Thränen in's Tuch, o stille, und scherze über Dein Schicksal, über Dein Herz nicht! denn ich versteh' es, und besser, als Du.

Lieber — lieber Hyperion! Dir ist wohl schwer zu helfen.

Weißt Du denn, fuhr sie mit erhöhter Stimme fort, weißt Du denn, woran Du darbest, was Dir einzig fehlt, was Du, wie Alphéus seine Arethusa, suchst, um was Du trauertest in aller Deiner Trauer? Es ist nicht erst seit Jahren hingeschieden, man kann so genau nicht sagen, wann es da war, wann es weggieng, aber es war, es ist, in Dir ist's! Es ist eine bessere Zeit, die suchst Du, eine schönere Welt. Nur diese Welt umarmtest Du in Deinen Freunden, Du warst mit ihnen diese Welt.

In Adamas war sie Dir aufgegangen; sie war auch hingegangen mit ihm. In Alabanda erschien Dir ihr Licht zum zweitenmale, aber brennender und heißer, und darum war es auch, wie Mitternacht, vor Deiner Seele, da er für Dich dahin war.

Siehest Du nun auch, warum der kleinste Zweifel über Alabanda zur Verzweiflung werden mußt' in Dir? warum Du ihn verstießest, weil er nur nicht gar ein Gott war?

Du wolltest keine Menschen, glaube mir, Du wolltest eine Welt. Den Verlust von allen goldenen Jahrhunderten, so wie Du sie, zusammengedrängt in einen glücklichen Moment, empfandest, den Geist von allen Geistern beßrer Zeit, die Kraft von allen Kräften der Heroen, die sollte Dir ein Einzelner, ein Mensch ersetzen! — Siehest Du nun, wie arm, wie reich Du bist? warum Du so stolz seyn mußt und auch so niedergeschlagen? warum so schrecklich Freude und Leid Dir wechselt?

Darum, weil Du alles hast und nichts, weil das Phantom der goldenen Tage, die da kommen sollen, Dein gehört, und doch nicht da ist, weil Du ein Bürger bist in den Regionen der Gerechtigkeit und Schönheit, ein Gott bist unter Göttern in den schönen Träumen, die am Tage Dich beschleichen, und wenn Du aufwachst, auf neu griechischem Boden stehst.

Zweimal, sagtest Du? o Du wirst in Einem Tage siebzigmal vom Himmel auf die Erde geworfen. Soll ich Dir es sagen? Ich fürchte für Dich, Du hältst das Schicksal dieser Zeiten schwerlich aus. Du wirst noch mancherlei versuchen, wirst —

O Gott! und Deine letzte Zufluchtsstätte wird ein Grab seyn.

Nein, Diotima, rief ich, nein, bei'm Himmel, nein! So lange noch Eine Melodie mir tönt, so scheu' ich nicht die Todtenstille der Wildniß unter den Sternen; so lange die Sonne nur scheint und Diotima, so gibt es keine Nacht für mich.

Laß allen Tugenden die Sterbeglocke läuten! ich höre ja Dich, Dich, Deines Herzens Lied, Du Liebe! und finde unsterblich Leben, indessen alles verlischt und welkt.

O Hyperion, rief sie, wie sprichst Du?

„Ich spreche, wie ich muß. Ich kann nicht, kann nicht länger all' die Seligkeit und Furcht und Sorge bergen — Diotima! — Ja Du weißt es, mußt es wissen, hast längst es gesehen, daß ich untergehe, wenn Du nicht die Hand mir reichst."

Sie war betroffen, verwirrt.

Und an mir, rief sie, an mir will sich Hyperion halten? ja, ich wünsch' es, jetzt zum erstenmale wünsch' ich, mehr zu seyn, denn nur ein sterblich Mädchen. Aber ich bin Dir, was ich seyn kann.

O so bist Du ja mir Alles! rief ich.

„Alles? böser Heuchler! und die Menschheit, die Du doch am Ende einzig liebst?"

Die Menschheit? sagt' ich; ich wollte, die Menschheit machte Diotima zum Loosungswort und malt' in ihre Paniere Dein Bild, und spräche: heute soll das Göttliche siegen! Engel des Himmels! das müßt' ein Tag seyn!

Geh, rief sie, geh, und zeige dem Himmel Deine Verklärung! mir darf sie nicht so nahe seyn.

Nicht wahr? Du gehest, lieber Hyperion?

Ich gehorchte. Wer hätte da nicht gehorcht? Ich gieng. So war ich noch niemals von ihr gegangen. O Bellarmin! das war Freude, Stille des Lebens, Götterruhe, himmlische, wunderbare, unerkennbare Freude.

Worte sind hier umsonst, und wer nach einem Gleichniß von ihr fragt, der hat sie nie erfahren. Das Einzige, was eine solche Freude auszudrücken vermochte, war Diotima's Gesang, wenn er, in goldner Mitte, zwischen Höhe und Tiefe schwebte.

O ihr Uferweiden des Lethe! ihr abendröthlichen Pfade in Elysiums Wäldern! ihr Lilien an den Bächen des Thals! ihr Rosenkränze des Hügels! Ich glaub' an euch, in dieser freundlichen Stunde, und spreche zu meinem Herzen: dort findest du sie wieder, und alle Freude, die du verlorst.

Hyperion an Bellarmin.

Ich will Dir immer mehr von meiner Seligkeit erzählen. Ich will die Brust an den Freuden der Vergangenheit versuchen, bis sie wie Stahl wird, ich will mich üben an ihnen, bis ich unüberwindlich bin.

Ha! fallen sie doch, wie ein Schwertschlag, oft mir auf die Seele, aber ich spiele mit dem Schwerte, bis ich es gewohnt bin, ich halte die Hand in's Feuer, bis ich es ertrage, wie Wasser.

Ich will nicht zagen; ja! ich will stark seyn! ich will mir nichts verhehlen, will von allen Seligkeiten mir die seligste aus dem Grabe beschwören.

Es ist unglaublich, daß der Mensch sich vor dem Schönsten fürchten soll; aber es ist so.

O bin ich doch hundertmal vor diesen Augenblicken, dieser tödtenden Wonne meiner Erinnerungen geflohen und habe mein Auge hinweg gewandt, wie ein Kind vor Blitzen! und dennoch wächst im üppigen Garten der Welt nichts lieblicheres, wie meine Freuden, dennoch gedeiht im Himmel und auf Erden nichts edleres, wie meine Freuden.

Aber nur Dir, mein Bellarmin, nur einer reinen freien Seele, wie die Deine ist, erzähl' ich's. So freigebig, wie die Sonne mit ihren Strahlen, will ich nicht seyn; meine Perlen will ich vor die alberne Menge nicht werfen.

Ich kannte, seit dem letzten Seelengespräche, mit jedem Tage mich weniger. Ich fühlt', es war ein heilig Geheimniß zwischen mir und Diotima.

Ich staunte, träumte. Als wär' um Mitternacht ein seliger Geist mir erschienen und hätte mich erkoren, mit ihm umzugehn, so war es mir in der Seele.

O es ist ein seltsames Gemische von Seligkeit und Schwermuth, wenn es so sich offenbart, daß wir auf immer heraus sind aus dem gewöhnlichen Daseyn.

Es war mir seitdem nimmer gelungen, Diotima allein zu sehn. Immer mußt' ein Dritter uns stören, trennen, und die Welt lag zwischen ihr und mir, wie eine unendliche Leere. Sechs todesbange Tage gingen so vorüber, ohne daß ich etwas wußte von Diotima. Es war, als lähmten die andern, die um uns waren, mir die Sinne, als tödteten sie mein ganzes äußeres

Leben, damit auf keinem Wege die verschlossene Seele sich hinüber helfen möchte zu ihr.

Wollt' ich mit dem Auge sie suchen, so wurd' es Nacht vor mir, wollt' ich mich mit einem Wörtchen an sie wenden, so erstickt' es in der Kehle.

Ach! mir wollte das heilige namenlose Verlangen oft die Brust zerreissen, und die mächtige Liebe zürnt' oft, wie ein gefangener Titan in mir. So tief, so innigst unversöhnlich hatte mein Geist noch nie sich gegen die Ketten gesträubt, die das Schicksal ihm geschmiedet, gegen das eiserne unerbittliche Gesetz, geschieden zu seyn, nicht Eine Seele zu seyn mit seiner liebenswürdigen Hälfte.

Die sternenhelle Nacht war nun mein Element geworden. Dann, wann es stille war, wie in den Tiefen der Erde, wo geheimnißvoll das Gold wächst, dann hob das schönere Leben meiner Liebe sich an.

Da übte das Herz sein Recht, zu dichten, aus. Da sagt' es mir, wie Hyperions Geist im Vorelysium mit seiner holden Diotima gespielt, eh' er herab gekommen zur Erde, in göttlicher Kindheit bei dem Wohlgetöne des Quells, und unter Zweigen, wie wir die Zweige der Erde sehn, wenn sie verschönert aus dem güldenen Strome blinken.

Und, wie die Vergangenheit, öffnete sich die Pforte der Zukunft in mir.

Da flogen wir, Diotima und ich, da wanderten wir, wie Schwalben, von einem Frühling der Welt zum andern, durch der Sonne weites Gebiet und drüber hinaus, zu den andern Inseln des Himmels, an des Sirius goldne Küsten, in die Geisterthale des Arctur. —

O es ist doch wohl wünschenswerth, so aus Einem Kelche mit der Geliebten die Wonne der Welt zu trinken!

Berauscht vom seligen Wiegenliede, das ich mir sang, schlief ich ein, mitten unter den herrlichen Phantomen.

Wie aber am Strahle des Morgenlichts das Leben der Erde sich wieder entzündete, sah ich empor und suchte die Träume der Nacht. Sie waren, wie die schönen Sterne, verschwunden, und nur die Wonne der Wehmuth zeugt' in meiner Seele von ihnen.

Ich trauerte; aber ich glaube, daß man unter den Seligen auch so trauert. Sie war die Botin der Freude, diese Trauer, sie war die grauende Dämmerung, woran die unzähligen Rosen des Morgenroths sprossen. —

Der glühende Sommertag hatte jetzt alles in die dunkeln Schatten gescheucht. Auch um Diotima's Haus war alles still und leer, und die neidischen Vorhänge standen mir in allen Fenstern im Wege.

Ich lebt' in Gedanken an sie. Wo bist du, dacht' ich, wo findet mein einsamer Geist dich, süßes Mädchen? Siehest du vor dich hin und sinnest? Hast du die Arbeit auf die Seite gelegt und stützest den Arm aufs Knie und auf das Händchen das Haupt und gibst den lieblichen Gedanken dich hin?

Daß ja nichts meine Friedliche störe, wenn sie mit süßen Phantasien ihr Herz erfrischt, daß ja nichts diese Traube betaste und den erquickenden Thau von den zarten Beeren ihr streife!

So träumt' ich. Aber indeß die Gedanken zwischen den Wänden des Hauses nach ihr spähten, suchten die Füße sie anderswo, und eh' ich es gewahr ward, ging ich unter den Bogengängen des heiligen Waldes, hinter Diotima's Garten, wo ich sie zum erstenmale hatte gesehn. Was war das? Ich war ja indessen so oft mit diesen Bäumen umgegangen, war vertrauter mit ihnen, ruhiger unter ihnen geworden; jetzt ergriff mich eine Gewalt, als trät' ich in Dianens Schatten, um zu sterben vor der gegenwärtigen Gottheit.

Indessen ging ich weiter. Mit jedem Schritte wurd' es wunderbarer in mir. Ich hätte fliegen mögen, so trieb mein Herz mich vorwärts; aber es war, als hätt' ich Blei an den Sohlen. Die Seele war voraus geeilt, und hatte die irdischen Glieder verlassen. Ich hörte nicht mehr, und vor dem Auge dämmerten und schwankten alle Gestalten. Der Geist war schon bei Diotima; im Morgenlichte spielte der Gipfel des Baums, indeß die untern Zweige noch die kalte Dämmerung fühlten.

Ach! mein Hyperion! rief jetzt mir eine Stimme entgegen; ich stürzt' hinzu; „meine Diotima! o meine Diotima!" weiter hatt' ich kein Wort und keinen Othem, kein Bewußtsein.

Schwinde, schwinde, sterbliches Leben, dürftig Geschäft, wo der einsame Geist die Pfennige, die er gesammelt, hin und her betrachtet und zählt! wir sind zur Freude der Gottheit alle berufen!

Es ist hier eine Lücke in meinem Daseyn. Ich starb, und wie ich erwachte, lag ich am Herzen des himmlischen Mädchens.

O Leben der Liebe! wie warst du an ihr aufgegangen in voller holdseliger Blüthe! wie in leichten Schlummer gesungen von seligen Genien lag das reizende Köpfchen mir auf der Schulter, lächelte süßen Frieden, und schlug sein ätherisch Auge nach mir auf in fröhlichem unerfahrenem Staunen, als blickt' es eben jetzt zum erstenmale in die Welt.

Lange standen wir so in holder selbstvergessener Betrachtung, und keines wußte, wie ihm geschah, bis endlich der Freude zu viel in mir sich häufte und in Thränen und Lauten des Entzückens auch meine verlorene Sprache wieder begann, und meine stille Begeisterte vollends wieder in's Daseyn weckte.

Endlich sahn wir uns auch wieder um.

O meine alten freundlichen Bäume! rief Diotima, als hätte sie sie in langer Zeit nicht gesehn, und das Andenken an ihre vorigen einsamen Tage spielt' um ihre Freuden, lieblich, wie die Schatten um den jungfräulichen Schnee, wenn er erröthet und glüht im freudigen Abendglanze.

Engel des Himmels! rief ich, wer kann Dich fassen? wer kann sagen, er habe ganz Dich begriffen?

Wunderst Du Dich, erwiederte sie, daß ich so sehr Dir gut bin? Lieber! stolzer Bescheidner! Bin ich denn auch von denen, die nicht glauben können an Dich, hab' ich denn nicht Dich ergründet, hab' ich den Genius nicht in seinen Wolken erkannt?

Verhülle Dich nur und sieh Dich selbst nicht; ich will Dich hervorbeschwören, ich will –

Aber er ist ja da, er ist hervorgegangen, wie ein Stern; er hat die Hülse durchbrochen und steht wie ein Frühling da; wie ein Krystallquell aus der düstern Grotte, ist er hervorgegangen; das ist der finstere Hyperion nicht, das ist die wilde Trauer nicht mehr — o mein, mein herrlicher Junge!

Das alles war mir, wie ein Traum. Konnt' ich glauben an dieß Wunder der Liebe? konnt' ich? mich hätte die Freude getödtet.

Göttliche! rief ich, sprichst Du mit mir? kannst Du so Dich verläugnen, selige Selbstgenügsame! kannst Du so Dich freuen an mir? O ich seh' es nun, ich weiß nun, was ich oft geahnet, der Mensch ist ein Gewand, das oft ein Gott sich umwirft, ein Kelch, in den der Himmel seinen Nektar gießt, um seinen Kindern vom Besten zu kosten zu geben. —

Ja, ja! fiel sie schwärmerisch lächelnd mir ein, Dein Namensbruder, der herrliche Hyperion des Himmels, ist in Dir.

Laß mich, rief ich, laß mich Dein seyn, laß mich mein vergessen, laß alles Leben in mir und allen Geist nur Dir zufliegen; nur Dir, in seliger endeloser Betrachtung! O Diotima! so stand ich sonst auch vor dem dämmernden Götterbilde, das meine Liebe sich schuf, vor dem Idole meiner einsamen Träume; ich nährt' es traulich; mit meinem Leben belebt' ich es, mit den Hoffnungen meines Herzens erfrischt', erwärmt' ich es, aber es gab mir nichts, als was ich gegeben, und wenn ich verarmt war, ließ es mich arm; und nun! nun hab' ich im Arme Dich, und fühle den Othem Deiner Brust, und fühle Dein Aug' in meinem Auge, die schöne Gegenwart rinnt mir in alle Sinnen herein, und ich halt' es aus, ich habe das Herrlichste so und bebe nicht mehr — ja! ich bin wirklich nicht, der ich sonst war, Diotima! ich bin Deines gleichen geworden, und Göttliches spielt mit Göttlichem jetzt, wie Kinder unter sich spielen. —

Aber etwas stiller mußt Du mir werden, sagte sie.

Du hast auch recht, Du Liebenswürdige! rief ich freudig,

sonst erscheinen mir ja die Grazien nicht; sonst seh' ich ja im Meere der Schönheit seine leisen lieblichen Bewegungen nicht. O ich will es noch lernen, nichts an Dir zu übersehen. Gib mir nur Zeit!

Schmeichler! rief sie, aber für heute sind wir zu Ende. lieber Schmeichler! die goldne Abendwolke hat mich gemahnt. O traure nicht! Erhalte Dir und mir die reine Freude! Laß sie nachtönen in Dir, bis Morgen, und tödte sie nicht durch Mißmuth! — die Blumen des Herzens wollen freundliche Pflege. Ihre Wurzel ist überall, aber sie selbst gedeihn in heitrer Witterung nur. Leb wohl, Hyperion!

Sie machte sich los. Mein ganzes Wesen flammt' in mir auf, wie sie so vor mir hinwegschwand in ihrer glühenden Schönheit.

O Du! — rief ich und stürzt' ihr nach, und gab meine Seele in ihre Hand in unendlichen Küssen.

Gott! rief sie, wie wird das künftig werden!

Das traf mich. Verzeih, Himmlische! sagt' ich; ich gehe Gute Nacht, Diotima! denke noch mein ein wenig!

Das will ich, rief sie, gute Nacht!

Und nun kein Wort mehr, Bellarmin! Es wäre zu viel für mein geduldiges Herz. Ich bin erschüttert, wie ich fühle. Aber ich will hinaus gehen unter die Pflanzen und Bäume, und unter sie hin mich legen und beten, daß die Natur zu solcher Ruhe mich bringe.

Hyperion an Bellarmin.

Unsere Seelen lebten nun immer freier und schöner zusammen, und alles in und um uns vereinigte sich zu goldenem Frieden. Es schien, als wäre die alte Welt gestorben und eine neue begönne mit uns, so geistig und kräftig und liebend und leicht war alles geworden, und wir und alle Wesen schwebten, selig vereint, wie ein Chor von tausend unzertrennlichen Tönen, durch den unendlichen Aether.

Unsre Gespräche gleiteten weg, wie ein himmelblau Gewässer, woraus der Goldsand hin und wieder blinkt, und unsre Stille war, wie die Stille der Berggipfel, wo in herrlich einsamer Höhe, hoch über dem Raume der Gewitter, nur die göttliche Luft noch in den Locken des kühnen Wanderers rauscht.

Und die wunderbare heilige Trauer, wann die Stunde der Trennung in unsre Begeisterung tönte, wenn ich oft rief: nun sind wir wieder sterblich, Diotima! und sie mir sagte: Sterblichkeit ist Schein, ist, wie die Farben, die vor unsrem Auge zittern, wenn es lange in die Sonne sieht!

Ach! und alle die holdseligen Spiele der Liebe! die Schmeichelreden, die Besorgnisse, die Empfindlichkeiten, die Strenge und Nachsicht.

Und die Allwissenheit, womit wir uns durchschauten, und der unendliche Glaube, womit wir uns verherrlichten.

Ja! eine Sonne ist der Mensch, allsehend, allverklärend, wenn er liebt, und liebt er nicht, so ist er eine dunkle Wohnung, wo ein rauchend Lämpchen brennt.

Ich sollte schweigen, sollte vergessen und schweigen.

Aber die reizende Flamme versucht mich, bis ich mich ganz in sie stürze, und, wie die Fliege, vergehe.

Mitten in all dem seligen unverhaltnen Geben und Nehmen fühlt' ich einmal, daß Diotima stiller wurde und immer stiller.

Ich fragt' und flehte, aber das schien nur mehr sie zu entfernen; endlich flehte sie, ich möchte nicht mehr fragen, möchte gehen, und wenn ich wiederkäme von etwas anderm sprechen. Das gab auch mir ein schmerzliches Verstummen, worein ich selbst mich nicht zu finden wußte.

Mir war, als hätt' ein unbegreiflich plötzlich Schicksal unsrer Liebe den Tod geschworen, und alles Leben war hin, außer mir und allem.

Ich schämte mich freilich deß; ich wußte gewiß, das Ungefähr beherrsche Diotima's Herz nicht. Aber wunderbar blieb sie mir immer, und mein verwöhnter, untröstlicher Sinn wollt' immer offenbare gegenwärtige Liebe; verschlossene Schätze waren verlorne Schätze für ihn. Ach! ich hatt' im Glücke die Hoffnung verlernt, ich war noch damals, wie die ungeduldigen Kinder, die um den Apfel am Baume weinen, als wär' er gar nicht da, wenn er ihnen den Mund nicht küßt. Ich hatte keine Ruhe, ich flehte wieder, mit Ungestüm und Demuth, zärtlich und zürnend; mit ihrer ganzen allmächtigen, bescheidnen Beredsamkeit rüstete die Liebe mich aus, und nun — o meine Diotima! nun hatt' ich es, das reizende Bekenntniß, nun hab' ich und halt' es, bis auch mich, mit allem, was an mir ist, in die alte Heimath, in den Schoos der Natur die Woge der Liebe zurück bringt.

Die Unschuldige! noch kannte sie die mächtige Fülle ihres Herzens nicht, und lieblich erschrocken vor dem Reichthum in ihr, begrub sie ihn in die Tiefe der Brust — und wie sie nun bekannte, heilige Einfalt, wie sie mit Thränen bekannte, sie liebe zu sehr, und wie sie Abschied nahm von allem, was sie sonst am Herzen gewiegt, o wie sie rief: abtrünnig bin ich geworden von Mai und Sommer und Herbst, und achte des Tages und der Nacht nicht, wie sonst, gehöre dem Himmel und der Erde nicht mehr, gehöre nur Einem, Einem, aber die Blüthe des Mai's und die Flamme des Sommers und die Reife des Herbsts, die Klarheit des Tags und der Ernst der Nacht und Erd' und Himmel ist mir in diesem Einen vereint! so lieb' ich! — und wie sie nun in voller Herzenslust mich betrachtete, wie sie, in kühner, heiliger Freude, in ihre schönen Arme mich nahm und die Stirne mir küßte und den Mund, ha! wie das göttliche Haupt, sterbend in Wonne, mir am offnen Halse herabsank, und die süßen Lippen an der schlagenden Brust mir ruhten und der liebliche Othem an die Seele mir ging — o Bellarmin! die Sinne vergehn mir und der Geist entflieht.

Ich seh', ich sehe, wie das enden muß. Das Steuer ist in die Woge gefallen, und das Schiff wird, wie an den Füßen ein Kind, ergriffen und an die Felsen geschleudert.

Hyperion an Bellarmin.

Es gibt große Stunden im Leben. Wir schauen an ihnen hinauf, wie an den kolossalischen Gestalten der Zukunft und des Alterthums, wir kämpfen einen herrlichen Kampf mit ihnen, und bestehn wir vor ihnen, so werden sie, wie Schwestern, und verlassen uns nicht.

Wir saßen einst zusammen auf unsrem Berge, auf einem Steine der alten Stadt dieser Insel, und sprachen davon, wie hier der Löwe Demosthenes sein Ende gefunden, wie er hier mit heiligem selbsterwähltem Tode aus den Macedonischen Ketten und Dolchen sich zur Freiheit geholfen — Der herrliche Geist gieng scherzend aus der Welt, rief einer; warum nicht? sagt' ich; er hatte nichts mehr hier zu suchen; Athen war Alexanders Dirne geworden, und die Welt, wie ein Hirsch, von dem großen Jäger zu Tode gehetzt.

O Athen! rief Diotima; ich habe manchmal getrauert, wenn ich da hinaus sah, und aus der blauen Dämmerung mir das Phantom des Olympion aufstieg!

Wie weit ist's hinüber? fragt' ich.

Eine Tagreise vielleicht, erwiederte Diotima.

Eine Tagreise, rief ich, und ich war noch nicht drüben? Wir müssen gleich hinüber zusammen.

Recht so! rief Diotima; wir haben morgen heitere See, und alles steht jetzt noch in seiner Grüne und Reife.

Man braucht die ewige Sonne und das Leben der unsterblichen Erde zu solcher Wallfahrt.

Also morgen! sagt' ich, und unsre Freunde stimmten mit ein.

Wir fuhren früh, unter dem Gesange des Hahns, aus der Rhede. In frischer Klarheit glänzten wir und die Welt. Goldne stille Jugend war in unsern Herzen. Das Leben in uns war, wie das Leben einer neu gebornen Insel des Oceans, worauf der erste Frühling beginnt.

Schon lange war unter Diotima's Einfluß mehr Gleichgewicht in meine Seele gekommen; heute fühlt' ich es dreifach rein, und die zerstreuten, schwärmenden Kräfte waren all' in Eine goldne Mitte versammelt.

Wir sprachen unter einander von der Trefflichkeit des alten Athenervolks, woher sie komme, worin sie bestehe.

Einer sagte: das Klima hat es gemacht; der andere: die Kunst und Philosophie; der dritte: Religion und Staatsform.

Athenische Kunst und Religion und Philosophie und Staatsform, sagt' ich, sind Blüthen und Früchte des Baums, nicht Boden und Wurzel. Ihr nehmt die Wirkungen für die Ursache.

Wer aber mir sagt, das Klima habe dieß alles gebildet, der denke, daß auch wir darin noch leben.

Ungestörter in jedem Betracht, von gewaltsamem Einfluß freier, als irgend ein Volk der Erde, erwuchs das Volk der Athener. Kein Eroberer schwächt sie, kein Kriegsglück berauscht sie, kein fremder Götterdienst betäubt sie, keine eilfertige Weisheit treibt sie zu unzeitiger Reife. Sich selber überlassen, wie der werdende Diamant, ist ihre Kindheit. Man hört beinahe nichts von ihnen, bis in die Zeiten des Pisistratus und Hipparch. Nur wenig Antheil nahmen sie am trojanischen Kriege, der, wie im Treibhaus, die meisten griechischen Völker zu früh erhitzt' und belebte. — Kein außerordentlich Schicksal erzeugt den Menschen. Groß und kolossalisch sind die Söhne einer solchen Mutter, aber schöne Wesen, oder, was dasselbe ist, Menschen werden sie nie, oder spät erst, wenn die Kontraste sich zu hart bekämpfen, um nicht endlich Frieden zu machen.

In üppiger Kraft eilt Lacedämon den Atheniensern voraus, und hätte sich eben deßwegen auch früher zerstreut und aufgelöst, wäre Lykurg nicht gekommen und hätte mit seiner Zucht die übermüthige Natur zusammen gehalten. Von nun an war denn auch an dem Spartaner alles erbildet, alle Vortrefflichkeit errungen und erkauft durch Fleiß und selbstbewußtes Streben, und soviel man in gewissem Sinne von der Einfalt der Spartaner sprechen kann, so war doch, wie natürlich, eigentliche Kindereinfalt ganz nicht unter ihnen. Die Lacedämonier durchbrachen zu frühe die Ordnung des Instinkts, sie schlugen zu früh aus der Art, und so mußte denn auch die Zucht zu früh mit ihnen beginnen; denn jede Zucht und Kunst beginnt zu früh, wo die Natur des Menschen noch nicht reif geworden ist. Vollendete Natur muß in dem Menschenkinde leben, eh' es in die Schule geht, damit das Bild der Kindheit ihm die Rückkehr zeige aus der Schule zu vollendeter Natur.

Die Spartaner blieben ewig ein Fragment; denn wer nicht einmal ein vollkommenes Kind war, der wird schwerlich ein vollkommener Mann. —

Freilich hat auch Himmel und Erde für die Athener, wie für alle Griechen, das ihre gethan, hat ihnen nicht Armuth und nicht Ueberfluß gereicht. Die Strahlen des Himmels sind nicht, wie ein Feuerregen, auf sie gefallen. Die Erde verzärtelte, berauschte sie nicht mit Liebkosungen und übergütigen Gaben, wie sonst wohl hie und da die thörige Mutter thut.

Hiezu kam die wundergroße That des Theseus, die freiwillige Beschränkung seiner eignen königlichen Gewalt.

O! solch ein Saamenkorn in die Herzen des Volks geworfen, muß einen Ocean von goldnen Aehren erzeugen, und sichtbar wirkt und wuchert es spät noch unter den Athenern.

Also noch einmal! daß die Athener so frei von gewaltsamem Einfluß aller Art, so recht bei mittelmäßiger Kost aufwuchsen, das hat sie so vortrefflich gemacht, und dieß nur konnt' es!

Laßt von der Wiege an den Menschen ungestört! treibt aus der engvereinten Knospe seines Wesens, treibt aus dem Hüttchen seiner Kindheit ihn nicht heraus! thut nicht zu wenig, daß er euch nicht entbehre, und so von ihm euch unterscheide, thut nicht zu viel, daß er eure oder seine Gewalt nicht fühle, und so von ihm euch unterscheide; kurz, laßt den Menschen spät erst wissen, daß es Menschen, daß es irgend etwas außer ihm gibt; denn so nur wird er Mensch. Der Mensch ist aber ein Gott, sobald er Mensch ist. Und ist er ein Gott, so ist er schön.

Sonderbar! rief einer von den Freunden.

Du hast noch nie so tief aus meiner Seele gesprochen, rief Diotima.

Ich hab' es von Dir, erwiedert' ich.

So war der Athener ein Mensch, fuhr ich fort, so mußt' er es werden. Schön kam er aus den Händen der Natur, schön an Leib und Seele, wie man zu sagen pflegt.

Das erste Kind der menschlichen, der göttlichen Schönheit ist die Kunst. In ihr verjüngt und wiederholt der göttliche Mensch sich selbst. Er will sich selber fühlen, darum stellt er seine Schönheit gegenüber sich. So gab der Mensch sich seine Götter. Denn im Anfang war der Mensch und seine Götter Eins, da, sich selber unbekannt, die ewige Schönheit war. — Ich spreche Mysterien, aber sie sind. —

Das erste Kind der göttlichen Schönheit ist die Kunst. So war es bei den Athenern.

Der Schönheit zweite Tochter ist Religion. Religion ist Liebe der Schönheit. Der Weise liebt sie selbst, die Unendliche, die Allumfassende; das Volk liebt ihre Kinder, die Götter, die in mannigfaltigen Gestalten ihm erscheinen. Auch so war's bei den Athenern. Und ohne solche Liebe der Schönheit, ohne solche Religion ist jeder Staat ein dürr Gerippe ohne Leben und Geist, und alles Denken und Thun ein Baum ohne Gipfel, eine Säule, wovon die Krone herab geschlagen ist.

Daß aber wirklich dieß der Fall war bei den Griechen und besonders den Athenern, daß ihre Kunst und ihre Religion die ächten Kinder ewiger Schönheit — vollendeter Menschennatur — sind, und nur hervorgehen konnten aus vollendeter Menschennatur, das zeigt sich deutlich, wenn man nur die Gegenstände ihrer heiligen Kunst, und die Religion mit unbefangenem Auge sehn will, womit sie jene Gegenstände liebten und ehrten.

Mängel und Mißtritte gibt es überall, und so auch hier. Aber das ist sicher, daß man in den Gegenständen ihrer Kunst doch meist den reifen Menschen findet. Das ist nicht das Kleinliche, nicht das Ungeheure der Aegyptier und Gothen, das ist Menschensinn und Menschengestalt. Sie schweifen weniger als andre zu den Extremen des Uebersinnlichen und des Sinnlichen aus. In der schönen Mitte der Menschheit bleiben ihre Götter mehr, denn andre.

Und wie der Gegenstand, so auch die Liebe. Nicht zu knechtisch, und nicht gar zu sehr vertraulich! —

Aus der Geistesschönheit der Athener folgte denn auch der nöthige Sinn für Freiheit.

Der Aegyptier trägt ohne Schmerz die Despotie der Willkühr, der Sohn des Nordens ohne Widerwillen die Gesetzesdespotie, die Ungerechtigkeit in Rechtsform; denn der Aegyptier hat von Mutterleib an einen Huldigungs- und Vergötterungstrieb; im Norden glaubt man an das reine, freie Leben der Natur zu wenig, um nicht mit Aberglauben am Gesetzlichen zu hängen.

Der Athener kann die Willkühr nicht ertragen, weil seine göttliche Natur nicht will gestört seyn, er kann Gesetzlichkeit nicht überall ertragen, weil er ihrer nicht überall bedarf. Drako taugt für ihn nicht. Er will zart behandelt seyn, und thut auch recht daran.

Gut! unterbrach mich einer, das begreif' ich, aber, wie dieß dichterische religiöse Volk nun auch ein philosophisch Volk seyn soll, das seh' ich nicht.

Sie wären sogar, sagt' ich, ohne Dichtung nie ein philosophisch Volk gewesen!

Was hat die Philosophie, erwiedert' er, was hat die kalte Erhabenheit dieser Wissenschaft mit Dichtung zu thun?

Die Dichtung, sagt' ich, meiner Sache gewiß, ist der Anfang und das Ende dieser Wissenschaft. Wie Minerva aus Jupiters Haupt, entspringt sie aus der Dichtung eines unendlichen, göttlichen Seyns. Und so läuft am End' auch wieder in ihr das Unvereinbare in der geheimnißvollen Quelle der Dichtung zusammen.

Das ist ein paradoxer Mensch, rief Diotima, jedoch ich ahn' ihn. Aber ihr schweift mir aus. Von Athen ist die Rede.

Der Mensch, begann ich wieder, der nicht wenigstens im Leben Einmal volle lautre Schönheit in sich fühlte, wenn in ihm die Kräfte seines Wesens, wie die Farben am Irisbogen, in einander spielten, der nie erfuhr, wie nur in Stunden der Begeisterung alles innigst übereinstimmt, der Mensch wird nicht einmal ein philosophischer Zweifler werden, sein Geist ist nicht einmal zum Niederreißen gemacht, geschweige zum Aufbaun. Denn glaubt es mir, der Zweifler findet darum nur in allem, was gedacht wird, Widerspruch und Mangel, weil er die Harmonie der mangellosen Schönheit kennt, die nie gedacht wird. Das trockne Brod, das menschliche Vernunft wohlmeinend ihm reicht, verschmähet er nur darum, weil er in geheim am Göttertische schwelgt.

Schwärmer! rief Diotima, darum warst auch Du ein Zweifler. Aber die Athener!

Ich bin ganz nah an ihnen, sagt' ich. Das große Wort, das ἐν διαφερον ἑαυτῳ (das Eine in sich selber unterschiedne) des Heraklit, das konnte nur ein Grieche finden, denn es ist das Wesen der Schönheit, und ehe das gefunden war, gab's keine Philosophie.

Nun konnte man bestimmen, das Ganze war da. Die Blume war gereift; man konnte nun zergliedern.

Der Moment der Schönheit war nun kund geworden unter den Menschen, war da im Leben und Geiste, das Unendlicheinige war.

Man konnt' es aus einander setzen, zertheilen im Geiste, konnte das Getheilte neu zusammen denken, konnte so das Wesen des Höchsten und Besten mehr und mehr erkennen und das Erkannte zum Gesetze geben in des Geistes mannigfaltigen Gebieten.

Seht ihr nun, warum besonders die Athener auch ein philosophisch Volk seyn mußten?

Das konnte der Aegyptier nicht. Wer mit dem Himmel und der Erde nicht in gleicher Lieb' und Gegenliebe lebt, wer nicht in diesem Sinne einig lebt mit dem Elemente, worin er sich regt, ist von Natur auch in sich selbst so einig nicht, und erfährt die ewige Schönheit wenigstens so leicht nicht wie ein Grieche.

Wie ein prächtiger Despot, wirft seine Bewohner der orientalische Himmelsstrich mit seiner Macht und seinem Glanze zu Boden, und ehe der Mensch noch gehen gelernt hat, muß er knieen; eh' er sprechen gelernt hat, muß er beten; ehe sein Herz ein Gleichgewicht hat, muß es sich neigen, und ehe der Geist noch stark genug ist, Blumen und Früchte zu tragen, ziehet Schicksal und Natur mit brennender Hitze alle Kraft aus ihm. Der Aegyptier ist hingegeben, eh' er ein Ganzes ist, und darum weiß er nichts vom Ganzen, nichts von Schönheit, und das Höchste, was er nennt, ist eine verschleierte Macht, ein schauerhaft Räthsel; die stumme finstre Isis ist sein Erstes und Letztes, eine leere Unendlichkeit, und da heraus ist nie Vernünftiges gekommen. Auch aus dem erhabensten Nichts wird Nichts geboren.

Der Norden treibt hingegen seine Zöglinge zu früh in sich hinein, und wenn der Geist des feurigen Aegyptiers zu reiselustig in die Welt hinaus eilt, schickt im Norden sich der Geist zur Rückkehr in sich selbst an, ehe er nur reisefertig ist.

Man muß im Norden schon verständig seyn, noch eh' ein reif Gefühl in einem ist, man mißt sich Schuld von allem bei, noch ehe die Unbefangenheit ihr schönes Ende erreicht hat; man muß vernünftig, muß zum selbstbewußten Geiste werden, ehe man Mensch, zum klugen Manne, ehe man Kind ist; die Einigkeit des ganzen Menschen, die Schönheit läßt man nicht in ihm gedeihn und reifen, eh' er sich bildet und entwickelt. Der bloße Verstand, die bloße Vernunft sind immer die Könige des Nordens.

Aber aus bloßem Verstand ist nie Verständiges, aus bloßer Vernunft ist nie Vernünftiges gekommen.

Verstand ist ohne Geistesschönheit wie ein dienstbarer Geselle, der den Zaun aus grobem Holze zimmert, wie ihm vorgezeichnet ist, und die gezimmerten Pfähle an einander nagelt, für den Garten, den der Meister bauen will. Des Verstandes ganzes Geschäft ist Nothwerk. Vor dem Unsinn, vor dem Unrecht schützt er uns, indem er ordnet; aber sicher zu seyn vor Unsinn und vor Unrecht ist doch nicht die höchste Stufe menschlicher Vortrefflichkeit.

Vernunft ist ohne Geistes-, ohne Herzensschönheit, wie ein Treiber, den der Herr des Hauses über die Knechte gesetzt hat;

der weiß so wenig, als die Knechte, was aus all' der unendlichen Arbeit werden soll, und ruft nur: tummelt euch, und siehet es fast ungern, wenn es vor sich geht, denn am Ende hätt' er ja nichts mehr zu treiben, und seine Rolle wäre gespielt.

Aus bloßem Verstande kömmt keine Philosophie, denn Philosophie ist mehr, denn nur die beschränkte Erkenntniß des Vorhandnen.

Aus bloßer Vernunft kömmt keine Philosophie, denn Philosopie ist mehr, denn blinde Forderung eines nie zu endigenden Fortschritts in Vereinigung und Unterscheidung eines möglichen Stoffs.

Leuchtet aber das Göttliche ἑν διαφερον ἑαυτω, das Ideal der Schönheit, der strebenden Vernunft, so fordert sie nicht blind, und weiß, warum, wozu sie fordert.

Scheint, wie der Maitag in des Künstlers Werkstatt, dem Verstande die Sonne des Schönen zu seinem Geschäfte, so schwärmt er zwar nicht hinaus und läßt sein Nothwerk stehn, doch denkt er gerne des Festtags, wo er wandeln wird im verjüngenden Frühlingslichte.

So weit war ich, als wir landeten an der Küste von Attika.

Das alte Athen lag jetzt zu sehr uns im Sinne, als daß wir hätten viel in der Ordnung sprechen mögen, und ich wunderte mich jetzt selber über die Art meiner Aeußerungen. Wie bin ich doch, rief ich, auf die trocknen Berggipfel gerathen, worauf ihr mich saht?

Es ist immer so, erwiederte Diotima, wenn uns recht wohl ist. Die üppige Kraft sucht eine Arbeit. Die jungen Lämmer stoßen sich die Stirnen an einander, wenn sie von der Mutter Milch gesättigt sind.

Wir giengen jetzt am Lykabettus hinauf, und blieben, troß der Eile, zuweilen stehen, in Gedanken und wunderbaren Erwartungen.

Es ist schön, daß es dem Menschen so schwer wird, sich

vom Tode dessen, was er liebt, zu überzeugen, und es ist wohl keiner noch zu seines Freundes Grabe gegangen, ohne die leise Hoffnung, da dem Freunde wirklich zu begegnen. Mich ergriff das schöne Phantom das alten Athens, wie einer Mutter Gestalt, die aus dem Todtenreiche zurückkehrt.

O Parthenon! rief ich, Stolz der Welt! zu deinen Füßen liegt das Reich des Neptun, wie ein bezwungener Löwe, und wie Kinder sind die andern Tempel um dich versammelt, und die beredte Agora und der Hain des Akademus. —

Kannst Du so Dich in die alte Zeit versetzen, sagte Diotima.

Mahne mich nicht an die Zeit! erwiedert' ich; es war ein göttlich Leben und der Mensch war da der Mittelpunkt der Natur. Der Frühling, als er um Athen her blühte, war er wie eine bescheidne Blume an der Jungfrau Busen; die Sonne gieng schamroth auf über den Herrlichkeiten der Erde.

Die Marmorfelsen des Hymettus und Pentele sprangen hervor aus ihrer schlummernden Wiege, wie Kinder aus der Mutter Schoos, und gewannen Form und Leben unter den zärtlichen Athener-Händen.

Honig reichte die Natur und die schönsten Veilchen und Myrten und Oliven.

Die Natur war Priesterin und der Mensch ihr Gott, und alles Leben in ihr und jede Gestalt und jeder Ton von ihr nur Ein begeistertes Echo des Herrlichen, dem sie gehörte.

Ihn feiert', ihm nur opferte sie.

Er war es auch werth, er mochte liebend in der heiligen Werkstatt sitzen und dem Götterbilde, das er gemacht, die Knie umfassen, oder auf dem Vorgebirge, auf Suniums grüner Spitze, unter den horchenden Schülern gelagert, sich die Zeit verkürzen mit hohen Gedanken, oder er mocht' im Stadium laufen, oder vom Rednerstuhle, wie der Gewittergott, Regen und Sonnenschein und Blitze senden und goldene Wolken —

O siehe! rief jetzt Diotima mir plötzlich zu.

Ich sah, und hätte vergehen mögen vor dem allmächtigen Anblick.

Wie ein unermeßlicher Schiffbruch, wenn die Orkane verstummt sind und die Schiffer entflohn, und der Leichnam der zerschmetterten Flotte unkenntlich auf der Sandbank liegt, so lag vor uns Athen, und die verwaisten Säulen standen vor uns, wie die nackten Stämme eines Walds, der am Abend noch grünte, und des Nachts darauf im Feuer aufgieng.

Hier, sagte Diotima, lernt man stille seyn über sein eigen Schicksal, es sey gut oder böse.

Hier lernt man stille seyn über Alles, fuhr ich fort. Hätten die Schnitter, die dieß Kornfeld gemäht, ihre Scheunen mit seinen Halmen bereichert, so wäre nichts verloren gegangen, und ich wollte mich begnügen, hier als Aehrenleser zu stehen; aber wer gewann denn?

Ganz Europa, erwiedert' einer von den Freunden.

O ja! rief ich, sie haben die Säulen und Statuen weg geschleift und an einander verkauft, haben die edlen Gestalten nicht wenig geschätzt, der Seltenheit wegen, wie man Papagayen und Affen schätzt.

Sage das nicht! erwiederte derselbe; und mangelt' auch wirklich ihnen der Geist von all' dem Schönen, so wär' es, weil der nicht weggetragen werden konnte und nicht gekauft.

Ja wohl! rief ich. Dieser Geist war auch untergegangen noch ehe die Zerstörer über Attika kamen. Erst, wenn die Häuser und Tempel ausgestorben, wagen sich die wilden Thiere in die Thore und Gassen.

Wer jenen Geist hat, sagte Diotima tröstend, dem stehet Athen noch, wie ein blühender Fruchtbaum. Der Künstler ergänzt den Torso sich leicht.

Wir giengen des andern Tages früh aus, sahen die Ruinen des Parthenon, die Stelle des alten Bacchustheaters, den Theseustempel, die sechszehn Säulen, die noch übrig stehen vom göttlichen Olympion; am meisten aber ergriff mich das alte Thor, wodurch man ehmals aus der alten Stadt zur neuen heraus kam, wo gewiß einst tausend schöne Menschen an Einem Tage sich grüßten. Jetzt kömmt man weder in die alte noch in die neue Stadt durch dieses Thor, und stumm und öde steht es da, wie ein vertrockneter Brunnen. aus dessen Röhren einst mit freundlichem Geplätscher das klare frische Wasser sprang.

Ach! sagt' ich, indeß wir so herumgiengen, es ist wohl ein prächtig Spiel des Schicksals, daß es hier die Tempel niederstürzt und ihre zertrümmerten Steine den Kindern herumzuwerfen gibt, daß es die zerstümmelten Götter zu Bänken vor der Bauernhütte und die Grabmäler hier zur Ruhestätte des weidenden Stiers macht, und eine solche Verschwendung ist königlicher, als der Muthwille der Kleopatra, da sie die geschmolzenen Perlen trank; aber es ist doch Schade um all' die Größe und Schönheit!

Guter Hyperion! rief Diotima, es ist Zeit, daß Du weggehst; Du bist blaß und Dein Auge ist müde, und Du suchst Dir umsonst mit Einfällen zu helfen. Komm hinaus in's Grüne! unter die Farben des Lebens! das wird Dir wohl thun.

Wir giengen hinaus in die nahe gelegenen Gärten.

Die andern waren auf dem Wege mit zwei britischen Gelehrten, die unter den Alterthümern in Athen ihre Ernte hielten, in's Gespräch gerathen und nicht von der Stelle zu bringen. Ich ließ sie gerne.

Mein ganzes Wesen richtete sich auf, da ich einmal wieder mit Diotima allein mich sah; sie hatte einen herrlichen Kampf bestanden mit dem heiligen Chaos von Athen. Wie das Saitenspiel der himmlischen Muse über den uneinigen Elementen, herrschten Diotima's stille Gedanken über den Trümmern. Wie der Mond aus zartem Gewölke, hob sich ihr Geist aus schönem Leiden empor; das himmlische Mädchen stand in seiner Wehmuth da, wie die Blume, die in der Nacht am lieblichsten duftet.

Wir gingen weiter und weiter, und waren am Ende nicht umsonst gegangen.

O ihr Haine von Angele, wo der Oelbaum und die Cypresse, um einander flüsternd, mit freundlichen Schatten sich kühlen, wo die goldne Frucht des Citronenbaums aus dunklem Laube blinkt, wo die schwellende Traube muthwillig über den Zaun wächst, und die reife Pomeranze, wie ein lächelnder Fündling, im Wege liegt! ihr duftenden heimlichen Pfade! ihr friedlichen Sitze, wo das Bild des Myrtenstrauchs aus der Quelle lächelt! euch werd' ich nimmer vergessen.

Diotima und ich gingen eine Weile unter den herrlichen Bäumen umher, bis eine große heitere Stelle sich uns darbot.

Hier setzten wir uns. Es war eine selige Stille unter uns. Mein Geist umschwebte die göttliche Gestalt des Mädchens, wie eine Blume der Schmetterling, und all' mein Wesen erleichterte, vereinte sich in der Freude der begeisternden Betrachtung.

Bist Du schon wieder getröstet, Leichtsinniger? sagte Diotima.

Ja! ja! ich bin's, erwiedert ich. Was ich verloren wähnte, hab' ich, wonach ich schmachtete, als wär' es aus der Welt verschwunden, das ist vor mir. Nein, Diotima! noch ist die Quelle der ewigen Schönheit nicht versiegt.

Ich habe Dir's schon einmal gesagt, ich brauche die Götter und die Menschen nicht mehr. Ich weiß, der Himmel ist ausgestorben, entvölkert, und die Erde, die einst überfloß von schönem menschlichem Leben, ist fast wie ein Ameisenhaufe geworden. Aber noch gibt es eine Stelle, wo der alte Himmel und die alte Erde mir lacht. Denn alle Götter des Himmels und alle göttlichen Menschen der Erde vergeß' ich in Dir.

Was kümmert mich der Schiffbruch der Welt, ich weiß von nichts, als meiner seligen Insel.

Es gibt eine Zeit der Liebe, sagte Diotima mit freundlichem Ernste, wie es eine Zeit gibt, in der glücklichen Wiege zu leben. Aber das Leben selber treibt uns heraus.

Hyperion! — hier ergriff sie meine Hand mit Feuer, und ihre Stimme erhub mit Größe sich — Hyperion! mich deucht,

Du bist zu höhern Dingen geboren. Verkenne Dich nicht! der Mangel am Stoffe hielt Dich zurück. Es ging nicht schnell genug. Das schlug Dich nieder. Wie die jungen Fechter, fielst Du zu rasch aus, ehe noch dein Ziel gewiß und deine Faust gewandt war, und weil Du, wie natürlich, mehr getroffen wurdest, als Du trafst, so wurdest Du scheu und zweifeltest an Dir und allem; denn Du bist so empfindlich, als Du heftig bist. Aber dadurch ist nichts verloren. Wäre dein Gemüth und deine Thätigkeit so früh reif geworden, so wäre dein Geist nicht, was er ist; Du wärst der denkende Mensch nicht, wärst Du nicht der leidende, der gährende Mensch gewesen. Glaube mir, Du hättest nie das Gleichgewicht der schönen Menschheit so rein erkannt, hättest Du es nicht so sehr verloren gehabt. Dein Herz hat endlich Frieden gefunden. Ich will es glauben. Ich versteh' es. Aber denkst Du wirklich, daß Du nun am Ende seyst? Willst Du dich verschließen in den Himmel deiner Liebe, und die Welt, die Deiner bedurfte, verdorren und erkalten lassen unter Dir? Du mußt, wie der Lichtstrahl, herab, wie der allerfrischende Regen, mußt Du nieder in's Land der Sterblichkeit, Du mußt erleuchten, wie Apoll, erschüttern, beleben, wie Jupiter, sonst bist Du deines Himmels nicht werth. Ich bitte Dich, geh nach Athen hinein, noch Einmal, und siehe die Menschen auch an, die dort herumgehen unter den Trümmern, die rohen Albaner und die andern guten, kindischen Griechen, die mit einem lustigen Tanze und einem heiligen Mährchen sich trösten über die schmähliche Gewalt, die über ihnen lastet — kannst Du sagen: ich schäme mich dieses Stoffs? Ich meine, er wäre doch noch bildsam. Kannst Du dein Herz abwenden von den Bedürftigen? Sie sind nicht schlimm, sie haben Dir nichts zu Leide gethan!

Was kann ich für sie thun? rief ich.

Gib ihnen, was Du in Dir hast, erwiederte Diotima, gib —

Kein Wort, kein Wort mehr, große Seele! rief ich, Du

beugst mich sonst, es ist ja sonst, als hättest Du mit Gewalt mich dazu gebracht —

Sie werden nicht glücklicher seyn, aber edler; nein! sie werden auch glücklicher seyn. Sie müssen heraus, sie müssen hervorgehn, wie die jungen Berge aus der Meersfluth, wenn ihr unterirdisches Feuer sie treibt.

Zwar steh' ich allein und trete ruhmlos unter sie. Doch Einer, der ein Mensch ist, kann er nicht mehr, denn Hunderte, die nur Theile sind des Menschen?

Heilige Natur! du bist dieselbe in und außer mir. Es muß so schwer nicht seyn, was außer mir ist, zu vereinen mit dem Göttlichen in mir. Gelingt der Biene doch ihr kleines Reich, warum sollte ich denn nicht pflanzen können und bauen, was Noth ist?

Was? der arabische Kaufmann säete seinen Koran aus, und es wuchs ein Volk von Schülern, wie ein unendlicher Wald, ihm auf, und der Acker sollte nicht auch gedeihn, wo die alte Wahrheit wiederkehrt in neu lebendiger Jugend?

Es werde von Grund aus anders! Aus der Wurzel der Menschheit sprosse die neue Welt! Eine neue Gottheit waltet über ihnen, eine neue Zukunft kläre vor ihnen sich auf.

In der Werkstatt, in den Häusern, in den Versammlungen, in den Tempeln, überall werd' es anders!

Aber ich muß noch ausgehn, zu lernen. Ich bin ein Künstler, aber ich bin nicht geschickt. Ich bilde im Geiste, aber ich weiß noch die Hand nicht zu führen —

Du gehest nach Italien, sagte Diotima, nach Deutschland, Frankreich — wie viel Jahre brauchst Du? drei — vier — ich denke drei sind genug; Du bist ja keiner von den Langsamen, und suchst das Größte und das Schönste nur —

Und dann?

Du wirst Erzieher unsers Volks, Du wirst ein großer Mensch seyn, hoff' ich. Und wenn ich dann Dich so umfasse, da werd' ich träumen, als wär' ich ein Theil des herrlichen Manns, da werd' ich frohlocken, als hättst Du mir die Hälfte deiner

Unsterblichkeit, wie Pollux dem Kastor, geschenkt, o! ich werd' ein stolzes Mädchen werden, Hyperion!

Ich schwieg eine Weile. Ich war voll unaussprechlicher Freude.

Gibt's denn Zufriedenheit zwischen dem Entschluß und der That, begann ich endlich wieder, gibt's eine Ruhe vor dem Siege?

Es ist die Ruhe des Helden, sagte Diotima, es gibt Entschlüsse, die, wie Götterworte, Gebot und Erfüllung zugleich sind, und so ist der Deine. —

Wir gingen zurück, wie nach der ersten Umarmung. Es war uns alles fremd und neu geworden.

Ich stand nun über den Trümmern von Athen, wie der Ackersmann auf dem Brachfeld. Liege nur ruhig, dacht' ich, da wir wieder zu Schiffe giengen, liege nur ruhig, schlummerndes Land! Bald grünt das junge Leben aus dir, und wächst den Segnungen des Himmels entgegen. Bald regnen die Wolken nimmer umsonst, bald findet die Sonne die alten Zöglinge wieder.

Du frägst nach Menschen, Natur? Du klagst, wie ein Saitenspiel, worauf des Zufalls Bruder, der Wind, nur spielt, weil der Künstler, der es ordnete, gestorben ist? Sie werden kommen, deine Menschen, Natur! Ein verjüngtes Volk wird dich auch wieder verjüngen, und du wirst werden, wie seine Braut, und der alte Bund der Geister wird sich erneuen mit dir.

Es wird nur Eine Schönheit seyn; und Menschheit und Natur wird sich vereinen in Eine allumfassende Gottheit.

Drittes Buch.

μη φυναι, τον ἁπαντα νικᾳ λογον. το δ', ἐπει φανῃ,
βηναι κειθεν, ὁθεν περ ἡκει, πολυ δευτερον ὡς ταχιστα.

Nie geboren zu werden, ist
Weit das Beste; doch, wenn Du lebst,
Ist das Zweite, Dich schnell dahin
Wieder zu wenden, woher Du kamest.
Sophokles.

Hyperion an Bellarmin.

Wir lebten in den letzten schönen Monaten des Jahrs, nach unserer Rückkunft aus dem Attischen Lande.

Ein Bruder des Frühlings war uns der Herbst, voll milden Feuers, eine Festzeit für die Erinnerung an Leiden und vergangne Freuden der Liebe. Die welkenden Blätter trugen die Farbe des Abendroths, nur die Fichte und der Lorbeer standen in ewigem Grün. In den heitern Lüften zögerten wandernde Vögel, andere schwärmten im Weinberg und im Garten und ernteten fröhlich, was die Menschen übrig gelassen. Und das himmlische Licht rann lauter vom offenen Himmel, durch alle Zweige lächelte die heilige Sonne, die gütige, die ich niemals nenne ohne Freude und Dank, die oft in tiefem Leide mit einem Blicke mich geheilt, und von dem Unmuth und den Sorgen meine Seele gereinigt.

Wir besuchten noch all' unsere liebsten Pfade, Diotima und ich; entschwundne selige Stunden begegneten uns überall.

Wir erinnerten uns des vergangenen Mai's; wir hätten die Erde noch nie so gesehen, wie damals, meinten wir, sie wäre verwandelt gewesen, eine silberne Wolke von Blüthen, eine freudige Lebensflamme, entledigt alles gröberen Stoffs.

Ach! es war alles so voll Lust und Hoffnung, rief Diotima, so voll unaufhörlichen Wachsthums und doch auch so mühelos, so seligruhig, wie ein Kind, das vor sich hin spielt, und nicht weiter denkt.

Daran, rief ich, erkenn' ich sie, die Seele der Natur, an diesem stillen Feuer, an diesem Zögern in ihrer mächtigen Eile.

Und es ist dem Glücklichen so lieb, dieß Zögern, rief Diotima; weißt Du? wir standen einmal des Abends zusammen auf der Brücke, nach starkem Gewitter, und das rothe Berggewässer schoß, wie ein Pfeil, unter uns weg, aber daneben grünt' in Ruhe der Wald, und die hellen Buchenblätter regten sich kaum. Da that es uns so wohl, daß uns das seelenvolle Grün nicht auch so wegflog, wie der Bach, und der schöne Frühling uns so still hielt, wie ein zahmer Vogel; aber nun ist er dennoch über die Berge.

Wir lächelten über dem Worte, wiewohl das Trauern uns näher war.

So sollt' auch unsre eigne Seligkeit dahingehen, und wir sahen's voraus.

O Bellarmin! wer darf denn sagen, er stehe fest, wenn auch das Schöne seinem Schicksal so entgegen reift, wenn auch das Göttliche sich demüthigen muß, und die Sterblichkeit mit allem Sterblichen theilen!

Hyperion an Bellarmin.

Ich hatte mit dem holden Mädchen noch vor ihrem Hause gezögert, bis das Licht der Nacht in die ruhige Dämmerung schien, nun kam ich in Notara's Wohnung zurück, gedankenvoll, voll überwallenden heroischen Lebens, wie immer, wenn ich aus ihren Umarmungen gieng. Es war ein Brief von Alabanda gekommen.

Es regt sich, Hyperion, schrieb er mir, Rußland hat der

Pforte den Krieg erklärt; man kommt mit einer Flotte in den Archipelagus[1]; die Griechen sollen frei seyn, wenn sie mit aufstehn, den Sultan an den Euphrat zu treiben. Die Griechen werden das Ihre thun, die Griechen werden frei seyn, und mir ist herzlich wohl, daß es einmal wieder etwas zu thun gibt. Ich mochte den Tag nicht sehn, so lang es noch so weit nicht war.

Bist Du noch der Alte, so komm! Du findest mich in dem Dorfe vor Koron, wenn Du den Weg von Misitra kömmst. Ich wohne am Hügel, in dem weißen Landhause am Walde.

Die Menschen, die Du in Smyrna bei mir kennen lerntest, hab' ich verlassen. Du hattest recht mit deinem feinern Sinne, daß Du in ihre Sphäre nicht tratest.

Mich verlangt, uns Beide in dem neuen Leben wieder zu sehn. Dir war bis jetzt die Welt zu schlecht, um ihr Dich zu erkennen zu geben. Weil Du nicht Knechtsdienste thun mochtest, thatest Du nichts, und das Nichtsthun machte Dich grämlich und träumerisch.

Du mochtest im Sumpfe nicht schwimmen. Komm nun, komm, und laß uns baden in offener See!

Das soll uns wohl thun, einzig Geliebter!

So schrieb er. Ich war betroffen im ersten Moment. Mir brannte das Gesicht vor Scham, mir kochte das Herz wie heiße Quellen, und ich konnt' auf keiner Stelle bleiben, so schmerzt' es mich, überflogen zu seyn von Alabanda, überwunden auf immer. Doch nahm ich nun auch um so begieriger die künftige Arbeit an's Herz. —

Ich bin zu müssig geworden, rief ich, zu friedenslustig, zu himmlisch, zu träg! — Alabanda sieht in die Welt, wie ein edler Pilot, Alabanda ist fleißig und sucht in der Woge nach Beute; und dir schlafen die Hände im Schooß? und mit Worten möchtest du ausreichen, und mit Zauberformeln beschwörst du die Welt? Aber deine Worte sind wie Schneeflocken, unnütz, und machen die Luft nur trüber, und deine Zaubersprüche

---

[1] Im Jahr 1770.

sind für die Frommen, aber die Unglaubigen hören dich nicht. — Ja! sanft zu seyn zu rechter Zeit, das ist wohl schön; doch sanft zu seyn zur Unzeit, das ist häßlich, denn es ist feig! — Aber Harmodius! Deiner Myrte will ich gleichen, deiner Myrte, worin das Schwert sich verbarg. Ich will umsonst nicht müssig gegangen seyn, und mein Schlaf soll werden, wie Oel, wenn die Flamme darein kömmt. Ich will nicht zusehn, wo es gilt, will nicht umhergehn und die Neuigkeit erfragen, wann Alabanda den Lorbeer nimmt.

Hyperion an Bellarmin.

Diotima's Erblassen, da sie Alabanda's Brief las, gieng mir durch die Seele. Drauf fing sie an, gelassen und ernst, den Schritt mir abzurathen, und wir sprachen manches hin und wieder. O ihr Gewaltsamen! rief sie endlich, die ihr so schnell zum Aeußersten seyd, denkt an die Nemesis!

Wer Aeußerstes leidet, sagt' ich, dem ist das Aeußerste recht.

Wenn's auch recht ist, sagte sie, Du bist dazu nicht geboren.

So scheint es, sagt' ich; ich hab' auch lange genug gesäumt. O ich möchte einen Atlas auf mich laden, um die Schulden meiner Jugend abzutragen. Hab' ich ein Bewußtsein? hab' ich ein Bleiben in mir? O laß mich, Diotima! Hier gerad in solcher Arbeit muß ich es erbeuten.

Das ist eitel Uebermuth! rief Diotima; neulich warst Du bescheidner, neulich, da Du sagtest, ich muß noch ausgehn, zu lernen.

Liebe Sophistin! rief ich, damals war ja auch von ganz was anderem die Rede. In den Olymp des Göttlichschönen, wo aus ewigjungen Quellen das Wahre mit allem Guten entspringt, dahin mein Volk zu führen, bin ich noch jetzt nicht geschickt. Aber ein Schwert zu brauchen, hab' ich gelernt, und mehr bedarf es für jetzt nicht. Der neue Geisterbund kann in der Luft nicht leben, die heilige Theokratie des Schönen muß in einem

Freistaat wohnen, und der will Platz auf Erden haben und diesen Platz erobern wir gewiß.

Du wirst erobern, rief Diotima, und vergessen, wofür? wirst, wenn es hoch kommt, einen Freistaat Dir erzwingen und dann sagen, wofür hab' ich gebaut? ach! es wird verzehrt seyn, all' das schöne Leben, das daselbst sich regen sollte, wird verbraucht seyn selbst in Dir! Der wilde Kampf wird Dich zerreißen, schöne Seele, Du wirst altern, seliger Geist! und lebensmüd' am Ende fragen: wo seyd ihr nun, ihr Ideale der Jugend?

Das ist grausam, Diotima, rief ich, so ins Herz zu greifen, so an meiner eigenen Todesfurcht, an meiner höchsten Lebenslust mich fest zu halten, aber nein! nein! nein! Der Knechtsdienst tödtet, aber gerechter Krieg macht jede Seele lebendig. Das gibt dem Golde die Farbe der Sonne, daß man ins Feuer es wirft! Das, das gibt erst dem Menschen seine ganze Jugend, daß er Fesseln zerreißt! Das rettet ihn allein, daß er sich aufmacht und die Natter zertritt, das kriechende Jahrhundert, das alle schöne Natur im Keime vergiftet! — Altern sollt' ich, Diotima! wenn ich Griechenland befreie? altern, ärmlich werden, ein gemeiner Mensch? O so war er wohl recht schaal und leer und gottverlassen, der Athenerjüngling, da er als Siegesbote von Marathon über den Gipfel des Pentele kam und hinabsah in die Thäler von Attika!

Lieber! Lieber! rief Diotima, sey doch still! ich sage Dir kein Wort mehr. Du sollst gehen, sollst gehen, stolzer Mensch! Ach! wenn Du so bist, hab' ich keine Macht, kein Recht auf Dich.

Sie weinte bitter, und ich stand, wie ein Verbrecher, vor ihr. Vergib mir, göttliches Mädchen! rief ich, vor ihr nieder gesunken, o vergib mir, wo ich muß! Ich wähle nicht, ich sinne nicht. Eine Macht ist in mir und ich weiß nicht, ob ich es selbst bin, was zu dem Schritte mich treibt. Deine volle Seele gebietet Dir's, antwortete sie. Ihr nicht zu folgen, führt oft zum

Untergange, doch, ihr zu folgen, wohl auch. Das beste ist, Du gehst, denn es ist größer. Handle Du; ich will es ertragen.

Hyperion an Bellarmin.

Diotima war von nun an wunderbar verändert.

Mit Freude hatt' ich gesehn, wie seit unserer Liebe das verschwiegne Leben aufgegangen war in Blicken und lieblichen Worten, und ihre genialische Ruhe war mir oft in glänzender Begeisterung entgegen gekommen.

Aber wie so fremd wird uns die schöne Seele, wenn sie nach dem ersten Aufblühn, nach dem Morgen ihres Laufs hinauf zur Mittagshöhe muß! Man kannte fast das selige Kind nicht mehr, so erhaben und so leidend war sie geworden.

O wie manchmal lag ich vor dem trauernden Götterbilde, und wähnte die Seele hinweg zu weinen im Schmerz um sie, und stand bewundernd auf und selber voll von allmächtigen Kräften! Eine Flamme war ihr ins Auge gestiegen aus der gepreßten Brust. Es war ihr zu enge geworden im Busen voll Wünschen und Leiden; darum waren die Gedanken des Mädchens so herrlich und kühn. Eine neue Größe, eine sichtbare Gewalt über alles, was fühlen konnte, herrscht' in ihr. Sie war ein höheres Wesen. Sie gehörte zu den sterblichen Menschen nicht mehr.

O meine Diotima, hätte ich damals gedacht, wohin das kommen sollte?

Hyperion an Bellarmin.

Auch der kluge Notara wurde bezaubert von den neuen Entwürfen, versprach mir eine starke Partei, hoffte bald den Korinthischen Isthmus zu besetzen und Griechenland hier, wie an der Handhabe, zu fassen. Aber das Schicksal wollt' es anders und machte seine Arbeit unnütz, ehe sie ans Ziel kam.

Er rieth mir, nicht nach Tina zu gehn, gerade den Peloponnes hinab zu reisen, und durchaus so unbemerkt als möglich. Meinem Vater sollt' ich unterwegs schreiben, meint' er; der bedächtige Alte würde leichter einen geschehenen Schritt verzeihn, als einen ungeschehenen erlauben. Das war mir nicht recht nach meinem Sinne, aber wir opfern die eignen Gefühle so gern, wenn uns ein großes Ziel vor Augen steht.

Ich zweifle, fuhr Notara fort, ob Du wirst auf deines Vaters Hülfe in solchem Falle rechnen können. Darum geb' ich Dir, was nebenbei doch nöthig ist für Dich, um einige Zeit in allen Fällen zu leben und zu wirken. Kannst Du einst, so zahlst Du mir es zurück, wo nicht, so war das meine auch dein. Schäme des Gelds dich nicht, setzt' er lächelnd hinzu; auch die Rosse des Phöbus leben von der Luft nicht allein, wie uns die Dichter erzählen.

Hyperion an Bellarmin.

Nun kam der Tag des Abschieds.

Den Morgen über war ich oben in Notara's Garten geblieben, in der frischen Winterluft, unter den immergrünen Cypressen und Cedern. Ich war gefaßt. Die großen Kräfte der Jugend hielten mich aufrecht, und das Leiden, das ich ahnete, trug, wie eine Wolke, mich höher.

Diotima's Mutter hatte Notara und die andern Freunde und mich gebeten, daß wir noch den letzten Tag bei ihr zusammen leben möchten. Die Guten hatten sich alle meiner und Diotima's gefreut, und das Göttliche in unserer Liebe war an ihnen nicht verloren geblieben. Sie sollten nun mein Scheiden auch mir segnen.

Ich gieng hinab. Ich fand das theure Mädchen am Heerde. Es schien ihr ein heilig priesterlich Geschäft, an diesem Tage das Haus zu besorgen. Sie hatte alles zurecht gemacht, alles im Hause verschönert, und es durft' ihr niemand dabei helfen. Alle Blumen, die noch übrig waren im Garten, hatte sie eingesammelt,

Rosen und frische Trauben hatte sie in der späten Jahrszeit noch zusammen gebracht.

Sie kannte meinen Fußtritt; da ich herauskam, trat sie mir leis' entgegen, die bleichen Wangen glühten von der Flamme des Heerds, und die ernsten groß gewordnen Augen glänzten von Thränen. Sie sah, wie mich's überfiel. Gehe hinein, mein Lieber, sagte sie; die Mutter ist drinnen und ich folge gleich.

Ich gieng hinein. Da saß die edle Frau und streckte mir die schöne Hand entgegen — kommst Du, rief sie, kommst Du, mein Sohn! Ich sollte Dir zürnen, Du hast mein Kind mir genommen, hast alle Vernunft mir ausgeredet, und thust, was Dich gelüstet, und gehest davon; aber vergebt es ihm, ihr himmlischen Mächte! wenn er Unrecht vorhat; und hat er Recht, o so zögert nicht mit eurer Hülfe dem Lieben! Ich wollte reden, aber eben kam Notara mit den übrigen Freunden herein und hinter ihnen Diotima.

Wir schwiegen eine Weile. Wir ehrten die trauernde Liebe, die in uns allen war, wir fürchteten uns, sich ihrer zu überheben in Reden und stolzen Gedanken. Endlich nach wenigen flüchtigen Worten bat mich Diotima, einiges von Agis und Kleomenes zu erzählen; ich hätte die großen Seelen oft mit feuriger Achtung genannt und gesagt, sie wären Halbgötter, so gewiß, wie Prometheus, und ihr Kampf mit dem Schicksal von Sparta sey heroischer, als irgend einer in den glänzenden Mythen. Der Genius dieser Menschen sey das Abendroth des griechischen Tages, wie Theseus und Homer die Aurore desselben.

Ich erzählte, und am Ende fühlten wir uns alle stärker und höher.

Glücklich, rief einer von den Freunden, wem sein Leben wechselt zwischen Herzensfreude und frischem Kampf.

Ja! rief ein anderer, das ist ewige Jugend, daß immer Kräfte genug im Spiele sind und wir uns ganz erhalten mit Lust und Arbeit.

O ich möchte mit Dir, rief Diotima mir zu.

Es ist auch gut, daß Du bleibst, Diotima! sagt' ich. Die

Priesterin darf aus dem Tempel nicht gehen. Du bewahrst die heilige Flamme, Du bewahrst im Stillen das Schöne, daß ich es wiederfinde bei Dir.

Du hast auch Recht, mein Lieber, das ist besser, sagte sie, und ihre Stimme zitterte, und das Aetherauge verbarg sich ins Tuch, um seine Thränen, seine Verwirrung nicht sehen zu lassen.

O Bellarmin! es wollte mir die Brust zerreißen, daß ich sie so schamroth gemacht. Freunde! rief ich, erhaltet diesen Engel mir. Ich weiß von nichts mehr, wenn ich sie nicht weiß. O Himmel! ich darf nicht denken, wozu ich fähig wäre, wenn ich sie vermißte.

Sey ruhig, Hyperion! fiel Notara mir ein.

Ruhig? rief ich; o ihr guten Leute! ihr könnt oft sorgen, wie der Garten blühn und wie die Ernte werden wird, ihr könnt für euren Weinstock beten, und ich soll ohne Wünsche scheiden von dem Einzigen, dem meine Seele dient?

Nein, o Du Guter! rief Notara bewegt, nein! ohne Wünsche sollst Du mir von ihr nicht scheiden! nein, bei der Götterunschuld eurer Liebe! meinen Segen habt ihr gewiß.

Du mahnst mich, rief ich schnell. Sie soll uns segnen, diese theure Mutter, soll mit euch uns zeugen — komm Diotima! unsern Bund soll deine Mutter heiligen, bis die schöne Gemeinde, die wir hoffen, uns vermählt.

So fiel ich auf ein Knie; mit großem Blick erröthend, festlich lächelnd sank auch sie an meiner Seite nieder.

Längst, rief ich, o Natur! ist unser Leben Eines mit dir, und himmlisch jugendlich, wie du und deine Götter all', ist unsre eigne Welt durch Liebe.

In deinen Hainen wandelten wir, fuhr Diotima fort, und waren, wie du, an deinen Quellen saßen wir und waren, wie du, dort über die Berge giengen wir, mit deinen Kindern, den Sternen, wie du.

Da wir uns ferne waren, rief ich, da, wie Harfengelispel, unser kommend Entzücken uns erst tönte, da wir uns fanden, da kein Schlaf mehr war und alle Töne in uns erwachten zu des Lebens vollen Akkorden, göttliche Natur! da waren wir immer, wie du, und nun auch, da wir scheiden und die Freude stirbt, sind wir, wie du, voll Leidens und doch gut, drum soll ein reiner Mund uns zeugen, daß unsre Liebe heilig ist und ewig, so wie du.

Ich zeug' es, sprach die Mutter.

Wir zeugen es, riefen die andern.

Nun war kein Wort mehr für uns übrig. Ich fühlte mein höchstes Herz; ich fühlte mich reif zum Abschied. Jetzt will ich fort, ihr Lieben! sagt' ich, und das Leben schwand von allen Gesichtern. Diotima stand wie ein Marmorbild, und ihre Hand starb fühlbar in meiner. Alles hatt' ich um mich her getödtet, ich war einsam, und mir schwindelte vor der gränzenlosen Stille, wo mein überwallend Leben keinen Halt mehr fand.

Ach! rief ich, mir ists brennend heiß im Herzen, und ihr steht alle so kalt, ihr Lieben! und nur die Götter des Hauses neigen ihr Ohr? — Diotima! — Du bist stille, Du siehst nicht! — o wohl Dir, daß Du nicht siehst!

So geh nur, seufzte sie, es muß ja seyn; geh nur, Du theures Herz!

O süßer Ton aus diesen Wonnelippen! rief ich, und stand wie ein Betender vor der holden Statue — süßer Ton! noch Einmal wehe mich an, noch Einmal tage, liebes Augenlicht!

Rede so nicht, Lieber! rief sie, rede mir ernster, rede mit größerem Herzen mir zu!

Ich wollte mich halten, aber ich war wie im Traume.

Wehe! rief ich, das ist kein Abschied, wo man wiederkehrt.

Du wirst sie tödten, rief Notara. Siehe, wie sanft sie ist, und Du bist so außer Dir.

Ich sah sie an und Thränen stürzten mir aus brennendem Auge.

So lebe denn wohl, Diotima! rief ich, Himmel meiner Liebe, lebe wohl! — Lasset uns stark sein, theure Freunde!

theure Mutter! ich gab dir Freude und Leid. Lebt wohl! lebt wohl!

Ich wankte fort. Diotima folgte mir allein.

Es war Abend geworden, und die Sterne giengen herauf am Himmel. Wir standen still unter dem Hause. Ewiges war in uns, über uns. Zart, wie der Aether, umwand mich Diotima. Thörichter, was ist die Trennung? flüsterte sie geheimnißvoll mir zu, mit dem Lächeln einer Unsterblichen

Es ist mir auch jetzt anders, sagt' ich, und ich weiß nicht, was von beiden ein Traum ist, meine Leiden oder meine Freudigkeit.

Beides ist, erwiederte sie, und beides ist gut.

Vollendete! rief ich, ich spreche wie Du. Am Sternenhimmel wollen wir uns erkennen. Er sey das Zeichen zwischen mir und Dir, so lange die Lippen verstummen.

Das sey er! sprach sie mit einem langsamen, nie gehörten Tone — es war ihr letzter. Im Dämmerlichte entschwand mir ihr Bild, und ich weiß nicht, ob sie es wirklich war, da ich zum letztenmale mich umwandt' und die erlöschende Gestalt noch einen Augenblick vor meinem Auge zückte und dann in die Nacht verschied.

Hyperion an Bellarmin.

Warum erzähl' ich Dir und wiederhole mein Leiden und rege die ruhelose Jugend wieder auf in mir? Ist's nicht genug, Einmal das Sterbliche durchwandert zu haben? warum bleib' ich im Frieden meines Geistes nicht stille?

Darum, mein Bellarmin! weil jeder Athemzug des Lebens unserm Herzen werth bleibt, weil alle Verwandlungen der reinen Natur auch mit zu ihrer Schöne gehören. Unsre Seele, wenn sie die sterblichen Erfahrungen ablegt und allein nur lebt in heiliger Ruhe, ist sie nicht, wie ein unbelaubter Baum? wie ein Haupt ohne Locken? Lieber Bellarmin! ich habe eine Weile geruht; wie ein Kind, hab' ich unter den stillen Hügeln von

Salamis gelebt, vergessen des Schicksals und des Strebens der Menschen. Seitdem ist manches anders in meinem Auge geworden, und ich habe nun so viel Frieden in mir, um ruhig zu bleiben, bei jedem Blick ins menschliche Leben. O Freund! am Ende söhnet der Geist mit allem uns aus. Du wirsts nicht glauben, wenigstens von mir nicht. Aber ich meine, Du solltest sogar meinen Briefen es ansehn, wie meine Seele täglich stiller wird und stiller. Und ich will künftig noch so viel davon sagen, bis Du es glaubst.

Hier sind Briefe von Diotima und mir, die wir uns nach meinem Abschied von Kalaurea geschrieben. Sie sind das Liebste, was ich Dir vertraue. Sie sind das wärmste Bild aus jenen Tagen meines Lebens. Vom Kriegslärm sagen sie Dir wenig. Desto mehr von meinem eigneren Leben, und das ists ja, was Du willst. Ach und Du mußt auch sehen, wie geliebt ich war. Das konnt' ich nie Dir sagen, das sagt Diotima nur.

Hyperion an Diotima.

Ich bin erwacht aus dem Tode des Abschieds, meine Diotima! gestärkt, wie aus dem Schlafe, richtet mein Geist sich auf.

Ich schreibe Dir von einer Spitze der Epidaurischen Berge. Da dämmert fern in der Tiefe Deine Insel, Diotima! und dort hinaus mein Stadium, wo ich siegen oder fallen muß. O Peloponnes! o ihr Quellen des Eurotas und Alphéus! da wird es gelten! Aus den spartanischen Wäldern, da wird, wie ein Adler, der alte Landesgenius stürzen mit unsrem Heere, wie mit rauschenden Fittigen.

Meine Seele ist voll von Thatenlust und voll von Liebe, Diotima, und in die griechischen Thäler blickt mein Auge hinaus, als sollt' es magisch gebieten: steigt wieder empor, ihr Städte der Götter!

Ein Gott muß in mir seyn, denn ich fühl' auch unsere Trennung kaum. Wie die seligen Schatten am Lethe, lebt jetzt meine Seele mit Deiner in himmlischer Freiheit, und das Schicksal waltet über unsre Liebe nicht mehr.

Hyperion an Diotima.

Ich bin jetzt mitten im Peloponnes. In derselben Hütte, worin ich heute übernachte, übernachtete ich einst, da ich, beinahe noch Knabe, mit Adamas diese Gegenden durchzog. Wie saß ich da so glücklich auf der Bank vor dem Hause und lauschte dem Geläute der fernher kommenden Karawane und dem Geplätscher des nahen Brunnens, der unter blühenden Akazien sein silbern Gewässer ins Becken goß.

Jetzt bin ich wieder glücklich. Ich wandre durch dieß Land, wie durch Dodona's Hain, wo die Eichen tönten von ruhmweissagenden Sprüchen. Ich sehe nur Thaten, vergangene, künftige, wenn ich auch vom Morgen bis zum Abend unter freiem Himmel wandre. Glaube mir, wer dieses Land durchreist, und noch ein Joch auf seinem Halse duldet, kein Pelopidas wird, der ist herzleer, oder ihm fehlt es am Verstande.

So lange schlief's — so lange schlich die Zeit, wie der Höllenfluß, trüb und stumm, in ödem Müßiggange vorüber?

Und doch liegt alles bereit. Voll rächerischer Kräfte ist das Bergvolk hier herum, liegt da, wie eine schweigende Wetterwolke, die nur des Sturmwinds wartet, der sie treibt. Diotima! laß mich den Othem Gottes unter sie hauchen, laß mich ein Wort von Herzen an sie reden, Diotima. Fürchte nichts! Sie werden so wild nicht seyn. Ich kenne die rohe Natur. Sie höhnt der Vernunft, sie stehet aber im Bunde mit der Begeisterung. Wer nur mit ganzer Seele wirkt, irrt nie. Er bedarf des Klügelns nicht, denn keine Macht ist wider ihn.

Hyperion an Diotima.

Morgen bin ich bei Alabanda. Es ist mir eine Lust, den Weg nach Koron zu erfragen, und ich frage öfter, als nöthig ist. Ich möchte die Flügel der Sonne nehmen und hin zu ihm, und doch zaudr' ich auch so gerne und frage: wie wird er seyn?

Der königliche Jüngling! warum bin ich später geboren? warum sprang ich nicht aus Einer Wiege mit ihm? Ich kann den Unterschied nicht leiden, der zwischen uns ist. O warum lebt' ich, wie ein müßiger Hirtenknabe, zu Tina, und träumte nur von seinesgleichen noch erst, da er schon in lebendiger Arbeit die Natur erprüfte und mit Meer und Luft und allen Elementen schon rang? trieb's denn in mir nach Thatenwonne nicht auch?

Aber ich will ihn einholen, ich will schnell seyn. Beim Himmel! ich bin überreif zur Arbeit. Meine Seele tobt nur gegen sich selbst, wenn ich nicht bald durch ein lebendig Geschäft mich befreie.

Hohes Mädchen! wie konnt' ich bestehen vor Dir? Wie war Dir's möglich, so ein thatlos Wesen zu lieben?

Hyperion an Diotima.

Ich hab' ihn, theure Diotima!

Leicht ist mir die Brust und schnell sind meine Sehnen, ha! und die Zukunft reizt mich, wie eine klare Wassertiefe uns reizt, hinein zu springen und das übermüthige Blut im frischen Bade zu kühlen. Aber das ist Geschwätz. Wir sind uns lieber, als je, mein Alabanda und ich. Wir sind freier umeinander, und doch ist's alle die Fülle und Tiefe des Lebens, wie sonst.

O wie hatten die alten Tyrannen so recht, Freundschaften, wie die unsere, zu verbieten! Da ist man stark wie ein Halbgott und duldet nichts Unverschämtes in seinem Bezirke! —

Es war des Abends, da ich in sein Zimmer trat. Er hatte eben die Arbeit bei Seite gelegt, saß in einer mondhellen Ecke am Fenster und pflegte seiner Gedanken. Ich stand im Dunkeln, er erkannte mich nicht, sah unbekümmert gegen mich her. Der Himmel weiß, für wen er mich halten mochte. Nun, wie geht es? rief er. So ziemlich! sagt' ich. Aber das Heucheln war umsonst. Meine Stimme war voll geheimen Frohlockens.

Was ist das? fuhr er auf; bist Du's? Ja wohl, du Blinder! rief ich, und flog ihm in die Arme. O nun! rief Alabanda endlich, nun soll es anders werden, Hyperion!

Das denk' ich, sagt' ich, und schüttelte freudig seine Hand.

Kennst Du mich denn noch, fuhr Alabanda fort nach einer Weile, hast Du den alten, frommen Glauben noch an Alabanda? Großmüthiger! mir ist es nimmer indeß so wohl gegangen, als da ich im Lichte deiner Liebe mich fühlte.

Wie? rief ich, fragt dieß Alabanda? Das war nicht stolz gesprochen, Alabanda. Aber es ist das Zeichen dieser Zeit, daß die alte Heroennatur um Ehre betteln geht, und das lebendige Menschenherz, wie eine Waise, um einen Tropfen Liebe sich kümmert.

Lieber Junge! rief er; ich bin eben alt geworden. Das schlaffe Leben überall und die Geschichte mit den Alten, zu denen ich in Smyrna Dich in die Schule bringen wollte —

O es ist bitter, rief ich; auch an diesen wagte sich Todesgöttin, die Namenlose, die man Schicksal nennt.

Es wurde Licht gebracht, und wir sahn von neuem mit leisem liebendem Forschen uns an. Die Gestalt des Theuren war sehr anders geworden seit den Tagen der Hoffnung. Wie die Mittagssonne vom bleichen Himmel, funkelte sein großes ewiglebendes Auge vom abgeblühten Gesichte mich an.

Guter! rief Alabanda mit freundlichem Unwillen, da ich ihn so ansah, laß die Wehmuthsblicke, guter Junge! Ich weiß es wohl, ich bin herabgekommen. O mein Hyperion! ich sehne mich sehr nach etwas Großem und Wahrem, und ich hoff' es zu finden mit Dir. Du bist mir über den Kopf gewachsen, Du bist freier und stärker, wie ehemals, und siehe! das freut mich herzlich. Ich bin das dürre Land, und Du kommst, wie ein glücklich Gewitter — o es ist herrlich, daß Du da bist!

Stille! sagt' ich, Du nimmst mir die Sinnen, und wir sollten gar nicht von uns sprechen, bis wir im Leben, unter den Thaten sind.

Ja wohl! rief Alabanda freudig, erst wenn das Jagdhorn

schallt, da fühlen sich die Jäger. Wird's denn bald angehn? sagt' ich.

Es wird, rief Alabanda, und ich sage Dir, Herz! es soll ein ziemlich Feuer werden. Ha! mag's doch reichen bis an die Spitze des Thurms und seine Fahne schmelzen und um ihn wüthen und wogen, bis er berstet und stürzt! — und stoße Dich nur an unsern Bundsgenossen nicht. Ich weiß es wohl, die guten Russen möchten uns gerne, wie Schießgewehre, brauchen. Aber laß das gut sein! haben nur erst unsere kräftigen Spartaner bei Gelegenheit erfahren, wer sie sind und was sie können, und haben wir so den Peloponnes erobert, so lachen wir dem Nordpol ins Angesicht und bilden uns ein eigenes Leben.

Ein eigenes Leben, rief ich, ein neu, ein ehrsames Leben. Sind wir denn wie ein Irrlicht aus dem Sumpfe geboren oder stammen wir von den Siegern bei Salamis ab? Wie ists denn nun? wie bist du denn zur Magd geworden, griechische freie Natur? wie bist du so herab gekommen, väterlich Geschlecht, von dem das Götterbild des Jupiter und des Apoll einst nur die Kopie war? — Aber höre mich, Joniens Himmel! höre mich, Vaterlandserde, die du dich halbnackt, wie eine Bettlerin, mit den Lappen deiner alten Herrlichkeit umkleidest, ich will es länger nicht dulden!

O Sonne, die uns erzog! rief Alabanda, zusehn sollst du, wenn unter der Arbeit uns der Muth wächst, wenn unter den Schlägen des Schicksals unser Entwurf, wie das Eisen unter dem Hammer, sich bildet.

Es entzündete einer den andern.

Und daß nur kein Flecken hängen bleibe, rief ich, keine Posse, womit uns das Jahrhundert, wie der Pöbel die Wände, bemalt! O, rief Alabanda, darum ist der Krieg auch so gut —

Recht, Alabanda, rief ich, so wie alle große Arbeit, wo des Menschen Kraft und Geist und keine Krücke und kein wächsener Flügel hilft. Da legen wir die Sklavenkleider ab, worauf das Schicksal uns sein Wappen gedrückt.

Da gilt nichts eitles und anerzwungenes mehr, rief Alabanda, da gehn wir schmucklos, fessellos, nackt, wie im Wettlauf zu Nemea, zum Ziele.

Zum Ziele, rief ich, wo der junge Freistaat dämmert und das Pantheon alles Schönen aus griechischer Erde sich hebt.

Alabanda schwieg eine Weile. Eine neue Röthe stieg auf in seinem Gesichte, und seine Gestalt wuchs wie eine erfrischte Pflanze in die Höhe.

O Jugend! Jugend! rief er, dann will ich trinken aus deinem Quell, dann will ich leben und lieben. Ich bin sehr freudig, Himmel der Nacht, fuhr er, wie trunken, fort, indem er unter das Fenster trat, wie eine Rebenlaube überwölbest du mich, und deine Sterne hängen wie Trauben herunter.

Hyperion an Diotima.

Es ist mein Glück, daß ich in voller Arbeit lebe. Ich müßt' in eine Thorheit um die andere fallen, so voll ist meine Seele, so berauscht der Mensch mich, der wunderbare, der stolze, der nichts liebt, als mich, und alle Demuth, die in ihm ist, nur auf mich häuft. O Diotima! dieser Alabanda hat geweint vor mir, hat, wie ein Kind, mir's abgebeten, was er mir in Smyrna gethan.

Wer bin ich dann, ihr Lieben, daß ich mein euch nenne, daß ich sagen darf: sie sind mein eigen, daß ich wie ein Eroberer zwischen euch steh', und euch wie meine Beute umfasse.

O Diotima! o Alabanda! edle, ruhig große Wesen! wie muß ich vollenden, wenn ich nicht fliehen will vor meinem Glücke, vor euch?

Eben, während ich schrieb, erhielt ich deinen Brief, du Liebe.

Traure nicht, holdes Wesen, traure nicht! Spare dich, unversehrt von Gram, den künftigen Vaterlandsfesten! Diotima! dem glühenden Festtag der Natur, dem spare dich auf und all den heiteren Ehrentagen der Götter!

Siehest Du Griechenland nicht schon?

O siehest Du nicht, wie, froh der neuen Nachbarschaft, die ewigen Sterne lächeln über unsern Städten und Hainen, wie das alte Meer, wenn es unser Volk lustwandelnd am Ufer sieht, der schönen Athener wieder gedenkt und wieder Glück uns bringt, wie damals seinen Lieblingen, auf fröhlicher Woge.

Seelenvolles Mädchen! Du bist so schön schon jetzt! wie wirst Du dann erst, wenn das ächte Klima Dich nährt, in entzückender Glorie blühn!

Diotima an Hyperion.

Ich hatte die meiste Zeit mich eingeschlossen, seit Du fort bist, lieber Hyperion! Heute war ich wieder einmal draußen.

In holder Februarluft hab' ich Leben gesammelt und bringe das gesammelte Dir. Es hat auch mir noch wohlgethan, das frische Erwarmen des Himmels, noch hab' ich sie mitgefühlt, die neue Wonne der Pflanzenwelt, der reinen, immergleichen, wo alles trauert und sich wieder freut zu seiner Zeit.

Hyperion! o mein Hyperion! warum gehen wir denn die stillen Lebenswege nicht auch? Es sind heilige Namen, Winter und Frühling und Sommer und Herbst! wir aber kennen sie nicht. Ist es nicht Sünde, zu trauern im Frühling? warum thun wir es dennoch?

Vergieb mir! die Kinder der Erde leben durch die Sonne allein; ich lebe durch Dich, ich habe andre Freuden, ist es denn ein Wunder, wenn ich andre Trauer habe? und muß ich trauern? muß ich denn?

Muthiger! Lieber! sollt' ich welken, wenn Du glänzest? sollte mir das Herz ermatten, wenn die Siegslust Dir in allen Sehnen erwacht? Hätt' ich eh'mals gehört, ein griechischer Jüngling mache sich auf, das gute Volk aus seiner Schmach zu ziehn, es der mütterlichen Schönheit, der es entstammte, wieder zu bringen, wie hätt' ich aufgestaunt aus dem Traume der Kindheit und gedürstet nach dem Bilde des Theuren? und nun er da ist, nun er mein ist, kann ich noch weinen? o des albernen Mädchens! ist es denn nicht wirklich? ist er der Herrliche nicht, und ist er nicht mein? o ihr Schatten seliger Zeit! ihr meine trauten Erinnerungen!

Ist mir doch, als wär' er kaum von gestern, jener Zauberabend, da der heil'ge Fremdling mir zum erstenmale begegnete, da er, wie ein trauernder Genius, hereinglänzt' in die Schatten des Walds, wo im Jugendtraume das unbekümmerte Mädchen saß — in der Mailust kam er, in Joniens zaubrischer Mailust, und sie macht' ihn blühender mir, sie lockt' ihm das Haar, entfaltet' ihm, wie Blumen, die Lippen, löst' in Lächeln die Wehmuth auf, und o ihr Strahlen des Himmels! wie leuchtetet ihr aus diesen Augen mich an, aus diesen berauschenden Quellen, wo im Schatten umschirmender Bogen ewig Leben schimmert und wallt! —

Gute Götter! wie er schön war mit dem Blick auf mich! wie der ganze Jüngling, eine Spanne größer geworden, in leichter Nerve dastand, nur daß ihm die lieben Arme, die bescheidnen, niedersanken, als wären sie nichts! und wie er drauf emporsah im Entzücken, als wär' ich gen Himmel entflogen und nicht mehr da, ach! wie er nun in aller Herzensanmuth lächelt' und erröthete, da er wieder mich gewahr ward, und unter den dämmernden Thränen sein Phöbusauge durchstrahlt', um zu fragen, bist Du's? bist Du es wirklich?

Und warum begegnet' er so frommen Sinnes, so voll lieben Aberglaubens mir? warum lockt' er erst sein Haupt gesenkt, warum war der Götterjüngling so voll Scheuns und Trauerns? Sein Genius war zu selig, um allein zu bleiben, und zu arm die Welt, um ihn zu fassen. O es war ein liebes Bild, gewebt von Größe und Leiden! aber nun ists anders! mit den Leiden ists aus! Er hat zu thun bekommen, er ist der Kranke nicht mehr! —

Ich war voll Seufzens, da ich anfing Dir zu schreiben, mein Geliebter! Jetzt bin ich lauter Freude. So spricht man über Dir sich glücklich. Und siehe! so soll's auch bleiben. Lebe wohl!

Hyperion an Diotima.

Wir haben noch zu gutem Ende dein Fest gefeiert, schönes Leben! ehe der Lärm beginnt. Es war ein himmlischer Tag. Das holde Frühjahr weht' und glänzte vom Orient her, entlockt' uns deinen Namen, wie es den Bäumen die Blüthen entlockt, und alle seligen Geheimnisse der Liebe entathmeten mir. Eine Liebe, wie die unsre, war dem Freunde nie erschienen, und es war entzückend, wie der stolze Mensch aufmerkte und Auge und Geist ihm glühte, Dein Bild, Dein Wesen zu fassen.

O, rief er endlich, da ists wohl der Mühe werth, für unser Griechenland zu streiten, wenn es solche Gewächse noch trägt!

Ja wohl, mein Alabanda, sagt' ich; da gehn wir heiter in den Kampf, da treibt uns himmlisch Feuer zu Thaten, wenn unser Geist vom Bilde solcher Naturen verjüngt ist, und da läuft man auch nach einem kleinen Ziele nicht, da sorgt man nicht für dieß und das, und künstelt, den Geist nicht achtend, von außen, und trinkt um des Kelchs willen den Wein; da ruhn wir dann erst, Alabanda, wenn des Genius Wonne kein Geheimniß mehr ist, dann erst, wenn die Augen all in Triumphbogen sich wandeln, wo der Menschengeist, der langabwesende, hervorglänzt aus den Irren und Leiden und siegesfroh den väterlichen Aether grüßt. — Ha! an der Fahne allein soll niemand unser künftig Volk erkennen; es muß sich alles verjüngen, es muß von Grund aus anders seyn; voll Ernsts die Lust und heiter alle Arbeit! nichts, auch das kleinste, das alltäglichste nicht ohne den Geist und die Götter! Lieb' und Haß und jeder Laut von uns muß die gemeinere Welt befremden, und auch kein Augenblick darf Einmal noch uns mahnen an die platte Vergangenheit.

Hyperion an Diotima.

Der Vulkan bricht los. In Koron und Modon werden die Türken belagert, und wir rücken mit unserem Bergvolk gegen den Peloponnes hinauf.

Nun hat die Schwermuth all' ein Ende, Diotima, und mein Geist ist fester und schneller, seit ich in lebendiger Arbeit bin, und sieh! ich habe nun auch eine Tagesordnung.

Mit der Sonne beginn' ich. Da geh' ich hinaus, wo im Schatten des Walds mein Kriegsvolk liegt, und grüße die tausend hellen Augen, die jetzt vor mir mit wilder Freundlichkeit sich aufthun. Ein erwachendes Heer! ich kenne nichts gleiches, und alles Leben in Städten und Dörfern ist wie ein Bienenschwarm dagegen.

Der Mensch kann's nicht verleugnen, daß er einst glücklich war, wie die Hirsche des Forsts, und nach unzähligen Jahren glimmt noch in uns ein Sehnen nach den Tagen der Urwelt, wo jeder die Erde durchstreifte, wie ein Gott, ehe, ich weiß nicht was? den Menschen zahm gemacht, und noch, statt Mauern und todtem Holz, die Seele der Welt, die heilige Luft allgegenwärtig ihn umfing.

Diotima! mir geschieht oft wunderbar, wenn ich mein unbekümmert Volk durchgehe, und, wie aus der Erde gewachsen, einer um den andern aufsteht und dem Morgenlicht entgegen sich dehnt, und unter den Haufen der Männer die knatternde Flamme empor steigt, wo die Mutter sitzt mit dem frierenden Kindlein, wo die erquickende Speise kocht, indeß die Rosse, den Tag witternd, schnauben und schrein, und der Wald ertönt von allerschütternder Kriegsmusik und rings von Waffen schimmert und rauscht — aber das sind Worte, und die eigne Lust von solchem Leben erzählt sich nicht.

Dann sammelt mein Hause sich um mich her, mit Lust, und es ist wunderbar, wie auch die Aeltesten und Trotzigsten in aller meiner Jugend mich ehren. Wir werden vertrauter, und mancher erzählt, wie's ihm ergieng im Leben, und mein Herz schwillt oft von mancherlei Schicksal. Dann fang' ich an, von besseren Tagen zu reden, und glänzend gehn die Augen ihnen auf, wenn sie des Bundes gedenken, der uns einigen soll, und das stolze Bild des werdenden Freistaats dämmert vor ihnen.

Alles für jeden und jeder für alle! Es ist ein freudiger

Geist in den Worten, und er ergreift auch immer meine Menschen, wie Göttergebot. O Diotima! so zu sehn, wie von Hoffnungen da die starre Natur erwacht und all' ihre Pulse mächtiger schlagen und von Entwürfen die verdüsterte Stirne sich entfaltet und glänzt, so da zu stehn in einer Sphäre von Menschen, umrungen von Glauben und Lust, das ist doch mehr, als Erd' und Himmel und Meer in aller ihrer Glorie zu schauen.

Dann üb' ich sie in Waffen und Märschen bis um Mittag. Der frohe Muth macht sie gelehrig, wie er zum Meister mich macht. Bald stehn sie dicht gedrängt in macedonischer Ruh' und regen den Arm nur, bald fliegen sie, wie Strahlen, auseinander zum gewagteren Streit in einzelnen Haufen, wo die geschmeidige Kraft in jeder Stelle sich ändert und jeder selbst sein Feldherr ist, und sammeln sich wieder in sicherm Punkt — und immer, wo sie gehn und stehn in solchem Waffentanze, schwebt ihnen und mir das Bild der Tyrannenknechte und der ernstere Wahlplatz vor Augen.

Drauf, wenn die Sonne heißer scheint, wird Rath gehalten im Innern des Walds, und es ist Freude, so mit stillen Sinnen über der großen Zukunft zu walten. Wir nehmen dem Zufall die Kraft, wir meistern das Schicksal. Wir lassen Widerstand nach unserem Willen entstehn, wir reizen den Gegner zu dem, worauf wir gerüstet sind. Oder sehen wir zu und scheinen furchtsam und lassen ihn näher kommen, bis er das Haupt zum Schlag uns reicht; auch nehmen wir ihm mit Schnelle die Fassung, und das ist meine Panacee. Doch halten die erfahrneren Aerzte nichts auf solche alles heilende Mittel.

Wie wohl ist dann des Abends mir bei meinem Alabanda, wenn wir zur Lust auf muntern Rossen die sonnenrothen Hügel umschweifen, und auf den Gipfeln, wo wir weilen, die Luft in den Mähnen unserer Thiere spielt, und das freundliche Säuseln in unsere Gespräche sich mischt, indeß wir hinaus sehn in die Fernen von Sparta, die unser Kampfpreis sind! und wenn wir nun zurück sind und zusammensitzen in lieblicher Kühle der Nacht, wo uns der Becher duftet und das Mondlicht unser spärlich

Mahl bescheint und mitten in unsrer lächelnden Stille die Geschichte der Alten, wie eine Wolke, aufsteigt aus dem heiligen Boden, der uns trägt, wie selig ists da, in solchem Momente sich die Hände zu reichen!

Dann spricht wohl Alabanda noch von manchem, den die Langeweile des Jahrhunderts peinigt, von so mancher wunderbaren krummen Bahn, die sich das Leben bricht, seitdem sein grader Gang gehemmt ist, dann fällt mir auch mein Adamas ein, mit seinen Reisen, seiner eignen Sehnsucht in das innere Asien hinein — das sind nur Nothbehelfe, guter Alter! möcht' ich dann ihm rufen, komm! und baue deine Welt! mit uns! denn unsre Welt ist auch die deine.

Auch die deine, Diotima, denn sie ist die Kopie von Dir. O Du, mit deiner Elysiumsstille, könnten wir das schaffen, was Du bist!

Hyperion an Diotima.

Wir haben jetzt dreimal in Einem fort gesiegt in kleinen Gefechten, wo aber die Kämpfer sich durchkreuzten, wie Blitze, und alles Eine verzehrende Flamme war. Navarin ist unser, und wir stehen jetzt vor der Veste Misitra, dem Ueberreste des alten Sparta. Ich hab' auch die Fahne, die ich einer Albanischen Horde entriß, auf eine Ruine gepflanzt, die vor der Stadt liegt, habe vor Freude meinen türkischen Kopfbund in den Eurotas geworfen und trage seitdem den griechischen Helm.

Und nun möcht' ich Dich sehen, o Mädchen! sehen möcht' ich Dich und deine Hände nehmen und an mein Herz sie drücken, dem die Freude nun bald vielleicht zu groß ist! bald! in einer Woche vielleicht ist er befreit, der alte, edle, heilige Peloponnes.

O dann, du Theure! lehre mich fromm seyn! dann lehre mein überwallend Herz ein Gebet! Ich sollte schweigen, denn was hab' ich gethan? und hätt' ich etwas gethan, wovon ich sprechen möchte, wie viel ist dennoch übrig? Aber was kann ich dafür, daß mein Gedanke schneller ist, wie die Zeit? Ich wollte so gern, es wäre umgekehrt, und die Zeit und die That überflöge den Gedanken, und der geflügelte Sieg übereilte die Hoffnung selbst.

Mein Alabanda blüht, wie ein Bräutigam. Aus jedem seiner Blicke lacht die kommende Welt mich an, und daran still' ich noch die Ungeduld so ziemlich.

Diotima! ich möchte dieses werdende Glück nicht um die schönste Lebenszeit des alten Griechenlands vertauschen, und der kleinste unsrer Siege ist mir lieber, als Marathon und Thermopylä und Platäa. Ists nicht wahr? Ist nicht dem Herzen das genesende Leben mehr werth, als das reine, das die Krankheit noch nicht kennt? Erst wenn die Jugend hin ist, lieben wir sie, und dann erst, wenn die verlorne wiederkehrt, beglückt sie alle Tiefen der Seele.

Am Eurotas stehet mein Zelt, und wenn ich nach Mitternacht erwache, rauscht der alte Flußgott mahnend mir vorüber, und lächelnd nehm' ich die Blumen des Ufers, und streue sie in seine glänzende Welle und sag' ihm: Nimm es zum Zeichen, du Einsamer! Bald umblüht das alte Leben dich wieder.

Diotima an Hyperion.

Ich habe die Briefe erhalten, mein Hyperion, die Du unterwegens mir schriebst. Du ergreifst mich gewaltig mit allem, was Du mir sagst, und mitten in meiner Liebe schaudert mich oft, den sanften Jüngling, der zu meinen Füßen geweint, in dieses rüstige Wesen verwandelt zu sehn.

Wirst Du denn nicht die Liebe verlernen?

Aber wandle nur zu! Ich folge Dir. Ich glaube, wenn Du mich hassen könntest, würd' ich auch da sogar Dir nachempfinden, würde mir Mühe geben, Dich zu hassen, und so blieben unsre Seelen sich gleich, und das ist kein eitelübertrieben Wort, Hyperion.

Ich bin auch selbst ganz anders, wie sonst. Mir mangelt

der heitre Blick in die Welt und die freie Lust an allem Lebendigen. Nur das Feld der Sterne zieht mein Auge noch an. Dagegen denk' ich um so lieber an die großen Geister der Vorwelt, und wie sie geendet haben auf Erden, und die hohen Spartanischen Frauen haben mein Herz gewonnen. Dabei vergeß' ich nicht die neuen Kämpfer, die kräftigen, deren Stunde gekommen ist, oft hör' ich ihren Siegeslärm durch den Peloponnes herauf mir näher brausen und näher, oft seh' ich sie, wie eine Katarakte, dort herunterwogen durch die Epidaurischen Wälder und ihre Waffen fernher glänzen im Sonnenlichte, das wie ein Herold, sie geleitet, o mein Hyperion! und Du kömmst geschwinde nach Kalaurea herüber, und grüßest die stillen Wälder unserer Liebe, grüßest mich, und fliegst nun wieder zu deiner Arbeit zurück; — und denkst Du, ich fürchte den Ausgang? Liebster! manchmal will's mich überfallen, aber meine größern Gedanken halten, wie Flammen, den Frost ab. —

Lebe wohl! vollende, wie es der Geist Dir gebeut! und laß den Krieg zu lange nicht dauern, um des Friedens willen, Hyperion, um des schönen, neuen, goldenen Friedens willen, wo, wie Du sagtest, einst in unser Rechtsbuch eingeschrieben werden die Gesetze der Natur, und wo das Leben selbst, wo sie, die göttliche Natur, die in kein Buch geschrieben werden kann, im Herzen der Gemeinde seyn wird. Lebe wohl.

Hyperion an Diotima.

Du hättest mich besänftigen sollen, meine Diotima! hättest sagen sollen, ich möchte mich nicht übereilen, möchte dem Schicksal nach und nach den Sieg abnöthigen, wie kargen Schuldnern die Summe. O Mädchen! stille zu stehn, ist schlimmer, wie alles. Mir trocknet das Blut in den Adern, so dürst' ich weiter zu kommen und muß hier müssig stehn, muß belagern und belagern, den einen Tag, wie den andern. Unser Volk will stürmen, aber das würde die aufgeregten Gemüther zum Rausch erhitzen, und wehe dann unsern Hoffnungen, wenn das wilde Wesen aufgährt und die Zucht und die Liebe zerreißt.

Ich weiß nicht, es kann nur noch einige Tage dauern, so muß Misitra sich ergeben, aber ich wollte, wir wären weiter. Im Lager hier ists mir, wie in gewitterhafter Luft. Ich bin ungeduldig, auch meine Leute gefallen mir nicht. Es ist ein furchtbarer Muthwill unter ihnen.

Aber ich bin nicht klug, daß ich so viel aus meiner Laune mache. Und das alte Lacedämon ists ja doch wohl werth, daß man ein wenig Sorge leidet, eh man es hat.

Hyperion an Diotima.

Es ist aus, Diotima! unsre Leute haben geplündert, gemordet, ohne Unterschied, auch unsre Brüder sind erschlagen, die Griechen in Misitra, die Unschuldigen, oder irren sie hülflos herum, und ihre todte Jammermiene ruft Himmel und Erde zur Rache gegen die Barbaren, an deren Spitze ich war.

Nun kann ich hingehn und von meiner guten Sache predigen. O nun fliegen alle Herzen mir zu!

Aber ich hab's auch klug gemacht. Ich habe meine Leute gekannt. In der That! es war ein außerordentlich Projekt, durch eine Räuberbande mein Elysium zu pflanzen.

Nein! bei der heiligen Nemesis! mir ist recht geschehn, und ich wills auch dulden, dulden will ich, bis der Schmerz mein letzt Bewußtsein mir zerreißt.

Denkst Du, ich tobe? Ich habe eine ehrsame Wunde, die einer meiner Getreuen mir schlug, indem ich den Greuel abwehrte. Wenn ich tobte, so riss' ich die Binde von ihr, und so ränne mein Blut, wohin es gehört, in diese trauernde Erde.

Diese trauernde Erde! die nackte! so ich kleiden wollte mit heiligen Hainen, so ich schmücken wollte mit allen Blumen des griechischen Lebens!

O es wäre schön gewesen, meine Diotima!

Nennst Du mich muthlos? Liebes Mädchen! es ist des Unheils zu viel. An allen Enden brechen wüthende Haufen herein; wie eine Seuche, tobt die Raubgier in Morea, und wer nicht auch das Schwert ergreift, wird verjagt, geschlachtet, und dabei sagen die Rasenden, sie fechten für unsre Freiheit. Andre des rohen Volks sind von dem Sultan bestellt und treiben's, wie jene.

Eben hör' ich, unser ehrlos Heer sey nun zerstreut. Die Feigen begegneten bei Tripolissa einem Albanischen Haufen, der um die Hälfte geringer an Zahl war. Weil's aber nichts zu plündern gab, so liefen die Elenden alle davon. Die Russen, die mit uns den Feldzug wagten, vierzig brave Männer, hielten allein aus, fanden auch alle den Tod.

Und so bin ich nun mit meinem Alabanda wieder einsam, wie zuvor. Seitdem der Treue mich fallen und bluten sah in Misitra, hat er alles andre vergessen, seine Hoffnungen, seine Siegslust, seine Verzweiflung. Der Ergrimmte, der unter die Plünderer stürzte, wie ein strafender Gott, der führte nun so sanft mich aus dem Getümmel, und seine Thränen netzten mein Kleid. Er blieb auch bei mir in der Hütte, wo ich seitdem lag, und ich freue mich nun erst recht darüber. Denn wär' er mit fortgezogen, so läg' er jetzt bei Tripolissa im Staub.

Wie es weiter werden soll, das weiß ich nicht. Das Schicksal stößt mich ins Ungewisse hinaus, und ich hab' es verdient; von Dir verbannt mich meine eigene Scham, und wer weiß, wie lange?

Ach! ich habe Dir ein Griechenland versprochen, und Du bekommst ein Klaglied nun dafür. Sey selbst dein Trost!

Hyperion an Diotima.

Ich bringe mich mit Mühe zu Worten.

Man spricht wohl gerne, man plaudert, wie die Vögel, so lange die Welt wie Mailuft einen anweht! aber zwischen Mittag und Abend kann es anders werden, und was ist verloren am Ende?

Glaube mir und denk', ich sag's aus tiefer Seele Dir: die Sprache ist ein großer Ueberfluß. Das Beste bleibt doch immer für sich und ruht in seiner Tiefe, wie die Perle im Grunde des Meers. — Doch was ich eigentlich Dir schreiben wollte, weil doch einmal das Gemälde seinen Rahmen und der Mann sein Tagwerk haben muß, so will ich noch auf eine Zeitlang Dienste nehmen bei der russischen Flotte; denn mit den Griechen hab' ich weiter nichts zu thun.

O theures Mädchen! es ist sehr finster um mich geworden!

Hyperion an Diotima.

Ich habe gezaudert, gekämpft. Doch endlich muß es seyn. Ich sehe, was nothwendig ist, und weil ich es sehe, so soll es auch werden. Mißdeute mich nicht! verdamme mich nicht! ich muß Dir rathen, daß Du mich verlässest, meine Diotima.

Ich bin für Dich nichts mehr, du holdes Wesen! Dieß Herz ist dir versiegt, und meine Augen sehen das Lebendige nicht mehr. O meine Lippen sind verdorrt; der Liebe süßer Hauch quillt mir im Busen nicht mehr.

Ein Tag hat alle Jugend mir genommen; am Eurotas hat mein Leben sich müde geweint, ach! am Eurotas, der in rettungsloser Schmach an Lacedämon's Schutt vorüberklagt, mit allen seinen Wellen. Da, da hat mich das Schicksal abgeerntet. — Soll ich deine Liebe wie ein Almosen besitzen? — Ich bin so gar nichts, bin so ruhmlos, wie der ärmste Knecht. Ich bin verbannt, verflucht, wie ein gemeiner Rebell, und mancher Grieche in Morea wird von unsern Heldenthaten wie von einer Diebsgeschichte seinen Kindeskindern künftighin erzählen.

Ach! und Eines hab' ich lange Dir verschwiegen. Feierlich verstieß mein Vater mich, verwies mich ohne Rückkehr aus dem Hause meiner Jugend, will mich nimmer wieder sehen, nicht in diesem, noch im andern Leben, wie er sagt. So lautet die Antwort auf den Brief, worin ich mein Beginnen ihm geschrieben.

Nun laß Dich nur das Mitleid nimmer irre führen.

Glaube mir, es bleibt uns überall noch eine Freude. Der ächte Schmerz begeistert. Wer auf sein Elend tritt, steht höher. Und das ist herrlich, daß wir erst im Leiden recht der Seele Freiheit fühlen. Freiheit! wer das Wort versteht — es ist ein tiefes Wort, Diotima. Ich bin so innigst angefochten, bin so unerhört gekränkt, bin ohne Hoffnung, ohne Ziel, bin gänzlich ehrlos, und doch ist eine Macht in mir, ein Unbezwingliches, das mein Gebein mit süßem Schauer durchdringt, so oft es rege wird in mir.

Auch hab' ich meinen Alabanda noch. Der hat so wenig zu gewinnen, als ich selbst. Den kann ich ohne Schaden mir behalten. Ach! der königliche Jüngling hätt' ein besser Loos verdient. Er ist so sanft geworden und so still. Das will mir oft das Herz zerreißen. Aber einer erhält den andern. Wir sagen uns nichts; was sollten wir uns sagen? aber es ist denn doch ein Segen in manchem kleinen Liebesdienste, den wir uns leisten.

Da schläft er und lächelt genügsam, mitten in unsrem Schicksal. Der Gute! er weiß nicht, was ich thue. Er würd' es nicht dulden. Du mußt an Diotima schreiben, gebot er mir, und mußt ihr sagen, daß sie bald mit Dir sich aufmacht, in ein leidlicher Land zu fliehn. Aber er weiß nicht, daß ein Herz, das so verzweifeln lernte, wie seines und wie meines, der Geliebten nichts mehr ist. Nein! nein! Du fändest ewig keinen Frieden bei Hyperion, Du müßtest untreu werden, und das will ich Dir ersparen.

Und so lebe denn wohl, du süßes Mädchen! lebe wohl! Ich möchte Dir sagen, gehe dahin, gehe dorthin; da rauschen die Quellen des Lebens. Ich möcht' ein freier Land, ein Land voll Schönheit und voll Seele Dir zeigen und sagen: dahin rette Dich! Aber o Himmel! könnt' ich dieß, so wär' ich auch ein andrer, und so müßt' ich auch nicht Abschied nehmen — Abschied nehmen? Ach! ich weiß nicht, was ich thue. Ich wähnte mich so gefaßt, so besonnen. Jetzt schwindelt mir, und mein Herz wirft sich umher, wie ein ungeduldiger Kranker. Weh über mich! ich richte meine letzte Freude zu Grunde. Aber es muß seyn, und das Ach! der Natur ist hier umsonst. Ich bin's Dir schuldig, und ich bin ja ohnedieß dazu geboren, heimathlos und ohne Ruhestätte zu seyn. O Erde! o ihr Sterne! werde ich nirgends wohnen am Ende?

Noch einmal möcht' ich wiederkehren an deinen Busen, wo es auch wäre! Aetheraugen! Einmal noch mir wieder begegnen in euch! an deinen Lippen hängen, du Liebliche! Du Unaussprechliche! und in mich trinken dein entzückend heilig süßes Leben — aber höre das nicht! ich bitte Dich, achte das nicht! Ich würde sagen, ich sey ein Verführer, wenn Du es hörtest. Du kennst mich, Du verstehst mich. Du weißt, wie tief Du mich achtest, wenn Du mich nicht bedauerst, mich nicht hörst.

Ich kann, ich darf nicht mehr — wie mag der Priester leben, wo sein Gott nicht mehr ist? O Genius meines Volkes! o Seele Griechenlands! ich muß hinab, ich muß im Todtenreiche dich suchen.

Hyperion an Diotima.

Ich habe lange gewartet, ich will es Dir gestehn, ich habe sehnlich auf ein Abschiedswort aus deinem Herzen gehofft, aber Du schweigst. Auch das ist eine Sprache deiner schönen Seele, Diotima.

Nicht wahr, die heiligern Akkorde hören darum denn doch nicht auf? nicht wahr, Diotima, wenn auch der Liebe sanftes Mondlicht untergeht, die höhern Sterne ihres Himmels leuchten noch immer? O das ist ja meine letzte Freude, daß wir unzertrennlich sind, wenn auch kein Laut von Dir zu mir, kein Schatten unsrer holden Jugendtage mehr zurückkehrt!

Ich schaue hinaus in die abendröthliche See, ich strecke meine Arme aus nach der Gegend, wo Du ferne lebst, und … t noch einmal an allen Freuden der Liebe

O Erde! meine Wiege! alle Wonne und aller Schmerz ist in dem Abschied, den wir von dir nehmen.

Ihr lieben Jonischen Inseln! und du, mein Kalaurea, und du, mein Tina, ihr seyd mir all' im Auge, so fern ihr seyd, und mein Geist fliegt mit den Lüftchen über die regen Gewässer; und die ihr dort zur Seite mir dämmert, ihr Ufer von Teos und Ephesus, wo ich einst mit Alabanda ging in den Tagen der Hoffnung, ihr scheint mir wieder, wie damals, und ich möcht' hinüber schiffen ans Land und den Boden küssen und den Boden erwärmen an meinem Busen, und alle süßen Abschiedsworte stammeln vor der schweigenden Erde, eh' ich auffliege ins Freie.

Schade, Schade, daß es jetzt nicht besser zugeht unter den Menschen, sonst blieb' ich gern auf diesem guten Stern. Aber ich kann dieß Erdenrund entbehren, das ist mehr, denn alles, was es geben kann.

Laß uns im Sonnenlicht, o Kind! die Knechtschaft dulden, sagte zu Polyxena die Mutter, und ihre Lebensliebe konnte nicht schöner sprechen. Aber das Sonnenlicht, das eben widerräth die Knechtschaft mir, das läßt mich auf der entwürdigten Erde nicht bleiben, und die heiligen Strahlen ziehn, wie Pfade, die zur Heimath führen, mich an.

Seit langer Zeit ist mir die Majestät der schicksallosen Seele gegenwärtiger, als alles andre, gewesen; in herrlicher Einsamkeit hab' ich manchmal in mir selber gelebt; ich bins gewohnt geworden, die Außendinge abzuschütteln, wie Flocken von Schnee; wie sollt' ich dann mich scheun, den sogenannten Tod zu suchen? hab' ich nicht tausendmal mich in Gedanken befreit, wie sollt' ich denn anstehn, es Einmal wirklich zu thun? Sind wir denn, wie leibeigene Knechte, an den Boden gefesselt, den wir pflügen? sind wir, wie zahmes Geflügel, das aus dem Hofe nicht laufen darf, weil's da gefüttert wird?

Wir sind wie die jungen Adler, die der Vater aus dem Neste jagt, daß sie im hohen Aether nach Beute suchen.

Morgen schlägt sich unsre Flotte, und der Kampf wird heiß

genug seyn. Ich betrachte diese Schlacht wie ein Bad, den Staub mir abzuwaschen; und ich werde wohl finden, was ich wünsche; Wünsche, wie meiner, gewähren an Ort und Stelle sich leicht. Und so hätt' ich doch am Ende durch meinen Feldzug etwas erreicht und sehe, daß unter Menschen keine Mühe vergebens ist.

Fromme Seele! ich möchte sagen, denke meiner, wenn Du an mein Grab kömmst. Aber sie werden mich wohl in die Meersfluth werfen, und ich seh' es gerne, wenn der Rest von mir da untersinkt, wo die Quellen all' und die Ströme, die ich liebte, sich versammeln, und wo die Wetterwolke aufsteigt und die Berge tränkt und die Thale, die ich liebte. Und wir? o Diotima! Diotima! wann sehn wir uns wieder?

Es ist unmöglich, und mein innerstes Leben empört sich, wenn ich denken will, als verlören wir uns. Ich würde Jahrtausende lang die Sterne durchwandern, in alle Formen mich kleiden, in alle Sprachen des Lebens, um Dir Einmal wieder zu begegnen. Aber ich denke, was sich gleich ist, findet sich bald.

Große Seele! Du wirst dich finden können in diesen Abschied, und so laß mich wandern! Grüße deine Mutter! Grüße Notara und die andern Freunde!

Auch die Bäume grüße, wo ich Dir zum erstenmale begegnete, und die fröhlichen Bäche, wo wir giengen, und die schönen Gärten von Angele, und laß, du Liebe! Dir mein Bild dabei begegnen. Lebe wohl.

Viertes Buch.

Hyperion an Bellarmin.

Ich war in einem holden Traume, da ich die Briefe, die ich einst gewechselt, für Dich abschrieb. Nun schreib' ich wieder Dir, mein Bellarmin! und führe weiter Dich hinab, hinab bis in die tiefste Tiefe meiner Leiden, und dann, du letzter meiner Lieben! komm mit mir heraus zur Stelle, wo ein neuer Tag uns anglänzt.

Die Schlacht, wovon ich an Diotima geschrieben, begann. Die Schiffe der Türken hatten sich in den Kanal, zwischen die Insel Chios und die Asiatische Küste hinein, geflüchtet, und standen am festen Lande hinauf bei Tschesme. Mein Admiral verließ mit seinem Schiffe, worauf ich war, die Reihe, und hub das Vorspiel an mit dem ersten Schiffe der Türken. Das grimmige Paar war gleich beim ersten Angriff bis zum Taumel erhitzt, es war ein rachetrunknes schreckliches Getümmel. Die Schiffe hingen bald mit ihrem Tauwerk aneinander fest; das wüthende Gefecht ward immer enger und enger.

Ein tiefes Lebensgefühl durchdrang mich noch. Es war mir warm und wohl in allen Gliedern. Wie ein zärtlich scheidender, fühlte zum letztenmale sich in allen seinen Sinnen mein Geist. Und nun, voll heißen Unmuths, daß ich Besseres nicht wußte, denn mich schlachten zu lassen in einem Gedränge von Barbaren, mit zürnenden Thränen im Auge, stürmt' ich hin, wo mir der Tod gewiß war.

Ich traf die Feinde nahe genug, und von den Russen, die an meiner Seite fochten, war in wenig Augenblicken auch nicht

Einer übrig. Ich stand allein da, voll Stolzes, und warf mein Leben, wie einen Bettlerpfennig, vor die Barbaren, aber sie wollten mich nicht. Sie sahen mich an, wie einen, an dem man sich zu versündigen fürchtet, und das Schicksal schien mich zu achten in meiner Verzweiflung.

Aus höchster Nothwehr hieb denn endlich einer auf mich ein, und traf mich, daß ich stürzte. Mir wurde von da an nichts mehr bewußt, bis ich auf Paros, wohin ich übergeschifft war, wieder erwachte.

Von dem Diener, der mich aus der Schlacht trug, hört' ich nachher, die beiden Schiffe, die den Kampf begonnen, seyen in die Luft geflogen, den Augenblick darauf, nachdem er mit dem Wundarzt mich in einem Boote weggebracht. Die Russen hatten Feuer in das Türkische Schiff geworfen, und weil ihr eignes an dem andern fest hing, brannt' es mit auf.

Wie diese fürchterliche Schlacht ein Ende nahm, ist dir bekannt. So straft ein Gift das andre, rief ich, da ich erfuhr, die Russen hätten die ganze Türkische Flotte verbrannt — so rotten die Tyrannen sich selbst aus.

Hyperion an Bellarmin.

Sechs Tage nach der Schlacht lag ich in einem peinlichen todähnlichen Schlaf. Mein Leben war, wie eine Nacht, von Schmerzen, wie von zückenden Blitzen, unterbrochen. Das Erste, was ich wieder erkannte, war Alabanda. Er war, wie ich erfuhr, nicht einen Augenblick von mir gewichen, hatte fast allein mich bedient, mit unbegreiflicher Geschäftigkeit, mit tausend zärtlichen häuslichen Sorgen, woran er sonst im Leben nie gedacht, und man hatt' ihn auf den Knien vor meinem Bette rufen gehört: o lebe, mein Lieber! daß ich lebe!

Es war ein glücklich Erwachen, Bellarmin! Da mein Auge nun wieder dem Lichte sich öffnete, und mit den Thränen des Wiedersehens der Herrliche vor mir stand.

Ich reicht' ihm die Hand hin, und der Stolze küßte sie mit

allem Entzücken der Liebe. Er lebt, rief er, o Retterin! o Natur! du gute, alles heilende! dein armes Paar, das vaterlandslose, das irre, verlässest doch du nicht! O ich will es nie vergessen, Hyperion! wie dein Schiff vor meinen Augen im Feuer aufgieng, und donnernd in die rasende Flamme die Schiffer mit sich hinauf riß, und unter den wenigen geretteten kein Hyperion war. Ich war von Sinnen und der grimmige Schlachtlärm stillte mich nicht. Doch hört' ich bald von Dir und flog Dir nach, sobald wir mit dem Feinde vollends fertig waren.

Und wie er nun mich hütete! wie er mit liebender Vorsicht mich gefangen hielt in dem Zauberkreise seiner Gefälligkeiten! wie er, ohne ein Wort, mit seiner großen Ruhe mich lehrte, den freien Lauf der Welt neidlos und männlich zu verstehen!

O ihr Söhne der Sonne! ihr freieren Seelen! es ist viel verloren gegangen in diesem Alabanda. Ich suchte umsonst und flehte das Leben an, seit er fort ist; solch eine Römernatur hab' ich nimmer gefunden. Der Sorgenfreie, der Tiefverständige, der Tapfre, der Edle! Wo ist ein Mann, wenn er's nicht war? Und wenn er freundlich war und fromm, da war's, wie wenn das Abendlicht im Dunkel der majestätischen Eiche spielt, und ihre Blätter träufeln vom Gewitter des Tages.

Hyperion an Bellarmin.

Es war in den schönen Tagen des Herbsts, da ich von meiner Wunde halb genesen zum erstenmale wieder ans Fenster trat. Ich kam mit stilleren Sinnen wieder ins Leben, und meine Seele war aufmerksamer geworden. Mit seinem leisesten Zauber wehte der Himmel mich an, und mild, wie ein Blüthenregen, flossen die heitern Sonnenstrahlen herab. Es war ein großer, stiller, zärtlicher Geist in dieser Jahrszeit, und die Vollendungsruhe, die Wonne der Zeitigung in den säuselnden Zweigen umfing mich, wie die erneuerte Jugend, so die Alten in ihrem Elysium hofften.

Ich hatt' es lange nicht mit reiner Seele genossen, das

kindliche Leben der Welt; nun that mein Auge sich auf mit aller Freude des Wiedersehens, und die selige Natur war wandellos in ihrer Schöne geblieben. Meine Thränen flossen, wie ein Sühnopfer, vor ihr, und schauernd stieg ein frisches Herz mir aus dem alten Unmuth auf. O heilige Pflanzenwelt! rief ich, wir streben und sinnen, und haben doch dich! wir ringen mit sterblichen Kräften Schönes zu baun, und es wächst doch sorglos neben uns auf! nicht wahr, Alabanda? für die Noth zu sorgen, sind die Menschen gemacht, das übrige gibt sich selber. Und doch — ich kann es nicht vergessen, wie viel mehr ich gewollt.

Laß Dir genug seyn, Lieber! daß Du bist, rief Alabanda, und störe dein stilles Wirken durch die Trauer nicht mehr.

Ich will auch ruhen, sagt' ich. O ich will die Entwürfe, die Forderungen alle, wie Schuldbriefe, zerreißen. Ich will mich rein erhalten, wie ein Künstler sich hält, dich will ich lieben, harmlos Leben, Leben des Hains und des Quells! dich will ich ehren, o Sonnenlicht! an dir mich stillen. schöner Aether, der die Sterne beseelt und hier auch diese Bäume umathmet und hier im Innern der Brust uns berührt! o Eigensinn der Menschen! wie ein Bettler, hab' ich den Nacken gesenkt, und es sahen die schweigenden Götter der Natur mit allen ihren Gaben mich an! — Du lächelst, Alabanda? o wie oft, in unsern ersten Zeiten, hast Du so gelächelt, wann dein Knabe vor Dir plauderte, im trunknen Jugendmuth, indeß Du da, wie eine stille Tempelsäule, standst, im Schutt der Welt, und leiden mußtest, daß die wilden Ranken meiner Liebe Dich umwuchsen — sieh! wie eine Binde fällt's von meinen Augen, und die alten goldenen Tage sind lebendig wieder da.

Ach! rief er, dieser Ernst, in dem wir lebten, und diese Lebenslust!

Wenn wir jagten im Forst, rief ich, wenn in der Meersfluth wir uns badeten, wenn wir sangen und tranken, wo durch den Lorbeerschatten die Sonn' und der Wein und Augen und Lippen uns glänzten — es war ein einzig Leben, und unser Geist umleuchtete, wie ein glänzender Himmel, unser jugendlich Glück. Drum läßt auch keiner von dem andern, sagte Alabanda.

O ich habe Dir ein schwer Bekenntniß abzulegen, sagt' ich. Wirst Du mir es glauben, daß ich fort gewollt? von Dir! daß ich gewaltsam meinen Tod gesucht! war das nicht herzlos? rasend? ach und meine Diotima! sie soll mich lassen, schrieb ich ihr, und drauf noch einen Brief, den Abend vor der Schlacht — und da schriebst Du, rief er, daß Du in der Schlacht dein Ende finden wolltest? o Hyperion! Doch hat sie wohl den letzten Brief noch nicht. Du mußt nur eilen ihr zu schreiben, daß Du lebst.

Bester Alabanda! rief ich, das ist Trost! Ich schreibe gleich und schicke meinen Diener fort damit. O ich will ihm alles, was ich habe, bieten, daß er eilt und noch zu rechter Zeit nach Kalaurea kömmt. —

Und den andern Brief, wo vom Entsagen die Rede war, versteht, vergibt die gute Seele Dir leicht, setzt' er hinzu.

Vergibt sie? rief ich; o ihr Hoffnungen alle! ja! wenn ich noch glücklich mit dem Engel würde!

Noch wirst Du glücklich seyn, rief Alabanda; noch ist die schönste Lebenszeit Dir übrig. Ein Held ist der Jüngling, der Mann ein Gott, wenn er's erleben kann.

Es dämmerte mir wunderbar in der Seele bei seiner Rede.

Der Bäume Gipfel schauerten leise; wie Blumen aus der dunkeln Erde, sproßten Sterne aus dem Schooße der Nacht, und des Himmels Frühling glänzt' in heiliger Freude mich an.

Hyperion an Bellarmin.

Einige Augenblicke darauf, da ich eben an Diotima schreiben wollte, trat Alabanda freudig wieder ins Zimmer. Ein Brief, Hyperion! rief er; ich schrack zusammen und flog hinzu.

Wie lange, schrieb Diotima, mußt' ich leben ohne ein Zeichen von Dir! Du schriebst mir von dem Schicksalstage in Misitra und ich antwortete schnell; doch allem nach erhieltst Du meinen Brief nicht. Du schriebst mir bald darauf wieder, kurz und düster, und sagtest mir, Du seyest gesonnen, auf die Russische Flotte zu gehn; ich antwortete wieder, doch auch diesen Brief erhieltst Du nicht; nun harrt' auch ich vergebens, vom Mai bis jetzt zum Ende des Sommers, bis vor einigen Tagen der Brief kömmt, der mir sagt, ich möchte Dir entsagen, Lieber!

Du hast auf mich gerechnet, hast mir's zugetraut, daß dieser Brief mich nicht beleidigen könnte. Das freute mich herzlich, mitten in meiner Betrübniß.

Unglücklicher, hoher Geist! ich habe nur zu sehr Dich gefaßt. O es ist so ganz natürlich, daß Du nimmer lieben willst, weil deine größern Wünsche verschmachten. Mußt Du denn nicht die Speise verschmähn, wenn Du daran bist, Durstes zu sterben?

Ich wußte es bald; ich konnte Dir nicht Alles seyn. Konnt' ich die Bande der Sterblichkeit Dir lösen? konnt' ich die Flamme der Brust Dir stillen, für die kein Quell fleußt und kein Weinstock wächst? konnt' ich die Freuden einer Welt in einer Schale Dir reichen?

Das willst Du, Das bedarfst Du, und Du kannst nicht anders. Die gränzenlose Unmacht deiner Zeitgenossen hat Dich um Dein Leben gebracht.

Wem einmal, so, wie Dir, die ganze Seele beleidiget war, der ruht nicht mehr in einzelner Freude; wer so, wie Du, das fade Nichts gefühlt, erheitert in höchstem Geiste sich nur; wer so den Tod erfuhr, wie Du, erholt allein sich unter den Göttern.

Glücklich sind sie alle, die Dich nicht verstehen! Wer Dich versteht, muß deine Größe theilen und deine Verzweiflung.

Ich fand Dich, wie Du bist. Des Lebens erste Neugier trieb mich an das wunderbare Wesen. Unaussprechlich zog die zarte Seele mich an, und kindisch furchtlos spielt' ich um Deine gefährliche Flamme. — Die schönen Freuden unserer Liebe sänftigten Dich; böser Mann! nur, um Dich wilder zu machen.

Sie besänftigten, sie trösteten auch mich, sie machten mich vergessen, daß Du im Grunde trostlos warst, und daß auch ich nicht fern war, es zu werden, seit ich Dir in dein geliebtes Herz sah.

In Athen, bei den Trümmern des Olympion ergriff es mich von neuem. Ich hatte sonst wohl noch in einer leichten Stunde gedacht, des Jünglings Trauer sey doch wohl so ernst und unerbittlich nicht; es ist so selten, daß ein Mensch mit dem ersten Schritt ins Leben so mit Einemmal, so im kleinsten Punkt, so schnell, so tief das ganze Schicksal seiner Zeit empfand, und daß es unaustilgbar in ihm haftet, dieß Gefühl, weil er nicht rauh genug ist, um es auszustoßen, und nicht schwach genug, es auszuweinen, das, mein Theurer! ist so selten, daß es uns fast unnatürlich dünkt.

Nun, im Schutt des heiteren Athens, nun gieng mir's selbst zu nah, wie sich das Blatt gewandt, daß jezt die Todten oben über der Erde gehn und die Lebendigen, die Göttermenschen drunten sind, nun sah' ichs auch zu wörtlich und zu wirklich Dir aufs Angesicht geschrieben, nun gab ich Dir auf ewig Recht. Aber zugleich erschienst Du mir auch größer. Ein Wesen voll geheimer Gewalt, voll tiefer unentwickelter Bedeutung, ein einzig hoffnungsvoller Jüngling schienst Du mir. Zu wem so laut das Schicksal spricht, der darf auch lauter sprechen mit dem Schicksal, sagt' ich mir; je unergründlicher er leidet, um so unergründlich mächtiger ist er. Von Dir, von Dir nur hofft' ich alle Genesung. Ich sah Dich reisen. Ich sah Dich wirken. O der Verwandlung! Von Dir gestiftet, grünte wieder des Akademus Hain über den horchenden Schülern, und heilige Gespräche hörte, wie einst, der Ahorn des Ilissus wieder.

Den Ernst der Alten gewann in deiner Schule der Genius unserer Jünglinge bald, und seine vergänglichen Spiele wurden unsterblicher, denn er schämte sich, hielt für Gefangenschaft den Schmetterlingsflug. —

Dem hätt', ein Roß zu lenken, genügt; nun ist er ein Feldherr. Allzugenügsam hätte der ein eitel Lied gesungen; nun ist er ein Künstler. Denn die Kräfte der Helden, die Kräfte der Welt hattest Du aufgethan vor ihnen in offenem Kampf; die Räthsel deines Herzens hattest Du ihnen zu lösen gegeben so lernten die Jünglinge Großes vereinen, lernten verstehn das Spiel der Natur, das seelenvolle, und vergaßen den Schmerz. — Hyperion! Hyperion! hast Du nicht mich, die Unmündige, zur Muse gemacht? So ergiengs auch den andern.

Ach! nun verließen so leicht sich nicht die geselligen Menschen; wie der Sand im Sturme der Wildniß irrten sie unter einander nicht mehr, noch höhnte sich Jugend und Alter, noch fehlt' ein Gastfreund dem Fremden, und die Vaterlandsgenossen sonderten nimmer sich ab, und die Liebenden entleideten alle sich nimmer; an deinen Quellen, Natur, erfrischten sie sich, ach! an den heiligen Freuden, die geheimnißvoll aus deiner Tiefe quillen und den Geist erneun! und die Götter erheiterten wieder die verwelkliche Seele der Menschen; es bewahrten die herzerhaltenden Götter jedes freundliche Bündniß unter ihnen. Denn Du, Hyperion! hattest deinen Griechen das Auge geheilt, daß sie das Lebendige sahn, und die in ihnen, wie Feuer im Holze schlief, die Begeisterung hattest Du entzündet, daß sie fühlten die stille, stete Begeisterung der Natur und ihrer reinen Kinder. Ach! nun nahmen die Menschen die schöne Welt nicht mehr, wie Laien des Künstlers Gedicht, wenn sie die Worte loben und den Nutzen drin ersehn. Ein zauberisch Beispiel wurdest du lebendige Natur! den Griechen, und entzündet von der ewig jungen Götter Glück war alles Menschenthun, wie einst, ein Fest; und zu Thaten geleitete, schöner als Kriegsmusik, die jungen Helden Helios' Licht.

Stille! stille! Es war mein schönster Traum, mein erster und mein letzter. Du bist zu stolz, Dich mit dem bübischen Geschlechte länger zu befassen. Du thust auch recht daran. Du führtest sie zur Freiheit, und sie dachten an Raub. Du führst sie siegend in ihr altes Lacedämon ein, und diese Ungeheuer plündern; und verflucht bist Du von deinem Vater, großer Sohn! und keine Wildniß, keine Höhle ist sicher genug für Dich auf dieser griechischen Erde, die Du, wie ein Heiligthum, geachtet, die Du mehr, wie mich, geliebt.

O mein Hyperion! ich bin das sanfte Mädchen nicht mehr, seit ich das alles weiß. Die Entrüstung treibt mich auswärts, daß ich kaum zur Erde sehen mag, und unablässig zittert mein beleidigtes Herz.

Wir wollen uns trennen. Du hast Recht. Ich will auch keine Kinder; denn ich gönne sie der Sklavenwelt nicht, und die armen Pflanzen welkten mir ja doch in dieser Dürre vor den Augen weg.

Lebe wohl! du theurer Jüngling! gehe Du dahin, wo es Dir der Mühe werth scheint, deine Seele hinzugeben. Die Welt hat doch wohl einen Wahlplatz, eine Opferstätte, wo Du Dich entledigen magst. Es wäre Schade, wenn die guten Kräfte alle, wie ein Traumbild, so vergiengen. Doch wie Du auch ein Ende nimmst, Du kehrest zu den Göttern, kehrst in's heil'ge, freie, jugendliche Leben der Natur, wovon Du ausgiengst, und das ist ja dein Verlangen und auch das meine.

So schrieb sie mir. Ich war erschüttert bis ins Mark, voll Schrecken und Lust, doch sucht' ich mich zu fassen, um Worte zur Antwort zu finden.

Du willigest ein, Diotima? schrieb' ich, Du billigest mein Entsagen? konntest es begreifen? — Treue Seele! darein konntest Du Dich schicken? Auch in meine finstern Irren konntest Du Dich finden, himmlische Geduld! und gabst Dich hin, verdüstertest Dich aus Liebe, glücklich Schooßkind der Natur! und wardst mir gleich und heiligtest durch deinen Beitritt meine Trauer? Schöne Heldin! welche Krone verdientest Du?

Aber nun sey es auch des Trauerns genug, du Liebe! Du bist mir nachgefolgt in meine Nacht, nun komm! und laß mich Dir zu deinem Lichte folgen, zu deiner Anmuth laß uns wieder kehren, schönes Herz! o deine Ruhe laß mich wieder sehen, selige Natur! vor deinem Friedensbilde meinen Uebermuth auf immer mir entschlummern.

Nicht wahr, du Theure! noch ist meine Rückkehr nicht zu

spät, und Du nimmst mich wieder auf und kannst mich wieder lieben, wie sonst? nicht wahr, noch ist das Glück vergangner Tage nicht für uns verloren?

Ich hab' es bis aufs Aeußerste getrieben. Ich habe sehr undankbar an der mütterlichen Erde gehandelt, habe mein Blut und alle Liebesgaben, die sie mir gegeben, wie einen Knechtlohn, weg geworfen, und ach! wie tausendmal undankbarer an Dir, du heilig Mädchen! das mich einst in seinen Frieden aufnahm, mich, ein scheu zerrißnes Wesen, dem aus tief gepreßter Brust sich kaum ein Jugendschimmer stahl, wie hie und da ein Grashalm auf zertretnen Wegen. Hattest Du mich nicht ins Leben gerufen? war ich nicht dein? wie konnt' ich denn — o Du weißt es, wie ich hoffe, noch nicht, hast noch den Unglücksbrief nicht in den Händen, den ich vor der letzten Schlacht Dir schrieb? Da wollt' ich sterben, Diotima, und ich glaubt', ein heilig Werk zu thun. Aber wie kann das heilig seyn, was Liebende trennt? wie kann das heilig seyn, was unsers Lebens frommes Glück zerrüttet? — Diotima! schöngebornes Leben! ich bin Dir jetzt dafür in deinem Eigensten um so ähnlicher geworden, ich hab' es endlich achten gelernt, ich hab' es bewahren gelernt, was gut und innig ist auf Erden. O wenn ich auch dort oben landen könnte an den glänzenden Inseln des Himmels, fänd' ich mehr, als ich bei Diotima finde?

Höre mich nun, Geliebte!

In Griechenland ist meines Bleibens nicht mehr. Das weißt Du. Bei seinem Abschied hat mein Vater mir so viel von seinem Ueberflusse geschickt, als hinreicht, in ein heilig Thal der Alpen oder Pyrenäen uns zu flüchten, und da ein freundlich Haus und auch von grüner Erde so viel zu kaufen, als des Lebens goldene Mittelmäßigkeit bedarf.

Willst Du, so komm' ich gleich und führ' an treuem Arm Dich und deine Mutter, und wir küssen Kalaurea's Ufer und trocknen die Thränen uns ab, und eilen über den Isthmus hinein ans Adriatische Meer, von wo ein sicher Schiff uns weiter bringt.

O komm! in den Tiefen der Gebirgswelt wird das Geheimniß unsers Herzens ruhn, wie das Edelgestein im Schacht; im Schooße der himmelragenden Wälder, da wird uns seyn, wie unter den Säulen des innersten Tempels, wo die Götterlosen nicht nahn, und wir werden sitzen am Quell, in seinem Spiegel unsre Welt betrachten, Himmel und Haus und Garten und uns. Oft werden wir in heiterer Nacht im Schatten unsers Obstwalds wandeln und den Gott in uns, den liebenden, belauschen, indeß die Pflanze aus dem Mittagsschlummer ihr gesunken Haupt erhebt und deiner Blumen stilles Leben sich erfrischt, wenn sie im Thau die zarten Arme baden, und die Nachtluft kühlend sie umathmet und durchdringt, und über uns blüht die Wiese des Himmels mit all' ihren funkelnden Blumen, und seitwärts ahmt das Mondlicht hinter westlichem Gewölk den Niedergang des Sonnenjünglings, wie aus Liebe, schüchtern nach — und dann des Morgens, wenn sich, wie ein Flußbett, unser Thal mit warmem Lichte füllt, und still die goldne Fluth durch unsre Bäume rinnt, und unser Haus umwallt, und die lieblichen Zimmer, deine Schöpfung, Dir verschönt, und Du in ihrem Sonnenglanze gehst und mir den Tag in deiner Grazie segnest, Liebe! wenn sich dann, indeß wir so die Morgenwonne feiern, der Erde geschäftig Leben, wie ein Opferbrand, vor unsern Augen entzündet, und wir nun hingehn, um auch unser Tagwerk, um von uns auch einen Theil in die steigende Flamme zu werfen, wirst Du da nicht sagen: wir sind glücklich, wir sind wieder, wie die alten Priester der Natur, die heiligen und frohen, die schon fromm gewesen, eh' ein Tempel stand.

Hab' ich genug gesagt? entscheide nun mein Schicksal, theures Mädchen, und bald! — Es ist ein Glück, daß ich noch halb ein Kranker bin, von der letzten Schlacht her; und daß ich noch aus meinem Dienste nicht entlassen bin; ich könnte sonst nicht bleiben, ich müßte selbst fort, müßte fragen, und das wäre nicht gut, das hieße Dich bestürmen. —

Ach Diotima! bange, thörichte Gedanken fallen mir aufs

Herz und doch — ich kann es nicht denken, daß auch diese Hoffnung scheitern soll.

Bist Du denn nicht zu groß geworden, um noch wiederzukehren zu dem Glück der Erde? verzehrt die heftige Geistesflamme, die an deinem Leiden sich entzündete, verzehrt sie nicht alles Sterbliche Dir?

Ich weiß es wohl, wer leicht sich mit der Welt entzweit, versöhnt auch leichter sich mit ihr. Aber Du, mit deiner Kinderstille, Du, so glücklich einst in deiner hohen Demuth, Diotima! wer will Dich versöhnen, wenn das Schicksal Dich empört?

Liebes Leben! ist denn keine Heilkraft mehr für Dich in mir? von allen Herzenslauten ruft Dich keiner mehr zurück, ins menschliche Leben, wo Du einst so lieblich mit gesenktem Fluge Dich verweilt? o komm, o bleib in dieser Dämmerung! Dieß Schattenland ist ja das Element der Liebe, und hier nur rinnt der Wehmuth stiller Thau vom Himmel deiner Augen.

Und denkst Du unsrer goldenen Tage nicht mehr? der holdseligen, göttlichmelodischen? säuseln sie nicht aus allen Hainen von Kalaurea Dich an?

Und sieh! es ist so manches in mir untergegangen, und ich habe der Hoffnungen nicht viele mehr. Dein Bild mit seinem Himmelssinne hab' ich noch, wie einen Hausgott, aus dem Brande gerettet. Unser Leben, unsers ist noch unverletzt in mir. Sollt' ich nun hingehn, und auch dieß begraben? Soll ich ruhelos und ohne Ziel hinaus, von einer Fremde in die andre? Hab' ich darum lieben gelernt?

O nein! Du Erste und Du Letzte! Mein warst Du, Du wirst die Meine bleiben.

Hyperion an Bellarmin.

Ich saß mit Alabanda auf einem Hügel der Gegend, in lieblich wärmender Sonn', und um uns spielte der Wind mit abgefallenem Laube. Das Land war stumm; nur hie und da ertönt' im Wald' ein stürzender Baum, vom Landmann gefällt, und neben uns murmelte der vergängliche Regenbach hinab ins ruhige Meer.

Ich war so ziemlich sorglos; ich hoffte, nun meine Diotima bald zu sehn, nun bald mit ihr in stillem Glücke zu leben. Alabanda hatte die Zweifel alle mir ausgeredet! so sicher war er selbst hierüber. Auch er war heiter; nur in andrem Sinne. Die Zukunft hatte keine Macht mehr über ihn. O ich wußt' es nicht; er war am Ende seiner Freuden, sah mit allen seinen Rechten an die Welt, mit seiner ganzen sieg'rischen Natur sich unnütz, wirkungslos und einsam, und das ließ er so geschehn, als wär' ein zeitverkürzend Spiel verloren.

Jetzt kam ein Bote auf uns zu. Er bracht' uns die Entlassung aus dem Kriegsdienst, um die wir beide bei der Russischen Flotte gebeten, weil für uns nichts mehr zu thun war, was der Mühe werth schien. Ich konnte nun Paros verlassen, wenn ich wollte. Auch war ich nun zur Reise gesund genug. Ich wollte nicht auf Diotima's Antwort warten, wollte fort zu ihr, es war, als wenn ein Gott nach Kalaurea mich triebe. Wie das Alabanda von mir hörte, veränderte sich seine Farbe, und er sah wehmüthig mich an. So leicht wird's meinem Hyperion, rief er, seinen Alabanda zu verlassen?

Verlassen? sagt' ich, wie denn das?

O über euch Träumer! rief er, siehest Du denn nicht, daß wir uns trennen müssen?

Wie sollt' ichs sehen? erwiedert' ich; Du sagst ja nichts davon; und was mir hie und da erschien an dir, das wie auf einen Abschied deutete, das nahm ich gerne für Laune, für Herzensüberfluß —

O ich kenn' es, rief er, dieses Götterspiel der reichen Liebe, die selber Noth schafft, um sich ihrer Fülle zu entladen, und ich wollt', es wäre so mit mir, du Guter! aber hier ists Ernst!

Ernst? rief ich, und warum denn?

Darum, mein Hyperion, sagt' er sanft, weil ich dein künftig Glück nicht gerne stören möchte, weil ich Diotima's Nähe fürchten muß. Glaube mir, es ist gewagt, um Liebende zu leben, und ein thatlos Herz, wie meines nun ist, hält es schwerlich aus.

Ach guter Alabanda! sagt' ich lächelnd, wie mißkennst Du mich! Du bist so wächsern nicht und deine feste Seele springt so leicht nicht über ihre Gränzen. Zum erstenmal in deinem Leben bist Du grillenhaft. Du machtest hier bei mir den Krankenwärter, und man sieht, wie wenig du dazu geboren bist. Das Stillsitzen hat Dich scheu gemacht —

Siehst Du? rief er, das ists eben. Werd' ich thätiger leben mit euch? und wenn es eine Andre wäre! aber diese Diotima! kann ich anders? kann ich sie mit halber Seele fühlen? sie, die um und um so innig Eines ist, Ein göttlich ungetheiltes Leben? Glaube mir, es ist ein kindischer Versuch, dieß Wesen sehn zu wollen ohne Liebe. Du blickst mich an, als kenntest Du mich nicht? Bin ich doch selbst mir fremd geworden, diese letzten Tage, seit ihr Wesen so lebendig ist in mir.

O warum kann ich sie Dir nicht schenken? rief ich.

Laß das! sagt' er. Tröste mich nicht, denn hier ist nichts zu trösten. Ich bin einsam, einsam, und mein Leben geht, wie eine Sanduhr, aus.

Große Seele! rief ich, muß es dahin mit Dir kommen?

Sey zufrieden! sagt' er. Ich fing schon an zu welken, da wir in Smyrna uns fanden. Ja! da ich noch ein Schiffsjung war und stark und schnell der Geist und alle Glieder mir wurden bei rauher Kost, in muthiger Arbeit! Wenn ich da in heiterer Lust nach einer Sturmnacht oben am Gipfel des Masts hing, unter der wehenden Flagge, und dem Seegevögel nach hinaus sah über die glänzende Tiefe, wenn in der Schlacht oft unsre zornigen Schiffe die See durchwühlten, wie der Zahn des Ebers die Erd', und ich an meines Hauptmanns Seite stand mit hellem Blick — da lebt' ich, o da lebt' ich! Und lange nachher, da der junge Tiniote mir nun am Smyrner Strande begegnete, mit seinem Ernste, seiner Liebe, und meine verhärtete Seele wieder aufgethaut war von den Blicken des Jünglings und lieben lernt' und heilig halten alles, was zu gut ist, um beherrscht zu werden, da ich mit ihm ein neues Leben begann, und neue seelenvollere Kräfte mir keimten zum Genusse der Welt und zum Kampfe mit ihr, da hofft' ich wieder — ach! und alles was ich hofft' und hatte, war an Dich gekettet; ich riß Dich an mich, wollte mit Gewalt Dich in mein Schicksal ziehn, verlor Dich, fand Dich wieder, unsre Freundschaft nur war meine Welt, mein Werth, mein Ruhm; nun ists auch damit aus, auf immer, und all mein Daseyn ist vergebens.

Ist denn das wahr? erwiedert ich mit Seufzen.

Wahr, wie die Sonne, rief er, aber laß das gut seyn! es ist für alles gesorgt.

Wie so, mein Alabanda? sagt' ich.

Laß mich Dir erzählen, sagt' er. Ich habe noch nie Dir ganz von einer gewissen Sache gesprochen. Und dann — so stillt es auch Dich und mich ein wenig, wenn wir sprechen von Vergangenem.

Ich ging einst hülflos an dem Hafen von Triest. — Das Kaperschiff, worauf ich diente, war einige Jahre zuvor gescheitert, und ich hatte kaum mit Wenigen ans Ufer von Sevilla mich gerettet. Mein Hauptmann war ertrunken, und mein Leben und mein triefend Kleid war alles, was mir blieb. Ich zog mich aus und ruht' im Sonnenschein und trocknete die Kleider an den Sträuchen. Drauf ging ich weiter auf der Straße nach der Stadt. Noch vor den Thoren sah' ich heitere Gesellschaft in den Gärten, gieng hinein, und sang ein griechisch lustig Lied. Ein trauriges kannt' ich nicht. Ich glühte dabei vor Scham und Schmerz, mein Unglück so zur Schau zu tragen. Ich war ein achtzehnjähriger Knabe, wild und stolz, und haßt' es wie den Tod, zum Gegenstande der Menschen zu werden. Vergebt mir, sagt' ich, da ich fertig war mit meinem Liede; ich komme so eben aus dem Schiffbruch und weiß der Welt für heute keinen bessern Dienst zu thun, als ihr zu singen. Ich hatte das, so gut es gieng, in spanischer Sprache gesagt. Ein Mann mit ausgezeichnetem Gesichte trat mir näher, gab mir Geld und sagt' in unserer Sprache mit Lächeln: Da! kauf einen Schleifstein dir dafür, und lerne Messer schärfen, und wandre so durchs feste Land. Der Rath gefiel mir. Herr! das will ich in der That, erwiedert' ich. Noch wurd' ich reichlich von den Uebrigen beschenkt und gieng und that, wie mir der Mann gerathen hatte, und trieb mich so in Spanien und Frankreich einige Zeit herum.

Was ich in dieser Zeit erfuhr, wie an der Knechtschaft tausendfältigen Gestalten meine Freiheitsliebe sich schärft', und wie aus mancher harten Noth mir Lebensmuth und kluger Sinn erwuchs das hab' ich oft mit Freude Dir gesagt.

Ich trieb mein wandernd schuldlos Tagewerk mit Lust, doch wurd' es endlich mir verbittert.

Man nahm es für Maske, weil ich nicht gemein genug daneben aussehn mochte, man bildete sich ein, ich treib' im Stillen ein gefährliches Geschäft, und wirklich wurd' ich zweimal in Verhaft genommen. Das bewog mich dann, es aufzugeben, und ich trat mit wenig Gelde, das ich mir gewonnen, meine Rückkehr an zur Heimath, der ich einst entlaufen war. Schon war ich in Triest und wollte durch Dalmatien hinunter. Da befiel mich von der harten Reise eine Krankheit, und mein kleiner Reichthum gieng darüber auf. So gieng ich halbgenesen traurig an dem Hafen von Triest. Mit Einmal stand der Mann vor mir, der an dem Ufer von Sevilla meiner sich angenommen hatte. Er freute sich sonderbar, mich wieder zu sehen, sagte mir, daß er sich meiner oft erinnert', und fragte mich, wie mir's indeß ergangen sey. Ich sagt' ihm alles. Ich sehe, rief er, daß es nicht umsonst war, Dich ein wenig in die Schule des Schicksals zu schicken. Du hast dulden gelernt, Du sollst nun wirken, wenn Du willst.

Die Rede, sein Ton, sein Händedruck, seine Miene, sein Blick, das alles traf, wie eines Gottes Macht, mein Wesen, das von manchem Leiden jetzt gerad entzündbarer, als je, war, und ich gab mich hin.

Der Mann, Hyperion, von dem ich spreche, war von jenen einer, die Du in Smyrna bei mir sahst. Er führte gleich die

Nacht darauf in eine feierliche Gesellschaft mich ein. Ein Schauer überlief mich, da ich in den Saal trat und beim Eintritt mein Begleiter mir die ernsten Männer wies und sagte: dieß ist der Bund der Nemesis. Berauscht vom großen Wirkungskreise, der vor mir sich aufthat, übermacht' ich feierlich mein Blut und meine Seele diesen Männern. Bald nachher wurde die Versammlung aufgehoben, um in Jahren anderswo sich zu erneuern, und ein jeder trat den angewiesenen Weg an, den er durch die Welt zu machen hatte. Ich wurde denen beigesellt, die Du in Smyrna einige Jahre nachher bei mir fandst.

Der Zwang, worin ich lebte, folterte mich oft, auch sah ich wenig von den großen Wirkungen des Bundes, und meine Thatenlust fand kahle Nahrung. Doch all' dieß reichte nicht hin, um mich zu einem Abfall zu vermögen. Die Leidenschaft zu Dir verleitete mich endlich. Ich hab's Dir oft gesagt, ich war wie ohne Luft und Sonne, da Du fort warst; und anders hatt' ich keine Wahl; ich mußte Dich aufgeben, oder meinen Bund. Was ich erwählte, siehst Du.

Aber alles Thun des Menschen hat am Ende seine Strafe, und nur die Götter und die Kinder trifft die Nemesis nicht.

Ich zog das Götterrecht des Herzens vor. Um meines Lieblings willen brach ich meinen Eid. War das nicht billig? muß das edelste Sehnen nicht das freiste seyn? — Mein Herz hat mich beim Worte genommen; ich gab ihm Freiheit, und Du siehst, es braucht sie.

Huldige dem Genius Einmal, und er achtet Dir kein sterblich Hinderniß mehr und reißt Dir alle Bande des Lebens entzwei.

Verpflichtung brach ich um des Freundes willen, Freundschaft würd' ich brechen um der Liebe willen. Um Diotima's willen würd' ich Dich betrügen und am Ende mich und Diotima morden, weil wir doch nicht Eines wären. Aber es soll nicht seinen Gang gehn; soll ich büßen, was ich that, so will ich es mit Freiheit; meine eignen Richter wähl' ich mir; an denen ich gefehlt, die sollen mich haben.

Sprichst Du von deinen Bundesbrüdern? rief ich; o mein Alabanda! thue das nicht!

Was können sie mir nehmen, als mein Blut? erwiedert' er. Dann faßt' er sanft mich bei der Hand. Hyperion! rief er, meine Zeit ist aus, und was mir übrig bleibt, ist nur ein edles Ende. Laß mich! mache mich nicht klein, und fasse Glauben an mein Wort! Ich weiß so gut, wie Du, ich könnte mir ein Daseyn noch erkünsteln, könnte, weil des Lebens Mahl verzehrt ist, mit den Brosamen noch spielen; aber das ist meine Sache nicht; auch nicht die deine. Brauch' ich mehr zu sagen? Sprech' ich nicht aus deiner Seele Dir? Ich dürste nach Luft, nach Kühlung, Hyperion! Meine Seele wallt mir über von selbst und hält im alten Kreise nicht mehr. Bald kommen ja die schönen Wintertage, wo die dunkle Erde nichts mehr ist, als die Folie des leuchtenden Himmels; da wär' es gute Zeit, da blinken ohnedieß gastfreundlicher die Inseln des Lichts! — Dich wundert die Rede? Liebster! alle Scheidenden sprechen, wie Trunkne, und nehmen gerne sich festlich. Wenn der Baum zu welken anfängt, tragen nicht alle seine Blätter die Farbe des Morgenroths?

Große Seele, rief ich, muß ich Mitleid für Dich tragen?

Ich fühlt' an seiner Höhe, wie tief er litt. Ich hatte solches Weh im Leben nie erfahren. Und doch, o Bellarmin! doch fühlt' ich auch die größte aller Freuden, solch ein Götterbild in Augen und Armen zu haben. Ja! stirb nur, rief ich, stirb! Dein Herz ist herrlich genug, Dein Leben ist reif, wie die Trauben am Herbsttag. Geh, Vollendeter! ich gienge mit Dir, wenn es keine Diotima gäbe.

Hab' ich Dich nun? erwiedert' Alabanda, sprichst Du so? wie tief, wie seelenvoll wird alles, wenn mein Hyperion es einmal faßt! — Er schmeichelt, rief ich, um das unbesonnene Wort zum zweitenmale mir abzulocken! gute Götter! um von mir Erlaubniß zu gewinnen zu der Reise nach dem Blutgericht!

Ich schmeichle nicht, erwiedert' er mit Ernst, ich hab' ein Recht, zu thun, was Du verhindern willst, und kein gemeines! ehre das!

Es war ein Feuer in seinen Augen, das, wie ein Göttergebot, mich niederschlug, und ich schämte mich, nur ein Wort noch gegen ihn zu sagen.

Sie werden es nicht, dacht' ich mitunter, sie können es nicht. Es ist zu sinnlos, solch ein herrlich Leben hin zu schlachten, wie ein Opferthier, und dieser Glaube machte mich ruhig.

Es war ein eigner Gewinn, ihn noch zu hören, in der Nacht darauf, nachdem ein jeder für seine eigne Reise gesorgt, und wir vor Tagesanbruch wieder hinaus gegangen waren, um noch einmal allein zusammen zu seyn.

Weißt Du, sagt' er unter andrem, warum ich nie den Tod geachtet? Ich fühl' in mir ein Leben, das kein Gott geschaffen, und kein Sterblicher gezeugt. Ich glaube, daß wir durch uns selber sind, und nur aus freier Lust so innig mit dem All verbunden.

So etwas hab' ich nie von Dir gehört, erwiedert' ich.

Was wär' auch, fuhr er fort, was wär' auch diese Welt, wenn sie nicht wär' ein Einklang freier Wesen? wenn nicht aus eignem frohem Triebe die Lebendigen von Anbeginn in ihr zusammen wirkten in Ein vollstimmig Leben, wie hölzern wäre sie, wie kalt? welch herzlos Machwerk wäre sie?

So wär' es hier im höchsten Sinne wahr, erwiedert' ich, daß ohne Freiheit alles todt ist.

Ja wohl, rief er, wächst doch kein Grashalm auf, wenn nicht ein eigner Lebenskeim in ihm ist! wie viel mehr in mir! und darum, Lieber! weil ich frei im höchsten Sinne, weil ich anfangslos mich fühle, darum glaub' ich, daß ich endlos, daß ich unzerstörbar bin. Hat mich eines Töpfers Hand gemacht, so mag er sein Gefäß zerschlagen, wie es ihm gefällt. Doch was da lebt, muß unerzeugt, muß göttlicher Natur in seinem Keime seyn, erhaben über alle Macht und alle Kunst, und darum unverletzlich, ewig.

Jeder hat seine Mysterien, lieber Hyperion! seine geheimern Gedanken; dieß waren die meinen, seit ich denke.

Was lebt, ist unvertilgbar, bleibt in seiner tiefsten Knechtsform frei, bleibt Eins, und wenn Du es scheidest bis auf den Grund, bleibt unverwundet, und wenn Du bis ins Mark es zerschlägst, und sein Wesen entflieht Dir siegend unter den Händen. — Aber der Morgenwind regt sich; unsre Schiffe sind wach. O mein Hyperion! ich hab' es überwunden; ich hab' es über mich vermocht, das Todesurtheil über mein Herz zu sprechen und Dich und mich zu trennen, Liebling meines Lebens! schone mich nun! erspare mir den Abschied! laß uns schnell seyn! komm! —

Mir flog es kalt durch alle Gebeine, da er so begann.

O um deiner Treue willen, Alabanda! rief ich, vor ihm niedergeworfen, muß es, muß es denn seyn? Du überläubtest mich unredlicher Weise, Du rissest in einen Taumel mich hin. Bruder! nicht so viel Besinnung ließest Du mir, um eigentlich zu fragen, wohin gehst Du?

Ich darf den Ort nicht nennen, liebes Herz! erwiedert' er; wir sehn vielleicht uns dennoch einmal wieder.

Wiedersehn? erwiedert' ich; so bin ich ja um einen Glauben reicher! und so werd' ich reicher werden und reicher an Glauben, und am Ende wird mir alles Glaube seyn.

Lieber! rief er, laß uns still seyn, wo die Worte nichts helfen! laß uns männlich enden! Du verderbst die letzten Augenblicke Dir.

Wir waren so dem Hafen näher gekommen.

Noch Eines! sagt' er, da wir nun bei seinem Schiffe waren. Grüße deine Diotima! Liebt euch! werdet glücklich, schöne Seelen!

O mein Alabanda! rief ich, warum kann ich nicht an deiner Stelle gehn?

Dein Beruf ist schöner, erwiedert' er; behalt' ihn! ihr gehörst Du, jenes holde Wesen ist von nun an deine Welt — ach! weil kein Glück ist ohne Opfer, nimm als Opfer mich, o Schicksal, an, und laß die Liebenden in ihrer Freude! —

Sein Herz fing an, ihn zu überwältigen, und er riß sich von mir und sprang ins Schiff, um sich und mir den Abschied abzukürzen. Ich fühlte diesen Augenblick, wie einen Wetterschlag, dem Nacht und Todtenstille folgte, aber mitten in dieser Vernichtung raffte meine Seele sich auf, ihn zu halten, den theuren Scheidenden, und meine Arme zückten von selbst nach ihm. Weh! Alabanda! Alabanda! rief ich, und ein dumpfes Lebewohl hört' ich vom Schiffe herüber.

Hyperion an Bellarmin.

Zufällig hielt das Fahrzeug, das nach Kalaurea mich bringen sollte, noch bis zum Abend sich auf, nachdem Alabanda schon den Morgen seinen Weg gegangen war.

Ich blieb am Ufer, blickte still, von den Schmerzen des Abschieds müd', in die See, von einer Stunde zur andern. Die Leidenstage der langsam sterbenden Jugend überzählte mein Geist, und irre, wie die schöne Taube, schwebt' er über dem Künftigen. Ich wollte mich stärken, ich nahm mein längst vergessenes Lautenspiel hervor, um mir ein Schicksalslied zu singen, das ich einst in glücklicher unverständiger Jugend meinem Adamas nachgesprochen.

Ihr wandelt droben im Licht
Auf weichem Boden, selige Genien!
Glänzende Götterlüfte
Rühren euch leicht,
Wie die Finger der Künstlerin
Heilige Saiten.

Schicksallos, wie der schlafende
Säugling, athmen die Himmlischen;
Keusch bewahrt
In bescheidener Knospe,
Blühet ewig
Ihnen der Geist,
Und die seligen Augen
Blicken in stiller
Ewiger Klarheit.

Doch uns ist gegeben,
Auf keiner Stätte zu ruhn,
Es schwinden, es fallen
Die leidenden Menschen
Blindlings von einer
Stunde zur andern,
Wie Wasser von Klippe
Zu Klippe geworfen,
Jahrlang ins Ungewisse hinab.

So sang ich in die Saiten. Ich hatte kaum geendet, als ein Boot einlief, wo ich meinen Diener gleich erkannte, der mir einen Brief von Diotima überbrachte.

So bist Du noch auf Erden? schrieb sie, und siehest das Tageslicht noch? Ich dachte Dich anderswo zu finden, mein Lieber! Ich habe früher, als Du nachher wünschtest, den Brief erhalten, den Du vor der Schlacht bei Tschesme schriebst, und so lebt' ich eine Woche lang in der Meinung, Du habst dem Tode Dich in die Arme geworfen, ehe dein Diener ankam mit der frohen Botschaft, daß Du noch lebest. Ich hatt' auch ohnedieß noch einige Tage nach der Schlacht gehört, das Schiff, worauf ich Dich wußte, sey mit aller Mannschaft in die Luft geflogen.

Aber, o süße Stimme! noch hört' ich Dich wieder, noch einmal rührte, wie Mailust, mich die Sprache des Lieben, und deine schöne Hoffnungsfreude, das holde Phantom unsers künftigen Glücks, hat einen Augenblick auch mich getäuscht.

Lieber Träumer, warum muß ich Dich wecken? warum kann ich nicht sagen, komm, und mache wahr die schönen Tage, die Du mir verheißen! Aber es ist zu spät, Hyperion, es ist zu spät. Dein Mädchen ist verwelkt, seitdem Du fort bist, ein Feuer in mir hat mählig mich verzehrt, und nur ein kleiner Rest ist übrig. Entsetze Dich nicht! Es läutert sich alles Natürliche, und überall windet die Blüthe des Lebens freier und freier vom gröbern Stoffe sich los.

Liebster Hyperion! Du dachtest wohl nicht, mein Schwanenlied in diesem Jahre zu hören.

Fortsetzung.

Bald, da Du fort warst, und noch in den Tagen des Abschieds fing es an. Eine Kraft im Geiste, vor der ich erschrack, ein innres Leben, vor dem das Leben der Erd' erblaßt' und schwand, wie Nachtlampen im Morgenroth — soll ich's sagen? ich hätte mögen nach Delphi gehn und dem Gott der Begeisterung einen Tempel bauen unter den Felsen des alten Parnaß, und, eine neue Pythia, die schlaffen Völker mit Göttersprüchen entzünden, und meine Seele weiß, den Gottverlaßnen allen hätte der jungfräuliche Mund die Augen geöffnet und die dumpfen Stirnen entfaltet, so mächtig war der Geist des Lebens in mir! Doch müder und müder wurden die sterblichen Glieder, und die ängstigende Schwere zog mich unerbittlich hinab. Ach! oft in meiner stillen Laube hab' ich um der Jugend Rosen geweint! sie welkten und welkten, und nur von Thränen färbte deines Mädchens Wange sich roth. Es waren die vorigen Bäume noch, es war die vorige Laube — da stand einst deine Diotima, dein Kind, Hyperion, vor deinen glücklichen Augen, eine Blume unter den Blumen, und die Kräfte der Erde und des Himmels trafen sich friedlich zusammen in ihr; nun gieng sie, eine Fremdlingin unter den Knospen des Mai's, und ihre Vertrauten, die lieblichen Pflanzen, nickten ihr freundlich, sie aber konnte nur trauern; doch gieng ich keine vorüber, doch nahm ich einen Abschied um den andern von all den Jugendgespielen, den Hainen und Quellen und säuselnden Hügeln.

Ach! oft mit schwerer süßer Mühe bin ich noch, so lang ichs konnte, auf die Höhe gegangen, wo Du bei Notara gewohnt, und habe von Dir mit dem Freunde gesprochen, so leichten Sinns, als möglich war, damit er nichts von mir Dir schreiben sollte; bald aber, wenn das Herz zu laut ward, schlich die Heuchlerin sich hinaus in den Garten, und da war ich nun am Geländer, über dem Felsen, wo ich einst mit Dir hinab sah und hinaus in die offne Natur, ach! wo ich stand, von deinen Händen gehalten, von deinen Augen umlauscht, im ersten schauernden Erwarmen der Liebe, und die überwallende Seele auszugießen wünschte, wie einen Opferwein, in den Abgrund des Lebens, da wankt' ich nun umher und klagte dem Winde mein Leid, und, wie ein scheuer Vogel, irrte mein Blick und wagt' es kaum, die schöne Erde anzusehn, von der ich scheiden sollte.

Fortsetzung.

So ists mit deinem Mädchen geworden, Hyperion. Frage nicht wie! erkläre diesen Tod Dir nicht! Wer solch ein Schicksal zu ergründen denkt, der flucht am Ende sich und allem, und doch hat keine Seele Schuld daran.

Soll ich sagen, mich habe der Gram um Dich getödtet? o nein! o nein! er war mir ja willkommen, dieser Gram, er gab dem Tode, den ich in mir trug, Gestalt und Anmuth; deinem Lieblinge zur Ehre stirbst du, konnt' ich nun mir sagen. —

Oder ist mir meine Seele zu reif geworden in all den Begeisterungen unserer Liebe, und hält sie darum mir nun, wie ein übermüthiger Jüngling, in der bescheidenen Heimath nicht mehr? sprich! war es meines Herzens Ueppigkeit, die mich entzweite mit dem sterblichen Leben? ist die Natur in mir durch Dich, Du Herrlicher! zu stolz geworden, um sich's länger gefallen zu lassen auf diesem mittelmäßigen Sterne? Aber hast Du sie fliegen gelehrt, warum lehrst Du meine Seele nicht auch, Dir wiederzukehren? Hast Du das ätherliebende Feuer angezündet, warum hütetest Du mir es nicht? — Höre mich, Lieber, um deiner schönen Seele willen! klage Du Dich über meinen Tod nicht an!

Konntest Du denn mich halten, als dein Schicksal Dir denselben Weg wies; und, hättst Du im Heldenkampfe deines Herzens mir gepredigt: — laß dir genügen, Kind! und schick' in die Zeit dich — wärst Du nicht der eitelste von allen eiteln gewesen?

Fortsetzung.

Ich will es Dir gerade sagen, was ich glaube. Dein Feuer lebt' in mir, Dein Geist war in mich übergegangen; aber das hätte schwerlich geschadet, und nur dein Schicksal hat mein neues Leben mir tödtlich gemacht. Zu mächtig war mir meine Seele durch Dich, sie wäre durch Dich auch wieder stille geworden. Du entzogst mein Leben der Erde, Du hättest auch Macht gehabt, mich an die Erde zu fesseln, Du hättest meine Seele, wie in einen Zauberkreis, in deine umfangenden Arme gebannt; ach! Einer Deiner Herzensblicke hätte mich fest gehalten, Eine deiner Liebesreden hätte mich wieder zum frohen, gesunden Kinde gemacht; doch da dein eigen Schicksal Dich in Geisteseinsamkeit, wie Wasserfluth auf Bergesgipfel, trieb, o da erst, als ich vollends meinte, Dir habe das Wetter der Schlacht den Kerker gesprengt und mein Hyperion sey ausgeflogen in die alte Freiheit, da entschied sich es mit mir und wird nun bald sich enden.

Ich habe viele Worte gemacht, und stillschweigend starb die große Römerin doch, da im Todeskampf ihr Brutus und das Vaterland rang. Was konnt' ich aber bessers in den besten meiner letzten Lebenstage thun? — Auch treibt mich's immer, mancherlei zu sagen. Stille war mein Leben; mein Tod ist beredt. Genug!

Fortsetzung.

Nur Eines muß ich Dir noch sagen.

Du müßtest untergehn, verzweifeln müßtest Du, doch wird der Geist Dich retten. Dich wird kein Lorbeer trösten und kein Myrtenkranz; der Olymp wird's, der lebendige, gegenwärtige, der ewig jugendlich um alle Sinne Dir blüht. Die schöne Welt ist mein Olymp; in diesem wirst Du leben, und mit den heiligen Wesen der Welt, mit den Göttern der Natur, mit diesen wirst Du freudig seyn.

O seyd willkommen, ihr Guten, ihr Treuen! ihr Tiefvermißten, Verkannten! Kinder und Aelteste! Sonn' und Erd' und Aether mit allen lebenden Seelen, die um euch spielen, die ihr umspielt, in ewiger Liebe! o nehmt die allesversuchenden Menschen, nehmt die Flüchtlinge wieder in die Götterfamilie, nehmt in die Heimath der Natur sie auf, aus der sie entwichen! —

Du kennst dieß Wort, Hyperion! Du hast es angefangen in mir. Du wirst's vollenden in Dir, und dann erst ruhn.

Ich habe genug daran, um freudig, als ein griechisch Mädchen zu sterben.

Die Armen, die nichts kennen, als ihr dürftig Machwerk, die der Noth nur dienen und den Genius verschmähn, und Dich nicht ehren, kindlich Leben der Natur! die mögen vor dem Tode sich fürchten. Ihr Joch ist ihre Welt geworden; Besseres, als ihren Knechtsdienst, kennen sie nicht, scheun die Götterfreiheit, die der Tod uns gibt!

Ich aber nicht! ich habe mich des Stückwerks überhoben, das die Menschenhände gemacht, ich hab' es gefühlt, das Leben der Natur, das höher ist, denn alle Gedanken — wenn ich auch zur Pflanze würde, wäre denn der Schade so groß? — Ich werde seyn. Wie sollt' ich mich verlieren aus der Sphäre des Lebens, worin die ewige Liebe, die allen gemein ist, die Naturen alle zusammenhält? wie sollt ich scheiden aus dem Bunde, der die Wesen alle verknüpft? Der bricht so leicht nicht, wie die losen Bande dieser Zeit. Der ist nicht, wie ein Markttag, wo das Volk zusammenläuft und lärmt und auseinandergeht. Nein! bei dem Geiste, der uns einiget, bei dem Gottesgeiste, der jedem eigen ist und allen gemein! nein! nein! im Bunde der Natur ist Treue kein Traum. Wir trennen uns nur, um inniger einig zu seyn, göttlicher friedlich mit allem, mit uns. Wir sterben, um zu leben.

Ich werde seyn; ich frage nicht, was ich werde. Zu seyn, zu leben, das ist genug, das ist die Ehre der Götter; und darum ist sich alles gleich, was nur ein Leben ist, in der göttlichen Welt, und es gibt in ihr nicht Herren und Knechte. Es leben umeinander die Naturen, wie Liebende; sie haben alles gemein, Geist, Freude und ewige Jugend.

Beständigkeit haben die Sterne gewählt, in stiller Lebensfülle wallen sie stets und kennen das Alter nicht. Wir stellen im Wechsel das Vollendete dar; in wandelnde Melodien theilen wir die großen Akkorde der Freude. Wie Harfenspieler um die Thronen der Aeltesten, leben wir, selbst göttlich, um die stillen Götter der Welt, mit dem flüchtigen Lebensliede mildern wir den seligen Ernst des Sonnengotts und der andern.

Sieh auf in die Welt! Ist sie nicht, wie ein wandelnder Triumphzug, wo die Natur den ewigen Sieg über alle Verderbniß feiert? und führt nicht zur Verherrlichung das Leben den Tod mit sich, in goldenen Ketten, wie der Feldherr einst die gefangenen Könige mit sich geführt? und wir, wir sind wie die Jungfrauen und Jünglinge, die mit Tanz und Gesang, in wechselnden Gestalten und Tönen, den majestätischen Zug geleiten.

Nun laß mich schweigen. Mehr zu sagen, wäre zu viel. Wir werden wohl uns wieder begegnen. —

Trauernder Jüngling! bald, bald wirst Du glücklicher seyn. Dir ist dein Lorbeer nicht gereift und deine Myrten verblühten, denn Priester sollst Du seyn der göttlichen Natur, und die dichterischen Tage keimen Dir schon.

O könnt' ich Dich sehn in deiner künftigen Schöne! Lebe wohl.

Zugleich erhielt ich einen Brief von Notara, worin er mir schrieb:

Den Tag, nachdem sie Dir zum letztenmal geschrieben, wurde sie ganz ruhig, sprach noch wenig Worte, sagte dann auch, daß sie lieber möcht' im Feuer von der Erde scheiden, als begraben seyn, und ihre Asche sollten wir in eine Urne sammeln, und in den Wald sie stellen, an den Ort, wo Du, mein Theurer! ihr zuerst begegnet wärst. Bald darauf, da es anfing, dunkel zu werden, sagte sie uns gute Nacht, als wenn sie schlafen möcht', und schlug die Arme um ihr schönes Haupt; bis gegen Morgen hörten wir sie athmen. Da es dann ganz still wurde, und ich nichts mehr hörte, gieng ich hin zu ihr und lauschte.

O Hyperion! was soll ich weiter sagen? Es war aus, und unsre Klagen weckten sie nicht mehr.

Es ist ein furchtbares Geheimniß, daß ein solches Leben sterben soll, und ich will es Dir gestehn, ich selber habe weder Sinn noch Glauben, seit ich das mit ansah.

Doch immer besser ist ein schöner Tod, Hyperion! denn solch ein schläfrig Leben, wie das unsre nun ist.

Die Fliegen abzuwehren, das ist künftig unsre Arbeit, und zu nagen an den Dingen der Welt, wie Kinder an der dürren Feigenwurzel, das ist endlich unsre Freude. Alt zu werden unter jugendlichen Völkern, scheint mir eine Lust, doch alt zu werden, da wo alles alt ist, scheint mir schlimmer, denn alles. —

Ich möchte fast Dir rathen, mein Hyperion! daß Du nicht hierher kommst. Ich kenne Dich. Es würde Dir die Sinne nehmen. Ueberdieß bist Du nicht sicher hier. Mein Theurer! denk' an Diotima's Mutter, denk' an mich und schone Dich!

Ich will es Dir gestehn, mir schaudert, wenn ich dein Schicksal überdenke. Aber ich meine doch auch, der brennende Sommer trockne nicht die tiefern Quellen, nur den seichten Regenbach aus. Ich habe Dich in Augenblicken gesehn, Hyperion! wo Du mir ein höher Wesen schienst. Du bist nun auf der Probe, und es muß sich zeigen, wer Du bist. Leb' wohl.

So schrieb Notara; und Du fragst, mein Bellarmin! wie jetzt mir ist, indem ich dieß erzähle?

Bester! ich bin ruhig, denn ich will nichts bessers haben, als die Götter. Muß nicht alles leiden? Und je trefflicher es ist, je tiefer! Leidet nicht die heilige Natur? O meine Gottheit! daß du trauern könntest, wie du selig bist, das konnt' ich lange nicht fassen. Aber die Wonne, die nicht leidet, ist Schlaf, und ohne Tod ist kein Leben. Solltest du ewig seyn, wie ein Kind und schlummern, dem Nichts gleich? den Sieg entbehren? nicht die Vollendungen alle durchlaufen? Ja! ja! werth ist der Schmerz, am Herzen der Menschen zu liegen, und dein Vertrauter zu seyn, o Natur! Denn er nur führt von einer Wonne zur andern, und es ist kein andrer Gefährte, denn er. —

Damals schrieb ich an Notara, als ich wieder anfing aufzuleben, von Sicilien aus, wohin ein Schiff von Paros mich zuerst gebracht:

Ich habe Dir gehorcht, mein Theurer! bin schon weit von euch und will Dir nun auch Nachricht geben; aber schwer wird mir das Wort; das darf ich wohl gestehen. Die Seligen, wo Diotima nun ist, sprechen nicht viel; in meiner Nacht, in der Tiefe der Trauernden, ist auch die Rede am Ende.

Einen schönen Tod ist meine Diotima gestorben; da hast Du recht; das ist's auch, was mich aufweckt, und meine Seele mir wiedergibt.

Aber es ist die vorige Welt nicht mehr, zu der ich wiederkehre. Ein Fremdling bin ich, wie die Unbegrabnen, wenn sie herauf vom Acheron kommen, und wär' ich auch auf meiner heimathlichen Insel, in den Gärten meiner Jugend, die mein Vater mir verschließt, ach! dennoch, dennoch wär' ich auf der Erd' ein Fremdling, und kein Gott knüpft an's Vergang'ne mich mehr.

Ja! es ist alles vorbei. Das muß ich nur recht oft mir sagen, muß damit die Seele mir binden, daß sie ruhig bleibt, sich nicht erhitzt in ungereimten, kindischen Versuchen.

Es ist alles vorbei; und wenn ich gleich auch weinen könnte, schöne Gottheit, wie du um Adonis einst geweint, doch kehrt mir meine Diotima nicht wieder, und meines Herzens Wort hat seine Kraft verloren, denn es hören mich die Lüfte nur.

O Gott! und daß ich selbst nichts bin, und der gemeinste Handarbeiter sagen kann, er habe mehr gethan, denn ich! daß sie sich trösten dürfen, die Geistesarmen, und lächeln und Träumer mich schelten, weil meine Thaten mir nicht reiften, weil meine Arme nicht frei sind, weil meine Zeit dem wüthenden Prokrustes gleicht, der Männer, die er fing, in eine Kinderwiege warf, und, daß sie paßten in das kleine Bett, die Glieder ihnen abhieb.

Wär' es nur nicht gar zu trostlos, allein sich unter die närrische Menge zu werfen und zerrissen werden von ihr! oder müßt' ein edel Blut sich nur nicht schämen, mit dem Knechtsblut sich zu mischen! o gäb es eine Fahne, Götter! wo mein Alabanda dienen möcht', ein Thermopylä, wo ich mit Ehren sie verbluten könnte, all die einsame Liebe, die mir nimmer brauchbar ist! Noch besser wär' es freilich, wenn ich leben könnte, leben in den neuen Tempeln, in der neu versammelten Agora unsers Volks mit großer Lust den großen Kummer stillen; aber davon schweig' ich, denn ich weine nur die Kraft mir vollends aus, wenn ich an Alles denke.

Ach Notara; auch mit mir ist's aus; verleidet ist mir meine eigene Seele, weil ich ihr's vorwerfen muß, daß Diotima todt ist, und die Gedanken meiner Jugend, die ich groß geachtet, gelten mir nichts mehr. Haben sie doch meine Diotima mir vergiftet!

Und nun sage mir, wo ist noch eine Zuflucht? — Gestern war ich auf dem Aetna droben. Da fiel der große Sicilianer mir ein, der einst, des Stundenzählens satt, vertraut mit der Seele der Welt, in seiner kühnen Lebenslust sich da hinab warf in die herrlichen Flammen; denn der kalte Dichter hätte müssen am Feuer sich wärmen, sagt' ein Spötter ihm nach.

O wie gerne hätt' ich solchen Spott auf mich geladen! aber man muß sich höher achten, denn ich mich achte, um so ungerufen der Natur an's Herz zu fliegen, oder wie Du es sonst noch heißen magst; denn wirklich! wie ich jetzt bin, hab' ich keinen Namen für die Dinge, und es ist mir alles ungewiß.

Notara! und nun sage mir, wo ist noch Zuflucht?

In Kalaurea's Wäldern? — Ja! im grünen Dunkel dort, wo unsre Bäume, die Vertrauten unsrer Liebe, stehn, wo, wie ein Abendroth, ihr sterbend Laub auf Diotima's Urne fällt und ihre schönen Häupter sich auf Diotima's Urne neigen, mählig alternd, bis auch sie zusammensinken über der geliebten Asche, — da, da könnt' ich wohl nach meinem Sinne wohnen!

Aber Du räthst mir, weg zu bleiben, meinst, ich sey nicht sicher in Kalaurea, und das mag so seyn.

Ich weiß es wohl, Du wirst an Alabanda mich verweisen. Aber höre nur! zertrümmert ist er! verwittert ist der feste, schlanke Stamm, auch er, und die Buben werden die Späne auflesen und damit ein lustig Feuer sich machen. Er ist fort; er hat gewisse gute Freunde, die ihn erleichtern werden, die ganz eigentlich geschickt sind, jedem abzuhelfen, dem das Leben etwas schwer aufliegt; zu diesen ist er auf Besuch gegangen, und warum? weil sonst nichts für ihn zu thun ist, oder, wenn Du alles wissen willst, weil eine Leidenschaft am Herzen ihm nagt, und weißt Du auch für wen? für Diotima, die er noch im Leben glaubt, vermählt mit mir und glücklich — armer Alabanda! nun gehört sie dir und mir!

Er fuhr nach Osten hinaus, und ich, ich schiffe nach Nordwest, weil es die Gelegenheit so haben will. —

Und nun lebt wohl, ihr Alle! all' ihr Theuern, die ihr mir am Herzen gelegen, Freunde meiner Jugend und ihr Eltern und ihr lieben Griechen all', ihr Leidenden!

Ihr Lüfte, die ihr mich genährt, in zarter Kindheit, und ihr dunkeln Lorbeerwälder und ihr Uferfelsen und ihr majestätischen Gewässer, die ihr Großes ahnen meinen Geist gelehrt — und ach! ihr Trauerbilder, ihr, wo meine Schwermuth anhub, heilige Mauern, womit die Heldenstädte sich umgürtet, und ihr alten Thore, die manch schöner Wanderer durchzog, ihr Tempelsäulen und du Schutt der Götter! und du, o Diotima! und ihr Thäler meiner Liebe, und ihr Bäche, die ihr sonst die selige Gestalt gesehn, und ihr Bäume, wo sie sich erheitert, ihr Frühlinge, wo sie gelebt, die Holde mit den Blumen, scheidet, scheidet nicht aus mir! doch, soll es seyn, ihr süßen Angedenken! so erlöscht auch ihr und laßt mich; denn es kann der

Mensch nichts ändern, und das Licht des Lebens kommt und scheidet, wie es will.

Hyperion an Bellarmin.

So kam ich unter die Deutschen. Ich forderte nicht viel und war gefaßt, noch weniger zu finden. Demüthig kam ich, wie der heimathlose blinde Oedipus zum Thore von Athen, wo ihn der Götterhain empfing, und schöne Seelen ihm begegneten —

Wie anders ging es mir!

Barbaren von Alters her, durch Fleiß und Wissenschaft und selbst durch Religion barbarischer geworden, tiefunfähig jedes göttlichen Gefühls, verdorben bis ins Mark zum Glück der heiligen Grazien, in jedem Grad der Uebertreibung und der Ärmlichkeit beleidigend für jede gut geartete Seele, dumpf und harmonienlos, wie die Scherben eines weggeworfenen Gefässes — das, mein Bellarmin! waren meine Tröster.

Es ist ein hartes Wort und dennoch sag' ich's, weil es Wahrheit ist: ich kann kein Volk mir denken, das zerrißner wäre, wie die Deutschen. Handwerker siehst Du, aber keine Menschen, Denker, aber keine Menschen, Priester, aber keine Menschen, Herren und Knechte, Jungen und gesetzte Leute, aber keine Menschen — ist das nicht, wie ein Schlachtfeld, wo Hände und Arme und alle Glieder zerstückelt untereinander liegen, indessen das vergoßne Lebensblut im Sande zerrinnt.

Ein jeder treibt das Seine, wirst Du sagen, und ich sag' es auch. Nur muß er es mit ganzer Seele treiben, muß nicht jede Kraft in sich ersticken, wenn sie nicht gerade sich zu seinem Titel paßt, muß nicht mit dieser kargen Angst, buchstäblich heuchlerisch das, was er heißt, nur seyn; mit Ernst, mit Liebe muß er das seyn, was er ist, so lebt ein Geist in seinem Thun, und ist er in ein Fach gedrückt, wo gar der Geist nicht leben darf, so stoß' er's mit Verachtung weg und lerne pflügen! Deine Deutschen aber bleiben gerne beim Nothwendigsten, und darum ist bei ihnen auch so viele Stümperarbeit und so wenig Freies, Aechterfreuliches. Doch das wäre zu verschmerzen, müßten solche Menschen nur nicht fühllos seyn für alles schöne Leben, ruhte nur nicht überall der Fluch der gottverlaßnen Unnatur auf solchem Volke. —

Die Tugenden der Alten seyen nur glänzende Fehler, sagt' einmal, ich weiß nicht, welche böse Zunge; und es sind doch selber ihre Fehler Tugenden, denn da noch lebt ein kindlicher, ein schöner Geist, und ohne Seele war von allem, was sie thaten, nichts gethan. Die Tugenden der Deutschen aber sind ein glänzend Uebel und nichts weiter; denn Nothwerk sind sie nur, aus feiger Angst, mit Sklavenmühe dem wüsten Herzen abgedrungen, und lassen trostlos jede reine Seele, die von Schönem gern sich nährt, ach! die verwöhnt vom heiligen Zusammenklang in edleren Naturen, den Mißlaut nicht erträgt, der schreiend ist in all der todten Ordnung dieser Menschen.

Ich sage Dir: es ist nichts Heiliges, was nicht entheiligt, nicht zum ärmlichen Behelf herab gewürdigt ist bei diesem Volk, und was selbst unter Wilden göttlich rein sich meist erhält, das treiben diese allberechnenden Barbaren, wie man so ein Handwerk treibt, und können es nicht anders; denn wo einmal ein menschlich Wesen abgerichtet ist, da dient es seinem Zweck, da sucht es seinen Nutzen, es schwärmt nicht mehr, bewahre Gott! es bleibt gesetzt, und wenn es feiert und wenn es liebt und wenn es betet, und selber, wenn des Frühlings holdes Fest, wenn die Versöhnungszeit der Welt die Sorgen alle löst und Unschuld zaubert in ein schuldig Herz, wenn von der Sonne warmem Strahle berauscht der Sklave seine Ketten froh vergißt und von der gottbeseelten Lust besänftiget die Menschenfeinde friedlich, wie die Kinder, sind — wenn selbst die Raupe sich beflügelt und die Biene schwärmt, so bleibt der Deutsche doch in seinem Fach' und kümmert sich nicht viel um's Wetter.

Aber Du wirst richten, heilige Natur! Denn, wenn sie nur bescheiden wären, diese Menschen, zum Gesetze sich nicht machten für die Besseren unter ihnen! wenn sie nur nicht lästerten, was sie nicht sind, — und möchten sie doch lästern, wenn sie nur das Göttliche nicht höhnten!

Oder ist nicht göttlich, was ihr höhnt und seellos nennt? Ist besser, denn euer Geschwätz, die Luft nicht, die ihr trinkt? der Sonne Strahlen, sind sie edler nicht, denn all' ihr Klugen? der Erde Quellen und der Morgenthau erfrischen euern Hain; könnt' ihr auch das? ach! tödten könnt ihr, aber nicht lebendig machen, wenn es die Liebe nicht thut, die nicht von euch ist, die ihr nicht erfunden. Ihr sorgt und sinnt, dem Schicksal zu entlaufen, und begreift es nicht, wenn eure Kinderkunst nichts hilft; indessen wandelt harmlos droben das Gestirn. Ihr entwürdiget, ihr zerreißt, wo sie euch duldet, die geduldige Natur; doch lebt sie fort, in unendlicher Jugend, und ihren Herbst und ihren Frühling könnt ihr nicht vertreiben, ihren Aether, den verderbt ihr nicht.

O göttlich muß sie seyn, weil ihr zerstören dürft, und dennoch sie nicht altert und trotz euch schön das Schöne bleibt! —

Es ist auch herzzerreißend, wenn man eure Dichter, eure Künstler sieht, und alle, die den Genius noch achten, die das Schöne lieben und es pflegen. Die Guten! sie leben in der Welt, wie Fremdlinge im eigenen Hause, sie sind so recht, wie der Dulder Ulyß, da er in Bettlersgestalt an seiner Thüre saß, indeß die unverschämten Freier im Saale lärmten und fragten, wer hat uns den Landläufer gebracht?

Voll Lieb' und Geist und Hoffnung wachsen seine Musenjünglinge dem deutschen Volk' heran; Du siehst sie sieben Jahre später, und sie wandeln wie die Schatten, still und kalt, sind, wie ein Boden, den der Feind mit Salz besäete, daß er nimmer einen Grashalm treibt; und wenn sie sprechen, wehe dem! der sie versteht, der in der stürmenden Titanenkraft, wie in ihren Proteuskünsten den Verzweiflungskampf nur sieht, den ihr gestörter, schöner Geist mit den Barbaren kämpft, mit denen er zu thun hat.

Es ist auf Erden alles unvollkommen, ist das alte Lied

der Deutschen. Wenn doch einmal diesen Gottverlaßnen einer sagte, daß bei ihnen nur so unvollkommen alles ist, weil sie nichts Reines unverdorben, nichts Heiliges unbetastet lassen mit den plumpen Händen, daß bei ihnen nichts gedeiht, weil sie die Wurzel des Gedeihens, die göttliche Natur, nicht achten, daß bei ihnen eigentlich das Leben schaal und sorgenschwer und übervoll von kalter, stummer Zwietracht ist, weil sie den Genius verschmähn, der Kraft und Adel in ein menschlich Thun, und Heiterkeit ins Leiden, und Lieb' und Brüderschaft den Städten und den Häusern bringt.

Und darum fürchten sie auch den Tod so sehr, und leiden, um des Austernlebens willen, alle Schmach, weil Höhers sie nicht kennen, als ihr Machwerk, das sie sich gestoppelt.

O Bellarmin! wo ein Volk das Schöne liebt, wo es den Genius in seinen Künstlern ehrt, da weht wie Lebensluft ein allgemeiner Geist, da öffnet sich der scheue Sinn, der Eigendünkel schmilzt, und fromm und groß sind alle Herzen, und Helden gebiert die Begeisterung. Die Heimath aller Menschen ist bei solchem Volk', und gerne mag der Fremde sich verweilen. Wo aber so beleidigt wird die göttliche Natur und ihre Künstler, ach! da ist des Lebens beste Lust hinweg, und jeder andere Stern ist besser, denn die Erde. Wüster immer, öder werden da die Menschen, die doch alle schön geboren sind; der Knechtsinn wächst, mit ihm der grobe Muth, der Rausch wächst mit den Sorgen, und mit der Ueppigkeit der Hunger und die Nahrungsangst; zum Fluche wird der Segen jedes Jahrs, und alle Götter fliehn.

Und wehe dem Fremdling, der aus Liebe wandert, und zu solchem Volke kömmt, und dreifach wehe dem, der, so wie ich, von großem Schmerz getrieben, ein Bettler meiner Art, zu solchem Volke kömmt! —

Genug! Du kennst mich, wirst es gut aufnehmen, Bellarmin! Ich sprach in deinem Namen auch, ich sprach für alle, die in diesem Lande sind und leiden, wie ich dort gelitten.

Hyperion an Bellarmin.

Ich wollte nun aus Deutschland wieder fort. Ich suchte unter diesem Volke nichts mehr, ich war genug gekränkt, von unerbittlichen Beleidigungen, wollte nicht, daß meine Seele vollends unter solchen Menschen sich verblute.

Aber der himmlische Frühling hielt mich auf; er war die einzige Freude, die mir übrig war, er war ja meine letzte Liebe, wie konnt' ich noch an andre Dinge denken und das Land verlassen, wo auch er war?

Bellarmin! ich hatt' es nie so ganz erfahren jenes alte, feste Schicksalswort, daß eine neue Seligkeit dem Herzen aufgeht, wenn es aushält und die Mitternacht des Grams durchduldet, und daß, wie Nachtigallgesang im Dunkeln, göttlich erst in tiefem Leid das Lebenslied der Welt uns tönt. Denn, wie mit Genien, lebt' ich jetzt mit den blühenden Bäumen, und die klaren Bäche, die darunter flossen, säuselten, wie Götterstimmen, mir den Kummer aus dem Busen. Und so geschah mir überall, du Lieber! — wenn ich im Grase ruht', und zartes Leben mich umgrünte, wenn ich hinauf, wo wild die Rose um den Steinpfad wuchs, den warmen Hügel gieng, auch wenn ich des Stroms Gestade, die lustigen, umschifft' und alle die Inseln, die er zärtlich hegt.

Und wenn ich oft des Morgens, wie die Kranken zum Heilquell, auf den Gipfel des Gebirgs stieg, durch die schlafenden Blumen, aber, vom süßen Schlummer gesättiget, neben mir die lieben Vögel aus dem Busche flogen, im Zwielicht taumelnd und begierig nach dem Tag, und die regere Luft nun schon die Gebete der Thäler, die Stimmen der Heerde und die Töne der Morgenglocken heraustrug, und jetzt das hohe Licht, das göttlich heitre, den gewohnten Pfad daher kam, die Erde bezaubernd mit unsterblichem Leben, daß ihr Herz erwarmt' und all' ihre Kinder wieder sich fühlten — o! wie der Mond, der noch am Himmel blieb, die Lust des Tags zu theilen, so stand ich Einsamer dann auch über den Ebnen und weinte Liebesthränen zu den Ufern hinab und den glänzenden Gewässern und konnte lange das Auge nicht wenden.

Oder des Abends, wenn ich fern ins Thal hinein gerieth, zur Wiege des Quells, wo rings die dunkeln Eichhöhn mich umrauschten, mich, wie einen Heiligsterbenden, in ihren Frieden die Natur begrub, wenn nun die Erd' ein Schatte war, und unsichtbares Leben durch die Zweige säuselte, durch die Gipfel, und über den Gipfeln still die Abendwolke stand, ein glänzend Gebirg, wovon herab zu mir des Himmels Strahlen, wie die Wasserbäche, flossen, um den durstigen Wanderer zu tränken —

O Sonne, o ihr Lüfte, rief ich dann, bei euch allein noch lebt mein Herz, wie unter Brüdern!

So gab ich mehr und mehr der seligen Natur mich hin und fast zu endlos. Wär' ich so gerne doch zum Kinde geworden, um ihr näher zu seyn, hätt' ich so gern doch weniger gewußt und wäre geworden, wie der reine Lichtstrahl, um ihr näher zu seyn! o einen Augenblick in ihrem Frieden, ihrer Schöne mich zu fühlen, wie viel mehr galt es vor mir, als Jahre voll Gedanken, als alle Versuche der allesversuchenden Menschen! Wie Eis, zerschmolz, was ich gelernt, was ich gethan im Leben, und alle Entwürfe der Jugend verhallten in mir; und o ihr Lieben, die ihr ferne seyd, ihr Todten und ihr Lebenden, wie innig Eines waren wir!

Einst saß ich fern im Feld, an einem Brunnen, im Schatten epheugrüner Felsen und überhängender Blüthenbüsche. Es war der schönste Mittag, den ich kenne. Süße Lüfte wehten, und in morgendlicher Frische glänzte noch das Land, und still in seinem heimathlichen Aether lächelte das Licht. Die Menschen waren weggegangen, am häuslichen Tische von der Arbeit zu ruhn; allein war meine Liebe mit dem Frühling! und ein unbegreiflich Sehnen war in mir. Diotima, rief ich, wo bist du, o wo bist du? Und mir war, als hört' ich Diotima's Stimme, die Stimme, die mich einst erheitert in den Tagen der Freude —

Bei den Meinen, rief sie, bin ich, bei den Deinen, die der irre Menschengeist mißkennt!

Ein sanfter Schrecken ergriff mich, und mein Denken entschlummerte in mir.

O liebes Wort aus heil'gem Munde, rief ich, da ich wieder erwacht war, liebes Räthsel, faß' ich dich?

Und Einmal sah' ich noch in die kalte Nacht der Menschen zurück und schauert' und weinte vor Freuden, daß ich so selig war, und Worte sprach ich, wie mir dünkt, aber sie waren, wie des Feuers Rauschen, wenn es auffliegt und die Asche hinter sich läßt —

„O du, so dacht' ich, mit deinen Göttern, Natur! ich hab' „ihn ausgeträumt, von Menschendingen den Traum, und sage, „nur du lebst, und was die Friedenslosen erzwungen, erdacht, „es schmilzt, wie Perlen von Wachs, hinweg von deinen „Flammen!

„Wie lang ist's, daß sie dich entbehren? o wie lang ist's, „daß ihre Menge dich schilt, gemein nennt dich und deine Götter, „die Lebendigen, die Seligstillen!

„Es fallen die Menschen, wie faule Früchte, von dir, o laß „sie untergehn, so kehren sie zu deiner Wurzel wieder; und ich, „o Baum des Lebens, daß ich wieder grüne mit dir und deine „Gipfel umathme mit all deinen knospenden Zweigen! friedlich „und innig, denn alle wuchsen wir aus dem goldnen Saamkorn „herauf!

„Ihr Quellen der Erd'! ihr Blumen! und ihr Wälder und „ihr Adler und du brüderliches Licht! wie alt und neu ist unsere „Liebe! — Frei sind wir, gleichen uns nicht ängstig von außen; „wie sollte nicht wechseln die Weise des Lebens? wir lieben den „Aether doch all' und innigst im Innersten gleichen wir uns.

„Auch wir, auch wir sind nicht geschieden, Diotima, und „die Thränen um dich verstehen es nicht. Lebendige Töne sind „wir, stimmen zusammen in deinem Wohllaut, Natur! wer reißt „den? wer mag die Liebenden scheiden? —

„O Seele! Seele! Schönheit der Welt! du unzerstörbare!

„du entzückende! mit deiner ewigen Jugend! du bist; was ist „denn der Tod und alles Wehe der Menschen? — Ach! viel der „leeren Worte haben die Wunderlichen gemacht. Geschiehet doch „alles aus Lust, und endet doch alles mit Frieden.

„Wie der Zwist der Liebenden, sind die Dissonanzen der „Welt. Versöhnung ist mitten im Streit und alles Getrennte „findet sich wieder.

„Es scheiden und kehren im Herzen die Adern, und einiges, „ewiges, glühendes Leben ist Alles."

So dacht' ich. Nächstens mehr.

Varianten, Conjecturen und Verbeßerungen.

Einleitung Seite XL, 28 ist 1 noch zu streichen.

LXII, 19 ist zu lesen: Agis III.

Lyrik 12, 13 ist wol zu lesen: den

16, 15 — — — — seinen.

19, 26 ist zu lesen: Saiten.

19, 30 — — — Purpurmund.

49, 7 ist wol zu lesen: den.

55, 30 — — — — bange.

74, 6 — — — — Strand.

83, 8 ist 1 Komma zu setzen nach: streut.

115, 25 ist zu lesen: Noch.

119, 19 ist 1 Komma zu setzen nach: Mensch.

125, 19 ist vielleicht zu lesen: frohe.

131, 27 ist 1 Komma zu setzen nach: Maßes.

137, 12 ist vielleicht zu lesen: nicht das.

152, 10 ist wol zu lesen: Freude.

152, 11 — — — — Alterns.

155, 19 ist vielleicht zu lesen: fröhlichen.

174, 14 ist 1 Komma zu streichen nach: einst.

Hyperion 34, 14 ist nach „Geist der Welt" einzusetzen: wie eines Freundes warme Hand,.

36, 9 ist zu lesen: Wie eine Pflanze.

49, 12 — — — Stein.

49, 20 ist „innern" zu streichen.

73, 33 ist zu lesen: Tag.

76, 6 — — — veraltert.

81, 11 — — — glücklichen Leben.

161, 6 v. u. zu lesen: sich selber.